省域高速铁路智能建造管理体系构建及应用

王基全　王孟钧　苏敬强　陈辉华　编著

SHENGYU GAOSU TIELU ZHINENG JIANZAO
GUANLI TIXI GOUJIAN JI YINGYONG

中南大学出版社
WWW.CSUPRESS.COM.CN
·长沙·

图书在版编目 (CIP) 数据

省域高速铁路智能建造管理体系构建及应用 / 王基全
等编著. —长沙：中南大学出版社，2023.12
ISBN 978-7-5487-5616-3

Ⅰ . ①省… Ⅱ . ①王… Ⅲ . ①高速铁路－智能系统
Ⅳ . ①U238

中国国家版本馆 CIP 数据核字（2023）第 215825 号

省域高速铁路智能建造管理体系构建及应用

王基全　王孟钧　苏敬强　陈辉华　编著

□责任编辑	刘颖维		
□责任印制	唐　曦		
□出版发行	中南大学出版社		
	社址：长沙市麓山南路		邮编：410083
	发行科电话：0731-88876770		传真：0731-88710482
□印　　装	湖南鑫成印刷有限公司		

□开　　本	787 mm×1092 mm 1/16	□印张 15.75	□字数 400 千字
□版　　次	2023 年 12 月第 1 版	□印次 2023 年 12 月第 1 次印刷	
□书　　号	ISBN 978-7-5487-5616-3		
□定　　价	168.00 元		

序 / Preface

我国铁路实行政企分开新体制后，进一步加大了改革开放和创新发展的力度，路网（特别是高速铁路）规模大幅增长。国家向地方政府和社会资本放开城际铁路、市域（郊）铁路、资源开发性铁路和支线铁路的所有权和经营权，极大地调动了地方政府和社会资本投资铁路建设的积极性。地方政府与国家铁路集团在充分协商的基础上，按照"一省一公司"模式，稳步推进区域合资铁路公司重组。在改革开放进入新时期之际，2018年山东铁路投资控股集团有限公司（简称"山东铁投"）应运而生。

山东省作为交通运输部首批交通强国试点省份，决心"走在前列"，创建"交通强省"。山东铁投肩负着这样的光荣使命，坚持高起点、高标准，建立完善的现代企业制度，作出高质量发展的规划部署，以新发展理念为引领，以改革创新为动力，有序推进山东省高速铁路建设。在短短五年多时间里，山东铁投集筹资、设计、建设、运营于一体，积极探索科学有效的建设管理新模式，先后建成了济（南）青（岛）高铁、潍（坊）莱（西）高铁、鲁南（日照—菏泽）高铁及黄东联络线，成为全国省域高速铁路建设的标杆。

智能铁路是世界铁路发展的方向。作为智能铁路组成部分的智能建造，是将现代化信息技术与铁路建设技术相融合的全新建造方式，是推动企业转型升级、高质量发展的必由之路。山东铁投抓住这一难得机遇，把智能建造管理上升为企业发展战略，组织有关科研团队开展系统研究，经过实际应用不断完善，创建了省域高速铁路智能建造管理体系。这个管理体系主要包括管理（组织、标准、文化）、技术（多项专业关键技术）和平台（企业级和项目级）三大部分，构成一个相互关联的有机整体，形成可追溯的闭环管理体系，为智能建造提供了强力支撑。

管理组织是智能建造管理体系的核心。山东铁投从战略高度出发，贯彻新发展理念，弘扬企业家精神，大力推进改革创新，强化省域高速铁路智能建造管理的主体责任；组织各参建单位成为利益共同体，统筹安排、分工负责、协同合作，实现共建共赢；建立有效的规章制度和标准规范，实现管理规范化、作业标准化；由高水平科研团队组成创新联合体，协同攻克智能建造关键技术，畅通"卡脖子"障碍；开展智能建造人才培训、培养，实施激励人才成长的政策措施，为智能建造管理提供智力保障。这些组织功能，对不断优化智能建造管理体系都发挥了重要作用。

管理平台是智能建造管理的载体。山东铁投以 BIM+GIS 技术为主导，综合运用 5G、大数据、物联网、人工智能、云计算等新一代通信信息技术进行系统集成，创建了智能建造管理"大脑"平台；通过各种传感技术实现全面感知，运用网络系统实现万物互联，对多源异构数据进行融合处理，将全部生产要素转为可存储、可计算、可分析的数据、信息和知识；构建了"人与数字铁路及实体铁路"三维世界，虚实交融，精准映射，提高主动学习、风险预测、科学决策的支持能力；围绕"一张图"，全程为业主和各参建单位提供覆盖全部管理内容的高效服务。

智能建造管理体系应用彰显了突出优势。主要有以下五个方面：一是解决了数据孤岛、信息孤岛、沟通不够、协调不力等问题，实现了信息共享、协同合作新格局；二是推进了实时精细化管理，提高了施工效率和效益；三是优化了资源配置，提高了资源利用率；四是实施了全面监控，提高了质量安全环保水平；五是强化了风险预测，提高了风险管控能力。

本书作者结合山东铁投高速铁路建造管理实践经验，构建了省域高速铁路智能建造管理体系，研究制定了省域高速铁路智能建造总体规划，系统论述了智能建造的组织设置、平台开发、技术支撑及标准化管理等具体内容。该智能建造管理体系内容完整、结构谨严、资料翔实，具有创新性、实用性，可供有关方面参考借鉴。

推进高速铁路智能建造是一项复杂系统工程。现在只是良好开端，今后依然任重道远，需要持续协同创新。期望进一步夯实数字化基础，强化应用软件和数字孪生模型研发，推广应用人工智能设备，大力培养复合型人才，不断提升高速铁路智能建造技术和管理水平，为交通强国作出更大贡献！

孙永福

2023 年 12 月于北京

前 言 / Foreword

　　省域高速铁路是由地方完全主导投资建设、国铁集团给予技术支持，或由地方主导、国铁集团出资参与，承担本省级行政区域内城市间、城市与郊区间、重点城镇间客运任务的高速铁路(含城际铁路)，对促进省内经济社会发展、优化交通结构、完善国家铁路网起到重要作用。

　　2013 年，国家全面开放铁路建设市场后，全国共有 30 个省区市设立了政府建设铁路的投融资平台。在"三张交通网""两个交通圈"的目标指导下，铁路建设主战场逐步由国家干线铁路转向国家干线与区域性铁路、城际、市域(郊)铁路并存。2019 年 9 月，《交通强国建设纲要》发布，山东省被纳入首批交通强国试点省份。山东省委、省政府坚决贯彻习近平总书记视察山东作出的"要加快基础设施互联互通，为高质量发展提供强力支撑"重要指示精神，认真落实《交通强国建设纲要》《国家综合立体交通网规划纲要》，全面实施交通强省战略，省域铁路迎来了黄金发展期。作为首个部省共建交通强国省域示范区，山东省始终把铁路建设摆在突出位置，成立全面负责省域高铁筹资、投资、建设与运营于一体的山东铁路投资控股集团有限公司(以下简称"山东铁投集团")，同时，改革体制机制，优化资源配置，强化资金政策保障，务实探索实践，强化协调督导，深化总结提炼提升，全力推动铁路高质量发展。截至目前，山东省已批复的交通强国试点内容全部取得阶段性成果，形成可复制可借鉴的山东省省域高速铁路建设管理模式。

　　伴随着新一代信息技术的快速发展，云计算、物联网、大数据等数字技术为传统行业发展升级注入了新的动力。产业数字化背景下，传统建造方式受到很大冲击，粗放型发展模式难以为继。国家铁路局发布的《"十四五"铁路科技创新规划》明确指出，"十四五"期间智能铁路发展的重点任务为推动前沿技术与铁路领域深度融合、加强智能铁路技术研发应用、推进交通运输大数据协同共享。高速铁路工程建造迎来基于数字技术的工程产品生产、交付和商业过程的数字化转型，并对工程技术创新和建设管理提出了新的要求，高速铁路智能建造管理应运而生。

　　高速铁路智能建造管理聚焦于高速铁路的规划建设环节，在规划、设计、施工、运营等高速铁路全生命周期的各个阶段，充分发挥信息化、智能化、机械化、工程化、装配化等一系列新技术在安全生产保障、效率效益提升、服务质量优化方面的支撑作用，实现高速铁路全生命周期管理、全业务要素协同，达到面向智能高铁的综合效能优化系统性提升。然而，作为区域性铁路交通基础设施，省域高速铁路智能建造管理仍然面临诸多挑战。省域高速铁路在建设规模、服务范围、技术标准、建造模式、管理体制和运营模式上与国铁相比有所区别，无法直接套用国铁干线高速铁路的智能建造管理模式，需要更加注重地方实际情况，结合技术发展趋势和经验，建立适合当地需求的技术标准、建造模式、管理体制和运营模式，以实现更高效、更精准及可持续的发展。

　　在此背景下，为实现交通基础设施高质量发展，山东铁投集团在高速铁路建造与管理的数智化转型方面先行先试，围绕山东铁路高质量发展，统筹数智化转型总体布局，基于智能高铁理念，在借鉴国铁集团研究成果的基础上，总结济青、鲁南等高铁项目建设经验，以数字化、智能化、大数据为驱动，开发适配省域高速铁路的智能建造管理体系：构建集成组织、文化、标准、技术、平台要素的省域高速铁路智能建造管理体系，设计省域高速铁路智能建造实施路径，提出省域高速铁路智能建造组织与协调方法，建立省域高速铁路智能建造标准体系，开展智能建造技术集成、研发与应用，集成BIM、GIS、大数据、云计算、人工智能、北斗+惯导等技术，研发省域高速铁路智能建造管理平台。其旨在解决铁路建设管理的协调工作量大、诚信体系不健全、安全质量问题追溯难、内业资料弄虚作假、海量资料编制、资料归档量大、储存和查阅难、数字化及智能化应用水平低、建设期与运营期数据信息共享少等痛点和难点问题，力求探索一套可复制可借鉴的省域高速铁路智能建造管理模式。

　　本书以省域高速铁路智能建造管理为研究对象，基于山东铁投集团的高铁建设管理实践经验，对省域高速铁路发展背景与智能建造管理需求、智能建造管理体系构建与规划部署、智能建造管理组织与协调、智能建造标准化管理、智能建造技术、智能建造管理平台开发与应用进行了系统论述和总结提升，希望可以为其他省域高速铁路的智能建造与管理提供借鉴。

　　本书由山东铁投集团王基全、苏敬强和中南大学王孟钧、陈辉华共同主持撰写、修改和统稿，山东铁投集团(胡宗文、马尊国等)、中南大学(王青娥、唐晓莹、彭春艳等)、济青高速铁路有限公司(杨书生、张自学等)、鲁南高速铁路有限公司(谢戬烨、张海凤等)、中铁工程设计咨询集团有限公司(王磊、王晓刚等)的相关研究团队参与了课题研究和书稿的撰写。感谢山东铁投集团各业务部门提供的丰富素材和基础数据。感谢行业专家在本书撰写过程中提供的宝贵意见和建议。

作者

2023 年 10 月

目 录 / Contents

第1章

省域高速铁路发展背景与智能建造管理需求

高速铁路是国家的重要基础设施和民生工程，具有速度快、载客量大、节约资源、舒适方便等特点，是极受欢迎的交通方式之一。在国家主干线仍然需要大规模投资建设的背景下，国家难以顾及"非首要任务"的省内高铁项目，这令"中国铁路总公司占绝对控股地位"的投资建路模式开始松动，以地方为主导的省域高速铁路迎来了发展黄金期。智能建造是铁路工程建设行业转型升级的方向，如何将智能建造技术更好地应用于省域高速铁路的建设中以更好地提升建造质量，是省域高速铁路发展亟待解决的问题。本章主要分析省域高速铁路发展背景，梳理全国省域高速铁路的发展现状，阐述智能建造发展现状，并基于此提出智能建造管理需求。

1.1 省域高速铁路发展背景与现状

省域，顾名思义，就是省级行政区域。省域高速铁路即省级行政区域内的高速铁路。它与地方铁路、市域铁路有关联和区别，又可能与城际铁路有交叉。省域高速铁路是指由地方完全主导投资建设、中国国家铁路集团有限公司（以下简称国铁集团）给予技术支持，或由地方主导、国铁集团出资参与，主要承担省级行政区域内城市间、城市与郊区、中心城区与卫星城、重点城镇间的客运任务，设计速度在 250 km/h 以上（含预留），初期运行速度在 200 km/h 以上的铁路。与国家干线高铁相比，它的筹资渠道更加广泛，服务区域只涉及一个省级行政区域，东西南北的纵横线跨度有限，通常充当着不同国家干线高铁之间的联络线或延长线，对促进省内经济社会发展、优化交通结构、完善国家铁路网起到重要作用。正因如此，省域高速铁路得到了国家的高度重视，国家及各省区市出台的一系列政策文件均提出要大力发展省域高速铁路。当前，我国省域高速铁路处于高速发展阶段，且取得了丰硕的成果。本节主要分析省域高速铁路发展背景，并梳理全国省域高速铁路发展现状。

1.1.1 省域高速铁路发展背景

1.1.1.1 高质量发展要求

习近平总书记在中国共产党第十九次全国代表大会中指出，"我国经济已由高速增长阶段转向高质量发展阶段"。自此,"高质量发展"的概念正式诞生,它是指能够满足人民日益增长的美好生活需要的发展,是体现新发展理念的发展,是经济、政治、文化、社会、生态的全面发展。

铁路作为国家综合交通运输体系骨干、经济发展的重要支撑,国家高度重视铁路行业的高质量发展。2020 年 12 月 29 日,国家铁路局工作会议在北京召开,会议强调 2021 年对于国家现代化建设进程具有重要意义,是实施"十四五"规划、加快建设交通强国的开局之年,要不断推动铁路的高质量发展,努力当好中国现代化的开路先锋。铁路行业要"立足新发展阶段、贯彻新发展理念、构建新发展格局",从以下八个方面重点开展工作:①加快建设交通强国,加强铁路规划建设;②提升监管效能、确保铁路安全持续稳定;③实施创新驱动,进一步推动铁路科技创新;④深化铁路供给侧改革,进一步优化铁路营商环境;⑤深化铁路治理体系和治理能力现代化建设;⑥服务高水平对外开放,加强铁路国际交流合作;⑦慎终如始抓好常态化疫情防控,持续做好"六稳"工作、落实"六保"任务;⑧全面加强党的领导,更加紧密地团结在以习近平同志为核心的党中央周围,忠诚履职,齐心协力,开拓进取,高效服务,为决胜全面建成小康社会,加快建设交通强国,"十四五"开好局贡献力量。

2021 年 2 月,中共中央、国务院印发了《国家综合立体交通网规划纲要》,从提升铁路创新水平、推动铁路融合发展、提高铁路运输服务品质、打造绿色安全铁路、服务更高水平对外开放五个方面对铁路高质量发展作出部署,为铁路高质量发展进一步指明方向。

2023 年 1 月 3 日,国铁集团召开 2023 年工作会议。会议指出,新征程国家铁路的使命任务之一为"牢牢把握推动铁路高质量发展、率先实现铁路现代化的目标任务"。其中,构建"六个现代化体系"是重中之重,包括构建现代化铁路基础设施体系、构建现代化铁路运输服务体系、构建现代化铁路科技创新体系、构建现代化铁路安全保障体系、构建现代化铁路经营管理体系、构建现代化铁路治理体系。这些政策和会议精神对省域高铁高质量发展提出了新要求。

1.1.1.2　交通强国战略

交通运输是国民经济中的基础性、先导性和战略性产业,对国民经济的支撑保障作用和先导引领作用显著。党的十八大以来,党中央高度重视交通运输事业,多次就交通运输工作作出重要论述,科学地回答了交通运输的发展定位、目的、目标、方向和主线等重大问题,为交通强国战略的确定提供了理论基础。

2019 年 9 月,中共中央、国务院印发了《交通强国建设纲要》,从基础设施、交通装备、运输服务、科技创新、安全保障、绿色发展、开放合作、人才队伍、治理体系、保障措施等十个方面对我国交通运输发展规划提出要求,是指导加快建设交通强国的纲领性文件。

交通强国,铁路先行。为了深入贯彻党的十九大对交通强国作出的重要战略决策,落实党中央、国务院印发的《交通强国建设纲要》,国铁集团于 2020 年 8 月出台了《新时代交通强国铁路先行规划纲要》(以下简称《规划纲要》),提出了中国铁路 2035 年、2050 年发展目标和主要任务,描绘了新时代中国铁路发展美好蓝图。《规划纲要》旨在全面打造世界一流的铁路设施网络、技术装备、服务供给、安全水平、经营管理和治理水平,率先建成现代化铁路强国,为全面建成社会主义现代化强国、实现中华民族伟大复兴中国梦提供有力支撑。

2013 年,国务院出台了《关于改革铁路投融资体制加快推进铁路建设的意见》,明确指出要以"统筹规划、多元投资、市场运作、政策配套"为基本思路，完善铁路发展规划，全面开放铁路建设市场，将城际铁路、市域(郊)铁路、资源开发性铁路和支线铁路的所有权和经营权下放给地方政府和社会资本。自此，国家全面开放铁路建设市场，铁路建设主战场逐步由国家干线铁路转向国家干线与区域性铁路、城际铁路、市域(郊)铁路并存，地方铁路成为铁路建设的主力军，迎来了快速发展的黄金期和机遇期，在建设、运营方面取得了显著的成就。路网规模迅速扩大，投资规模持续增大，深化改革成效显著。

　　除此之外，为了探索形成交通强国建设的有效模式和路径，交通运输部确定了首批 13 个交通强国建设试点地区，鼓励有条件的地方和企业在交通基础设施高质量发展、综合交通一体化枢纽、智能交通等方面先行先试。其中，山东省作为全国首个部省共建交通强国省域示范区，始终把省域铁路建设摆在突出位置，改革体制机制，优化资源配置，强化资金政策保障，务实探索实践，强化协调督导，深化总结提炼提升，全力推动山东铁路高质量发展。截至 2022 年底，批复的 6 项试点内容全部取得阶段性成果，形成了可复制可借鉴的山东铁路建设管理模式。

1.1.1.3　智能化发展要求

　　当前，世界正逐步迈向以信息化为主要特征的新经济时代。2020 年 3 月，中共中央政治局常务委员会召开会议，提出要加快 5G 网络、数据中心等新型基础设施建设进度。《"十四五"国家信息化规划》中明确指出，"十四五"时期，信息化进入加快数字化发展、建设数字中国的新阶段。尽管我国已经成为全球建造大国，但仍不属于建造强国。作为国民经济的重要支柱，建筑业还存在着劳动生产率低、资源消耗量大、劳动力缺乏、产品品质低等诸多问题。为了响应国家高质量发展的要求，满足社会发展的新需求，有必要向智能化方向发展。为此，国家颁布了一系列政策文件，以指导建筑业的智能化转型升级。

　　2016 年 8 月，住房和城乡建设部发布了《2016—2020 年建筑业信息化发展纲要》(以下简称《纲要》)，提出"十三五"期间要全面提高建筑业信息化水平，着力增强 BIM、大数据、智能化、移动通信、云计算、物联网等信息技术集成应用能力；2017 年 4 月，住房和城乡建设部发布《建筑业发展"十三五"规划》，指出要大力推广智能建筑，普及智能化应用；2020 年 7 月，住房和城乡建设部、国家发展改革委等 13 部门联合下发《关于推动智能建造与建筑工业化协同发展的指导意见》，提出要"以数字化、智能化升级为动力，创新突破相关核心技术，加大智能建造在工程建设各环节应用"；2022 年 1 月，住房和城乡建设部发布《"十四五"建筑业发展规划》，明确了"十四五"时期建筑业发展的主要任务之一为加快智能建造与新型建筑工业化协同发展。不难看出，"智能建造"自 2017 年被首次明确提出后，已经发展成为一项长期国策，其贯穿了国家建筑业"十三五"和"十四五"规划，并已成立了专业学科，经过近些年的探索和规划，已进入具体建设阶段。

　　聚焦于铁路工程领域，2021 年 12 月，国家铁路局发布了《"十四五"铁路科技创新规划》(以下简称《创新规划》)，明确到 2025 年，智能铁路技术要实现全面突破，智能铁路成套技术体系不断完善，北斗卫星导航、第五代移动通信技术(5G)、人工智能(artificial intelligence，AI)、大数据等信息技术在铁路实现更广泛、成体系应用，各种交通方式信息共享水平明显增强。此外，《创新规划》将"十四五"期间智能铁路发展的重点任务归纳为推动前沿技术与铁路领域深度融合、加强智能铁路技术研发应用、推进交通运输大数据协同共享。

在企业智能化转型方面，2020 年 8 月，国务院国资委印发了《关于加快推进国有企业数字化转型工作的通知》，针对建筑行业要求重点开展建筑信息模型、三维数字化协同设计、人工智能等技术的集成应用，提升施工项目数字化集成管理水平，打造建筑类企业数字化转型示范；2021 年 12 月，国务院印发了《"十四五"数字经济发展规划》，提出要加快企业数字化转型升级，引导企业强化数字化思维，支持有条件的大型企业打造一体化数字平台，实施中小企业数字化赋能专项行动，鼓励和支持互联网平台、行业龙头企业等立足自身优势，开放数字化资源和能力，推行普惠性"上云用数赋智"服务；2022 年 11 月，工信部印发了《中小企业数字化转型指南》（以下简称《指南》）从增强企业转型能力、提升转型供给水平、加大转型政策支持三方面提出了 14 条具体举措，以支持中小企业朝着网络化、数字化、智能化方向发展。此外，工信部还制定了《中小企业数字化水平评测指标（2022 年版）》，从数字化基础、经营、管理、成效四个维度综合评估中小企业数字化发展水平。它联合《指南》，共同解决中小型企业在智能化转型升级过程中"知"和"行"的问题，具有极大的借鉴意义。

山东省国资委高度重视数字化转型工作，2022 年 4 月，组织专家对所有省属企业开展了企业数字化转型诊断评估工作，并形成诊断评估报告，帮助企业深入了解自身在数字化转型工作中存在的问题及明确后续工作开展的思路。2022 年 6 月 25 日，山东省国资委下发《关于印发省属企业数字化转型实施意见的通知》，要求省属企业"优化数字化转型体系，激发转型升级动力活力""加快推进数字化技术创新应用，催生新发展动能"，推动省属企业高质量发展，并明确提出"根据诊断评估结果，制定数字化转型发展路线图和系统解决方案"，推进省属企业数字化转型走深走实以及高质量发展。

1.1.2　省域高速铁路发展现状

1.1.2.1　全国地方铁路发展现状

1. 地方铁路取得的成就

党的十八大以来，我国铁路进入高质量发展阶段，地方铁路也迎来了快速发展的黄金期和机遇期，在建设、运营方面取得了显著的成就。

（1）路网规模迅速扩大。

图 1-1 为我国地方铁路 2012—2021 年营业里程。由图可以看出，2012—2018 年，我国地方铁路的营业里程呈缓慢增长趋势，2019 年以来，营业里程大幅度上升。截至 2020 年底，我国地方铁路营业里程达 17980.9 公里，其中城际铁路和区域性高铁 5299 公里，占地方铁路营业里程的 29.5%，占全国高铁网规模的 14%；截至 2021 年底，地方铁路营业里程已达1.95 万公里。

（2）铁路运量不断增长。

图 1-2 和图 1-3 分别为 2012—2021 年地方铁路旅客发送量和旅客周转量。由图可知，2012—2019 年，旅客发送量呈稳步增长趋势，旅客发送量呈波动增长趋势，其中 2019 年旅客发送量达 8871 万人次，旅客周转量达 194.64 亿人公里，较"十二五"末分别增长至 2.26 倍和3.52 倍。2020 年由于受到新冠疫情的影响，旅客发送量和旅客周转量均有所下滑，但占全国铁路比重分别增长至 3.4% 和 2.2%。2021 年形势好转，旅客发送量和旅客周转量均得到快速上升。

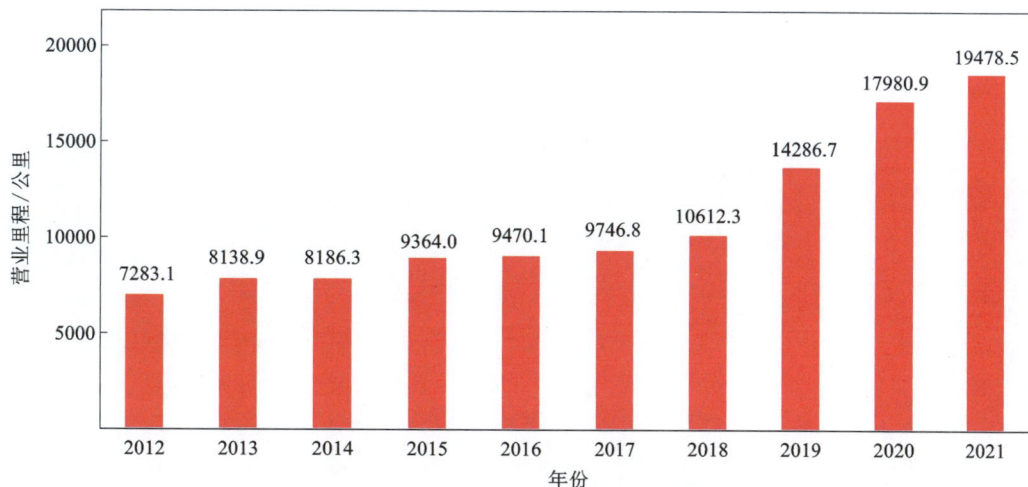

图 1-1　2012—2021 年地方铁路营业里程

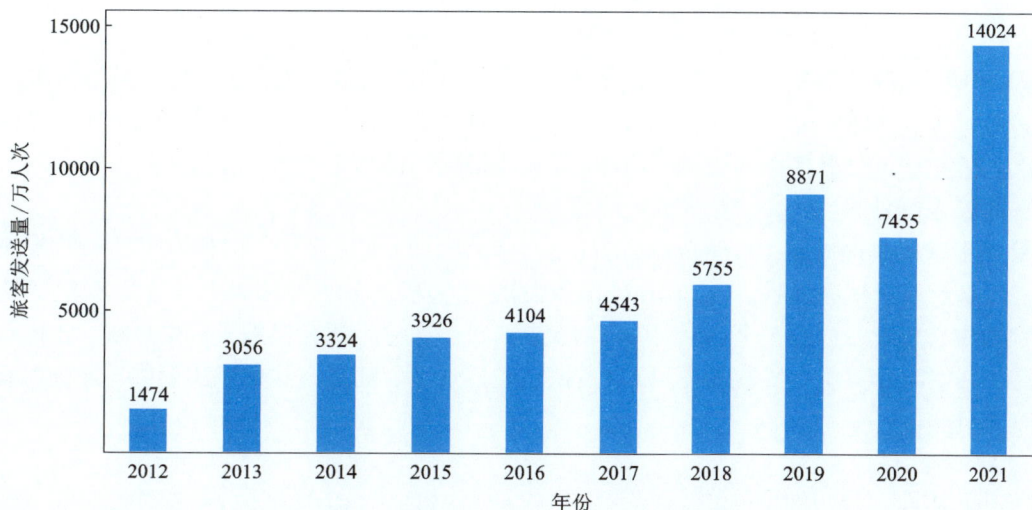

图 1-2　2012—2021 年地方铁路旅客发送量

（3）投资规模持续增大。

随着铁路投融资改革的深入推进，地方政府和企业成为铁路建设投资的关键力量。"十三五"期间，投资累计完成 11397 亿元，较"十二五"期间增长 111.2%，其中地方铁路项目投资累计占比 17.6%。出资比例也从"十二五"末的 26.7% 增长至"十三五"末的 41.2%，为推动地方铁路发展做出了极大的贡献。

（4）深化改革成效显著。

当前，全国共有 30 个省（区、市）设立了政府建设铁路的投融资平台公司。地方铁路企业与国铁集团按照"一省一公司"模式，不断推进区域合资公司重组。截至 2021 年底，共有 8 个省市完成重组，分别为琼、吉、苏、鲁、黑、浙、渝、粤。其中，苏、鲁、浙、渝 4 个省市的重组公司由地方政府控股。

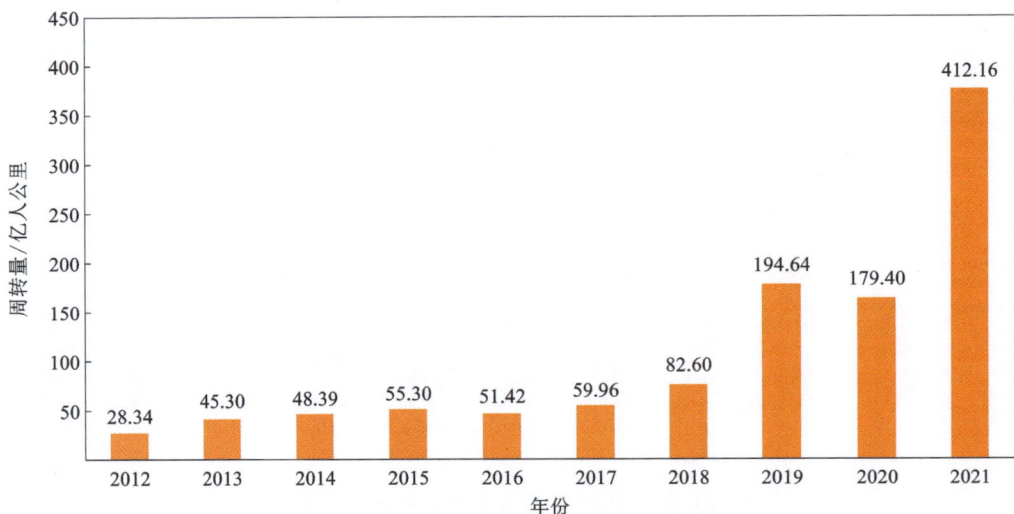

图 1-3 2012—2021 年地方铁路旅客周转量

根据中国铁路协会发布的《中国地方铁路"十四五"发展战略要点》，地方铁路的涉及范围将不断扩大，整体建成轨道上的城市群和都市圈，21 个城市群地区城际铁路运营规模为 2 万公里左右，16 个重点都市圈地区市域(郊) 铁路网规模为 1.5 万公里左右。

2. 高铁范围项目

聚焦于省域高速铁路，当前全国各省(区、市)都在规划建设中，但整体仍处于初步探索阶段，尚未形成规模和体系。在 2016 年国家发展改革委公布的首批 8 个社会资本投资铁路示范项目中，高铁项目有 5 个，分别为济青高铁、汉十高铁、杭台高铁、杭温高铁、合新六城际铁路，其中济青高铁、汉十高铁、杭台高铁已建成通车，杭温高铁处于建设中，合新六城际铁路尚未开工。

(1)济青高铁。

①基本概况。

济青高铁是山东省境内的一条高速铁路，全线共设 11 个客运站，正线全长 307.9 km。该铁路于 2015 年 8 月 11 日动工建设，2018 年 12 月 26 日正式建成通车。其中济南东—胶州北段设计速度为 350 km/h，初期运行速度为 300 km/h；胶州北—红岛段设计速度为 250 km/h，运行速度为 250 km/h。

②价值意义。

济青高铁是国家中长期铁路网规划"八纵八横"高速铁路网青银通道的重要组成部分，也是山东省"四横六纵三环"高速铁路网的重要构成部分。此外，它还是国内首条由省方控股、路省共建的高速铁路，其中山东省和国铁集团出资比例为 4 : 1。

济青高铁西连济南枢纽，与京沪高速铁路和石济、石太客运等客运专线衔接，构成了山东半岛与京津冀、东北方向和山东半岛区与中原城市群、长三角的快速客运通道；东连青岛枢纽，与青荣城际、青连铁路等相连，是承担济南、青岛及其沿途中心城市和通往烟台、威海、日照等沿海城市客运任务的主通道，形成了省内的"2 小时"交通圈。

济青高铁的建成加快了山东省基础设施建设进度，使山东省与三大经济带紧密联系。同时，该线路促使国家铁路网不断优化完善，极大地满足了沿线居民的出行需求，对拉动山东及其周边区域的贸易往来和经济社会发展有重要意义。

（2）汉十高铁。

①基本概况。

汉十高铁是武汉市境内的一条高速铁路，沿线共设 20 座车站，全长 460 km，其中汉口至孝感东段即武孝城际铁路长 61 km，孝感东至十堰东段即孝十段长 399 km。汉十高铁汉口至孝感东段于 2009 年 3 月 22 日动工建设，2016 年 12 月 1 日开通运营；孝感东至十堰东段于 2015 年 12 月 2 日全面开工建设，2019 年 11 月 29 日建成通车，这意味着汉十高铁全线开通运营。其中汉口至孝感东段设计速度为 200 km/h，属于客运专线；孝感东至云梦东段设计速度为 250 km/h，云梦东至十堰东段设计速度为 350 km/h，属于高速铁路。

②价值意义。

汉十高铁是国家中长期铁路网规划中福银高铁的重要组成部分，也是湖北省主导投资建设的第一条特大铁路项目，总投资 527.5 亿元，其中湖北省和国铁集团的出资比例为 4∶1。

汉十高铁途经多个历史文化名城和著名风景名胜区，该区域的旅游收入占全省的 70%，因此是湖北省重要的黄金旅游观光线路之一，被誉为"湖北最美高速铁路"。

作为连接武汉和十堰的重要快速客运通道，汉十高铁的开通结束了鄂西北地区多个县无高铁的历史，大大缩短了沿线城市的行车时间，推进了武汉城市圈和襄十随城市群的快速发展。同时，汉十高铁与郑万高铁、京广高铁、沿江高铁等衔接，使十堰、襄阳至国内主要大城市的时间缩短为 2~5 小时，进一步带动了湖北省中部地区的开发建设，加强了华中与西北地区、沿海发达省市的经济联系，对推进国家战略发展战略的实施有重要意义。

（3）杭台高铁。

①基本概况。

杭台高铁是浙江省境内一条连接杭州、绍兴、台州的高速铁路。杭州东至绍兴北段利用了杭深铁路杭甬段，绍兴北至温岭段长 226 km，温岭站至玉环站段长约 37 km。杭台高铁建设工作共分为两个阶段：一期工程为绍兴北至温岭段，2016 年 12 月先行段开工建设，2017 年 12 月进入全线建设施工阶段，2022 年 1 月 8 日开通运营，设计速度为 350 km/h；二期工程为温岭至玉环段，2019 年 5 月先期工程开工建设，目前尚未运营通车。

②价值意义。

杭台高铁是国家沿海铁路快速客运通道的重要组成部分，是浙江省"一带一路"全省大通道建设的重点项目。同时，它还是中国首条民营资本控股的高铁，总投资达 448.9 亿元，民营资本占 51%。它的成功推进成为我国铁路投融资市场化改革的典范，促使更多的社会资本参与到铁路项目建设运营中去。

杭台高铁的建成，打通了杭州都市圈与温台城市群的对角线，且与沪昆、商合杭、宁杭等多条高铁相连，形成一条长三角核心区辐射浙西南地区、浙江省内沟通杭州都市区与温台沿海城市群的快捷通道。杭台高铁与杭甬高铁的交会，对杭甬双城经济圈的打造产生了重要影响，推动了浙江省更高质量的一体化发展。此外，杭台高铁打破了嵊州、新昌、天台三地不通高铁的现状，扩大了浙江省"1 小时"交通圈，使"浙东唐诗之路"焕发出新的活力，助力沿线城市特别是山区旅游业进一步发展，逐步缩小区域经济差距，实现共同富裕。

（4）杭温高铁。

①基本概况。

杭温高铁是浙江省境内一条高速铁路，全线共设 11 座车站，全长 331 km。高铁建设共分为两个阶段：一期工程为义乌至温州段，2017 年 3 月 9 日先行段开工建设；二期工程为杭州西至义乌段，于 2020 年 12 月 30 日开始施工。列车设计速度为 350 km/h，全线预计"十四五"时期通车。

②价值意义。

杭温高铁是国家中长期铁路网规划、重大基础设施三年行动计划重点推进项目之一，是浙江省构建"1 小时"高铁交通圈的关键项目。同时，它还是国内首条兼具国务院混合所有制改革试点和国家发展改革委社会资本投资示范的"双示范"民营控股高铁项目，民营资本股比达到 51%。

杭温高铁的建成，将带动铁路沿线旅游资源的开发和利用，打造出一条新的黄金旅游观光线，促进当地的经济增长。同时，杭温高铁是长三角高铁圈的重要组成部分，形成一条杭州—金华—温州的快捷客运通道，加强了杭州都市圈、金华—义乌都市圈和温州都市圈的联系。此外，杭温高铁与京沪杭、商合杭等国家干线高铁相连，使区域高速铁路网和国家高速铁路网更加完善，对促进浙江省东南沿海地区与华北、华东、华中、西北及皖北、皖中等地区的经济贸易协作有重要意义。

（5）合新六城际铁路。

①基本概况。

合新六城际铁路是安徽省境内的一条城际铁路，全长约 90 km。2016 年 7 月，合六城际铁路首次环评公示，宣布该铁路拟采用 350 km/h 的客运专线标准，其中合肥至空港新城段限速 200~250 km/h；2022 年 7 月，合新六城际铁路新桥机场站先行工程初步设计获正式批复。

②价值意义。

合新六城际铁路是安徽省境内拟开工建设的第一条城际铁路，也是合肥经济圈、合肥"1 小时"通勤圈、皖江城际铁路网规划的重要组成部分。该线路建成后，将以合肥为枢纽，极大地满足六安、淮南、蚌埠等地居民的出行需求，加快山区人口向外流动，促进城镇化人口向外集中。同时，由于铁路途经新桥国际机场，合肥、六安可以共用该机场，两市关系不断被拉近。六安将有效对接合肥经济圈、皖江城市带，大力推进现代物流业、服务业等聚集发展。通过拉动投资，不断提高城市整体实力，促进合六同城化、一体化发展。

此外，合新六城际铁路积极响应长江经济带、皖江城市带承接产业转移示范区规划等国家战略，促进皖江城市群与长三角地区有效对接。这将对促进区域协调发展起到重要作用。同时，作为合肥至安康高铁的一部分，该线路建成后将极大地缩短长三角地区至西北地区的出行时间。

除了上述涉及的铁路及省份外，其他省（区、市）域也在积极推进省域高铁的建设工作。例如，安六铁路客运专线是贵州省内第一条地方控股的城际高铁，已于 2020 年 7 月 8 日通车运营；南沿江城际铁路是首条由江苏省主导投资建设的高速铁路，已于 2018 年 10 月开工建设；汉巴南铁路南巴段是四川省首条由地方全额出资并主导建设的高铁，预计 2024 年开通运营；珠肇高铁和梅隆高铁是由广东省自主投资建设管理的时速为 350 km 的高铁项目，截至 2023 年 11 月，均处于施工阶段。

1.1.2.2　山东省省域高速铁路规划与建设现状

山东省自开始主导建设济青高铁以来，与国铁集团形成了密切的合作关系。省主要领导与国铁集团领导连年会商，多次就加快山东省省域高铁规划建设达成重要共识，有力促进了山东省省域高铁的发展。山东省也因此成为省域高铁规划建设的标杆省份。

1. 基本原则

高速铁路是推动国家经济发展的关键基础设施和重大民生工程。作为经济大省的山东，围绕建设交通强国山东示范区，立志打造"轨道上的山东半岛城市群"。山东省省域高铁规划与建设遵循统筹布局与突出重点相结合、超前布局与分步实施相结合、综合衔接与便捷高效相结合、创新驱动与提质增效相结合、安全可靠与绿色发展相结合等基本原则，通过统筹谋划，加快推进干线铁路、城际铁路、市域铁路、城市轨道交通"四网融合"的客运轨道交通网络，全力打造覆盖全省、通达全国的现代化高铁网。

统筹布局与突出重点相结合：以"久久为功"为基本理念，坚持"全省一盘棋"，做好统筹规划、资源整合、协同管理、分类指导，加快提升济南、青岛的国际服务功能和智能化水平，完善烟台、潍坊的全国性服务功能，将临沂、菏泽努力打造成全国性的综合交通枢纽，形成多点联动、区域带动、互联互通的良性发展格局。

超前布局与分步实施相结合：坚持"世界眼光、国际标准"，充分发挥山东优势，以高铁建设规模适度超前为定位目标，按照高起点、高标准、高质量的要求构建高铁网；坚持从实际出发，按照"先急后缓、先易后难、风险防控"的原则，稳步推进高铁建设工作。

综合衔接与便捷高效相结合：紧紧立足山东发展实际，加快推进既有铁路通道基础设施建设，不断完善通道功能，提高运输效率；规划建设一批高速铁路，全面形成内通外联的"四横六纵"高铁网，实现与国家"八横八纵"高铁网的有效衔接。

创新驱动与提质增效相结合：将信息化、智能化技术引入高速铁路领域，积极推动高铁科技创新，提升高铁的智慧化水平，加速培育高铁新动能、新优势，使高铁更加经济高效、舒适便捷，打造更加现代化的高速铁路。

安全可靠与绿色发展相结合：将人民群众的安全始终放在首要位置，整体提升高速铁路运行的安全性和可靠性；坚定不移走生态优先、绿色低碳发展之路，全面开展生态环保"四增四减"行动，持续推进能源、运输结构优化调整，减少主要污染物的排放，促进高速铁路的可持续发展。

2. 发展目标

根据 2018 年出台的《山东省综合交通网中长期发展规划（2018—2035 年）》，到 2025 年，持续推进通道项目建设，尽快打通高铁通道"主动脉"，基本建成全省现代化的高铁网络，实现"市市通高铁"的目标，全省铁路运营里程力争达到 9700 公里，其中高速铁路里程达到 5200 公里，高铁通道进出口 12 个；到 2035 年，全省铁路运营里程达到 1.1 万公里，其中高铁网规模达到 5700 公里，高铁通道进出口 15 个。规划新增 800 公里市域铁路，持续扩大高铁覆盖范围，力争在县级区域的覆盖率在 93%以上，速度为 350 km/h 的高铁占比在 80%以上，实现覆盖全省、通达山东省周边主要城市的高速铁路网"1 小时"交通圈。其中济南至相邻 6 市只需 0.5 小时，济南至青岛、青岛至周边市、全省相邻各市只需 1 小时，济南至省内各市只需 2 小时，省内各市之间相互通达不超过 3 小时，济南至北京、上海、天津、南京等

14 个国内主要城市只需约 3 小时。

3. 规划情况

1）路网规划

铁路建设，规划先行。近年来，山东省先后出台了多项关于省内高速铁路规划建设的文件，并一一得到国家批复。2011 年 7 月，国家发展改革委批复了山东省《环渤海地区山东半岛城市群城际轨道交通网规划（2011—2020 年）》，规划新增城际铁路 856 公里；2014 年 4 月，《环渤海地区山东半岛城市群城际铁路规划（2014—2020 年）调整方案》出台，国家发展改革委对 2011 年批复的实施方案进行了部分调整，规划范围增加临沂、菏泽、枣庄市，并新增潍坊—莱西（126 公里）、临沂—曲阜（125 公里）、青岛—海阳（114 公里）、红岛—胶南（101 公里）城际铁路，全省城际铁路网规模达到 3184 公里；2016 年 7 月，国家发展改革委印发了《中长期铁路网规划》，将山东省部分项目纳入国家高速铁路网，全省高速铁路网规模达到 4700 公里，初步形成了"三横五纵"的快速铁路规划布局；2018 年 9 月，山东省批复了《山东省综合交通网中长期发展规划（2018—2035）》，规划到 2035 年全面构建"四横六纵三环"的高速铁路网布局。

其中，"四横"所指的高铁线路及途经的山东省内城市分别如下：①北部沿海高铁通道（德州—济南商河—滨州—东营—潍坊—烟台）；②济青高铁通道（聊城—济南—滨州邹平—淄博—潍坊—青岛）；③鲁中高铁通道（聊城—泰安—莱芜—淄博沂源—临沂沂水—潍坊诸城—青岛胶南）；④鲁南高铁通道（菏泽—济宁—临沂—日照）。"六纵"所指的高铁线路及途经的山东省内城市分别如下：①东部沿海高铁通道（烟台—威海—青岛—日照）；②京沪高铁二通道山东段（滨州—东营—潍坊—临沂）；③滨临高铁通道（滨州—淄博—莱芜—临沂）；④旅游高铁通道（济南—泰安—济宁曲阜—枣庄）；⑤京沪高铁通道山东段（德州—济南—泰安—济宁曲阜—枣庄）；⑥京九高铁通道山东段（聊城—济宁梁山—菏泽）。"三环"是指省会环（德州—滨州—淄博—莱芜—泰安—聊城—德州）、半岛环（青岛—日照—临沂—潍坊—烟台—威海—青岛）、省际环（德州—滨州—东营—潍坊—烟台—威海—青岛—日照—临沂—枣庄—济宁—菏泽—聊城—德州）。

2）枢纽规划

近年来，山东省重点推进省内高铁通道的规划建设，逐渐形成了"一核三点"的高铁枢纽布局。其中，"一核"为山东省会济南，"三点"是指济南、青岛、临沂，这三座城市分别为山东省省会、胶东、鲁南三大经济圈的领头城市。2019 年，三大高铁枢纽获得山东省人民政府和国铁集团的联合批复。这将进一步带动山东省经济的发展。

（1）济南枢纽。

2019 年 5 月 13 日，《济南铁路枢纽总图规划（2016—2030 年）》获批，标志着山东省最大的高铁枢纽、山东省高铁网核心正式形成。规划指出将建立以济南站、济南西站、济南东站为主、大明湖站为辅的"三主一辅"客运布局，且四个站点分工明确，各有侧重点。济南站主要承担普通旅客列车及区域短途出行任务；济南西站主要承担南北方向的中长途出行任务；济南东站主要负责东西方向的中长途及城际出行任务；大明湖站则发挥辅助作用，为济南站分担部分青岛方向的出行任务。最终将形成以济南为核心的"米"字形高铁布局，即以京沪高铁贯穿南北，向东延伸为济青高铁，向西为郑济高铁，西北方向为石济客专，东北方向为济滨高铁，西南方向为济南—济宁高铁，东南方向为济莱高铁。

（2）青岛枢纽。

2019 年 8 月 7 日，《青岛铁路枢纽总图规划（2016—2030 年）》获批，规划建立以青岛站、青岛北站、红岛站为主，青岛西为辅的"三主一辅"客运布局，以及即墨、胶州、董家口港、黄岛、娄山、莱西"1+2+3"物流节点网络，形成以青岛为端点城市的区域性高铁布局，该布局由济南—青岛、青岛—烟台、青岛—聊城、青岛—盐城、青岛—合肥等高铁线路构成。此外，京沪高铁二通道及鲁南高铁通道的建成也能够促进青岛枢纽地位的提升，青岛有望被打造为现代化区域性高铁枢纽。

（3）临沂枢纽。

2019 年 7 月 5 日，《临沂铁路枢纽总图规划（2016—2030 年）》获批，规划建立以临沂北站为主、临沂站为辅的"一主一辅"客运布局，以及朱保、临沂东、梅家埠"1+2"物流节点网络，并形成以临沂为中心的放射状区域性高铁布局，其中京沪高铁二通道（潍宿高铁）贯穿南北，鲁南高铁横贯东西，济南—临沂、临沂—连云港、临沂—枣庄高铁北连南延，临沂有望被打造为真正的全国高铁枢纽。

4. 建设情况

随着省域高速铁路建设工作的大力推进，当前济青高铁、鲁南高铁、潍莱高铁、济郑高铁、莱荣高铁已正式投入运营，潍烟高铁、济滨高铁、济枣高铁等线路仍在建设中。

1）鲁南高铁（日照—曲阜—菏泽）

鲁南高铁日照至曲阜段东起日照西站，西至曲阜南站，正线全长 240 km。其中，临沂至曲阜段于 2017 年 1 月 25 日开工建设，日照至临沂段于 2017 年 5 月 26 日开工建设，2019 年 11 月 26 日全段开通运营，比设计工期分别提前 1.5 年和 1 年；鲁南高铁曲阜至菏泽段东起曲阜南站，西至庄寨站，线路全长 209 km，于 2019 年 1 月 25 日开工建设，2021 年 12 月 26 日通车运营。

鲁南高铁（日照—曲阜—菏泽）是山东省鲁南快速铁路客运通道的重要组成部分。它对外衔接京沪高铁，使鲁南地区与省外地区的联系更加密切，对内加强了与济南、鲁中及山东半岛城市群间的联系，引导和推进了山东省整体协调发展，对国家级发展战略的实施起到促进作用。此外，该线路的建成为沂蒙革命老区承接京津冀、长三角经济区的产业转移提供便利，有利于改善区域交通运输条件，加快沿线地区旅游、矿产资源的开发，使鲁南地区与中西部地区的交流合作更加频繁，通过经济发达地区产业优势和辐射带动作用，实现优势互补和共同发展。

2）潍莱高铁

潍莱高铁自潍坊北站引出，向东接入莱西站，正线全长 123 km。该项目于 2018 年 1 月 1 日开工建设，2020 年 12 月 31 日建成通车。

潍莱高铁是胶东半岛东部地区至内地的便捷通道，有利于聚集区域城市形成城市群，对带动沿线县级市的发展、完善产业合理分工和结构转型有着重要作用。此外，该铁路的开通将极大缩短胶东半岛至山东省西部地区及省会城市的出行时间，实现沿海城市与省会城市的社会经济资源置换，促进共同发展。

3）济郑高铁

济郑高铁线路起自京沪高铁济南西站，向西接入河南省濮阳东站，正线全长 209.7 km。该项目于 2020 年 1 月 1 日开工建设，2023 年 12 月 8 日建成通车。

郑济高速铁路是国家"八纵八横"高铁网、山东"四横六纵"综合运输通道、河南省"米"字形高铁网的重要组成部分。郑济高铁建成后，将与郑西高铁、郑渝高铁、西兰高铁、兰新高铁、郑广高铁等连接，拉近了山东与中原、华南、西南、西北等地的时空距离，必将成为山东省经济腾飞和国家经济社会高质量、可持续发展新引擎。

4）莱荣高铁

莱荣高铁西起莱西站，东至荣成站，正线全长 192.36 km。该线路 2020 年 10 月 31 日开工建设，2023 年 12 月 8 日建成通车。

莱荣高铁与潍莱高铁、青荣城际铁路共同组成环胶东半岛的快速客运通道。它的建成将进一步完善胶东半岛地区铁路网，打破该地区综合交通网络末端的不利局面，对构建山东省城际铁路网、充分发挥沿线旅游资源、促进当地经济社会发展有重要意义。

5）潍烟高铁

潍烟高铁由潍莱高铁昌邑站引出，接入青烟直通线芝罘站，新建正线全长 236.44 km。2020 年 10 月 31 日，该项目开工建设，预计 2024 年具备通车条件。

潍烟高铁的建成，能够优化胶东半岛地区高速铁路网，密切区域城市群的联系，有利于区域经济圈一体化的形成，实现省内城市的融合发展。

6）济滨高铁

济滨高铁自济南东站引出，接入滨州站，正线全长 151 km（不含济南东站、滨州站）。2022 年 9 月 30 日，该项目进入全面施工阶段。

济滨高铁是山东省鲁北高铁通道的重要组成部分，它的建成将极大地拉近济南与滨州的时空距离，有利于省会经济圈一体化的发展，对完善区域路网结构、带动高质量发展有重要意义。

7）济枣高铁

济枣高铁线路自济南枢纽引出，终至台儿庄区，正线全长 269.67 公里。2023 年 12 月，该项目开工建设，预计 2027 年具备通车条件。

该项目是山东"四横六纵"高铁网、山东半岛城市群城际铁路网的重要构成；是引导和带动区域旅游高质量发展的重要载体；是助力沿线城镇化高质量发展，推动山东省新型城镇化建设的重要载体；是构建沿线地区对外连接长三角、京津冀等地区快速客运通道的重要组成部分。

1.2 智能建造发展现状与管理需求

智能建造是将新一代信息技术与工程建造相融合的全新建造方式，旨在实现工程项目全生命周期的高度一体化协同，进而提升工程价值，促进产业变革，以满足用户的需求，为其提供绿色可持续的智能化工程产品与服务。当前，学术界对其开展了大量研究，智能建造技术在实际中的应用越来越广泛，以 BIM 技术、物联网技术为代表的新技术与铁路工程建设不断融合发展。与此同时，智能建造管理也面临着转型升级，出现了新的需求。本节主要分析智能建造及智能铁路的现状与发展前景，梳理智能建造管理现存问题，并分析其管理需求。

1.2.1　智能建造的现状与发展前景

1.2.1.1　智能建造研究现状

在理论研究方面，Y. Jiang 构建了基于 BIM 数字孪生的智能建筑施工管理模型，通过模拟施工及时发现问题，并制定可靠的施工管理计划以提高管理效率；L. J. Kong 等人提出了基于物联网技术的智能建筑系统设计和智能制造体系结构模型，该模型可以实现人类社会与物理系统的融合，以及对全网络内人员、机器、设备和基础设施的实时管理与控制；Y. Wang 等人基于系统工程的思想，提出了一种包含了全球定位系统和地理信息系统、算法预测和机器学习技术、物联网和人工智能技术、大数据和云计算技术等现代信息技术的三维铁路智能建造系统体系结构，并针对铁路智能化建造过程中可能遇到的问题提出相关建议。在国内，智能建造仍处于初步探索阶段，但学者们也进行了大量的研究。陈珂等人阐述了智能建造的基本内涵，归纳了智能建造领域的四大关键技术和发展目标，并明确从健全标准体系、推动产业链协同、加大知识产权保护、开展典型工程试点示范四个方向重点突破；单晓燕等人将 BIM 技术应用于装配式建筑建造的各个阶段，通过碰撞检测和深化设计以优化设计方案，通过构建 4D 施工模型以调整施工进度管理方案，并打造可视化监控管理体系。应用结果表明，BIM 技术在智能建造中能够发挥协助作用；李天翔等人认为智能建造的核心组成模块包括全维度数据体、全场景架构、全场景设备与通信技术三部分，并提出了智能建造标准编制的建议性框架；毛超等人提出了智能建造理论框架，其包含智能决策、智能设计、智能生产、智能施工、智能运维五大阶段，并指出智能建造的核心逻辑为信息集成和业务协同。

在实践应用方面，BIM 技术、物联网技术、3D 打印技术、人工智能技术、云计算和大数据技术已成为智能建造领域常见的技术。

（1）BIM 技术。BIM 技术作为智能建造的核心技术，很多国家都强制规定要将其与工程建设相结合。例如，2007 年，美国政府提出所有重要建筑项目需通过 BIM 进行空间规划；2015 年，新加坡官方发出通知：建筑面积大于 5000 m² 的项目均需提交 BIM 模型；2016 年，英国出台政策，要求实现 3D-BIM 全面协同，且全部文件以信息化管理，韩国要求全部公共设施项目使用 BIM 技术。在中国，BIM 技术应用起步较晚，当前主要应用于施工阶段，以设计建模为主。近年来该技术的发展速度不断加快，相关应用案例更是不胜其数，例如国家会展中心（上海）、凤凰国际传媒中心、珠海歌剧院、中国尊、港珠澳大桥、武汉绿地中心等。

（2）物联网技术。物联网技术最早由美国提出，在 2008 年发布的《2025 年对美国利益潜在影响的关键技术报告》中，美国将其列为六大关键技术之一。2012 年，物联网技术开始进入国内建筑领域，在桥梁、超高层结构健康监测以及轨道交通工程人员定位、工程环境监控等方面均得到了应用。例如，通过读取构件上的 RFID 标签信息，获取构件的位移、变形、裂缝等数值。

（3）3D 打印技术。美国、英国等发达国家对该技术的研究较早，且通过加大资金投入等方式对其进行大力推广。例如美国于 2013 年投入 8500 万美元，英国在 2007—2016 年总计投入 9500 万英镑。在过去的 20 年间，中国也十分重视 3D 打印技术的发展，并且取得了一系列成果，例如苏州工业园区的 3D 打印别墅和当年全球最高的 3D 打印建筑"6 层楼居住房"。

（4）人工智能技术。2017 年全球人工智能核心产业规模已超过 370 亿美元，其中中国占比超过 15%。当前，该技术已被广泛应用于建筑工程领域，例如利用智慧工地系统对施工现场进行实时监控、智能感知，利用人工智能机械手臂进行结构安装等。

（5）云计算和大数据技术。2009—2017 年，全球云计算服务市场规模从 586 亿美元迅速增长到 2602 亿美元，呈现高速发展态势。如今，随着主流平台产品和标准的逐渐形成，产品功能日益完善，云服务进入成熟阶段，增速放缓；在政府部门的大力支持下，大数据技术得到快速发展。例如欧盟于 2018 年出台了《通用数据保护条例》，旨在通过开发利用数据资源促进经济增长、开发其商业价值。一般而言，云计算和大数据技术在建筑领域会被联合使用。例如建立全国智慧工地大数据云服务平台，并在该平台中设置质量控制点，系统通过自动抓取技术指标数据，对施工技术指标进行监管。

1.2.1.2 智能建造发展前景

近年来，我国智能建造领域取得了一系列显著成果，但依然存在一些问题。基础理论研究不够深入，难以指导系统软件、先进材料、关键技术的自主研发。虽然国家颁布了一系列技术标准和政策文件，但尚未形成完整的智能建造框架体系。现从理论研究、产品形态、建造模式、经营理念、市场形态五方面对智能建造发展前景进行展望。

（1）理论研究：基础技术的理论支持和理论上更深层次的探讨，是突破智能建造关键技术发展和各技术融合发展的关键。因此，有必要增加在科研方面的投入，例如，通过在大学增设智能建造专业的方式，创造出研究智能建造技术的环境；政府部门通过科研经费补贴，加大对高校研究智能建造技术的扶持力度。

（2）产品形态：构建"实物+数字"的复合产品形态。利用数字化技术建立工程信息模型，并进行虚拟建造，以优化施工作业顺序，避免空间碰撞。通过后台的虚拟空间对实体产品建造过程进行实时指导。最终除了物质产品外，还将得到与之孪生的数字产品，并在工程运维阶段提供数据支持。

（3）建造模式：构建"制造-建造"的模式。大力发展装配式建筑，利用 BIM 技术不断完善标准化的模块体系，实现规范化的部品部件生产，运用数字技术完成精准化的施工装配，最终达到规模化生产与满足个性化需求的统一。

（4）经营理念：从产品建造转变为服务建造。提供建造过程服务，如基于数据的全过程工程咨询、可支持参建各方网络协同工作的网络协同建造服务，以及嵌入建造系统内部的工程金融服务等，以优化建筑活动，同时实现企业营收的增加；发展建筑产品消费与运维服务，由提供功能较为基础的建筑产品转为提供"产品+服务"的服务包，如个性化服务、专业化运维服务、智能产品的系统解决方案等，以深度贴合用户需求，同时实现企业的增值。

（5）市场形态：工程建造平台化。基于智能建造技术，不断发展平台经济，将设计、算量、计价、分承包、项目管理和成本控制等业务统一在同一个系统内，加强各参与方的协作交流，实现全员对工程建造全过程的系统管控；建立工程材料采购平台，以生产要素价格为纽带，汇集海量价格数据，实现资源要素价格信息透明化；企业借助平台拓展多元化业务，盘活闲置资源、优化配置紧缺资源，以提高工程资源要素的利用率。

1.2.2　智能铁路的现状与发展前景

1.2.2.1　智能铁路发展历程

历经近 40 年，我国铁路实现了从信息化到数字化的发展转型，目前正处于从数字化到数字化+智能化的转型过程。如图 1-4 所示，其演化路径具体可分为四个阶段：铁路信息化启蒙阶段；铁路信息化发展阶段；铁路信息化提升、数字化及智能化发展阶段；铁路数字化、智能化高速发展阶段。各阶段演化过程以及典型特征具体分析如下。

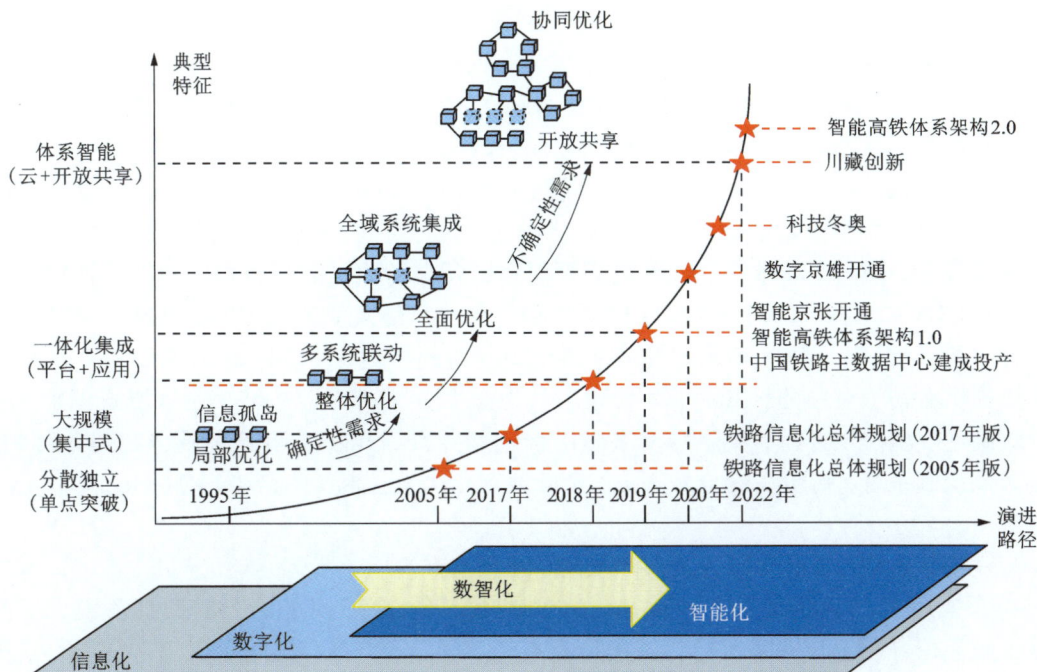

图 1-4　我国铁路信息化、数字化、智能化演化路径和典型特征示意图

1. 铁路信息化启蒙阶段（20 世纪 80 年代—1994 年）

该阶段主要由"经验+流程"确定性需求驱动，各路局站段独立建设系统、垂直管理、局部优化，资源无法共享，其典型特征为"分散独立建设"，属于"烟筒式"系统架构，系统间缺少联动，信息无法传递、共享，产生信息孤岛。

这一阶段的铁路信息化，处于启蒙期，主要以流程优化和重构为基础，基于物理世界的确定性需求，通过信息化手段将铁路市场经营、运输生产、运营维护和管理决策等传统业务模式从线下搬到线上，交由 IT 系统进行业务流程固化及自动化，不改变现实业务逻辑和思维模式，基于数据要素价值潜能为运输生产提供辅助决策支持。

2. 铁路信息化发展阶段（1995—2004 年）

该阶段积极探索铁路信息化"大提速"，主要基于"流程+业务"明确需求驱动，铁路运输管理信息系统（TMIS）、调度指挥管理信息系统（DMIS）、先进交通信息服务系统（ATIS）、铁路工务管理信息系统(PWMIS)、地理信息系统(GIS)、客票发售和预订系统等应用成效显著。尤其是铁路运输管理信息系统,历经 10 年于 2004 年全面建成,是铁路信息化及现代化的重要标志,铁路数字化、智能化进入"萌芽期"。其典型特征是"大规模建设",实现垂直应用集成,在一定程度上达到整体优化效果。

3. 铁路信息化提升、数字化及智能化发展阶段(2005—2019 年)

该阶段自 2005 年开始。2005 年,铁路信息化总体规划以运输组织、客货营销、经营管理为重点,建立统一铁路门户及共享平台,构建数字化铁路。其典型特征是"一体化集成",实现平台+应用的全面优化效果。

在此阶段前期,随着自动化、网络化发展,信息化孕育出数字化。铁路数字化是基于BIM 协同模型的数字孪生技术体系,构建"人–数字铁路–物理铁路"三维世界。铁路数字化是以数据为关键生产要素,基于物理铁路与数字铁路精准映射,将铁路生产全要素转变为可存储、可计算、可分析的数据、信息、知识,提高铁路数字化治理、响应和决策支撑能力,推动数据资源赋能铁路高质量发展。"十三五"时期单项应用达到世界铁路先进水平。

随着大数据、云计算、人工智能、物联网、数字孪生技术发展,数字化、智能化高速发展。通过高效利用与铁路运输相关的所有移动、固定、空间、时间和人力资源,以较低成本实现保障安全、提高运输效率、改善经营管理和提高服务质量的平台服务化新一代铁路智能运输系统(RITS)架构。2017 年修订发布《铁路信息化总体规划》,2019 年建成中国铁路主数据中心。基于"数据+模型"不确定性需求的驱动,构建"铁路一体化集成平台",GIS 平台为跨系统提供空间信息服务,BIM 工程管理平台为全生命周期奠定基础。通过模式识别、辨识技术对确定环境建立模型,从而对未来做出推理和规划,开发了运筹学模型的列车时刻表、列车智能控制系统;初步实现全域集成、全面数字化决策控制,铁路步入数字化、数字化、智能化阶段。

4. 铁路数字化、智能化高速发展阶段(2020 年至今)

基于 2019 年的智能高铁体系架构 1.0,铁路数字化、智能化进入高速发展阶段。王同军提出了高效综合利用与铁路运输相关的所有移动、固定、空间、时间和人力等资源,挖掘数据潜在价值,以"降本增效、提质达标"为目标,在铁路数字化基础上实现铁路建设、运输全过程、全生命周期的高度信息化、自动化和数字化、智能化。

1.2.2.2 智能铁路研究现状

中国对智能铁路的研究起步较早,20 世纪 80 年代末就开始了铁路信息化研究。2000年,国家铁路智能运输系统工程技术研究中心成立;2003 年,在科技部的支持下,中国铁道科学院启动了关于铁路智能运输系统标准体系的研究;之后结合中国国情,陆续有学者提出中国智能铁路的总体框架。周曦等人在分析了国内外铁路智能运输系统相关标准研究现状的基础上,系统地提出了适用于中国的标准体系总体架构,并对其中包含的标准种类和要素群进行阐述;李平等人介绍了铁路智能运输系统体系框架的研究方法和技术路线,重点阐述服务框架、逻辑框架、物理框架及通用信息平台等内容,并在最后提出发展战略;王同军在分析国外智能铁路发展历程的基础上,对其特征、内涵进行界定,提出智能铁路总体框架;杨青峰聚焦于高速铁路,通过梳理国内外智能高铁发展现状,给出了智能高铁的内涵,并设计了三维智能高铁成套体系架构;王同军还针对"十四五"时期中国智能高铁面临的内外部形势和要求，提出智能高铁体系架构 2.0 的内涵和主要体现在体系正向设计、全专业协同、跨行业综合、预测性分析四个方面的代际特征，从技术体系、数据体系、标准体系等维度构建智能高铁体系架构 2.0；解亚龙等人在智能高速铁路体系架构的基础上进一步深化研究，提出了铁路智能建造的技术架构、业务架构、数据服务架构和标准架构。除了理论框架研究外，陈丹等人总结分析了铁路盾构隧道智能建造在勘察、设计、施工、运维等各个阶段的现状及存在的问题，并提出建立完善的盾构隧道智能建造技术体系；王万齐等人介绍了基于 BIM 的三维设计、协同管理、智能化工厂和工地等智能建造技术在京雄城际铁路中的应用，这些技术有利于降低安全风险、减小劳动强度、缩短建造工期、实现环境保护；李迎久提出将智能建造技术与铁路建设管理相结合，构建以建设单位为主导的智能建造管理体系和基于 BIM 的智能建造技术体系，实现对项目全生命周期的智能管控；黄子懿等人以某铁路勘测项目为例，通过将传统勘测和智能勘测进行对比，证实了智能勘测技术能有效提高勘测效率和质量，进而影响铁路线路设计。

在实践应用方面，我国铁路智能建造技术的应用已初具规模，但仍需深化基础研究。相对于传统建造而言，智能建造能够智能感知铁路建设项目的关键要素，通过大量提取和分析数据，辅助管理者进行决策判断，从而不断提高铁路建设的质量安全和工作效率。此外，智能平台的应用可以实现资源、信息的互换和共享，达到协同管理的效果。京张高铁是世界上首条全线采用智能技术建造的铁路，也是首条采用我国自主研发的北斗卫星导航系统，自动驾驶时速能够达到 350 km 的铁路。它以 BIM+GIS 技术为核心，综合运用物联网、云计算、大数据等现代化信息技术，实现了质量、进度、成本、安全的精细化和智能化管理，因此被誉为中国智能高铁示范工程。京雄城际铁路首次将 BIM 技术应用于全线、全过程、全专业，实现了从设计、施工到运维的全生命周期三维数字化智能管理，创造出智能高铁的"数字孪生"。

1.2.2.3　智能铁路发展前景

智能铁路是现代化信息技术与动车组、线路、桥梁、通信、供电等多个物理实体的深度融合，是未来铁路领域的重要发展方向。当前，智能铁路全球竞争日益激烈，国内运输效率提升、服务品质提升、安全水平提升、装备智能化提升和基础设施智能化提升等内部市场需求也愈发强烈。为打造更加安全舒适、经济环保、方便快捷的新一代智能铁路，保障中国铁路在世界保持领先水平，可从智能建造、智能装备、智能运营三方面进行展望。

（1）智能建造：到 2025 年底，在智能建造理论和技术研究方面实现突破，全面建成基于 BIM 的智能建造标准体系，将 BIM+GIS 技术与智能选线、测绘与勘察充分融合，利用 BIM 技术协同辅助设计工作的开展，实现基于 BIM 的智能化施工，打造建设与运维一体化的全生命周期管理体系；到 2035 年底，将 BIM 与工程机械深度融合，更加广泛地应用智能建造技术，实现无人自主智能机械施工，打造无人智慧工地。

（2）智能装备：到 2025 年底，形成自学习、自适应谱系化智能动车组，构建虚拟化、稀疏化轨旁设备信号系统，实现列车移动闭塞和全面感知的全自动驾驶，建成全方位智能安全保障体系；到 2035 年底，探索基于智能设计与制造的自我修复型智能动车组和全自动无人驾驶技术，实现动态近距离的列车移动追踪，研究可储能源的绿色无线供电技术，建立基于量子等新技术的智能安全体系。

（3）智能运营：到 2025 年底，实现复杂路网综合协同指挥的智能调度，制定出智能化、柔性化、多样化的客运列车开行方案，提供全方位、全过程信息综合无干扰主动服务，达到多种交通模式的全程畅行，实现跨专业一体化运维；到 2035 年底，提供无人条件下站车智能服务，发展极端复杂情况下高速铁路智能容错理论与技术，具有装备自主智能检修功能。

1.2.3 智能建造管理新需求

所谓智能建造管理，即积极应用更为先进、可行的智能建造技术和智能化管理工具在工程立项、策划、设计、施工和后期维护等各个阶段开展管理工作。它对加强施工质量、施工安全与施工进度控制有重要意义，能从根源上强化铁路工程整体管理质量与效率，也有利于企业获得最大化经济与社会效应，是未来重点发展方向。2021 年的《建筑业企业信息化应用分析(数字化转型白皮书)》显示，有超过 70% 的建筑企业建立 ERP、综合项目管理与生产管理、现场项目管理与数字工地、财务资金与税务管理、人力资源管理、行政管理与协同办公的信息化系统，其中综合项目管理与生产管理应用较普遍，调查企业中应用率高达 88.9%。虽然智能建造管理越来越被重视，但仍然缺乏系统化、规范化的智能建造管理体系。管理组织的不健全、智能建造标准与技术的缺失、智能建造管理平台的缺乏等阻碍了高铁建设朝着信息化、数字化、智能化的方向迈进，难以实现可持续发展。

综上，有必要对智能建造管理提出新的需求，构建出更高、更新、更严、更系统的管理体系。当前及未来一段时间中国智能建造管理的需求主要来源于管理组织合理化、管理手段数智化两方面。

(1)管理组织合理化。适配的组织架构能保证智能建造工作的顺利开展。当前，大多数企业存在管理机构设置不合理、职责分工不明确、智能建造管理流程混乱、集团内部以及集团与各单位间组织协调性较差等情况。为促进企业智能化管理的转型升级，有必要强化组织管理。可从组织架构、管理制度、人才培养等方面入手，实现设计、施工、监理、咨询单位等多主体的协同联动，促进智能高铁建设过程中的信息共享和资源整合，不断提高智能建造管理效率和能力。

(2)管理手段数智化。智能建造管理水平的提升，离不开管理手段的优化升级。以高铁智能建造标准为基础，从通用标准、技术标准、应用标准和管理标准四个维度构建智能高速铁路标准体系框架；以智能建造关键技术为驱动，重点布局攻关绿色、智能、精细化选线设计技术，路基、桥梁、隧道、轨道智能施工技术，变形控制及沉降综合"监测-预测"技术等智能建造技术；以智能建造管理平台为依托，加强对选线设计软件、智能监测系统、铁路智能化建设管理平台、高铁站房运维管控平台等智能化管理软件的研发应用。从标准、技术、管理平台三方面为提升高铁建设的数智化水平提供手段支撑。

第2章

智能建造管理体系构建与规划部署

交通运输是兴国之要、强国之基。交通强国，铁路先行。铁路工程建设项目管理是一个复杂系统工程，具有专业多且跨度大、参建单位多而管理协调复杂等特征，过程管理难度大、数字化应用水平较低等问题亟待解决。随着新一轮数字化、网络化、智能化科技革命和产业革命的深入推进，云计算、大数据、人工智能、BIM 和 5G 等前沿技术蓬勃发展，世界各国铁路都在积极拥抱新技术，推进铁路数智化发展。作为国民经济的大动脉，铁路孕育着重大的技术创新发展机遇，铁路智能建造正加速落地。

为抢抓数字经济发展新机遇和价值增长新空间，积极响应上级有关单位对国有企业数字化转型、铁路工程绿色智能建造发展的部署和要求，山东铁路投资控股集团有限公司（以下简称山东铁投集团）立足新发展阶段，深入贯彻创新、协调、绿色、开放、共享的新发展理念，突出高质量发展主题，发挥路省合作优势，倾力打造新时代地方铁路建设新标杆。山东铁投集团紧紧抓住铁路建设黄金机遇期，凝心聚力推动铁路建设，积极探索科学有效的建设管理模式，适应大规模、高标准铁路建设的新形势。

为整体提升省域高铁建设的信息化、数字化、智能化创新能力，提升山东铁投集团数智转型和长远发展核心竞争力，通过明确省域高铁绿色智能建造管理的战略需求和总体目标，全面梳理、识别构成要素，分层级、分维度构建省域高速铁路绿色智能建造管理体系。针对省域高铁绿色智能建造管理体系的落地，进行顶层规划部署，分阶段实施，明确实施要点和实施步骤，不断优化转型思路，上下联动、合力而为，快速形成绿色智能建造管理与关键技术创新协同推进之大势，为一系列重大技术创新成果孵化和应用提供重要保障，探索出一条特色鲜明的绿色智能建造管理创新之路。

2.1 山东铁投集团智能建造管理现状

在"一省一公司"模式的发展背景下，山东铁投集团（图 2-1）于 2018 年 11 月正式注册成立，注册资本 484.57 亿元，是山东注册资本规模最大的省属企业，是省管功能性国有资本投资运营公司，也是全国为数不多的集筹资、投资、建设、运营于一体的地方铁路建设管理平台。其功能定位为支持山东省综合交通特别是高铁等重大基础设施建设，推进产业融合、协作发展的投融资主体，担负着推动全省铁路建设、加快推进"交通强省"战略，助力山东省实现"走在前列"目标定位的重大任务。

图 2-1　山东铁投集团

根据国家及山东省数字化转型要求,山东铁投集团"十四五"规划提出:不断提高集团的管理数字化与业务数字化水平,打造集团数字化管理平台,完善集团办公信息化系统,提升资产管理信息化水平,加大工程管理信息化力度,建设供应商信用评价信息系统,推广 BIM 系统,部署建筑工地监控系统。

通过一系列信息系统的建设,山东铁投集团在招标采购、财务管理、铁路建设管理等方面已具备一定信息化能力,切实为工作效率和质量提升带来了较为明显的效果。2022 年 4 月,由山东省属企业数字化转型诊断评估工作组出具的《山东铁投集团数字化转型诊断评估报告》中指出:山东铁投集团数字化发展水平在山东省属企业中居中下游水平,目前正处于实现动态协同的提升期。山东铁投集团数字化转型得分为 37.27 分,比山东省属企业数字化转型水平(44.09 分)低 15%,比中央企业平均水平(44.68 分)低 17%,位于场景级,正基于主营业务领域相关数据的获取、开发和利用,实现主要业务活动、关键业务流程、基础设备设施、IT 软硬件等的信息化管理,提升主营业务领域内资源优化配置效率。虽然其在信息化建设方面已取得一定成果,但是在数字化转型方面仍存在一定差距。

一是集团信息系统建设的整体性规划、系统性建设能力较弱,缺乏顶层整体设计和统筹。目前在用或在建的系统多数是根据某一个或几个业务属性需求建设,在底层技术架构、数据标准规范、系统融合应用等方面还有一定局限,存在数据不联动、业务不协同的情况,同时也给系统建设方面造成一定成本浪费。

二是数据资产建设及开发应用程度较低,数据赋能流程优化、产业创新成效不显著。基础数据采集不全、底数不清、覆盖范围不广、标准不统一的问题较为突出,影响了数据要素创新驱动潜能和科学决策,企业数据、社会数据、产业数据未能融合,大数据叠加倍增的效应未能充分发挥,用"新工具"解决"老问题"的方法不多。

　　三是集团信息化建设起步较晚，当前可用系统较少，还存在流程线下跑、数据人工统、业务看经验等情况。以信息化为支撑的经营管控体系不健全，信息系统建设水平尚处于起步阶段，办公管理大部分环节仍采用线下跑腿、现场检查、分级统计、上报汇总的传统模式，信息孤岛、资源不能共享的情况仍然存在。信息化应用仅停留在公文系统、财务、招投标、验工计价等独立的业务系统，以及灯塔在线、齐鲁工惠等上级单位要求的平台上，办公事务处理只是利用国铁集团开发的 OA 平台，实现公文流转和信息发布等功能，没有着眼于管理和决策的需求。

　　四是保障支撑能力需要进一步加强，尤其在人才队伍、基础设施、资金投入、文化建设等方面。数字化转型对于企业来说，是一个战略性的长远规划。随着数字技术发展和数字化转型的深入，企业投入的成本将会越来越多。当前集团信息化力量薄弱，并且每年的相关投入也比较少，阻碍了集团数字化转型的进程。

　　山东铁投集团迫切需要集约化的数字化转型方案，统筹规划顶层架构，加强数据积累，加大信息化建设的人员和资金等相关投入，加快打通"建管养运"全产业链、经营管控各环节，通过新一代信息技术创新应用，加速企业数字化进程，提高平台载体支撑能力，实现价值体系的重构，为集团"十四五"发展建设奠定良好开局。

　　在此背景下，省域高速铁路智能建造管理发展需求迫切。

2.2　关键概念界定

2.2.1　信息化、数字化和智能化

　　随着技术发展，信息化、数字化、智能化三个概念不断演化、重构和发展，如图 2-2 所示。信息化是通过物理世界向信息系统的信息映射，将线下业务流程搬到线上，通过业务流和数据流呈现业务状况、流程进展等信息，局部优化，提高工作效率。数字化是用数字世界精准映射现实世界，通过数字仿真模拟，实现物理世界的全局优化、业务创新、生态重构及组织变革。数字化、智能化是用数字世界平行控制现实世界，通过精准感知、自适应学习实现生态协同优化及系统自动科学决策。

　　数字化是基于信息化技术所提供的支持和能力，让业务和技术真正产生交互，改变传统运作模式，实现"人-机"交互决策。数字化、智能化是信息化、数字化发展的高级阶段，但三者并非取代式递进关系，而是有着本体发展层次的差异。其差异主要体现为最终决策是由人、"人-机"、机器自主完成：信息化是人为经验决策，数字化是"人-机"交互决策，数字化、智能化是"人-机"一体化且无差异化的机器自主决策。在省域高铁建设的智能建造管理中，信息化、数字化、智能化三者有区别和联系。

　　信息化，指在高铁工程建设过程中，采集、处理、传递和利用信息的过程。这些信息可以包括工程进度、质量、安全、成本等各个方面的数据信息。通过信息化的手段，可以实现信息共享和流转，提高管理效率和决策水平。

　　数字化，指将高铁工程建设过程中的物理实体和过程转换为数字模型和数据的过程。例如，采用 BIM 技术对高铁工程进行数字化建模，可以在建设前进行模拟和优化，提高工程的设计质量和施工效率。

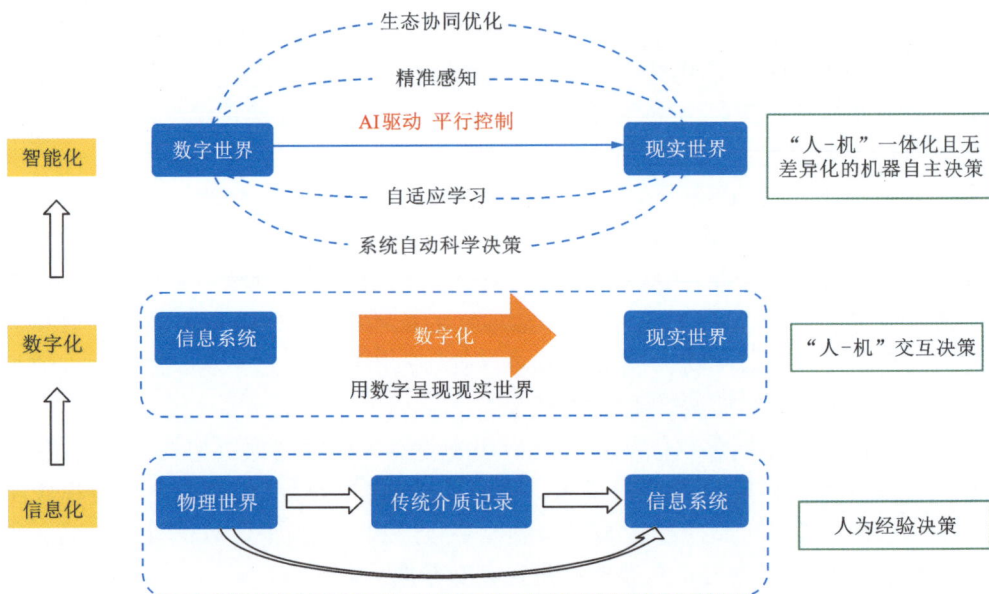

图 2-2　信息化、数字化、智能化相关概念辨析图

智能化，指在高铁工程建设过程中，通过采用人工智能、物联网等新技术，对工程建设进行自动化和智能化管理。例如，采用无人机、机器人等设备进行巡检、测量和施工，可以提高工作效率和减少人员伤害。同时，通过数据分析和机器学习等手段，可以提高管理水平和决策精准度。

目前，我国铁路工程已实现信息化向数字化的转型，并且在数字化转型中不断拓展应用范围，通过数字呈现现实世界，逐步实现"人-机"交互决策。信息化、数字化、智能化三者在高铁工程建设的智能建造管理中相互联系、相互促进，共同构建高效、智能的建设体系。但就数字化、智能化而言，仍处于探索阶段，要实现"人-机"一体化且无差异化的机器自主决策，仍有较大差距，需进一步积极探索数字化向数字化、智能化的转型，最终完全体现数字化、智能化特征。

我国铁路发展与信息化、数字化、智能化技术持续融合，在智能建造、智能装备、智能运营等方面不断推进，以 BIM+GIS 技术为核心，广泛利用物联网、大数据、人工智能等新技术，以科技创新为原动力，构建勘察、设计、施工、验收、安质、监督全生命周期可追溯的闭环体系，具有深度学习、跨界融合、人机协同、群智开发及自主操控等特性，形成了工程设计及仿真、数字化加工、精密测控、自动化安装、动态监测、信息化管理等六大应用场景，为我国铁路数字化、数字化、智能化发展提供强有力的技术支撑。

2.2.2　智能建造与智能建造管理

关于智能建造，不同专家学者有着自己的见解，当前学术界尚未形成统一的表述。它的概念最先由鲁班软件创始人杨宝明提出。他认为智能建造包含两层含义：一是产业的和谐发展、与大自然和谐可持续发展，二是行业武装先进的数字神经系统。丁烈云等人指出智能建造是在工程建造中融入新信息技术的创新模式，通过规范化建模、网络化交互、智能化决策支持可以提高工程全生命周期的集成化和高效协同性，最终达到产品和服务可持续的目的。肖绪文指出智能建造是计算机技术、网络技术、机械电子技术、建造技术与管理科学的交叉融合，它以机器人代替人工的方式，减少施工现场人员数量，实现建筑业作业形态的改革。总的来说，目前行业内较多的人认为：智能建造是将现代化信息技术与传统建造技术相融合的全新建造方式，通过应用 BIM 技术、物联网、大数据、移动应用、智能设备等关键技术，使项目在全生命周期中达到高度集成化和系统化，进而提升工程价值，促进产业变革，其目标是满足用户的需求，为其提供可持续的智能化工程产品与服务，其是推动建筑业转型升级、高质量发展的必由之路。

智能建造管理（intelligent construction management）是一种为了确保工程建设项目的智能建造顺利实施而转型升级的创新管理模式，面向全生命周期智能建造的总体目标，充分发挥智能技术在安全生产保障、效率效益提升、服务质量优化等方面的支撑作用，实现高速铁路全生命周期管理、全业务要素协同，使面向智能高铁的综合效能优化系统性提升。

在山东省域高铁建设的背景下，智能建造管理具体是指山东铁投集团作为建设单位，对其主导的省域高铁工程建设项目实施的智能建造管理，其基本特征主要表现在管理行为协同性、技术应用集成性、信息数据完整性、信息数据关联性、管理效率最优性五个方面，如图 2-3 所示。

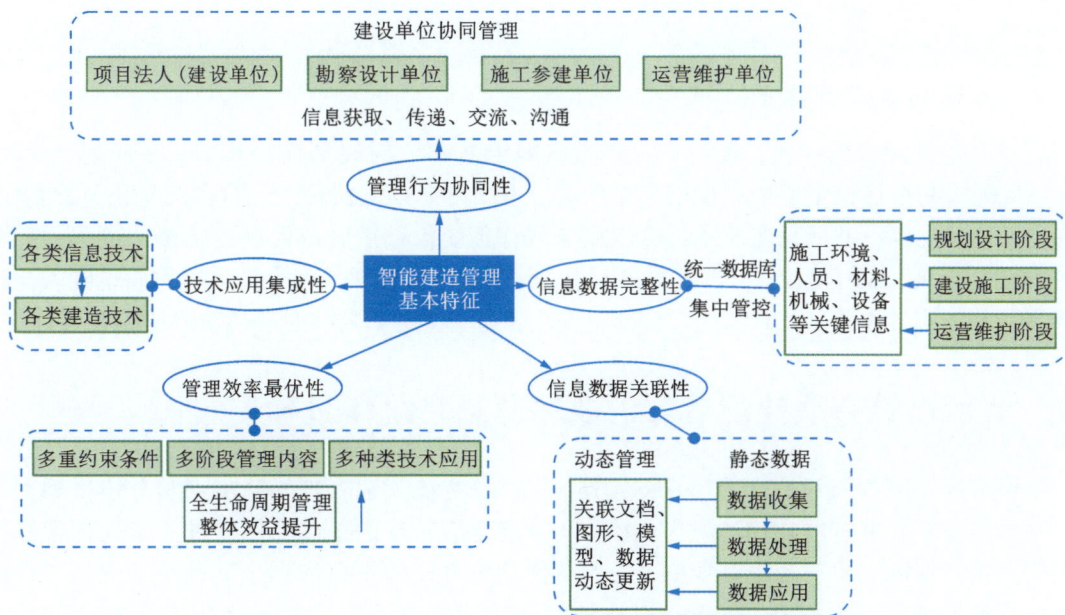

图 2-3　智能建造管理的基本特征

（1）管理行为协同性。省域高铁业主建设单位统筹各参与方及时、动态地对项目全生命周期进行整体管理；打破信息壁垒，推进信息共享，实现多方面的协同工作，使得各个环节的工作无缝连接、协同配合，促进项目信息准确及时获取、传递、交流、沟通，从而提高整个工程的管理效率和建设质量。

（2）技术应用集成性。采用先进的数字技术和智能技术，以 BIM+GIS 技术为核心，综合应用物联网、云计算、移动互联网、大数据等新一代信息技术，与先进的工程建造技术相融合，通过自动感知、智能诊断、协同互动、主动学习和智能决策等手段，进行工程设计及仿真、数字化加工、精密测控、自动化安装、动态监测等工程化应用，构建勘察、设计、施工、验收、安质、监督全生命周期可追溯的闭环体系，围绕路基、桥梁、隧道、轨道及车站，实现建设过程中进度、质量、安全、投资的精细化和数字化、智能化管理，形成和谐共生的工程建设产业生态环境，使复杂的建造过程透明化、可视化，推动高铁建设从信息化、数字化走向数字化、智能化。

（3）信息数据完整性。应用全生命周期管理的理念，不再进行片面、离散的信息管理，避免信息数据遗漏，造成建设管理事故，使管理信息涵盖设计、施工、运营维护及施工环境、施工人员等全部关键信息，打通信息孤岛，建立统一的工程建设管理平台，进行数据集中管控。

（4）信息数据关联性。以项目管理的进度、质量、安全、投资等为目标，将原本静态的数据收集、处理、应用转化为实时动态管理，各类数据和信息都可以实时采集、传输、共享和利用，保证管理要素变动时关联文档、图形、模型、数据的更新。这样既减少了数据变更产生的管理错误，又实现了信息化的高效和共享，提升了管理质量。

（5）管理效益最优性。摒弃单阶段效益评估机制，不仅着眼近期或短期管理成本，更要充分考虑在多重约束条件、多阶段管理内容、多种类技术应用下全生命周期整体效益，通过将全生命周期的管理成本与各类效益协调整合关联，平衡经济、社会等效益，实现管理整体效益最优。

2.2.3　省域高铁智能建造管理

省域高铁智能建造管理，聚焦于省域高铁固定基础设施规划建设环节，在规划、设计、施工、运营等高铁建设全生命周期的各个阶段，遵循可持续发展理念，通过信息化、智能化、机械化、装配化等一系列高新技术综合应用来取代传统低效措施或促进传统建造过程的降本增效和转型升级，在环境保护、节能降耗、生态平衡、人文景观、安全舒适等方面达到人与自然和谐、人与社会和谐，保障工程人员健康安全，提升管理效能，促进高铁可持续发展。

2.3　省域高铁智能建造管理的战略背景与总体目标

省域高速铁路智能建造管理体系的构建，以明确智能建造管理战略需求与总体目标为基础。在铁路数字化和智能化高速发展的阶段，智能建造管理的总体目标是进一步发挥智能技术在安全生产保障、效率效益提升和服务质量优化等方面的支撑作用。其旨在实现高速铁路全生命周期管理和全业务要素协同，以达到综合效能优化系统性提升的面向智能高铁的目标，从而支撑新时代铁路高质量发展，实现智能建造、智能装备等的技术水平持续领跑世界高铁发展。为此，需要构建智能建造管理体系，并面向系统综合效能最优开展顶层体系的正向设计。在此基础上，实现全专业协同和跨行业综合，推动数据分析能力方面的预测性分析应用。

2.3.1　省域高铁智能建造管理的战略背景

2.3.1.1　交通强国　战略引领

"交通强国，铁路先行"带来的战略引导使命，促使铁路领域从追求速度规模转向注重质量效益，要求铁路工程建设必须坚持以新发展理念引领高质量发展，围绕加快建设交通强国总体目标，以数字化、网络化、智能化为主线，以促进交通运输提效能、扩功能、增动能为导向，推动交通基础设施数字化转型、智能化升级，建设便捷顺畅、经济高效、绿色集约、智能先进、安全可靠的交通运输领域新型基础设施。

山东省被交通运输部纳入首批交通强国试点省份，山东铁投集团的成立与发展以此为背景和根基。山东铁投集团着力强化项目业主作用，组织一流的项目建设队伍，严格执行国家、国铁集团高铁建设的要求，通过创新管理模式，严格实行合同管理，强化组织管理，加强参建各方业务培训，强力推进、落实试点的各项任务。在省域高铁智能建造管理体系的构建中，认真贯彻落实"交通强国、交通强省"战略布局，以提高铁路运输效率、提高运输安全、保障经济发展为目标。山东铁投集团坚持以交通强国战略为引领，以加快实现齐鲁人民"高铁梦"为己任，加快构建"四横六纵三环"高铁路网布局，开创性地独立建成济青高铁、潍莱高铁、鲁南高铁和黄东联络线等四条高速铁路，逐步探索出一条富有山东特色的铁路建设新路子，叫响"好、快、省、和"山东铁投品牌。山东铁投集团积极探索省域高铁智能建造转型升级，转变思想观念，理顺管理关系，大胆创新实践，为省域高铁智能建造转型与发展提供重要保障。

2.3.1.2　数智转型　技术驱动

数智转型是当今全球的发展趋势之一，意味着在信息技术的支持下，将各个领域的数据数字化并进行智能化处理，以实现更高效、更精准、更可持续的发展。随着云计算、大数据、人工智能、BIM 和 5G 等前沿技术蓬勃发展，铁路新一轮数字化、网络化、智能化科技革命和产业革命正在深入推进。2016 年，《国家信息化发展战略纲要》提出以数字化、网络化、智能化为特征的信息化进入全面渗透、跨界融合、加速创新、引领发展的新阶段。2020 年，科技创新提出了数字化、网络化、智能化是新一轮科技革命的突出特征及新一代信息技术的核心。2021 年，国家"十四五"规划强化数字化转型、智能化升级。2022 年，党的二十大报告再次强调建设现代化产业体系，加快建设交通强国、数字强国，推动数字化、智能化发展。

山东铁投集团围绕山东铁路高质量发展，统筹数字化转型总体布局，在借鉴国铁集团研究成果的基础上，总结济青、鲁南等高铁项目建设经验，以数字化、智能化、大数据为驱动，以 BIM 模型为核心，融合 GIS、大数据、人工智能、区块链等数字化技术，开发山东铁路智能化建设管理平台，构建省域高铁智能建造管理体系，旨在解决铁路建设管理的协调工作量大、诚信体系不健全、安全质量问题追溯难、内业资料弄虚作假、海量资料编制、资料归档量大、储存和查阅难、数字化及智能化应用水平低、建设与运营期数据信息共享少等痛点和难点问题，从而提高建造效率、降低施工风险、提高质量控制。

2.3.1.3 省域铁路　协同服务

省域高铁作为区域性铁路交通基础设施，具有地域性、功能性和特色性等特点。省域高铁与国家铁路干线相比，在建设规模、服务范围、技术标准、建造模式、管理体制和运营模式上都有所区别，需要更加注重地方实际情况的考虑，结合技术发展趋势和经验，建立适合当地需求的技术标准、建造模式、管理体制和运营模式，以实现更高效、更精准、更可持续的发展。智能建造管理是一种全方位、全要素的管理模式，旨在实现铁路工程建设的全面数字化、智能化和信息化，为铁路建设和运营提供可靠的技术支持和保障。

山东铁投集团立足省域铁路发展需求，以智能高铁理念为指导，根据全生命周期视角和全要素协同管理理念规划智能建造管理，注重将现代信息技术和智能化装备应用于铁路工程建设、运营管理等方面，通过建立全生命周期的"企业级+项目级"多要素协同的智能建造管理平台。企业级，将规范各个业务部门的业务流程和信息交互标准，建立集约化、标准化的企业级信息平台；项目级，将建立智能化的工程管理体系和施工管理体系，完善安全管理、质量管理、进度管理等方面的标准化流程，推动技术标准的统一制定和实施，实现信息共享和决策支持，提升铁路工程建设的技术水平和质量保障能力。在智能建造管理体系的构建方面，充分考虑省域高铁的特点，结合地方实际，打造符合当地需求的智能建造管理体系，提高铁路运输服务质量，促进当地经济发展。

2.3.2 省域高铁智能建造管理的总体目标

山东铁投集团作为承担山东高铁项目投资建设的主要平台，坚决贯彻国家和山东省关于加快铁路建设的重大部署，认真落实畅通融合、绿色温馨、经济艺术、智能便捷的要求，瞄准打造新时代地方铁路建设新标杆的目标，以全面创建精品、智能、绿色、人文工程为主线，把握强基达标、提质增效、改革创新三大关键，突出安全、质量、投资、工期、环保五个重点，全力打造精品工程、建设绿色工程、推进智能工程、建造人文工程，实现山东铁路建设又好又快发展。

山东铁投集团通过构建智能建造管理体系，推行智能建造管理，其总体目标是创新智能建造管理发展理念，完善智能建造管理体制机制，通过数字化、智能化和信息化技术的应用，强化智能建造管理技术支撑，结合科学的管理体系和流程，健全智能建造管理标准体系，推动数字化转型，提升管理效能，实现建造效率和质量的提升，精心打造精品工程、放心工程。

2.3.2.1　带动省域高铁由传统建造管理向绿色智能建造管理转型升级

以省域高速铁路高质量发展要求为目标，把握数字化、网络化、智能化融合发展的契机，以信息化、智能化为杠杆培育新动能，带动省域高速铁路由传统建造管理向绿色智能建造管理转型升级，创新发展理念，强化技术攻关、平台建设、人才培养等各项要素保障。

2.3.2.2　开创运转有效的绿色智能建造管理新格局

创建有利于工程项目推进的绿色智能建造管理的体制机制，明确建设单位、勘察设计单位、施工单位以及相关科研单位、数字化技术服务单位的作用和职责。一是建立了上下联动、齐抓共管、分工负责的工作推进机制。成立专项小组，调度和协调绿色智能建造管理体系运行推进过程中的重大问题。二是形成了路地共建、部门协同，快速推进的良好工作局面。路地双方协同配合、同舟共济；省直有关部门、沿线各级地方政府和山东铁投集团目标一致，协调配合；山东铁投集团履行项目实施主体职责，成立工作专班，挂图作战，压茬推进各项工作，快速形成协同推进之势，促进绿色智能建造管理落实落地。

2.3.2.3　实现高铁绿色智能建造关键技术突破创新

推进绿色智能建造管理，科技研发工作聚力先行。山东铁投集团积极实施招才引智，与山东大学、西南交通大学、中南大学、中国铁道科学研究院、中铁工程设计咨询集团有限公司等多所院校和科研机构签订战略合作协议，协同推进绿色智能建造关键技术科技攻关，以及相关智能化软件产品研发和集成应用。

2.3.2.4　实现信息技术与铁路建设发展深度融合

以物理高速铁路网和信息高速铁路网双网融合为主线，以既有铁路技术标准、铁路信息化标准，以及云计算、大数据、北斗卫星导航等新兴技术标准为基础，从信息技术标准体系、工程技术标准体系、管理技术标准体系三个维度出发，建立一个层级清晰、结构分明、体系明确的高铁智能建造标准体系。

2.3.2.5　实现省域高铁建设由经验驱动转向数据驱动

基于 BIM+工程建设管理平台，推动"建管养运"各环节数据闭环流通融合，将低价值密度的数据整合为高价值密度的信息资产，实现铁路建设由经验驱动向数据驱动转变，促进各环节的高效协同，完成铁路建设管理模式的探索与创新。统筹指导鲁南高铁、津潍高铁济南联络线、济南东站枢纽等高铁智能建造试点项目实施，通过试点并全面推广应用，实现工程项目的系统化管控，赋能提质增效，有力推动省域高铁建设数字化转型和地方经济高质量发展。

2.4　省域高铁智能建造管理体系构建

智能建造管理体系，是将全生命周期里涉及核心业务领域的全部信息、过程运作和管理集成为一个整体，推动高速铁路基础设施从勘察设计、建设施工、运营维护一直到报废处置全过程管理的协同化、智能化，并运用先进信息技术推动基础设施状态动态监测，实现微观时间截面上资源最优配置、宏观全生命周期全局效益最优的管理模式。

2.4.1　省域高铁智能建造管理体系构成因素识别

如何将智能建造管理思想和理论成功运用到省域高铁建设项目管理实践中，对于基于业主视角进行省域高铁智能建造管理创新与实践来说，无论是理论层面还是实践层面都是挑战。山东铁投集团在铁路数智化转型背景下，进行了多次行业调研和专家访谈，并结合文献调研、工作总结等综合性研究方法，分析、总结省域高铁智能建造管理体系在管理、技术、平台等界面中存在的问题及发展需求，旨在识别省域高铁绿色智能建造管理体系构成要素。

本节以省域高铁智能建造管理体系相关文献为理论依据。首先以智能铁路（intelligent

railway)、智能高铁/智能高速铁路(intelligent high-speed railways)、智能建造(intelligent construction) & 铁路工程管理(railway construction management)、数智化建造(digital and intelligent construction) & 铁路(railway)、智能建造管理(intelligent construction management)、绿色铁路建造(green railway construction)为关键词,在 CNKI、Science Direct、Web of Science 等数据库中检索省域高铁智能建造管理体系相关的文献。经文献搜索发现,与省域高铁智能建造管理体系直接相关的研究较少,因此现有文献为本研究提供的素材并不是十分丰富。但与此同时,有几位有代表性的学者在智能铁路、智能高铁、高铁智能建造、高铁智能化成套体系、基于 BIM 技术的铁路工程建设管理等方面开展了系统且深入的研究。虽然这些研究是以"大国铁"为主要研究对象,省域高铁与"大国铁"在投融资、建设管理、运营管理的主导权和所有权等方面有所区别,但对于高铁建设管理模式,这些研究既有继承,也有发展,因此,可为本节内容提供有益参考。依据主题契合度高、时间跨度低、被引度高、权威度高等标准进行筛选,筛选出研究较为充分的 7 篇文献后,对这些文献进行内容分析。筛选构成因素时,充分考虑本研究视角(切入点)是建设单位主导下的省域高铁智能建造管理体系,故遵循两个基本原则:其一,地方铁路建设的适用性,充分考虑在"一省一公司"模式下的发展背景;其二,聚焦高铁项目的智能建造阶段,只针对智能高铁"三大主线业务"中的高速铁路建设的主线业务展开。梳理后得到代表性相关文献中的高铁智能建造管理体系构成因素,如表 2-1 所示。

表 2-1　相关文献中的高铁智能建造管理体系构成因素梳理

序号	作者	构成因素
1	王同军	(1)业务应用体系:包括勘察设计、工程施工、建设管理、检测监测等智能建造技术的应用。 (2)数据体系:智能高铁建造过程相关多源异构数据的产生与获取,包括物联网数据、建设管理数据、综合协同数据、经营管理数据、资源管理数据、外部数据等。 (3)技术体系:智能高铁建设的技术支撑,包括北斗卫星导航、人工智能、大数据、物联网和云计算等新技术与建造过程的深度融合嵌入。 (4)标准体系:通用基础与管理标准、智能高铁应用标准、平台及支撑技术标准
2	王同军	智能高铁体系架构 1.0,关于智能建造业务板块: (1)勘察设计:基于 GIS 的工程勘察和工程设计。 (2)工程施工:桥隧路轨工程智能化施工、客运站工程智能化施工、"四电"工程智能化施工、智能检测监测。 (3)建设管理:基于 BIM+GIS 的工程建设管理平台(虚拟建造、全过程数字化管理、数字化竣工交付);铁路工程建设管理系统;基于 BIM 的铁路工程全生命周期综合管理平台

续表2-1

序号	作者	构成因素
3	何华武	(1)基于 BIM 的工程建设管理：勘察设计信息管理、建设数据的自动采集与互联、参建各方协同管理与辅助决策、建设质量的可追溯闭环管理。 (2)桥隧路轨工程智能化施工：标准桥梁智能建造、特殊孔跨桥梁智能建造、隧道工程智能化施工、路基智能化施工、无砟轨道智能化铺设。 (3)"四电"工程智能化施工："四电"智能化设计、"四电"施工管理、"四电"设备管理。 (4)客站智能化建造：基于 BIM 的可视化协同设计与管理、站房施工全过程管理、可视化施组和虚拟建造、安全风险监控和质量安全红线信息化管理、绿色工地智能监控。 (5)联调联试：智能综合巡检列车、工程建设信息与联调联试数据协同应用、智能联调联试与验收评价、综合分析诊断与智能评估决策
4	王同军	(1)业务应用：由应用层次、实施模式和应用领域共同构建。信息技术与建设管理融合越深入，应用层次越高；实施模式解决工程建设产业链各方由谁主导信息化应用的问题，推动数据流各阶段的流转和贯通；应用领域包括设计阶段应用、建设管理应用、施工管理应用和工程技术应用等方面。 (2)标准规范：标准体系是铁路工程建设管理框架的基础和依据，制定标准旨在实现铁路工程建设的标准化管理。 (3)管控保障：是铁路工程建设管理框架的顶层制度；包括四大要素，即组织结构保障、管理制度保障、激励机制保障、人才队伍保障
5	马建军	(1)基于领域知识的智能技术：智能选线、测绘、勘探应用；基于 BIM 的协同设计和数字化施工及可视化运维等。 (2)全生命周期信息一体化协同技术：勘察设计一体化、设计施工一体化、施工运维一体化、全过程质量控制、全过程安全风险管控、进度管控及施工组织优化等
6	李迎九	(1)管理体系构建：以建设单位为主导、层次分明的智能建造管理体系。 ①研究和应用领导小组，研究制定智能建造技术总体实施方案，确定工作重点、范围及内容； ②项目管理机构研究应用小组，研究制定细化方案，组织智能建造研究和应用推进工作； ③参建单位生产一线应用小组，负责协调设计、施工、监理、检测等单位现场组织智能建造技术的应用和实施。 (2)技术体系构建。 ①规划设计阶段的辅助决策：拓展验证构件模型标准，建立铁路企业级族库，搭建协同设计管理平台，运用信息技术科学选线，优化完善设计方案； ②实施阶段的技术支撑：搭建建设工程管理信息化平台，运用信息化手段强化过程管理（BIM 技术、物联网技术），运用智能手段强化工艺工序管理，运用自动化技术紧盯安全关键要素，运用实景模拟技术优化实施方案，运用协同管理技术优化施工组织，运用信息共享技术加强投资控制，运用数字航测技术建设生态文明铁路； ③运用信息化手段规范建设管理：风险管理，闭环管理，预警分析； ④全生命周期的运营维护保障：建养一体化和信息化，综合养护维修体系，钢结构健康监测系统

续表2-1

序号	作者	构成因素
7	王同军	智能高铁体系架构2.0，由技术体系、数据体系、标准体系等维度构建。智能建造业务板块包括： (1)技术体系：勘察设计(智能勘察、智能选线)；工程施工(桥隧路轨工程智能化施工、客运站工程智能化施工、"四电"工程智能化施工)；建设管理(数字孪生工程管理)。 (2)数据体系：智能建造数据汇集；智能建造数据域；智能建造孪生模型；数据服务平台；工程建设全专业、跨行业的轴面协同应用。 (3)标准体系：通用基础与管理标准(通用基础标准、管理与服务标准)；智能建造标准(勘察设计标准、工程施工标准、建设管理标准)；平台与支撑技术标准(基础平台标准、网络安全标准、数据中心标准、支撑技术标准)

以初始构成因素为基础，结合省域高铁建设管理的工程实际和管理特征，辨识、筛选、提炼并形成契合山东省高铁建设特色的省域高铁绿色智能建造管理体系构成因素。同时，为进一步明确省域高铁绿色智能建造管理体系构成要素的合理性及其释义，通过专家访谈对构成因素清单和概念进行修正和简化，得到构成因素筛选结果如表2-2所示。

表 2-2　省域高铁智能建造管理体系构成因素筛选结果

编号	构成因素
01	智能建造管理文化建设(F_1)
02	高铁工程智能建造管理平台(F_2)
03	高铁站房建设运营智能管控平台(F_3)
04	绿色智能选线技术(F_4)
05	轨道工程智能建造技术(F_5)
06	路基工程智能建造技术(F_6)
07	桥涵工程智能建造技术(F_7)
08	隧道工程智能建造技术(F_8)
09	路基形变监测–检测智能建造技术(F_9)
10	地表沉降监测–检测智能建造技术(F_{10})
11	智能建造平台开发关键技术(F_{11})
12	智能建造标准体系构建(F_{12})
13	智能建造管理组织机制优化(F_{13})

2.4.2　省域高铁智能建造管理体系 ISM 模型构建

初步识别的省域高铁智能建造管理体系构成要素比较多、结构不明确，属于复杂系统。这需要进行层级分析，将模糊的思想、评价和观点转化为直观且结构清晰的模型，将复杂系统中错综复杂的元素关系层次化、条理化和清晰化，为管理者决策提供支持。为确保管理体系落地生效，进而探索出一条特色鲜明的省域高铁绿色智能建造管理创新之路，需分析体系中构成因素之间的相互关系及内在作用，找出管理和干预的重点，明确契合山东省高铁建设特色需求的省域高铁绿色智能建造管理体系落地的实施步骤和策略。

2.4.2.1　ISM 模型构建步骤

解释结构模型(ISM)是由 Warfield 在 1974 年提出的。ISM 是基于专家经验和知识挖掘系统因子之间的相互作用关系构建的。ISM 是一种策略，通过矩阵计算，将一个变量多、结构不清晰、相互之间关系复杂的系统进行分层、分级，再构建出一个概念化的层次结构模型，从而解释了变量之间的直接和间接相关性以及层次结构。ISM 是开发层次结构模型的可靠方法。

在本书中，由于省域高铁绿色智能建造管理体系构成因素较多，且各构成因素之间存在一定的作用关系，因此所选用的方法不仅要准确分析各构成因素之间的关系，还需掌握各个构成因素的重要程度。ISM 模型既能准确表示构成因素之间的复杂关系，解决构成因素之间的关系问题，还能对其进行有效的属性辨析与层级分类，从而实现对构成因素的分析。模型建立的具体步骤如下。

Step 1　专家评分

针对系统构成因素集合 S，邀请领域专家对构成因素两两之间进行关联度模糊评分。评分值为 0~1，分数越大代表关联程度越大，分数越小代表关联程度越小，进而确定模糊邻接矩阵 F。构成因素模糊评价标准如表 2-3 所示。

$$S = \{S_1, S_2, \cdots, S_n\} \tag{2-1}$$

表 2-3　构成因素之间的影响程度评分标准

影响程度	无影响	较低	一般	较高	有影响
评价值	0	0.25	0.5	0.75	1

Step 2　建立关联强度矩阵

$$b_{ij} = \frac{f_{ij}}{f_i + f_j - f_{ij}} \tag{2-2}$$

式中：b_{ij} 表示矩阵 B 中第 i 行第 j 列的元素；f_{ij} 表示矩阵 F 中第 i 行第 j 列的元素；f_i 表示矩阵 F 第 i 行元素之和；f_j 表示矩阵 F 第 j 列元素之和。

Step 3　建立邻接矩阵 A

依据构成因素 S_i 与 S_j 之间是否存在直接影响关系确定各构成因素之间的邻接矩阵 $A = (a_{ij})_{n \times n}$。

$$a_{ij} = \begin{cases} 1, & b_{ij} \geqslant \lambda \\ 0, & b_{ij} < \lambda \end{cases} \tag{2-3}$$

式中：a_{ij} 表示矩阵 A 中第 i 行第 j 列的元素；b_{ij} 表示矩阵 B 第 i 行第 j 列的元素；λ 表示阈值，阈值大小根据专家经验值确定，λ 越大代表系统层级划分得越多，反之越少。

Step 4　构建可达矩阵 M

首先将邻接矩阵 A 与单位矩阵 I 相加，得到新矩阵 $(A+I)$，然后对新矩阵 $(A+I)$ 进行幂次方运算，如式(2-4)所示。

$$A_1 = A + I, \ A_2 = (A+I)^2, \ \cdots, \ A_i = (A+I)^i \tag{2-4}$$

式中：I 表示单位矩阵；A_i 表示布尔运算及幂运算矩阵，i 取正整数。

最后根据布尔运算规则，设定当矩阵运算满足式(2-5)。

$$M = (A+I)^i$$
$$M = (A+I)^{i+1} = (A+I)^i \neq (A+I)^{i-1} \tag{2-5}$$

式中：M 表示可达矩阵。

Step 5　确定可达集

基于可达矩阵分析，将各构成因素关系进行层次结构分解。

$$R(P_i) = \{ P_i \mid m_{ij} = 1 \} \tag{2-6}$$

式中：$R(P_i)$ 表示可达矩阵 M 中每一行 P_i 对应矩阵元素为 1 的所有列元素的集合；m_{ij} 表示可达矩阵 M 第 i 行第 j 列的元素。

Step 6　确定先行集

$$S(P_i) = \{ P_i \mid m_{ji} = 1 \} \tag{2-7}$$

式中：$S(P_i)$ 表示可达矩阵 M 中每一列 P_i 对应矩阵元素为 1 的所有行元素的集合；m_{ji} 表示可达矩阵 M 第 j 行第 i 列的元素。

Step 7　层级结构划分

$$C(P_i) = R(P_i) \cap S(P_i) \tag{2-8}$$

若式(2-8)成立，则 P_i 为第一层，之后将 P_i 因素从 M 中剔除，重新按照式(2-6)～式(2-8)确定第二层的因素集，以此类推，直到确定最后一层的因素集。基于以上得出的因素集，可绘制出风险因素递阶结构模型。

2.4.2.2　ISM 模型构建结果

在对上述因素进行解析及改进模型分析的基础上，再次邀请专家做半结构式访谈，依据表 2-4 评价标准，对省域高铁智能建造管理体系构成因素间的关联性进行模糊评分。为避免评分过程受外界干扰，本次调查问卷采取线上发放模式，并以回收数据的平均数作为模糊邻接矩阵 F 的元素。基于模糊邻接矩阵 F，依据式(2-3)得到关联强度矩阵 B，然后通过比较分析元素并确定阈值 λ。λ 取值越小，因素层级划分越少，则因素间的深层关系不易被体现；

λ 取值越大,因素层级划分越多,则因素间的关系容易产生理解障碍。因此,为保证系统总体性能最优,依据模糊评价标准及专家评价意见取阈值 λ 为 0.5,并按照式(2-4)对关联矩阵 $\boldsymbol{B}$ 进行处理,得到邻接矩阵 $\boldsymbol{A}$。根据式(2-5)与式(2-6),运用 MATLAB 软件计算可得可达矩阵 $\boldsymbol{M}$。层级分解是基于可达矩阵 $\boldsymbol{M}$ 并依据式(2-7)~式(2-8)计算出影响因素的可达集 $R(P_i)$ 和先行集 $S(P_i)$,共同集 $C(P_i)$ 是可达集与先行集的交集,如表 2-4 所示。

表 2-4　构成因素划分

构成因素	可达集 $R(P_i)$	先行集 $S(P_i)$	共同集 $C(P_i)$
F_1	$\{F_1, F_2, F_3, F_5, F_6, F_7,$ $F_8, F_9, F_{10}, F_{11}, F_{12}, F_{13}\}$	$\{F_1\}$	$\{F_1\}$
F_2	$\{F_2\}$	$\{F_1, F_2, F_4, F_5, F_6, F_7,$ $F_8, F_9, F_{10}, F_{11}, F_{12}, F_{13}\}$	$\{F_2\}$
F_3	$\{F_3\}$	$\{F_1, F_3, F_4, F_5, F_6, F_7,$ $F_8, F_9, F_{10}, F_{11}, F_{12}, F_{13}\}$	$\{F_3\}$
F_4	$\{F_2, F_3, F_4, F_{11}\}$	$\{F_4\}$	$\{F_4\}$
F_5	$\{F_2, F_3, F_5, F_{11}\}$	$\{F_1, F_5, F_{12}, F_{13}\}$	$\{F_5\}$
F_6	$\{F_2, F_3, F_6, F_{11}\}$	$\{F_1, F_6, F_{12}, F_{13}\}$	$\{F_6\}$
F_7	$\{F_2, F_3, F_7, F_{11}\}$	$\{F_1, F_7, F_{12}, F_{13}\}$	$\{F_7\}$
F_8	$\{F_2, F_3, F_8, F_{11}\}$	$\{F_1, F_8, F_{12}, F_{13}\}$	$\{F_8\}$
F_9	$\{F_2, F_3, F_9, F_{11}\}$	$\{F_1, F_9, F_{12}, F_{13}\}$	$\{F_9\}$
F_{10}	$\{F_2, F_3, F_{10}, F_{11}\}$	$\{F_1, F_{10}, F_{12}, F_{13}\}$	$\{F_{10}\}$
F_{11}	$\{F_2, F_3, F_{11}\}$	$\{F_1, F_4, F_5, F_6, F_7,$ $F_8, F_9, F_{10}, F_{11}, F_{12}, F_{13}\}$	$\{F_{11}\}$
F_{12}	$\{F_2, F_3, F_5, F_6, F_7,$ $F_8, F_9, F_{10}, F_{11}, F_{12}, F_{13}\}$	$\{F_1, F_{12}, F_{13}\}$	$\{F_{12}, F_{13}\}$
F_{13}	$\{F_2, F_3, F_5, F_6, F_7,$ $F_8, F_9, F_{10}, F_{11}, F_{12}, F_{13}\}$	$\{F_1, F_{12}, F_{13}\}$	$\{F_{12}, F_{13}\}$

基于以上运算结果,根据式(2-8)得到交集进而确定层级关系,得出层级结构并绘制层级关系图,在图中依据邻接矩阵 $\boldsymbol{A}$ 绘制出所有直接关系。得到的多级递阶结构 ISM 模型如图 2-4 所示。

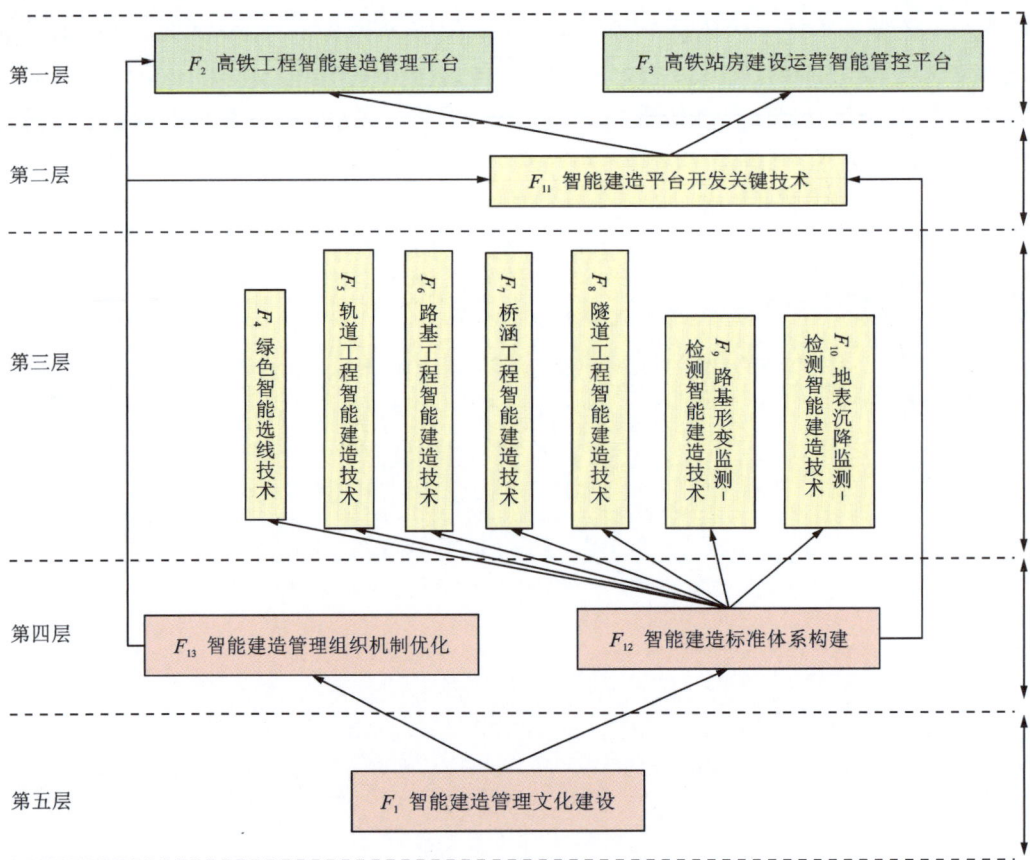

图 2-4　省域高铁智能建造管理体系构成因素 ISM 模型

2.4.3　省域高铁智能建造管理体系的构成

　　为整体提升省域高铁建设的信息化、数字化、智能化创新能力，催生高铁新业态、新引擎、新数字经济提供系统的理论指导及技术支撑，提升山东铁投集团数智转型和长远发展核心竞争力，通过明确省域高铁智能建造管理的战略需求和总体目标，全面梳理、识别了省域高速铁路智能建造管理体系的构成要素，并结合图 2-4 的 ISM 模型构建结果，进一步分层级、分维度构建了"3+1+1"三层结构模式的省域高速铁路智能建造管理体系，如图 2-5 所示。

　　其中，"3"是指核心层以组织、标准、文化等"管理创新"为内核；第一个"1"是指中间层以一系列智能建造关键技术的研发与应用为突破，贯穿省域高铁建设全生命周期，契合山东省高铁建设的特色需求；第二个"1"是指表现层以一整套省域高铁智能建造管理平台的研发与应用为支撑，该平台以 BIM 模型为核心，集成 GIS、大数据、云计算、人工智能、北斗卫星导航、数字孪生等数字化、智能化关键技术，满足山东铁投集团对高铁工程建设运维管理数字化转型、智能化创新的发展需求。

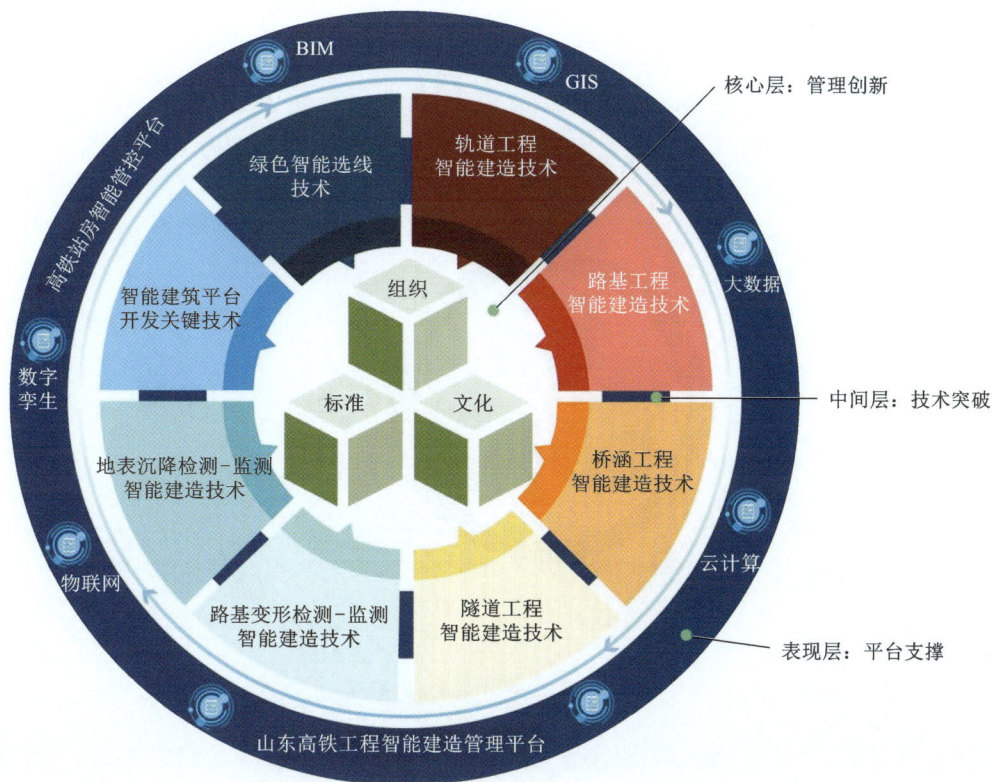

图 2-5　省域高铁智能建造管理体系的构成

这是一套有生命力的管理体系，将管理、技术、平台等要素有机地融为一个整体，将管理者数智化转型思路和谋略融入为组织、标准和文化等管理三维核心要素，以智能建造技术为突破口，以智能建造管理平台为支撑，持续落地，创新发展。随着管理内容的扩展及智能建造技术的发展，围绕新时期智能铁路发展需求，这套有生命力的管理体系可进一步加强对全生命周期各阶段多元信息分析整合及协调，在管理理论、方法、实践领域取得突破，全面提高省域高铁建设运维管理水平，助力省域高速铁路数智化可持续创新发展。

2.4.3.1　核心层：管理创新

基于山东铁投集团业主视角，聚焦于省域高铁智能建造管理体系的核心层"管理创新"内核，分析组织、标准和文化维度的关键构成要素，具体如图 2-6 所示，进而通过分析关键构成要素的具体内涵与表现形式，探索如何创新企业管理体系以从根本上确保省域高铁智能建造管理的有效落地与持续改进。

1. 组织维度

省域高铁智能建造管理体系在核心层的组织维度主要包含四个构成要素。

1）优化组织架构

在省域高铁智能建造的过程中，建立适应的管理机构，确保整个管理体系顺畅运行。优化组织架构，细化职责分工，明确阶段任务目标，增强前期工作的指导性、有效性、规范性和

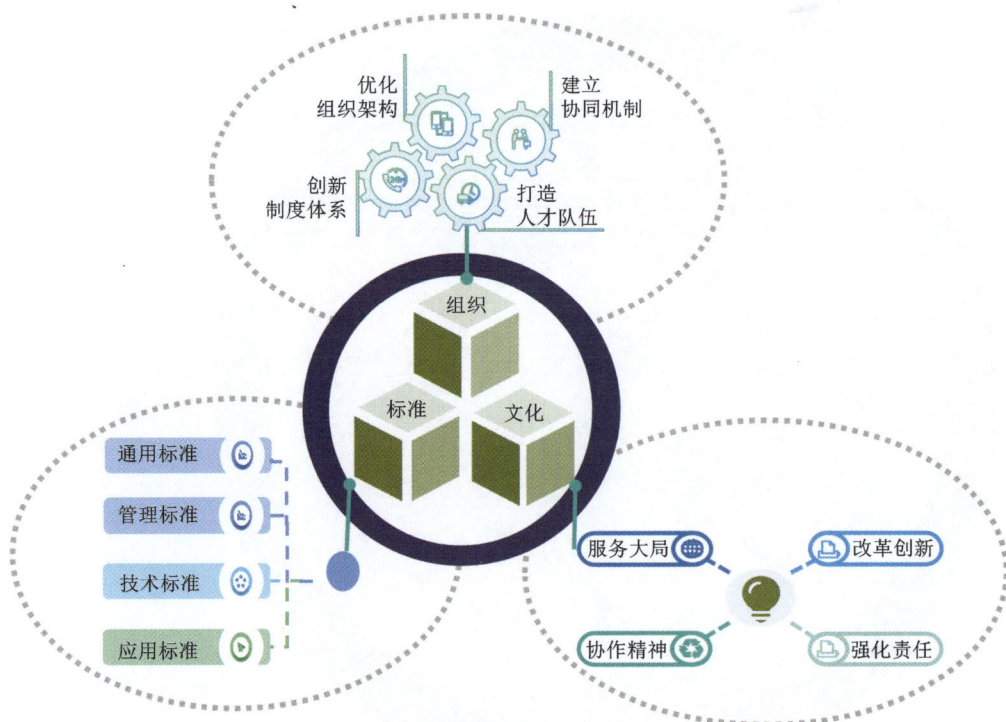

图2-6 核心层"管理创新"关键要素构成图

制度性。山东铁投集团的组织架构主要包括集团领导班子、各部门和分（子）公司等。集团领导班子由董事长、总经理、副总经理等组成，负责集团整体运营和管理；各部门包括财务资金部、工程管理部、计划管理部、办公室等，分别负责集团的各项职能和业务；分（子）公司包括济青高铁公司、鲁南高铁公司、山东铁路发展基金有限公司、山东铁路综合开发公司等，主要负责集团的下属项目和业务。

加强组织领导，全面统筹协调，按照分类管理、分层指导、分权分责的原则，逐级压实推进项目建设管理工作的主体责任，建立工作组织体系。各项目成立工作领导小组，负责总体推进各项工作，督促各部门严格按照计划推进，牵头部门实行项目总体负责制，按设计阶段及工作内容进行划分，将各项工作落实到具体责任人，逐级压实主体责任，形成推进工作的强大合力。

2）创新制度体系

建立一套适应智能建造的管理制度体系，包括规章制度、标准规范、流程控制等。通过制度的规范化、流程的标准化，实现对建造全过程的全面管理和控制，从而提升管理效能和决策能力。在智能建造管理规划实施中，明确各个部门和分（子）公司的职能与责任。例如，工程管理部门负责项目管理、质量控制和进度管理等工作；技术部门则负责技术研发和创新，推动智能技术在铁路建设中的应用和推广；分（子）公司负责各项具体业务，如铁路设计、勘察、施工等。

制定强有力的保障措施，统筹各方力量和优势资源，打破常规，创新推进。在具体工作中，一方面，项目公司建立了规范的专项工作制度，按照工作要求，提前铺排工作计划；另一方面，各专业组充分利用各阶段与各项支撑文件工作推进的时间差，做好各项工作的衔接，压茬推进可研、初步设计、施工图设计，使项目各项工作得到快速推进。

3）建立协同机制

建立跨部门、跨行业的协同合作机制，建立上下联动、齐抓共管、分工负责的工作推进机制，实现高效的信息共享、资源整合和工作协同。在组织架构的基础上，山东铁投集团通过建立科学的项目管理体系、加强内部沟通和协作、提高管理效率和能力等手段，为智能建造管理的规划实施提供有力的支持和服务。

在铁路建设推进过程中，成立由山东省政府负责同志任组长、相关部门为成员单位的铁路建设专项小组，主要领导亲自协调、推动、调度各项工作，统筹协调铁路建设的重大问题，形成省级政府统筹、负责部门牵头、其他部门和市县政府积极配合的铁路管理工作机制。山东铁投集团通过建立项目管理平台，实现了对项目全过程的监控和管理，提高项目的质量和进度；通过加强内部沟通和协作，实现各部门之间的信息共享和协同，提高管理效率和能力。

4）打造人才队伍

省域高铁智能建造管理过程需要专业化的人才队伍支持。一是畅通智能建造、数字信息人才成长通道，有关部门进一步完善人才成长通道和激励措施。二是加大智能建造、数字信息人才培养、培训力度，尤其是高端人才、复合型人才的培养和引进工作，造就一批数字化、信息化领军人才、技术拔尖人才和高水平创新团队。定期开展各类信息化培训，加强对领导班子、管理人员、技术骨干等各层次人员的常态化培训。定期组织数字化、信息化技能竞赛、技术交流活动，提高全员数字信息管理技能。三是建立高铁工程建设的人才储备体系，引入和培养一批掌握智能建造技术和管理的专业人才，并加强信息化人才队伍建设。

2. 标准维度

标准维度是省域高铁智能建造管理体系的重要组成部分，是智能建造的基础和保障。在智能建造过程中，需要通过标准来规范建造流程、标准化数据、保障质量和安全等方面的要求。从标准维度来看，构建省域高铁智能建造管理体系的关键要素，具体分为以下四个。

1）通用标准

这是智能建造管理的基础标准，是整个智能建造管理体系的基石，如数据标准、安全标准、质量标准等。其主要作用是统一术语、规范业务流程、保证数据交换的准确性，提高信息共享和交互的效率。通用标准的实施可以有效提高各参与方的协作效率，降低信息传递和处理的错误率，是指导智能建造管理实践的重要依据。

2）技术标准

这是智能建造管理体系中的技术规范和要求，包括软件和硬件的技术规范、数据格式和接口标准等。其主要作用是规范各种技术工具和平台之间的交互，保证数据的完整性、准确性和可靠性。在智能建造管理体系中，技术标准是必不可少的一环，包括智能勘察设计、智能施工、智能建设管理、智能运维等方面的技术标准，如 BIM 技术标准、GIS 技术标准、物联网技术标准等。这些标准的制定和实施可以促进技术创新和应用，为智能建造提供技术支撑，以提高智能建造管理的效率和质量。

3）应用标准

这是智能建造管理体系中的应用规范和要求，包括各种应用软件的标准化要求和使用规范等，其主要作用是规范各种应用软件的开发和使用，提高应用软件的兼容性和可用性。应用标准是指在具体的建造实践中所需要遵守的标准，包括施工、监理、设计、招投标等各个环节所需的标准。应用标准的制定和实施可以提高应用软件的稳定性和可靠性，保障智能建造管理体系的顺利运行，确保工程的质量和安全。

4）管理标准

这是指智能建造管理体系中的管理规范和要求，主要包括组织管理标准、流程管理标准、质量管理标准、安全管理标准等。其主要作用是规范管理行为，提高管理水平和效率。这些标准可以保障整个智能建造管理体系的有效运行，促进智能建造管理的创新和提高。

制定和实施标准可以帮助实现统一管理，促进智能建造管理体系的标准化、规范化和专业化，提高建造效率，增强企业竞争力。因此，建立健全的标准体系对于推进智能建造的发展具有十分重要的意义。

3. 文化维度

企业不仅有组织形式，也有文化主导。文化对于组织的存在和发展有其必然性和重要性。文化是由一个组织的价值观、信念、仪式、符号、处事方式等组成的特有文化形象。企业发展历程中形成的传统精神、价值准则和经营哲学，将各种内部力量汇聚到一个共同方向。

山东铁投集团非常注重以人为本、诚信务实、创新发展、追求卓越的企业文化建设。企业文化为智能建造管理文化建设提供了方向引领和创新思路。智能建造管理文化包括服务大局、改革创新、强化责任和协作精神等。

1）服务大局

任何经济活动都蕴含着一定的文化内容，文化在经济活动中常表现为一种动力和资源，发挥着推进和润滑的作用。在一定条件下，企业文化引导着高铁智能建造管理参与者的目标和方向，让个人目标同化于企业目标、国家战略发展目标，把建立共同的信念、精神作为管理的首要任务，引导参与者成为具有共同理念追求的实体组织。

服务大局重在强调服务于交通强国战略，其目标是建设现代化综合交通运输体系，为经济社会发展提供坚实支撑。作为铁路建设的重要力量，山东铁投集团把服务大局作为重要的指导思想，坚持服务于交通强国战略，为全国交通运输事业的发展做出积极贡献。在省域铁路智能建造管理体系的构建中，其充分考虑国家的战略需要，注重与国家铁路建设的协同发展，实现省域铁路建设与国家交通运输体系的无缝衔接。

2）改革创新

创新既是时代的呼唤，又是山东铁投集团企业文化自身的内在要求。优秀的企业文化往往在继承中创新，在创新中发展，在发展中升华。随着省域高铁建设工程项目内、外部环境变化，其企业文化亦将改革发展，引导企业全体成员追求卓越、追求成效、追求创新。创新是企业文化发展的动力，要坚持不懈地推进管理理念创新、制度创新、载体形式创新和工作方法创新，全面提升建设项目管理水平，推进智能建造管理的科学化、标准化，实现经济效益最大化和社会效益最佳化。

山东铁投集团积极推进技术创新和管理创新，加强与高校、科研机构的合作，推动技术和管理水平的不断提升，为智能建造管理体系的构建提供技术支撑和智力支持。同时，鼓励员工不断学习和实践，为智能建造管理体系的构建提供创新思路和实践方法，也为智能建造管理实施运行提供动力和方向。

3）强化责任

省域铁路的发展与地方经济密切相关。山东铁投集团作为省域铁路建设的主体，肩负着促进地方经济发展的责任。责任承担与企业文化息息相关，需要企业内部的凝聚力作为力量源泉。企业文化反映全体员工及铁路建设者普遍接受的价值观，具有凝聚铁路建设者的力量。有学者认为，将个体凝聚为一个团结集体，主要靠一种心理、精神的力量，例如态度、信念、动机、习惯及期待等。企业文化依靠全体员工及铁路建设者认同的目标、准则、观念等将大家凝聚起来。企业文化与铁路建设者情感之间的良性循环，造就出朝气蓬勃、富有使命感的集体。

以责任为核心，强化各级领导和员工的责任感和使命感，为智能建造管理体系的构建提供组织保障，确保合规性和可持续性。通过强化责任意识，山东铁投集团可以更加积极主动地推动智能建造管理体系的规划和实施，为地方经济发展做出更大贡献。

4）协作精神

省域高铁建设工程项目具有专业性强、战线长、环境条件艰苦等特点。这决定了项目建设需要参建单位长期合作。山东铁投集团注重协作精神，建立跨部门、跨地区、跨行业的协作机制，发挥各方优势，形成工作合力。协作机制以共同的经济社会环境利益为纽带，通过协作、共赢，及时有效解决冲突或分歧，形成利益共同体，培养和构建"一荣俱荣，一损俱损"的协作精神，促进项目顺利建设和各参建单位全面发展。一方面，可提前预防和及时有效处理冲突或分歧。通过有效运行协调机制，可使双方或多方共同理解任务目标，知晓彼此的分工、任务及相互配合要求，实现资源、利益共享和风险共担，提前预防冲突或分歧，及时识别并制定解决方案，可以从源头上有效处理冲突或分歧，化解矛盾，降低项目建设风险。另一方面，可有效提高建设管理效率。协调是一种潜在生产力，有效协调可以实现"1+1>2"的系统效益。科学的协调机制可以调节各参建单位之间的关系，集成各项目标的需求，做好各要素管理，提高建设管理效率。

在山东省委、省政府的统一部署要求下，山东铁投集团认真履行项目实施主体职责，全力推进项目各项工作。面对前期工作项目多、线站位方案稳定技术难点多、涉及审批单位多、程序复杂等多重困难，积极协调山东省发展改革委、交通运输厅、自然资源厅等部门和沿线政府，争取在工作中获得支持和帮助。会同省有关单位多次向国家发展改革委、自然资源部、生态环境部、国家铁路局、国铁集团等单位汇报沟通，协调商定项目各阶段报告和支持性文件评估、审查、批复等重大事项，全面加快项目立项、可研及有关支持性文件的审批进度。通过协作，形成全员参与、共同推进的良好氛围，有助于各方共同推动省域高铁智能建造管理体系的建设与实施。

2.4.3.2　中间层：技术突破

山东铁投集团依托省域高速铁路项目如鲁南高铁、济青高铁、潍莱铁路等，围绕八类智能建造关键技术，组织开展了系列科研项目攻关，除 BIM 相关技术的研发与应用之外，还在路基施工自动监测系统、箱梁预制场信息化技术、智能化设备与技术等方面进行了集成应用，例如，"桥墩台二维码实名制信息互联网+标牌"实名制信息技术，全自动智能钢筋弯曲加工、套丝成套设备，自动焊接机器人，全自动智能钢筋笼生产成套设备（智能滚焊机），智能张拉设备，自动喷淋养护系统，连续梁冬施智能自动保温养护及温湿度监测系统等。

1. 智能选线技术攻关

针对征拆管理产生的数量不确定性、社会影响与环境保护等一系列问题，通过优化方法探索更为合理和高效的线路规划方案，以减少对土地和建筑物的征拆需求，从源头上减少征拆数量。采用绿色、智能精细化选线设计，基于智能化技术对勘察、设计等前期工作进行智能化改造，提高勘察设计效率、精度和质量。基于大数据分析的绿色影响因子的评估及测算方法、基于自适应动态规划的精细化铁路线路优化设计算法，综合考虑工程投资、环境影响、施工影响、节约占地和排放的多目标线路方案寻优方法，实现基于多种环境敏感点目标权重的多种智能选线决策。在铁路线路项目初步设计阶段，在线路走廊带内快速有效地优化铁路设计线形参数，大幅度减少房屋拆迁面积和新建铁路与既有线之间的有地面积，降低高铁建设成本，实现社会、企业、环境效益最大化，对促进高速铁路持续发展具有重要意义。

2. 轨道工程智能建造技术攻关

针对轨道设计施工智能化水平较低的问题，基于设计建造一体化协同理念，研发无砟轨道智能化设计技术，实现无砟轨道多维全景信息模型构建，形成无砟轨道组成结构单元的空间位置精准布置与三维坐标计算；以设计模型为基础，研发一体化测控技术、轨道板精准限位技术及自密实混凝土智能灌注技术，形成底座板混凝土浇筑、平整度精测及调整、轨道板粗铺、自密实混凝土灌注和轨道板精调五个环节的大型一体化无人操作成套施工技术与装备；建立自密实混凝土灌注施工全过程数值仿真精细化模型，分析灌注施工参数与结构力学状态的映射机制，实现无砟轨道空间形态的智能精准控制；结合智能施工带来的施工工艺与施工工序变化，基于运筹学理论提出无砟轨道施工质量总体检测评估指标和方法，构建无砟轨道智能建造云平台，实现设计方案动态调整，实时监控施工质量和精度，实现轨道工程质量预警预报和质量监控，消除误差累积，提高工程建设质量。

3. 桩基工程智能建造技术攻关

针对高速铁路软土路基地基安全快速绿色环保加固处理关键技术难题，采用反向螺丝钉桩处理方法，明确反向螺丝钉桩单桩和群桩的承载能力特征，并探究螺纹间距、螺纹宽度、群桩距离等因素的影响和作用；建立了一套具有承载力大、沉降量小、噪声低、无泥浆、造价低、施工效率高等绿色施工特点的新型地基处理工艺，以及与之相配套的成套桩基成孔、灌注、桩头处理、桩帽成模等机械化施工装备；研发了成套反向螺丝钉桩施工装备，形成绿色新型地基处理工艺，并建立了数字化监控系统，实现了桩基施工管理信息化和质量控制数字化，实现了软土路基的安全、绿色、高效加固；研究形成了较为系统的施工机械化配套模式，不仅加快了施工进度，保证了工程质量，还提高了环保技术指标，改善了作业环境，可在后续同类型桩基施工过程中广泛推广应用。

4. 桥涵工程智能建造技术攻关

连续梁及转体施工逐步向大型化发展，对施工技术、结构稳定性的要求显著提高。通过对转体施工工艺、BIM技术、自动实时监测系统、单端张拉、钢盒模板等技术成果的研究与应用，准确高效地完成大吨位连续梁的转体系统施工，对促进转体连续梁大型化、提高转体平稳性与安全性具有重要意义。利用BIM技术多次模拟各项施工块体结构，显著提高了施工效率，降低了施工成本，确保了施工任务的完成。通过编制实施转体施工方案，明确了各分项工程的任务目标，提前发现技术难题并及时解决，提前完成了转体施工。设计三维虚拟仿真监测系统,对全天候、全时段、全方位检测连续梁转体提供了可能性,促进了转体检测系统的发展。采用中跨合龙段钢盒施工工艺,实现低风险、高效率的中跨合龙段施工,对之后的跨越既有营业线转体连续梁施工具有重要意义。

5. 隧道工程智能建造技术攻关

针对现有衬砌台车的缺陷与不足,从衬砌外模台车结构优化设计与智能化提升、自动化外模台车施工方法与作业参数、智能化施工质量管理控制入手,实现隧道明洞段衬砌外模台车结构优化与智能化提升,提出超长明洞衬砌智能施作工艺及快速成套施工技术,提出外模台车的数字化设计与智能化提升方法,实现衬砌外模台车作业效率的提升与施工质量的有效控制。通过液压钢筋绑扎台车与衬砌台车等关键施工装备的协调作业和明洞段衬砌智能施作工艺,解决外模台车整体上浮、明洞钢筋绑扎后下沉等长明洞隧道施工关键难题。外模台车变形智能管控方法可有效解决长明洞衬砌施工中存在的超限变形、钢筋下沉等难题,提高长明洞隧道的整体施工效率。

6. 路基形变监测-检测智能建造技术攻关

针对常规监测系统误差较大、数据可视化程度低,不能满足高铁安全运营对变形监测的高要求等问题,重点研究变形控制及沉降综合监测-预测技术,研究新建铁路引入既有高速铁路路基接轨关键技术,提出新建铁路对既有高速铁路影响的变形控制理论、计算方法,设计临近既有高铁泡沫轻质混凝土减载填筑可控制关键技术,建立既有高铁路基变形实时检测系统,融合 BIM 技术实现了路基变形的可视化控制。从 BIM 技术与变形控制数据特点出发,将原有不同时间、采用不同方法形成的变形控制相关数据,通过先实现数据模型化,再以真实三维空间关系连接各种影响范围模型,实现了变形结果的三维可视化,直观展示了变形控制区域工程整体情况,模拟了变形控制工程施工方案的整体步骤,为施工过程中减少变形影响提供完善方案。

7. 地表沉降监测-预测智能建造技术攻关

针对高铁沿线及采空区地表区域性沉降问题,开展地表沉降综合监测-预测技术研究。根据铁路建设期和运营期阶段的监测精度要求和现场工况条件,结合不同监测技术的优劣性,融合精密水准监测、GNSS(惯导)及时序 InSAR 监测等技术手段,建立天地一体化综合性沉降动态监测体系,开展全周期、多视角、高精度和系统性的监测工作,揭示地面沉降现象全貌,准确探究地面沉降分布和发育规律,为地面沉降灾害防治及铁路安全运营决策分析提供精确依据。基于地下水位监测数据、InSAR 地表沉降监测数据、人工地表沉降监测数据、工程结构体自动化监测数据、轨道精调数据等多源数据,掌握水位升降与地表沉降、地表沉降与工程结构体沉降、工程结构体沉降与轨道变形间的相关性,基于有限元建立路基不均匀沉降与轨道高低不平顺间的关系模型,形成沉降变形区段保持轨道平顺性的对策。高铁自动化监测平台,通过监测掌握铁路主体工程结构变形、周围环境的变化和发展趋势,及时对异常情况采取对策,防止事故的发生,以监测指导运营,同时积累资料数据,对铁路安全运营起到预警作用。采用监测型传感器,研发一种基于多传感器的智能监测系统。在数据采集和处理算法的设计和优化方面,从传感器采集的原始数据中提取有效的监测信息,处理数据的噪声和漂移等问题。监测数据实时生成报警信号和报警阈值,并将监测数据以可视化的方式呈现给监测人员，以便快速响应和处理异常情况。

8. 智能建造管理平台开发关键技术攻关

针对智能建造管理平台的实际开发需求，山东铁投集团积极开展"BIM+GIS 技术"建设工程管理平台开发与应用关键技术研究。第一，基于图形学的 BIM 编码分解方案和 BIM+GIS 轻量化图形引擎的技术分析，对广域带状空间的 BIM 和 GIS 进行集成显示，实现了面向广域带状空间的 BIM+GIS 基础平台构建技术突破。第二，探索多维度、多尺度建设运维管理数据模型设计技术，通过多源数据来源分析和多源数据结构分析，设计了适应多维度和多尺度的数据模型。第三，为实现对来自不同数据源和具有异构结构的数据进行智能采集和融合，研发多源异构数据融合处理技术，进一步提高了数据的完整性和准确性。第四，在此基础上，探索基于知识图谱的运维智能决策技术，将领域知识与实际运维数据相结合，实现了对运维决策问题的智能化处理。第五，研究基于数字化生命周期的运维管控技术，对建设项目全生命周期进行数字化管控，实现全过程的管理和监控。

2. 4. 3. 3　表现层：平台支撑

省域高铁智能建造管理体系的平台支撑主要包括研发和应用三个子系统平台。

1. 面向广域带状空间的 BIM+GIS 基础平台

BIM+GIS 基础平台综合考虑数据管理、空间数据建模、数据分析和可视化、平台集成和应用开发以及平台安全和维护等多个方面，采用基于图形学的 BIM 编码分解方案，应用 BIM+GIS 轻量化图形引擎，实现基于 BIM、GIS 技术的集成显示。

2. 基于"BIM+GIS"的智能化建设管理平台

智能化建设管理平台以数字化、智能化、可视化、大数据为驱动，融合铁路工程全生命周期管理理念，提出了以 BIM 模型为核心，集成 GIS、大数据、云计算、人工智能、北斗卫星导航等技术的铁路智能建造管理平台关键技术，通过建立数字化的三维建模、空间数据管理和协同工作等功能模块，实现对施工全过程的实时监控、管理和协调，提高施工效率、质量和安全性。

3. 基于数字孪生的绿色站房智能运维管控平台

绿色站房智能运维管控平台利用数字孪生技术来构建可视化、可控制的运维管控平台，实现对铁路项目的智慧化运维管控。它融合 BIM 技术和物联网技术，实现运维信息的交互共享，提高信息的准确性、即时性，减少运营维护成本，从而提升站房运维管理的效益，为高铁站点运维管理提供新的管理模式和方法。

表现层的平台支撑是省域高铁智能建造管理体系的重要组成部分，通过智能化的技术应用和信息化的管理手段，实现高铁工程建设全过程的数字化、可视化、智能化管理，提高工程质量、降低施工成本、缩短工期，从而实现高铁工程的可持续发展。将数字化技术与建造管理相结合，促进省域铁路建造全过程的数字化、信息化和智能化，实现省域铁路工程生命周期全面控制、信息流程全程透明化、数据资产全面价值化。同时，也可实现省域铁路工程建设、运营过程的绿色化、生态化、节能化和循环化，实现资源的高效利用和对环境的保护，推进省域铁路建设、运维的可持续发展，从而增强山东铁投集团的核心竞争力。

2.5　省域高铁智能建造管理总体规划与实施

构建省域高铁智能建造管理体系，探索出一条特色鲜明的智能建造管理创新之路。要实现省域高铁智能建造管理体系的落地，必须坚持高点站位，科学谋划发展路径，统筹谋划，提早安排，进行顶层规划部署，明确建设单位、勘察设计单位、施工单位以及相关科研单位、数字化技术服务单位在推进省域高铁智能建造过程中的作用和职责，上下联动，合力而为，有效提高工程科技成果的孵化能力，快速形成智能建造管理与关键技术创新协同推进之大势，为一系列重大技术创新成果孵化和应用提供重要保障。

2.5.1　总体规划

围绕山东铁投集团高质量发展目标，全面落实山东铁投集团全力推进信息化应用建设的指示精神，为其高铁建设管理提供新的管理模式和方法，打造数字化与智能化的双轮驱动模式，提升建设管理、运维管理、投资运营三个方面的竞争优势，抓牢理念思维、生产方式、管理模式、技术创新、运营效能、产业协同六项升级，推进企业数字化、网络化、智能化转型升级，培育数字经济战略性新兴产业，优化产业布局，实现山东铁投集团竞争力、创新力、影响力、抗风险能力大幅跃升。

山东铁投集团智能建造管理体系的部署实施总体规划分为三个阶段，如图 2-7 所示。

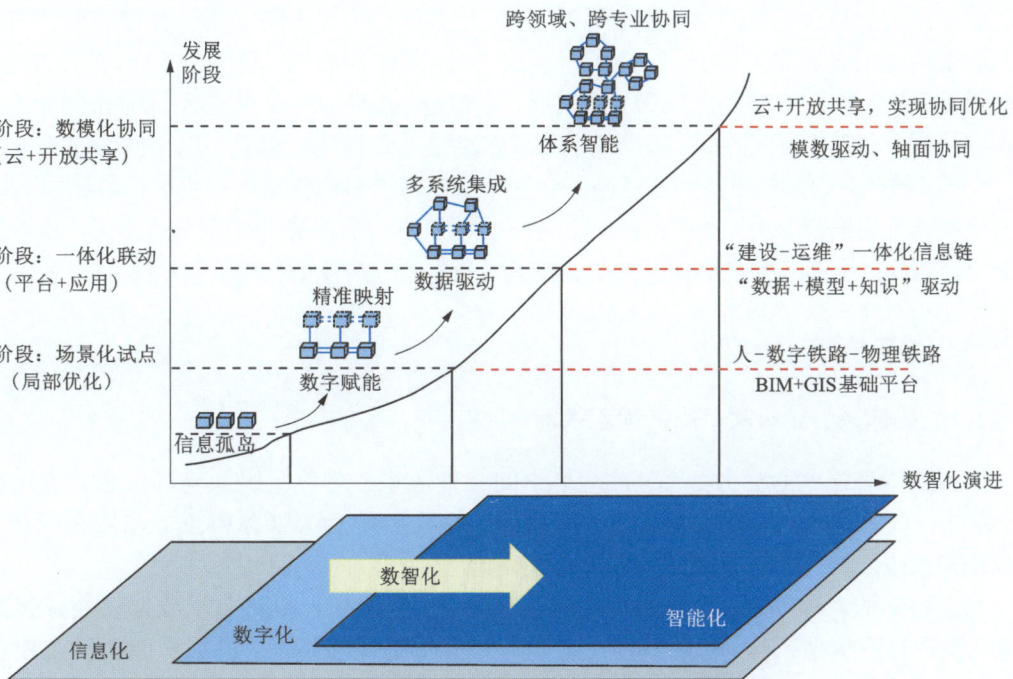

图 2-7　省域高铁智能建造管理体系部署实施总体规划

2.5.1.1　1.0 阶段：场景化试点

启动智能建造管理试点工作，规划建设面向广域带状空间的 BIM+GIS 基础平台，培育智能建造项目，初步形成智能行业体系和管理体系，实现铁路工程建设数字化，即基于 BIM 协同模型的数字孪生技术体系，构建"人–数字铁路–物理铁路"三维世界。铁路数字化是以数据为关键生产要素，基于物理铁路与数字铁路精准映射，将铁路生产全要素转变为可存储、可计算、可分析的数据、信息、知识，提高铁路数字化治理、响应和决策支撑能力，推动数据资源赋能铁路高质量发展。

2.5.1.2　2.0 阶段：一体化联动

基于智能建造管理体系架构 1.0 及"数据+模型+知识"驱动，引用智能综合调度、列车自动驾驶等知识模型对非确定对象建模，模拟人类理解能力完成复杂决策；基于 BIM+GIS 构建"建设–运维"一体化信息链。利用数字孪生技术来构建可视化、可控制的运维管控平台，实现对铁路项目的智慧化运维管控。高效综合利用与高铁基础设施建设相关的所有移动、固定、空间、时间和人力等资源，挖掘数据潜在价值，以降本增效、提质达标为目标，在铁路数字化基础上，实现铁路建设、运输全过程、全生命周期的高度信息化、自动化和智能化。

2.5.1.3　3.0 阶段：模数化协同

基于模数驱动、轴面协同的智能建造管理体系架构 2.0，实现跨专业协同和跨行业综合，推动数据预测分析，突显体系智能，通过云+开放共享，实现协同优化。在顶层设计方面，强调体系架构和创新成果同步推进、动态优化；在体系协同方面，侧重领域内部跨专业协同，并向模数驱动、轴面协同理念发展，实现设计、建造、运营全生命周期不同时段的全专业、全要素的协同；在应用范围方面，精准描绘省域铁路建设管理用户画像，以面向铁路行业内部为主，贯彻省域铁路内部体系与国家铁路综合立体交通网规划纲要的目标要求；在数据分析方面，数据模型以研判报警为主，并在此基础上进行专项研发，重点提升数据分析能力，重点开发面向全生命周期的全业务要素协同开展的预测性、关联性分析模型，侧重预测性分析应用。

2.5.2　实施要点

2.5.2.1　建体系，立机制，强化管理效能

以创新管理模式为动力，通过建立科学的管理体系、完善组织架构和流程，明确建设单位、勘察设计单位、施工单位以及相关科研单位、数字化技术服务单位的作用和职责，快速形成协同推进之势，促进智能建造管理落实落地。

建立科学的管理体系，推进制度创新：山东铁投集团积极推进省域铁路智能建造数字化转型，围绕打造精品工程、智能铁路，建立和完善相关管理制度，进一步健全铁路建设智能建造管理制度体系，包括规章制度、标准规范、流程控制等，为科学有序、安全优质、数字赋能推进铁路建设提供重要的制度保障。

完善组织架构和流程，建立协同机制：山东铁投集团明确界定集团与下辖权属单位之间的关系，科技创新发展部牵头建立多方参与的智能建造管理工作协同机制，及时研究、安排

铁路建设智能建造转型升级重点工作，统筹推进智能建造相关理论研究、技术研发、平台开发等工作；工程管理部做好铁路项目智能建造相关的组织管理、实施推进工作；通过合资铁路公司的优化重组，实现建设管理人才资源的优化配置，形成权责清晰、目标同向、运转有效的铁路智能建造管理新格局。通过信息平台和智能系统实现各方数据的共享和协同，促进各方面的协作和沟通，提升项目管理效率和质量。

2.5.2.2　引理念，建平台，推动数智化转型

以省域高速铁路高质量发展要求为目标，把握数字化、网络化、智能化融合发展的契机，以信息化、智能化为杠杆培育新动能，以研发和应用智造技术为核心，积极探索创新，将规划、建设、投资、运营有机融合起来，并贯穿于项目立项、设计、实施、运维的全过程，实现智能建造理念、建设标准和功能的统一。带动省域高铁由传统建造管理向智能建造管理转型升级，创新发展理念，强化技术攻关、平台建设、人才培养等各项要素保障。

引入智能建造管理理念，包括全生命周期管理、全流程协同、数据共享和创新合作等，实现智能建造管理模式的创新和优化。在建造模式上，采用预制化、模块化、数字化和工厂化等，实现建造流程的标准化和优化，提高建造效率和质量。采用物联网、云计算、区块链等技术手段，实现对建造过程的实时监控和追溯，提高管理精度和效果。

搭建"多维融合、数据共享"的高铁建设管理平台。集团以鲁南高铁等项目为依托，通过引入 BIM、GIS、5G、北斗卫星导航、大数据等技术，正在加速搭建一个多方合作、数据共享、协同管理的 BIM+建设工程信息化管理平台。目前，已编制了企业级 BIM 标准体系，制定了信息化管理办法，站前工程相关功能模块已完成部署，已经在济南东站枢纽优化提升工程中完成试用，目前正在津潍高铁济南联络线全面推广应用。"BIM 建设工程管理平台开发与应用研究"科研课题已取得山东省交通运输科技计划立项批准，正在申请列入交通运输部交通运输行业重点科技项目清单。平台全部搭建完成后，将实现全省高速铁路建设可视化、信息化、智能化。

推进智能化运维管理，采用大数据、物联网、人工智能等技术手段，实现运维过程的数字化和自动化，提高管理效率和质量。以数字化促进业务流程再造。以提升数据质量，实现业务数据电子化、结构化、标准化处理，保障数据完整性、准确性、及时性、可用性为目标，推进业务流程再造，充分发挥数字赋能作用，提升省域高铁建设管理数字化水平。

开发"BIM 模型+物联感知"的智能运维平台。山东铁投集团积极研究创新，通过融合利用三维化场景技术、信息化技术、物联网技术，成功将绿色站房运维系统、车站结构健康监测系统、车站运维系统集中在一个平台展现。目前，绿色站房运维系统已进行三次部署升级，在鲁南高铁日曲段已完成验收；车站结构健康监测系统已在鲁南高铁临沂北站投入使用；车站运维系统的测试版已在临沂车务段等铁路运营单位试用，实现了降低人工成本、减少运行能耗、提升运行品质的智能化管理目标。

2.5.2.3　抓源头，严要求，深化标准体系

深化标准体系是实现智能建造管理的重要保障。只有建立完善的标准体系，才能确保各项管理工作有序进行，以确保持续提升数智化创新能力。深化标准化管理和持续提升数智化创新能力双管齐下，可更好地推进智能建造管理体系的构建，为高速铁路的发展提供有力支

撑。深化标准体系需要从抓源头、抓过程、抓细节三个方面入手。

抓源头。在标准制定阶段，严格遵守科学、公正、合理、有效的原则，制定出高质量的标准。汇集业内专家，广泛调研和研究，综合考虑各方面因素，制定出适用于省域高铁智能建造管理的标准。

抓过程。在标准实施过程中，严格按照标准要求执行，确保每个环节都符合标准的规定。这需要建立完善的标准落实机制，明确责任，强化监督，确保标准能够得到有效贯彻执行。

抓细节。具体实施过程中注重细节，做好每一个环节的细节管理。这需要加强对各项管理工作细节规范的制定和实施，对各类管理环节的细节问题进行深入分析，找出问题所在，采取有效措施进行改进，确保标准执行到位。

从抓源头、抓过程、抓细节三个方面入手，以试点项目为引领，带动全省高铁建设项目全面技术创新。在总结试点示范经验基础上，构建先进、适用的智能建造技术标准体系，包括企业级标准体系、管理标准化体系、技术标准体系（含 10 本 BIM 标准），实现管理的科学化、规范化和标准化。

2.5.2.4　齐聚力，重科研，加大技术攻关

推进智能建造管理，科技研发工作聚力先行，协同推进智能建造关键技术科技攻关，以及相关智能化软件产品研发和集成应用。山东铁投集团深入实施创新驱动发展战略，牵头组建了省级科研平台——高速铁路工程技术研发中心，积极围绕智能化施工、智能铁路交通、运维技术转型升级等领域开展研发工作，为山东高铁高质量建设提供了强大的科研平台支撑。

重点布局攻关：高速铁路绿色、智能、精细化选线设计技术，无砟轨道智能建造与成套装备技术，引入既有线变形控制、地表及采空区沉降综合监测-预测智能建造技术。研发应用：绿色、智能、精细优化选线设计软件，CRTS Ⅲ型板式无砟轨道智能建造云平台，基于多传感器的智能监测系统，山东铁路智能化建设管理平台，以及基于数字孪生的高铁站房运维管控平台，在 BIM 技术应用、智能建造成套/关键技术研发方面取得突破。

2.5.2.5　聚人才，重培养，打造人才队伍

山东铁投集团全力打造一支适应新时代铁路建设发展需要的建设管理专业人才队伍。一是积极推进产学研深度融合，大力实施招才引智战略，与山东大学、西南交通大学、中南大学、北京交通大学、中国铁道科学研究院等签订了战略合作协议，柔性引进了工程院院士等高层次人才，为试点工作高质量推进奠定人才基础。二是通过公开招聘、择优选拔年富力强、工程建管经验丰富、责任心强的专业技术骨干，组建了一支一流铁路建设管理队伍，开展铁路工程数字化与标准化体系、装配式构件生产安装、国内 BIM 技术应用等专业培训。三是把智能化建设作为集聚高端人才的重要领域，积极引进行业领军人才及其专业团队，推动山东铁投集团向智能建造管理方向发展，加大智能建造管理考核和激励约束力度，落实省域铁路智能建造数字化转型的主体责任。四是注重学习借鉴国内外先进的建造管理经验和技术，不断推进管理创新和智能化建造。

2.5.2.6　多试点，善总结，加强宣传推广

积极开展智能建造工程示范试点，宣传推广示范试点成果，学习借鉴先进地区成熟经验和典型做法，促进智能建造管理协调发展。在山东铁投集团的统筹规划下，强化引领，推动铁路 BIM 标准体系建设迈上新台阶；强化创新，促进 BIM 技术应用在铁路工程建设中取得新突破；强化支撑，提出铁路工程建设信息化发展规划及政策建议，在服务政府决策中取得新成效；强化建设，增强自身发展活力，努力形成专业化铁路工程建设全过程服务平台；提升思维，加强大数据知识普及，通过宣传、培训等多种方式，树立全员数字化转型意识和数据思维，提升全员大数据认知水平。进一步发挥建设管理单位作用，开展智能化建设的政策宣传、技术指导、业务培训、交流合作、成果推广，为智能化建设健康发展创造良好环境。

2.5.3　实施步骤

2.5.3.1　明确目标，动员部署

山东铁投集团成立全面推进智能建造转型工作领导小组，专人负责督促各部门单位按要求开展相关工作。结合工程实际情况制定智能建造转型工作方案，进一步明确路线图、时间表、任务书、责任人，确保责任到人、措施落地、工作见效。

2.5.3.2　产研协同，技术攻坚

产研协同，联合高校科研机构、技术研发单位等通过产学研的深度融合推动科研成果转化不断深入，应用一批新技术、新工法、新工艺解决工程施工难题，提升建设品质。以"六个以"为核心的模块化管理体系的创新为工程施工的安全、有序、快速推进提供了强有力的管控保障，BIM、GIS、北斗卫星导航等新技术的引入，推动铁路工程建设管理模式的变革，实现规范化、智能化、可视化管理。其中，"六个以"即"以施工组织为主线，以征地拆迁、'三电'迁改、油气管线迁改为龙头，以标准化建设为抓手，以骨干人员到位、组织机构健全为基础，以安全、质量、进度为核心，以调度管理为晴雨表"。以"六个以"为核心的模块化管理体系，实现了铁路工程建设全过程、全方位、全人员的严格管控，保证了工程施工的安全、有序、快速推进。

2.5.3.3　试点应用，精准落地

统筹指导鲁南高铁、津潍高铁济南联络线、济南东站枢纽等高铁智能建造试点项目实施，通过试点并全面推广应用，精准落地数智化技术，实现工程项目的系统化管控，赋能提质增效，有力推动省域高速铁路建设数字化转型和地方经济高质量发展。

从济青高铁、鲁南高铁建设之初，全面开展 BIM+工程建设管理开发工作，依托鲁南高铁东段工程智能运维管理平台（包含车站运维管理、站房能耗管控、站房结构监测、线路安全监控、重点部位监控等），以大幅度提高鲁南高铁客站运维的智能化水平。

依托济南东站枢纽优化提升工程，应用铁路智能化管理平台，以期实现工程建设全过程数据的实时收集、自动分析，实现设计、施工、监理及咨询等参建各方数据共享、协同管理，将在提高建设工程管理效率、降低安全质量隐患、劳务管理、诚信管理等方面取得良好效果，为平台全面推广应用奠定基础。

随着津潍高铁济南联络线(济滨铁路)的开工建设,对智能建造管理体系和平台进行更全面的推广使用,以实现铁路建设工程数字化、智能化、可视化管理。

2.5.3.4 深化迭代,产业应用

抓住铁路智能化管理转型的好时机,深化迭代平台应用:一是深化 BIM 技术应用,实现建筑模型信息在设计、施工、运营各阶段的传递,实现项目全生命周期管理。二是深化智能建造、智能装备技术攻关,推进无砟轨道铺设等智能建造及成套装备技术研究。三是探索高铁车站的智能运维研究,搭建集车站运维管理、站房能耗管控、站房结构监测、线路安全监控、重点部位监控于一体的智能运维平台。四是探索高铁数字化建设管理平台,通过管理流程优化、业务流程重构、系统集成,推动信息化、数字化、智能化技术与工程建设深度融合,打造铁路建设工程智能化管理平台,实现铁路建设项目的全时、全域、全要素数字孪生,最终实现数字化转型和产业化应用。

2.5.4 持续优化

2.5.4.1 进一步拓展智能建造管理新型能力建设

加强推进数字化创新核心应用,打造财务业务深度融合一体化。继续开展山东铁投集团信息化管理平台建设,在现有系统基础上,不断汇集资金管理、人力资源管理、OA 办公协同管理等在内的全部集团管控业务系统功能,助力集团管控数字化转型升级。同时,围绕铁路投资与建设核心业务,积极探索产品创新、生产与运营管控等数字化新型能力方面的实践。加快前端投资管理、项目管理等业务系统与资金管理、财务核算系统的集成融合与互联互通,实现生产经营与财务运营有效结合,最终实现从铁路投资建设到运营管理的精细化、一体化管控。

提升数据资源开发与挖掘能力,发挥数据资产核心价值和作用。充分协调、收集、利用数据资源,开发和建设铁路大数据系统,围绕工程建设、铁路运营、基础设施、移动设备、运输安全等领域,积极实践智能铁路大数据应用,推动数字化技术与工程建造技术深度融合。

2.5.4.2 进一步加强智能建造管理基础设施建设

推进网络基础设施改造,实现应用系统云上协同。结合集团业务特点,规划建设一套标准的数字化机房和一个数字调度指挥中心,积极推进集团私有云建设,并根据网络安全要求及业务系统数据敏感性特点,实现包括集团管控系统和业务数字化系统在内的系统上云应用,为实现集团数字化转型奠定基础。

推动数字孪生技术创新应用,实现全场景、全业务的虚拟化、可视化管理。数字孪生技术作为新基建背景下的重要研究方向,应加快铁路工程建设数字孪生相关技术的研发与实践,并以 BIM 技术为基础,以项目全生命周期管理为主线,通过构建铁路物理世界及网络虚拟空间一一对应、相互映射、协同交互的复杂系统,在网络空间再造一条与之匹配、对应的孪生铁路,实现铁路全要素数字化和虚拟化、状态实时化和可视化、管理决策协同化和智能化。积极探索铁路工程建设全过程虚拟建造,构建铁路建设过程全域感知体系,提高铁路精细化建设水平,形成物理维度上的实体世界和信息维度上的虚拟世界同生共存、虚实交融的铁路发展新格局。

2.5.4.3 进一步强化智能建造管理标准化体系建设

加强山东铁投集团基础数据标准化建设，为数字化转型做好基础保障。当前山东铁投集团只是在铁路智能化管理平台中建立了统一的 BIM 建模和拆分等标准，缺乏全面的数据标准体系。目前迫切需要搭建集团基础数据标准化体系，通过建设主数据管理系统，将各类业务系统基础数据进行整合梳理，并通过主数据系统统一归口管理，为数字化转型做好基础数据应用保障。

促进多方协同联动，共建铁路生态圈。围绕铁路建设管理搭建基于 BIM 的建设管理云平台，初步实现设计、施工、监理及咨询等参建各方数据共享、协同管理。同时在云平台上开放权限，允许省级、市级政府相关人员共享项目信息，并随着竣工交付，铁路运营管理人员也可在平台进行运营维护，形成以平台为中心的铁路建设项目管理生态体系。与此同时，集中铁路建设运营资源优势，围绕铁路建设运营上下游延伸布局建筑材料和工装设备相关产业链和供应链，逐步盘活铁路周边综合开发用地资产，利用闲置用地落地商业开发项目，加速构建铁路生态圈。

第3章

智能建造管理组织与协调

高速铁路智能建造管理是一项系统工程，需要有与之相适应的组织与协调管理方式来实现，从而提高管理效率。组织的功能在于分工和协作，通过组织策划、组织结构设计、组织运行、组织协调等明确管理的内容、权责边界、流程及机制；协调则需要正确处理组织内外部关系，实现组织内各部门之间及与外部组织之间的配合，从而为管理目标的实现提供良好的环境。本章从智能建造管理的组织策划、职能分工与设计、组织结构设计、组织运行、组织协调五个方面介绍山东铁投集团智能化管理过程中的组织与协调经验。

3.1　智能建造管理组织策划

智能建造管理组织策划是对智能建造管理的原则、内容及职能分工进行全面的规划，对与智能建造管理有关的组织与协调工作做出预先安排。智能建造管理组织策划的内容主要包括智能建造管理的工作结构分解、职能分工与设计、组织结构设计、组织运行和组织协调等。智能建造管理组织策划体现了管理工作中一定目的性、社会性、创造性的活动，是智能建造管理组织与协调工作的重要内容。

3.1.1　智能建造管理组织策划的原则

1. 统筹规划建设原则

在智能建造管理组织策划过程中，山东铁投集团始终贯彻统筹规划建设原则，即山东铁投集团智能建造管理组织策划聚焦集团主责主业，立足集团"一盘棋"，加强顶层设计、统筹谋划，统一规范标准。山东铁投集团在智能建造管理组织策划方面，坚持"一把手"负责制，建立企业数字化转型领导工作小组，统揽企业数字化转型工作，研究决定数字化转型路线图及关键工作，协调解决转型过程中的重大问题；坚持问题导向、目标导向和结果导向，围绕智能建造的主要目标与重点任务，明确发展路线图和时间表，全面促进管理机制和工程建设组织方式变革；坚持全面推动与重点突破相结合、快速部署与科学管理相结合，推动集团及权属单位纵向协同、集团内部横向联动，构建集团统一的全业务、全流程数字化体系，有计划、有步骤地推进智能建造创新发展和应用。同时，山东铁投集团依托统一的云、网基础设施，构建企业级数据资源中心，开展统一的数据治理，统筹推进智能化业务信息系统建设，推动全集团"数据通"和"业务通"。

2. 层级边界清晰原则

层级边界清晰原则是组织设计中遵循的传统原则之一，主要包括组织的任务、职责、权利、义务等方面的清晰度。层级边界清晰的组织能够更好地实现其目标，同时也能够更好地维护组织内部的秩序和稳定性。智能建造管理组织是由不同层次的职务群或岗位群所组成的职位体系，职位具有特定性和唯一性，即不同的职位只能存在于组织中的某个特定的层级中，不存在超组织的层级。山东铁投集团在组织结构设计上，每个职位都有明确的职位描述，包括不同岗位的任务、职责和权限，某一岗位的上级岗和下级岗，岗位的工作程序、情报、信息及决策、指示以及合作的获取渠道；在智能建造组织结构策划中，山东铁投集团始终遵守层级原则，为避免交叉指令、重复指令的出现，对智能建造管理每个岗位的直接领导人的权限做出明确的规定。"只对一个人负责"是整个组织层级管理的重要要求。

3. 信息共建共享原则

信息共建共享原则是指建立不同部门、不同层次信息系统间信息和信息产品的交流与共用，提高资源信息利用率，避免信息重复收集带来的浪费，目前很多大型企业都通过建设企业级信息化管理平台，优化企业管理组织架构、工作流程及信息流，实现公司管理全过程数字化交付和全生命周期信息共享。山东铁投集团通过打造数字管理平台，推动组织与协调管理过程中相关数据标准化、规范化，增强数字资源的通用性、开放性和可靠性，保障各系统之间的兼容和数据应用。集团通过建立智能建造管理数字资源共享机制，提高数字资源的综合利用水平，加强智能建造管理全过程的协同融合，保障组织管理各环节数据流通畅，打破传统组织的效能边界，消除信息孤岛。在具体管理过程中，山东铁投集团通过铁路工程管理平台中的信息发布系统，实现公文的收发审批和流转，以及集团内部新闻、通知、公告等的发布，实现了集团管理流程线上处理、协同办公，使集团内部运作更加高效扁平，降低了运营成本，提升了运营质量。此外，山东铁投集团利用信息化共享平台，实现了工作过程中集团主导、多方参与的目标，大力发展智能化平台经济，延伸产业链条，培育产业生态，构建"建管养运"深度融合的智慧铁投生态体系，形成了协同推进、合作共赢的发展格局。

4. 平台核心驱动原则

平台核心驱动原则是指充分利用云计算、大数据、人工智能、5G 等新一代信息技术手段，构筑企业数字一体化协同平台，实现企业产业数字化。山东铁投集团基于"113N"发展战略目标，结合山东铁路建管养运维一体化的高质量发展模式要求，全面落实集团全力推进信息化应用建设的指示精神，为集团高铁建设管理提供新的管理模式和方法：一是完善集团办公信息化系统，开发集团与权属单位协同办公系统；二是提升资产管理信息化水平，实现集团资产数据动态管理、实时查询和综合分析功能；三是加大工程管理信息化力度，建设供应商信用评价信息系统，推广 BIM 系统，部署建筑工地监控系统。山东铁投集团从上述三个方面打造数字化与智能化双轮驱动，提升建设管理、运维管理、投资运营三个方面的竞争优势，抓牢理念思维、生产方式、管理模式、技术创新、运营效能、产业协同六项升级，推进企业数字化、智能化转型升级，构建了包括 BIM+工程建设管理平台、数字管理平台、铁投云和数字指挥中心等的信息化管理平台，着重解决集团及权属公司日常工作线上化处理，打破时空的局限，提高办公效率及便捷性。同时针对经营信息提供一屏统览展示，方便对集团及各权属公司经营状况的实时掌握，为集团决策提供精准、快捷的数据支撑。

5. 整体协调原则

整体协调原则指组织部门成员通过分工合作能够履行自己的职能，促进组织结构目标的实现。它需要根据工作特点与专业标准进行分工，目的是将企业的总目标科学划分为若干派生目标，让每个部门、每个人都能明确自己的任务，从而合力完成任务。山东铁投集团智能建造管理内容庞杂、专业跨度大、工作量大，需要根据工作特点分别设置不同的专业部门，才能提高管理工作的专业化和针对性，以确保管理的质量与效率。但智能建造管理所涉及的各个部门又必须在合理分工的基础上进行经常性的多方配合和横向协调，以保证企业整体管理工作的联动、和谐和高效，实现智能建造管理的整体目标。山东铁投集团在智能建造管理组织的顶层设计方面运用系统管理思想，组建由多个职能性质相近或工作关系密切的部门所归类而成的管理子系统，由专门负责人管辖；设立必要的旨在发挥协调功能的领导小组及召开相关会议，包括根据临时任务组建的由各管理子系统抽调成员所组成的临时项目办公室。同时，山东铁投集团积极营造团队合作的企业文化，提高各级管理人员的全局观念和大局意识，增加企业员工对企业的认同度、依恋度和忠诚度。

3.1.2 智能建造管理组织策划的内容

1. 智能建造管理工作结构分解

1）工作结构分解的含义

工作结构分解是指针对某个工程项目，按照其物理结构、功能特征或其他方式将目标任务工作分解成较小、更易于管理和控制的管理单位。

工作结构分解方法主要包括：按产品的物理结构分解、按产品或项目的功能分解、按照实施过程分解、按照项目的地域分布分解和按照项目的各个目标分解等。

2）智能建造工作结构分解的目的

智能建造管理工作结构分解是通过分析、确定智能建造管理组织与协调的主要功能和辅助功能，得到不同层次的工作单元，其目的是把智能建造管理在高层次维度的工作根据项目特点按照某种规则进行分解，使项目组的成员更加准确地理解项目各种工作的具体要求和内容，也便于控制和管理。

3）智能建造管理工作结构分解过程

根据智能建造管理工作特点，将智能建造管理工作按照内容及工作流程，由粗到细、由总体到具体、由上而下地分解，用图形化的树状结构来表示。在前述工作基础上，把分解的工作单元按一定原则编号，表达层次结构。为了更好地开展智能建造管理工作，分解后的各层级工作任务明确，相应的管理单元相互独立不交叉，各参与部门能明确地了解各单元所处的位置和相互间的联系，这样才能起到更好的计划和控制作用。

4）智能建造管理工作结构分解结果

按照智能建造管理工作内容及工作流程，智能建造工作内容主要包括资金筹备、团队建设、人才引进、培训交流、创新能力建设、成果宣传、项目实施和绩效考核。资金筹备主要是为企业智能化管理工作开展提供持续的保障。团队建设主要是进行团队成员构成安排、团队负责人确定及团队管理体系制定。同时，畅通数字信息人才成长通道，加大信息化人才培养，尤其是高端人才、复合型人才的培养和引进工作。另外，还需定期开展各类培训交流，如业务知识培训与调研等，加强对领导人员、管理人员、技术骨干等各层次人员的常态化培训，提高全员数字信息管理技能。此外，开展智能建造工作需要加强创新能力建设，围绕基础平台建设、标准规范建设、技术体系建设开展相关工作。工作期间，各业务部门配合成果宣传，重点介绍智能建造的工作成效、重大事项等内容，联系宣传媒体，将数字化转型的重大新闻、成果及时对外宣传发布。在具体建设项目中各单位充分发挥信息化平台作用，并对各单位的平台应用情况进行绩效考核。

厘清智能建造工作主要内容以后，对不同工作阶段间的逻辑关系、具体工作任务进行工作结构分解，具体如图 3-1 所示。

2. 智能建造管理职能分工与设计

1）智能建造管理组织的任务

集团需要分析智能建造管理过程中包含的工作内容以及智能建造管理不同主体的平台管理与应用任务，即需要明确智能建造管理各阶段的工作内容，并对工作内容进行进一步分解和分配。

2）智能建造管理职能分工

智能建造管理职能分工就是要明确智能建造不同管理主体的管理职责及分工，包括山东铁投集团、权属子公司、各参建单位在智能建造管理及高铁项目智能化管理过程中的职责分工。

3. 智能建造管理组织结构设计

1）组织结构形式选择

在组织结构形式选择上，山东铁投集团首先从组织形式、组织结构及组织形态方面分析智能建造管理组织结构的需求，在此基础上明确智能建造的组织结构形式的选择，即组织流程、部门设置及职能规划等通过何种形式实现。山东铁投集团智能建造管理组织通过矩阵式组织结构表明组织各部分排列顺序、空间位置、聚散状态、联系方式及各要素之间的相互关系。

2）管理机构设置及职能权责

山东铁投集团设置管理机构的关键是职责配置，也就是要解决所设机构是"干什么"和"由谁干"的问题。智能建造管理机构设置以职责的科学配置为基础，各部门设置比较完整清晰且相对稳定的独立职能，保证职责明确、分工合理、机构精简、权责一致。在智能建造管理机构设置上，山东铁投集团是在原有内部职能部门上增加了智能建造职能，同时增设了部分智能建造管理机构，如平台开发管理机构等，并设置与之相对应的部门，各部门之间职责明确且保证相对独立性。具体策划内容包括：首先，确定集团内部职能部门及平台开发部门的机构设置及管理层级；其次，集团按照不同部门运作特点，明确各部门的职能权责；最后，结合智能建造管理工作结构分解形成职能矩阵。

4. 智能建造管理组织运行

1）智能建造管理流程

智能建造管理流程是指按照管理流程设计的基本思路与原则，遵循管理流程设计理念，结合管理流程设计相关影响因素，依托组织结构部门职能与权限，对管理制度中规定的管理业务事项进行解析，对智能建造管理流程进行设计。山东铁投集团智能建造管理具有目标性、整体性、层次性和结构性特点。智能建造管理流程设计涉及从前期工作至成果应用所发生的一系列业务工作过程，需要认识企业智能建造管理业务流程的基本结构，遵循企业智能

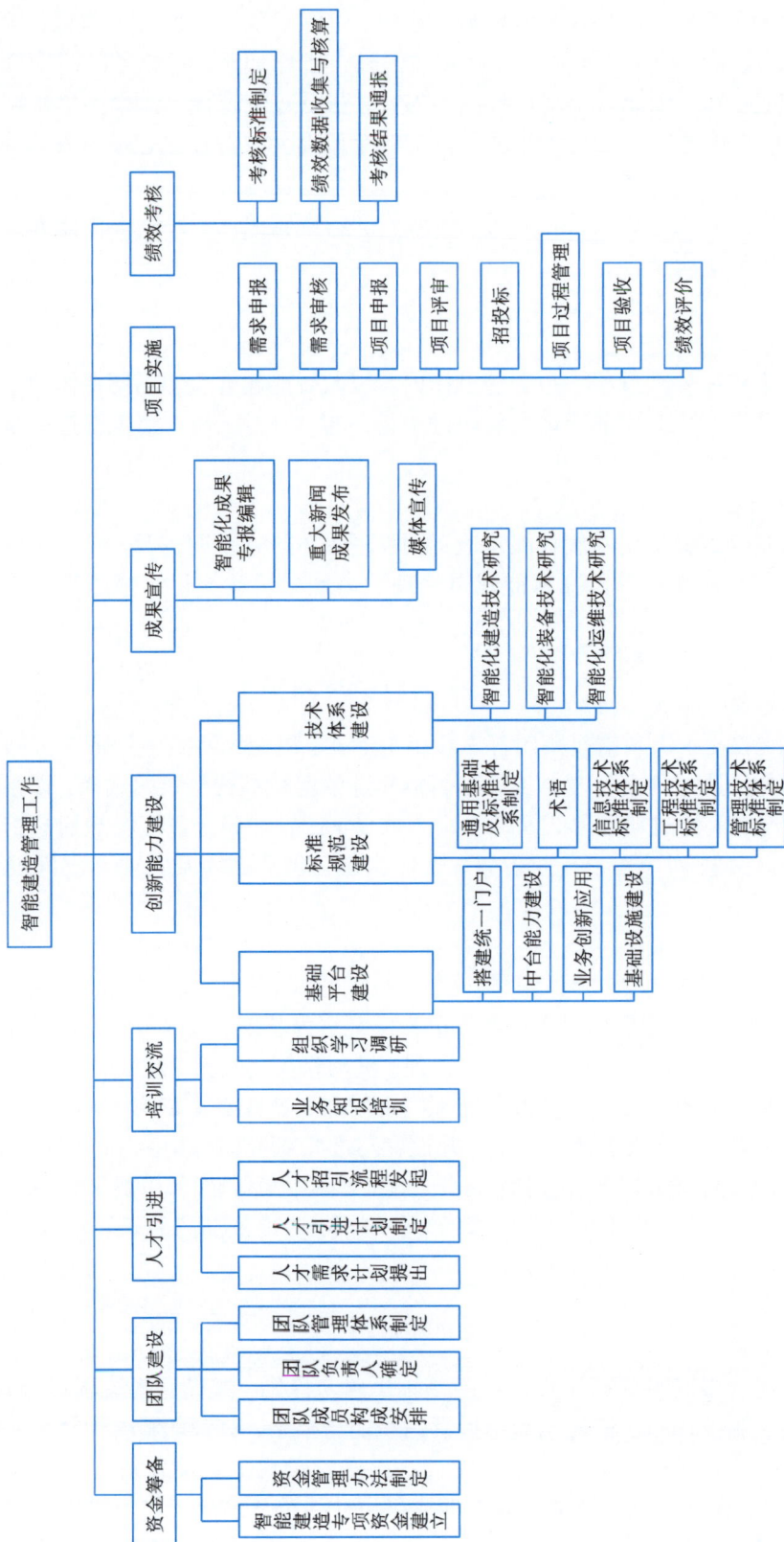

图3-1 智能建造管理工作结构分解

建造管理流程的设计要点，把握企业智能建造管理流程设计关键步骤，进行集团智能建造管理流程的总体设计。

2) 智能建造管理组织运行机制

高铁智能建造工作是一项复杂的系统工程，其管理涉及面广、协调难度较大。通过加强智能建造管理过程中转型管理机制、信息共享机制、建管养运维一体化机制、绩效考核机制和基础保障机制等建设，把智能建造管理的各参与方、各管理要素、各个阶段有机结合，使整个管理系统有序而高效运行，从而提高管理水平与效率。

5. 智能建造管理组织协调

智能建造管理组织协调指在智能建造管理工作过程中，集团内部及集团与其他单位之间，通过高效的沟通和协作来协调成员之间的行动，以达成智能建造管理的目标。高效的组织协调机制是管理工作成功的前提与保证。山东铁投集团通过明确智能建造管理组织运行权责体系，分析智能建造管理内外部关系，依托信息化管理平台，在集团内部、集团与权属单位、集团与各参建单位以及集团与政府之间建立了完备的组织协调机制，提高了组织协调的效率。

3.2 智能建造管理职能分工与设计

为有效推动高铁智能化工程建设管理平台的应用推广，山东铁投集团制定了相关文件和管理办法，进一步明确各部门及单位的职能分工：山东铁投集团统筹智能建造管理数字化转型相关工作；鲁南高铁作为集团权属公司之一，统筹数字化转型整体工作；其他权属单位整体负责把控高铁建设项目各阶段工作安排；项目参建单位在施工各阶段通过智能化工程建设管理平台实现项目各环节工作数字化、标准化、流程化。

1. 山东铁投集团职责分工与设计

山东铁投集团统筹智能建造管理相关工作，统一规划、统筹建设，推动集团及权属单位纵向协同、集团内部横向联动，构建集团统一的全业务、全流程智能建造管理工作。为此，山东铁投集团确定了科研创新、工程技术和队伍建设三项工作相互促进、相互提高的思路，强化建设项目技术管理工作，积极发挥建设单位的核心作用，牵头组织有关单位进行技术攻关，具体工作内容和职责如下。

（1）科研创新。组织开展：①基础平台建设，包括统一工作门户搭建、中台能力建设、业务创新应用、基础设施建设；②标准规范建设，包括信息技术标准体系、工程技术标准体系、管理技术标准体系的制定等；③技术体系建设，包括智能化建造技术、智能化装备技术、智能化运维技术的研究等。

（2）工程技术。组织开展工程技术研究：①构建基于 BIM 技术的全生命周期智能管理信息系统，实现设计、施工、运营信息的共建共享；②深化智能建造、智能装备技术攻关，推进无砟轨道铺设等智能建造及成套装备技术研究；③探索高铁车站的智能运维研究，搭建集车站运维管理、站房能耗管控、站房结构监测、线路安全监控、重点部位监控于一体的智能运维平台；④建设数字化建设管理平台。

（3）队伍建设。①建立具有优势、有吸引力、更为开放、更为主动的人才引进机制，提供人才组织保障；②加强人员培训，持续提升全员综合素质。

2. 权属公司职能分工与设计

山东铁投集团下层权属公司共7家，具体包括济青高速铁路有限公司(以下简称济青高铁公司)、鲁南高速铁路有限公司(以下简称鲁南高铁公司)、山东铁路发展基金有限公司、山东铁路综合开发有限公司、山东铁路有限公司、供应链公司和博深股份。其中，鲁南高铁公司作为集团权属公司之一，成立平台应用推进领导小组，负责平台重大事项决议、重点事项统筹协调等工作；其他权属公司作为高速铁路建设项目总体牵头单位，成立平台应用推进小组。所有权属公司整体负责把控高速铁路建设项目各阶段工作安排，对各参建单位的信息化平台应用情况做好管理，负责权属公司平台使用的整体推进、协调工作，保证平台的落地应用及问题的高效反馈。具体工作内容和职责如下。

(1)前期工作阶段：根据前期管理的工作分工，对前期管理模块的数据进行实时更新。

(2)工程招标阶段：负责组织平台开发单位将项目基本信息、技术标准、单位工程、工点信息、指导性施工组织及计划、BIM模型、GIS数据等相关基础数据，录入平台系统，完成平台准备工作。

(3)开工前准备阶段：通过平台对施工单位填报的年度分月计划进行审批；组织施工及监理单位研究确定视频监控点位，并及时完成设备采购、安装及系统接入；组织各参与方完成征地拆迁、"三电"迁改、管线迁改基础数据确认和配置工作；组织参建单位完成大临工程、环水保工程基础数据配置工作；组织参建单位完成风险源研判，并纳入平台管理，施工过程中进行动态管理。施工单位、监理单位提前完成部位树负责人配置和录入。

(4)施工阶段：组织录入外部环境问题库，并及时督办，施工单位及时更新问题整改进度。

3. 项目参建单位职能分工与设计

项目各参建单位职责主要体现在高铁建设项目建设过程中，各参建单位需要在施工过程中对标准规范、智能化技术进行应用，对接现场智能生产设备，施工过程中进行监测并对数据进行存储和分析，通过BIM+信息化平台等进行多种形象化展示，协助管理者查看现场具体生产数据，提高管理者对现场的把控能力，辅助管理者快速进行决策。项目参建单位在施工阶段需要通过智能化工程建设管理平台实现项目各环节工作数字化、标准化、流程化，具体职责主要如下。

1)设计单位

设计单位在施工阶段按要求在信息化管理平台的设计管理模块中上传施工周报。

2)施工单位

施工单位需要按照工序验收要求，通过移动端及时发起工序报验流程，填报各类信息，并录入各施工段的劳务人员，按规范要求通过平台填写施工日志；通过平台提前报备大型及特种设备进场信息，经过线上监理进场审批后进场，应用平台报批物资计划、录入物资合同信息，并对物资的供应、检验、使用等环节进行全过程管理；应用岩溶专项管理模块，完成路基、桥梁、隧道岩溶的基本信息和每周进度信息的录入；通过平台完成首件计划、作业指导书、评估等工作；施工单位、环水保监理单位应用环水保模块完成环水保方案、巡检问题、设计交底、隔声窗、声屏障等工作基本信息及进度情况的录入。

3)监理单位

监理单位按验收标准及时通过移动端审批报验申请，上传验收视频；通过平台开展检测见证工作，按规范要求填报监理日志，下发监理指令，完成对安全、质量、随手拍、风险源等问题的下发，以及施工销号工作。

4）其他

在开工前准备阶段，各参建单位明确专人负责平台应用事宜，并保证相关工作事项均通过平台完成。施工单位通过平台完成重难点工程专项施工组织设计、实施性施工组织设计报批后，及时完成劳务公司、劳务人员信息及合同录入，完成平台准备工作。各参建单位应用平台中的变更设计模块，履行各项变更设计报批程序；全体人员通过平台移动端随手拍功能，对现场发现的问题进行举报。

3.3　智能建造管理组织结构设计

组织结构设计是指合理设置企业内部组织架构，以及确定组织内部各部门之间关系与沟通模式的过程。本节从山东铁投集团智能建造管理组织结构特点出发，总结了智能建造管理组织结构类型；在此基础上，明确了集团内部职能部门、平台开发部门的管理机构设置及职能权责，形成了智能建造管理职能矩阵。

3.3.1　智能建造管理组织结构形式

3.3.1.1　智能建造管理组织结构需求

组织能力是企业持续发展的内在动力，企业竞争能力及地位因组织素质的提高和组织模式的优化而得以不断重新确立和巩固。山东铁投集团智能建造管理的组织结构表明了企业内各有机组成部分的排列顺序、空间位置、聚散状态、联系方式，以及各要素之间的一种结构及状态，因此在组织结构的选择上是十分慎重的。常见的组织结构形式主要包括职能式、事业部式和矩阵式三种。

1. 职能式结构

职能式结构是以分工理论作为组织结构设计的核心原理，并形成一种最高领导具有绝对统治地位的企业组织形式。这类组织结构特别强调组织内部分工与层阶。从纵向看，组织被划分成若干层次，形成等级分明的金字塔结构，处在塔尖的高层领导通过一个"等级链"控制着整个组织；从横向看，组织被分解为若干个并列的部门，每个部门都负责一项专门工作，各司其职，各自向上一级负责。企业必须设立许多形形色色的职能部门，辅助最高领导主持日常管理工作。目前不少传统企业甚至股份制企业仍采用该种模式。

优点：使用人员灵活性较大；有利于知识和经验的交流；有利于项目技术连续性的保持。

缺点：职能式结构是一种典型的中央集权模式，职能部门众多，易陷入机构臃肿、人浮于事的境地；由于层阶重叠，层阶越高的管理者越远离市场，降低了市场应变能力与驾驭能力；信息在传递过程中往往失真，高层难以听到真实的信息，无法及时做出适应买方市场个性化、凸显专业化产品及最大限度满足服务诉求的诸多举措。

2. 事业部式结构

事业部式结构是企业根据不同产业、产品、市场、服务对象或区域，把企业划分为若干事业群，每一个事业群建立自己的经营管理机构与队伍，独立核算，自负盈亏。这种组织架构是目前大部分企业集团尤其是跨国公司采取的组织结构形式。这种组织架构是业务导向型的，从权力结构上讲是分权制，基本单位是半自主的利润中心，每个利润中心内部通常又按职能式组织结构设计。在利润中心之上的总部负责整个公司的重大投资，负责对利润中心的监督。因此总部的职能相对萎缩，一般情况下总部仅设人事、财务、总裁办等几个事关全局的职能部门。

优点：授予给各事业部自主决策权之后，各事业群的创新热情极大地提高。

缺点：首先，相对独立的各事业部往往会更多地关注自身利益而不顾企业整体利益，从而滋长部门本位主义，造成共享资源滥用过度，严重时会引起企业内部的不良竞争，导致组织的分化现象。其次，由于每一个事业部都设有相应的职能部门，由此造成组织结构规模庞大，若缺乏一定的协调，就会妨碍企业内外部信息、人才等资源的流动和整合，难以体现规模经济。再次，企业总部负责人的决策往往会受到部门历史、产品本身及他们个人喜好等多种因素的影响。

3. 矩阵式结构

矩阵式结构同时具备了职能式和事业部式这两种结构的优点。该组织结构既能充分利用职能部门内的专业技术知识，又能促进职能部门之间的横向协作。矩阵式组织结构能够很好地协调职能部门、产品与地理位置。该结构能使企业迅速地对外界环境的变化做出反应，满足市场的多样化需求。矩阵式结构的一个基本问题是如何定义责权关系。由于这种组织形式实行纵向、横向的双重领导，会产生扯皮现象，从而影响企业的效率。

在智能建造管理组织过程中，企业需要同时承担多个智能建造管理工作的实施和管理的情况，各项管理工作起始时间不同，规模及复杂程度也有所不同，如资金筹备、团队建设、人才引进、培训交流、创新能力建设等，要求职能部门能弹性地适应变化的、不同规模的、不同复杂程度的智能建造管理任务，也要求这些管理工作尽可能弹性地存在于企业组织中，因此，选择与之相适应的组织结构形式是非常重要的。

3.3.1.2　智能建造管理组织结构形式的选择

企业组织结构形式揭示了企业内部的各个部门、岗位之间的关系和层级结构，在智能建造背景下，山东铁投集团智能建造管理在组织结构形式的选择上也发生了许多新的变化，突出表现为组织形式扁平化、组织结构团队化、组织形态虚拟网络化。根据智能建造管理组织结构形式特点，山东铁投集团选择了矩阵式组织结构形式。

1. 智能建造管理组织结构形式特点

1) 组织形式扁平化

组织形式扁平化是通过减少管理层次和裁减冗员而建立起来的一种紧凑的扁平式组织结构，它能使组织变得灵活、敏捷，从而提高组织效率和效能。一方面，山东铁投集团在智能建造管理过程中，打造集团战略管理六个中心：集团建设管理中心、项目投资中心、人力资源中心、财务共享中心、科技创新中心、运营管理中心。通过智能化信息化管理平台，实现对业务流程的重构，打破传统组织的效能边界，突破智能建造管理信息传递在时间、空间上的限制，形成一系列为实现目标而井然有序、分工明确、各司其职、各负其责的工作方案，使得组织结构中的许多职能部门、中间环节被削减，从而使智能建造管理组织结构趋向扁平化。另一方面，山东铁投集团通过制定智能化建设管理制度及考核办法，构建适应智能化发展的企业运行机制，加快企业管理层级的扁平化和放权，畅通企业信息流通渠道，消除管理冗余，提高应对市场变化的响应能力。

2）组织结构团队化

组织结构团队化就是让职工打破原有的部门界限，绕过原来的中间管理层次，为达成公司总体目标，以群体和协作的优势，赢得组织的高效率。山东铁投集团高速铁路智能建造管理团队组合的类型主要为两种：一类是专项团队，其成员主要是来自公司各单位的专业人员，主要为解决集团"数字化"转型及智能化信息平台应用而专门成立的团队，负责集团高速铁路智能建造管理工作的统筹推进与成果应用；另一类是工作管理团队，他们主要从事智能建造管理日常业务工作。

智能建造组织团队主要有以下特征：①目标明确。以山东铁投集团高速铁路智能化建设为目标，以科学管理方法提升集团决策效率和质量，使用智能化手段代替人工处理，提高管理效率，进行智能化辅助决策，做更多的管理或者研究性的工作，推动智能化体系的整体优化和系统重塑，最终实现集团智能化管理。②角色分工。团队的成员都在清晰的组织框架中进行角色定位和分工，每个成员明确了解自己的定位与责任。团队中的成员角色分为三种：第一种是以工作为导向的角色，其主要任务是促成智能建造管理目标的实现，需要统揽企业智能建造管理工作，研究决定智能化建设路线图及关键工作，协调解决智能建造过程管理过程中的重大问题；第二种是以关系为导向的角色，主要任务是开展以团队为中心的智能建造管理过程中的各项组织活动，负责激励、交际和观察等工作；第三种是负责智能建造工作落实的角色。

3）组织形态虚拟网络化

组织形态虚拟网络化是企业组织结构的发展方向，以计算机和信息网络为基础和支撑，以分工合作关系为联系纽带，在管理过程中，传统的组织管理在某种程度上不再有效，信息化管理平台得到充分应用，可大大提高管理效率。根据数字化转型战略要求，山东铁投集团数字化平台为集团和权属单位提供统一的工作协同、信息/知识共享、业务应用、集成应用和数据分析等工作应用。数字化平台采用"前台、中台、后台"先进的设计理念，遵循"小前台、大中台、强后台"的建设思路。前台轻量化，支持多种功能入口，可根据需求调整展现内容；中台能力强大、灵活，可适应集团业务调整并做出快速反应，业务应用支持数据联动，能做到数据可分析、过程可穿透；后台开放，技术框架稳定、可扩展、可集成，包含插件规范、国际化规范和本地接口支持协议等。后台帮助集团构建中台共享服务能力，将应用的共享部分抽象在中台，最终实现灵活、快速支撑前台应用建设需求，是集团的决策支撑应用，为决策层的管控应用提供新的 IT 治理架构。

2. 山东铁投集团的智能建造管理组织结构形式

矩阵式组织结构形式能够确保管理的连续性，组织运作更加灵活，也有利于打破组织的效能边界，让集团内部运作更加高效、扁平。山东铁投集团基于智能建造管理组织结构需求与特点，在智能建造管理组织结构的选择上采用了矩阵式组织结构，如图 3-2 所示。

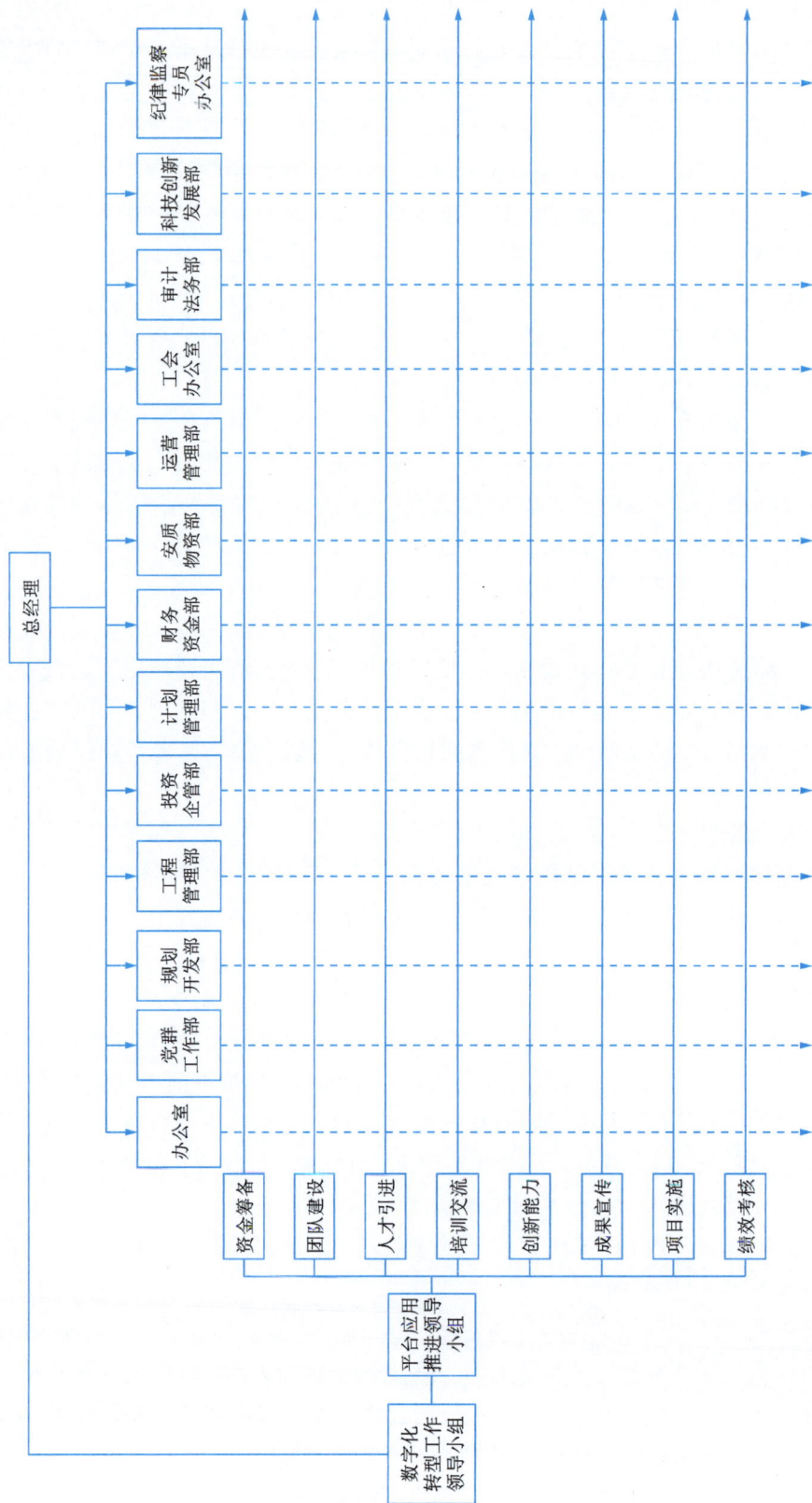

图3-2 山东铁投集团的智能建造管理矩阵式组织结构

　　智能建造管理矩阵式组织结构的纵向是根据集团智能建造管理工作实际和发展需要，按管理职能设置的职能部门，实行专业化分工，对集团的职能业务负责；横向是按智能建造管理子项目进行划分，设置对目标总体负责的部门。在组织系统中，存在垂直的权力线与水平的权力线，在矩阵的节点上，集团各部门执行人员既要听从横向管理部门做出的工作安排，又要接受纵向职能部门发出的指令。同时，在矩阵式组织结构中，纵向管理部门与横向管理部门各自所负责的工作和管理的内容明确，且以横向管理部门为主。

3.3.2　管理机构设置及职能权责

3.3.2.1　管理机构设置

1. 内部职能部门设置

　　2018 年，为进一步提高山东省铁路建设运营管理专业化水平，山东省委、省政府审时度势，统筹省内涉铁资源，整合山东铁路建设投资有限公司、济青高铁公司、鲁南高铁公司、山东铁路发展基金有限公司，组建成立山东铁投集团，建成了全国为数不多的集筹资、投资、建设、运营一体化的地方铁路建设管理平台。目前，山东铁投集团根据发展定位，遵循"科学管控、权责明确、精简高效"的原则，合理设置机关部门和部室职责。

　　(1)科学管控。集团通过把控战略发展方向、提升管理水平、构建监督体系、掌握控制权、下放自主权，充分调动权属单位生产经营积极性和主动性，确保完成山东省委、省政府交办的各项任务，完成年度经营业绩指标，实现集团全面可持续、高质量发展。

　　(2)权责明确。在实现集团业务流程闭环的同时，集团合理划分部门职责范围，职责清晰、有职有责、在职尽责，形成相互补充、相互制约、科学规范的部门职责和岗位职责，做到机构职能明确、岗位职责明晰、责任落实到位。

　　(3)精简高效。集团机构设置遵循精简、统一、高效的原则，根据任务性质、繁重程度、工作特点合理设置部门，因事设置岗位，明确各岗位具体职责，以岗定编，相应控制人力投资总额，节约人力成本。

　　当前，在山东铁投集团内部职能部门设置了办公室、党群工作部(人力资源部、统战工作部)、纪律监察专员办公室(内设综合部、纪检监察室)、规划开发部、工程管理部、投资企管部(董事会办公室)、计划管理部、财务资金部、安质物资部、运营管理部、工会办公室、审计法务部、科技创新发展部 13 个职能部室；下辖济青高速铁路有限公司、鲁南高速铁路有限公司、山东铁路发展基金有限公司、山东铁路综合开发有限公司、山东铁路有限公司、供应链公司、博深股份等 7 家权属子公司，合并资产规模超 3989 亿元，如图 3-3 所示。

2. 平台开发部门设置

　　为深入贯彻落实国铁集团、山东铁投集团关于实现信息化与建设管理深度融合的要求，加强全过程建设项目信息化管理能力，提高管理效能，实现各环节工作标准化、流程化，切实推进平台研发与应用，山东铁投集团成立数字化转型工作领导小组，由董事长、总经理担任组长统筹管理，集团其他领导班子成员、权属单位董事长及总经理担任副组长，集团高管、各部室负责人、权属单位其他领导班子成员为组员。数字化转型工作领导小组下设数字化转型办公室，负责具体工作的协调推进，办公室设在集团工程管理部，由工程管理部牵头负责，

山东铁路投资控股集团有限公司

党委

股东会　　董事会　　监事会

经理层

纪律监察专员办公室

办公室
党群工作部
规划开发部
工程管理部
投资企管部
计划管理部
财务资金部
安质物资部
运营管理部
工会办公室
审计法务部
科技创新发展部

权属子公司　　　参股公司

济青高速铁路有限公司
鲁南高速铁路有限公司
山东铁路发展基金有限公司
山东铁路综合开发有限公司
山东铁路有限公司
供应链公司
博深股份

青连铁路有限责任公司
德龙烟铁路有限责任公司
山东高速铁路建装备有限公司
青荣城际铁路有限责任公司
国能黄大铁路有限责任公司
石济铁路客运专线有限公司
雄安高速铁路有限公司
晋豫鲁铁路通道股份有限公司
京沪高速铁路股份有限公司

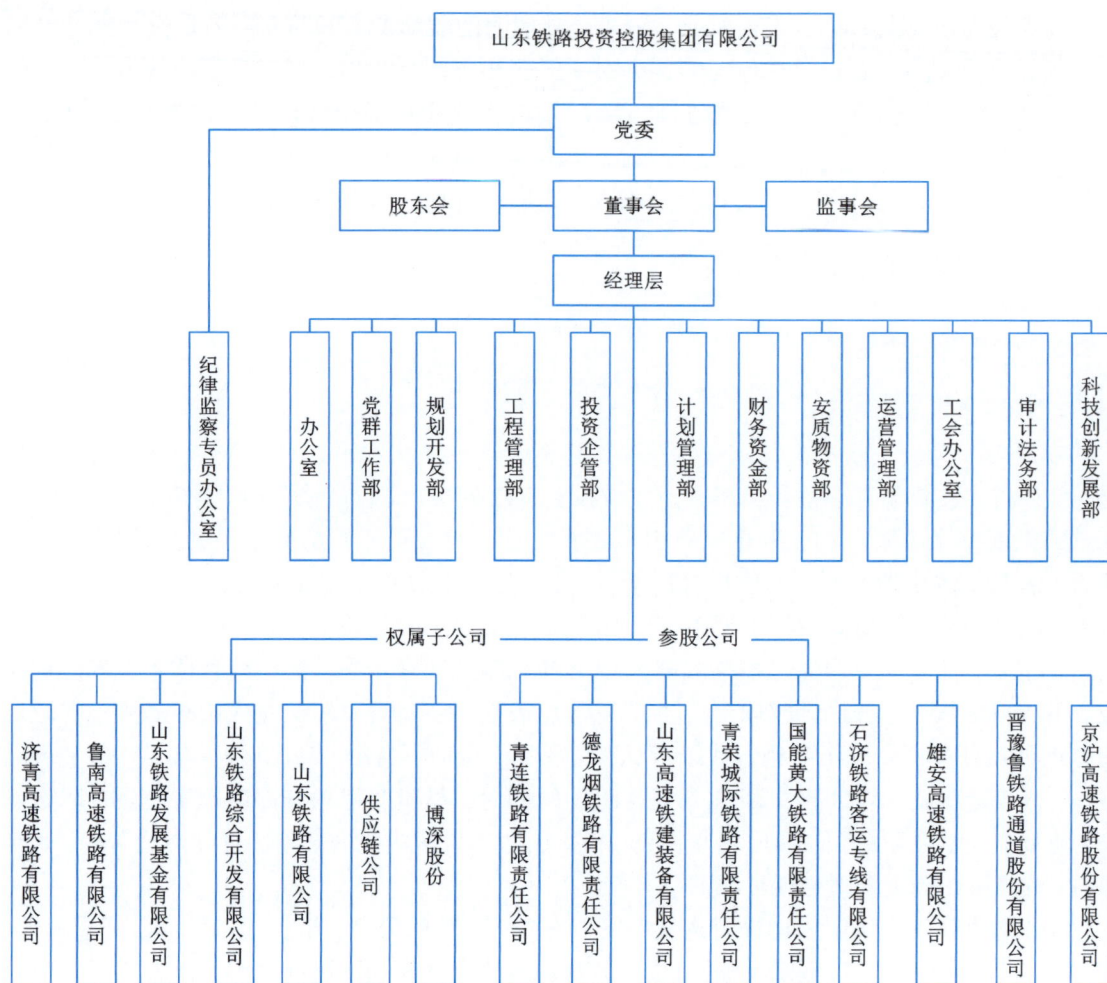

图 3-3　山东铁路投资控股集团有限公司组织架构图

工程管理部部长任办公室主任。集团其他各部门对责任模块负责，第三方平台开发公司(中铁设计集团)负责具体实施工作，研发出适用于山东铁投集团的协同管理平台。

鲁南高铁公司成立平台应用推进领导小组，负责平台重大事项决议、重点事项统筹协调等工作。鲁南高铁公司董事长、总经理担任组长，集团副总经理、总工程师及权属单位主要负责人担任副组长，各部室负责人及权属单位分管领导为组员。平台应用推进领导小组下设办公室(以下简称平台办公室)，平台办公室设在工程管理部，负责平台应用日常管理等工作的协调推进，工程管理部部长兼任办公室主任。

另外，山东铁投集团相关权属单位成立平台应用推进小组，负责权属单位平台使用的整体推进、协调工作，保证平台的落地应用及问题的高效反馈。

具体见表 3-1。

表 3-1　山东铁投集团智能化平台开发组织机构及主要职责

专项小组	工作/职务	负责人	成立单位
数字化转型工作领导小组	组长	董事长、总经理	山东铁投集团
	副组长	领导班子成员、权属单位董事长及总经理	
	组员	集团高管、各部室负责人、权属单位其他领导班子成员	
	数字化转型办公室	工程管理部	
	第三方平台开发	中铁设计集团	
平台应用推进领导小组	组长	公司董事长、总经理	鲁南高铁公司
	副组长	集团副总经理、总工程师及权属单位主要负责人	
	组员	各部室负责人及权属单位分管领导	
	平台办公室	工程管理部	
平台应用推进小组	组长	公司董事长、总经理	其他权属公司
	副组长	集团副总经理、总工程师	
	组员	各部室负责人	
	平台办公室	工程管理部	

3.3.2.2　平台开发部门职能权责

1. 数字化转型工作领导小组

1）领导小组

领导小组是数字化转型工作的领导机构，负责制定数字化转型工作总体规划，统筹相关系统建设，具体职责如下：

（1）确定集团及权属单位数字化转型工作的指导思想、总体规划、目标和任务。负责数字化转型工作中的关系协调和重大问题的决定。

（2）审定相关系统建设工作计划、建设方案、总体设计、项目实施及建设经费申报、使用等情况。

（3）监督、检查数字化转型工作进度和应用效果。

2）领导小组办公室

领导小组办公室设在集团工程管理部，是数字化转型工作领导小组的执行机构，除了一般性职能外，还负责数字化转型及具体系统建设工作的组织和实施，具体职责如下：

（1）贯彻执行集团关于数字化转型工作的决定、部署，研究和起草集团数字化转型建设规划和总体实施方案。

（2）组织推动相关系统建设工作，草拟系统建设工作要点和实施计划，组织相关项目的方案编制、申报论证、审查指导等工作，监督检查建设实施情况及重大问题的协调。

（3）组织开展数字化转型研讨和经验交流推广工作，汇总、统计各部室及权属单位工作进展情况，负责数字化转型工作的联络。

（4）统筹协调集团本级数字化系统建设、使用、维护、升级改造等工作，其他部门对本部门数字化系统负责。

（5）承办上级交办的其他工作任务，组织召开工作会议，承担集团数字化转型工作领导小组日常工作。

（6）负责日常平台维护及管理、研发进度把控、信息化管理办法制定等工作，管理各参建单位平台实施情况并进行月度考核。

（7）提出年度人才需求计划，由集团党群工作部负责制定人才引进计划，发起人才招引流程。

（8）定期组织数字化转型业务、知识培训，提升全员数字化知识水平。

3）第三方平台开发公司

第三方平台开发公司（中铁设计集团）负责平台需求调研收集、功能设计、研发、测试、发布、部署，制定BIM标准，进行BIM应用体系、智能建造体系研究，进行大数据、区块链等新技术的研发应用及科技成果转化。

2. 平台应用推进领导小组

鲁南高铁公司成立平台应用推进领导小组，具体职责如下：

（1）负责平台重大事项决议、重点事项统筹协调等工作。

（2）负责平台需求深化、决策与确认，负责平台实施情况管控与考核。

（3）承担平台的建设、推广、运维、优化升级及问题响应等工作，确保平台正常运行。

（4）负责工程建设信息化管理平台应用管理相关办法的制定。

3. 平台应用推进小组

相关权属单位成立平台应用推进小组，具体职责如下：

（1）负责统筹推进本单位的数字化转型工作。

（2）负责本单位的相关系统的需求分析、流程制订、功能设计、建设实施、验收评审、档案收集等工作，为系统建设提供必要的硬件条件及人员保障。

（3）按照职能分工负责本单位相关系统的使用、维护、升级改造等工作。

（4）权属公司各部门（含现场指挥部）将平台作为提高工作效率、提升管理质量的重要手段，在铁路建设项目管理工作中积极使用。平台暂时无法满足的需求，应尽快反馈至平台办公室，由平台办公室尽快组织平台开发单位组织研究、实施。

（5）建立平台应用调度制度，每月组织召开一次应用分析会议，对平台应用情况进行调度，调度结果报平台办公室。

（6）权属单位作为建设项目总体牵头单位，整体负责把控各阶段工作安排，对各参建单位的平台应用情况进行管理。

4. 智能建造管理职能定位矩阵

山东铁投集团建立职能定位矩阵表，明确集团智能建造管理相关部门各类管理业务的协作关系，确定关键管理事项的批准、牵头、协作、参与部门，以解决协作关系不清晰的问题，具体见表3-2。

表 3-2　山东铁投集团智能建造管理职能定位矩阵表

序号	工作职能	具体工作事项	集团内部职能部门												智能建造管理机构				参建单位
			办公室	党群工作部	规划开发部	工程管理部	投资企管部	计划管理部	财务资金部	安质物资部	运营管理部	工会办公室	审计法务部	科技创新发展部	数字化转型工作领导小组	数字化转型办公室	平台应用推进领导小组	平台应用推进小组	
1	资金筹备	数字化转型专项资金投入，资金管理办法制定				●			○										
2	团队建设	团队成员组建	○	○	○	●	○	○	○	○	○	○	○	○		●	○	○	○
		团队负责人确定	○	○	○	●	○	○	○	○	○	○	○	○		●	○	○	○
		团队管理体系	○	○	○	●	○	○	○	○	○	○	○	○		●	○	○	○
3	人才引进	人才需求计划提出				●										●	●		
		人才引进计划制定		●		●										●	●		
		人才招引流程发起		○		●										●	●		
4	培训交流	业务、知识培训	○		○	●			○							●	●		
		组织学习调研	○		○	●										●	●		
5	创新能力建设	基础平台建设				●										●			
		标准规范建设				●										●			
		技术体系建设				●										●			
6	成果宣传	数字化转型专报编辑、重大新闻和成果发布、媒体宣传等	○			●									○	●	○		
7	项目实施	需求申报、需求审核、项目申报、项目评审、招投标、项目过程管理、项目验收、绩效评价				○									☆	●	●		○
8	绩效考核	考核标准制定、绩效数据收集与核算、考核结果通报等	○		○											●	●	○	○

注：☆表示批准；●表示牵头；○表示参与。

3.4 智能建造管理组织运行

科学合理的组织运行机制是促进智能建造管理系统优化、提高组织运行效率、实现组织目标的重要保障。山东铁投集团明晰智能建造管理流程，并建立了保证智能建造管理组织运行的转型管理机制、信息共享机制、建管养运维一体化机制、绩效考核机制和基础保障机制。

3.4.1 智能建造管理流程

为深入贯彻落实集团智能建造管理相关工作的要求，有序推动集团及权属单位高速铁路智能建造工作的高效开展，实现各环节工作标准化、流程化，山东铁投集团按照管理流程设计的基本思路与原则，遵循管理流程设计理念，关注管理主体经验、管理对象客观性，结合管理流程设计相关影响因素，依托组织结构部门职能与权限，对管理制度中规定的管理业务事项进行解析，运用科学管理方法与手段对管理流程各要素做合理安排，对智能建造管理流程进行设计，如图3-4所示。

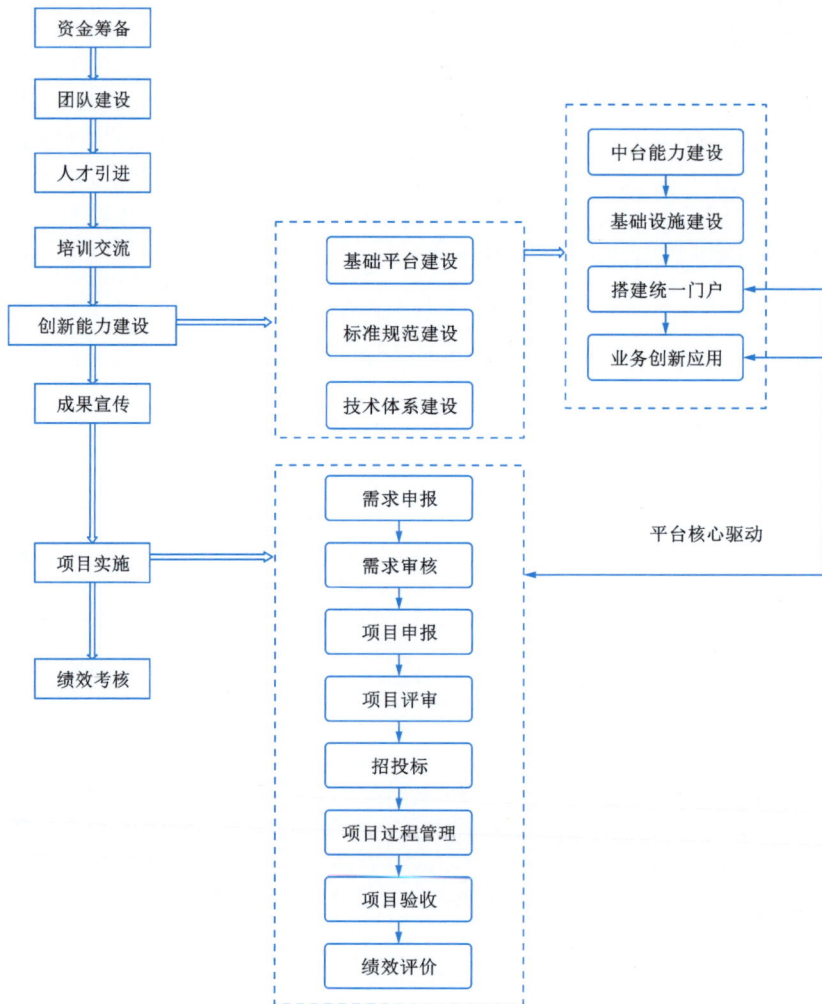

图 3-4 智能建造管理流程设计图

1. 资金筹备

专项资金投入是企业数字化转型的持续保障。山东铁投集团投入数字化转型专项资金，制定资金管理办法，确保数字化转型基础平台、功能应用、数据采集、互联互通、成效展示等方面有效投入，从企业战略统筹和长期发展的角度，保障转型工作有序开展。

2. 团队建设

工程管理部牵头负责集团数字化转型工作，承担数字化转型相关事项的具体落地实施工作。集团其他部室、各权属单位负责本部门（单位）数字化转型的具体工作。

3. 人才引进

数字化转型办公室负责提出年度人才需求计划，由集团党群工作部负责制定人才引进计划，发起人才招引流程。

4. 培训交流

数字化转型办公室定期组织数字化转型业务、知识培训，年度不少于两次，以提升全员数字化知识水平。每年至少组织一次到先进单位、企业的学习调研，引进先进的技术和经验。

5. 创新能力建设

数字化转型办公室牵头，各业务部门配合，组织相关专家对集团数字化转型的技术能力进行建设，主要包含技术架构选型、数据标准规范建设、基础平台的搭建等，以保持集团数字化转型的技术能力前瞻性和实用性。

6. 成果宣传

数字化转型办公室牵头，各业务部门配合，按月度编辑数字化转型专报，重点介绍数字化转型的工作成效、重大事项等内容。

集团办公室负责省级以上宣传媒体的联系，针对数字化转型的重大新闻、成果及时对外宣传发布。

7. 项目实施

1）需求申报

集团相关部室将数字化建设需求报集团工程管理部汇总，形成统一建设需求。权属单位基于自身业务提出数字化建设需求，经单位决策程序后，将需求申报表及决策文件同步提报数字化转型办公室。对于年中新增项目，经集团领导同意后，再发起需求申报流程。

2）需求审核

数字化转型办公室组织行业专家对需求的可行性、必要性、经济性进行论证研讨，确定下一年度数字化建设整体需求计划，经集团同意后组织项目申报工作。

3）项目申报

相关部门（单位）根据要求组织项目申报材料的编写，制定绩效目标表，并报数字化转型办公室。

4）项目评审

数字化转型办公室组织专家对项目申报材料的合理性、资金投入、预期效果等进行论证，形成建设意见，经集团同意后进入实施阶段。

5）招投标

通过立项的项目按照《山东铁路投资控股集团有限公司招标管理办法》组织招投标程序。

6）项目过程管理

数字化项目建设承担部门（单位）负责项目的具体管理工作。具体过程为：

（1）项目启动。发起项目启动会，项目中标单位对项目的建设计划、驻场人员、环境需求等内容进行介绍，并由承担部门（单位）针对项目提出相关要求。

（2）需求管理。项目中标单位在项目开发前完成项目详细的需求调研论证，并出具设计原型，组织内部研讨，通过后进入项目开发阶段。

（3）过程管理。项目开发过程中，按照计划中的项目重大节点组织阶段性检查，及时发现项目过程中的风险和问题，作出调整方案。

（4）项目测试。要求项目开发结束时完成三方测试，出具测试报告；针对涉及个人、企业数据安全的项目，应要求组织相应级别的等保测评，出具等保测评报告。

（5）例会制度。要求项目中标单位每周组织项目周例会，形成会议纪要，抄送所有项目干系人。

7）项目验收

项目开发完成后，由项目建设承担部门（单位）发起验收申请，由数字化转型办公室组织专家进行项目验收，给出验收意见。项目所有过程文档进行归档。

8）绩效评价

对项目组织绩效评价，评价结果作为后期相关部门申请数字化建设的凭证。

8. 绩效考核

平台考核工作由铁路建设信息化管理办公室负责。平台考核工作采用"分级考核，综合评级"的原则，采取日常抽查考核、专项抽查、集中检查考核相结合的方式，每月对各单位平台应用进行全面考核。

3.4.2 智能建造管理组织运行机制

山东铁投集团智能建造管理组织运行机制主要包括转型管理机制、信息共享机制、建管养运维一体化机制、绩效考核机制和基础保障机制。

3.4.2.1 转型管理机制

山东铁投集团按照国资委 2020 年发布的《关于加快推进国有企业数字化转型工作的通知》，明确国有企业要充分发挥引领带头作用，作出"制定数字化转型规划和路线图""协同推进数字化转型工作"等有关工作部署。根据山东省国资委 2022 年发布的《关于印发省属企业数字化转型实施意见的通知》，为推进省属企业数字化转型走深走实，山东铁投集团制定了数字化转型管理制度及考核办法，构建适应数字化发展的企业运行体制机制，加快企业管理层级的扁平化和放权，畅通企业信息流通渠道，消除管理冗余，提高应对市场变化的响应能力。

山东铁投集团根据国家及山东省数字化转型要求，成立了数字化转型管理工作领导小组、平台应用领导小组，制定了《山东铁路投资控股集团有限公司数字化转型专项规划（2022—2025 年）》《山东铁路投资控股集团有限公司数字化转型实施方案》《数字化转型工作管理办法》《铁路智能化工程建设管理平台管理办法》等，并在集团"十四五"规划中提出：不断提高集团的管理数字化与业务数字化水平，打造集团数字化管理平台。集团数字化转型分为三个阶段：信息化、数字化和智能化。具体为：将集团的传统业务管理方式以信息化技术手段赋能，实现信息化管理；根据业务管理的使用需求，提炼关键业务数据辅助决策，实现集团业务数字化管理；通过数据实时可视及 AI 算法，对集团运营数据进行统计分析，厘清企业运行规律，以科学管理方法提升集团决策效率和质量，最终实现集团智能化管理。具体做法为：一是实现集团管理业务信息化，打造集团"六个统一"，全面实现集团各业务板块线上协同应用，发挥集约化、一体化、共享化、协同化的平台优势；二是实现集团管理业务数字化，通过数字化手段，实现对业务流程的重构，打破传统组织的效能边界，让集团内部运作更加高效、扁平；三是逐步实现集团管理智能化，探索基于重复性工作的业务场景，使用智能化手段代替人工处理，提高管理效率，达到智能化辅助决策。

3.4.2.2　信息共享机制

1. 核心思想

智能建造管理的部门之间，由于职能权责、组织结构安排、操作流程标准等因素，会存在一定的信息孤岛。山东铁投集团在智能建造管理过程中建立起一套合理的集团部门间信息共享机制，不仅实现高速铁路智能建造管理过程中部门间的信息共享和多个部门组织间信息上的联动，还能支持交互式信息协作，服务于集团智能建造管理，以达到信息融合、资源整合、组织内部协同等效果，促使多方协同联动，促进集团整体发展。信息共享机制核心思想主要有以下几点：

（1）以提高集团整体管理水平为宗旨。山东铁投集团把每个部门的管理成果整合到一起，实现企业的信息共享和多个部门组织间的信息联动。

（2）反映集团实际管理情况与现状。山东铁投集团重视管理机构设置及每个部门的职能权责，并准确识别每个部门的利益相关方，形成健全的信息、审核标准体系，加强智能建造决策管理。

（3）实施集团与其他单位的信息技术联络，实现企业信息资源共享、开放共享、业务协作、科技创新等。山东铁投集团围绕铁路建设管理搭建基于 BIM 的建设管理云平台，初步实现建设、设计、施工、监理及咨询等参建各方数据共享、协同管理；同时在云平台中开放权限，允许省、市各级政府相关人员共享项目信息，形成以平台为中心的铁路建设项目管理生态体系。

山东铁投集团构建的信息共享机制，有利于集团的智能建造信息化管理体系的发展，可达到促进集团整体发展的目标。建立信息共享机制及信息化平台等系统，能确保集团内部信息、技术资源实现有效联动及共享，使智能化建造管理精细化，提高集团管理效率，帮助集团实现管理智能化的最终目标。

2. 技术支撑

山东铁投集团建立了集团与权属单位统一的工作协同、信息/知识共享、业务应用、集成应用和数据分析等的集团信息化管理平台，该平台主要由技术平台、业务管控平台和数据分析平台三大平台构成。

1）技术平台

山东铁投集团建设以云计算、物联网、移动互联、5G、BIM、大数据为基础的信息化、数字化的技术平台，通过数字技术驱动集团产业结构的重大变革，以及管理创新和价值再造。技术平台作为集团数字化平台建设的基础，满足底层与异构系统的链接与深度集成，满足前端应用层与各异构系统的统一入口、统一待办、统一消息、统一报表的展现效果，满足集团未来业务发展新增的业务需求的快速定制。

2）业务管控平台

业务管控平台承载整个山东铁投集团的组织架构引擎、流程中心引擎、即时通信引擎、知识文档引擎和业务处理中枢，解决集团部门之间、部门与权属单位之间的日常工作的沟通与业务协作，打破传统办公模式的时空局限性，用流程驱动组织高效运营。

业务管控平台应用的是数据驱动业务的全新信息化模式，该模式让数据在业务过程中自发产生，驱动业务流转和执行，通过中台对前台和后台承上启下地衔接，让集团人、财、物、数据、信息完成前后的一体化连接，形成集团信息化前、中、后台围绕组织和业务的协同，全面提升企业组织运营效能。

3）数据分析平台

数据分析平台承载企业经营和管理过程中的内部数据、协同基础数据、用户行为数据、运维监控数据、业务单据数据及与企业相关的外部互联网数据。根据集团战略管控要求，从人力、财务、投资、合同法务、科技创新、运营管理和风险管控维度建立集团数据中心，从各维度收集、整理各个板块的数据，并进行分析和预测，助力集团战略管控、科学决策、风险管控和业务指导等，逐步实现集团产业的数字化。

3.4.2.3 建管养运维一体化机制

1. 建立路省联动、分类实施的高铁建设模式

1）建立专项小组，加强联动协作

山东省成立由省政府负责同志任组长，省有关部门、国铁济南局集团、山东铁投集团等相关负责同志为成员的铁路建设专项小组，省方发挥政府作用，路方发挥行业优势，形成了优势互补、合力推进的铁路建设新局面。

2）改革管理体制，实现对口联动

参照交通运输部"大部制"模式，山东省在全国率先构建起公路、地方铁路、机场等统一管理的"大交通"模式。在铁路建设发展方面，省发展改革委负责前期推进，省交通运输厅负责建设管理，市、县两级政府各负其责，山东铁投集团等抓好落实，形成上下对口、边界清晰、各方积极性得到充分发挥的铁路工作管理新体制。

3）组建合资公司，实现互利共赢

山东省与国铁集团按照8∶2控股比例，联合成立济青高铁公司和鲁南高铁公司，省方派董事长和其他班子成员，国铁集团派总经理，省路双方在工程推进中共同研究、共同攻关，形成了高铁建设的强大合力。

4）坚持路省联动，分类建设合作

山东铁投集团建立了分类建设山东高铁的三种模式：一是以国铁集团为主体、山东省出资并配合的建设模式；二是由山东省主导、国铁集团出资参与的建设模式；三是由山东省完全主导、国铁集团给予技术支持的建设模式。这三种模式不仅是山东省贯彻国家投融资体制改革精神的探索尝试，还能最大限度地发挥路省双方优势，这对山东铁路的快速发展起到了

积极的作用。

2. 建立巩固政府统筹、政企联动的铁路管理模式

1）优化铁路资源配置

2018 年，山东省委、省政府统筹省内涉铁资源，组建成立山东铁投集团，建成了全国为数不多的集筹资、投资、建设、运营一体化的地方铁路建设管理平台。

2）优化人才资源配置，打造一流建设管理团队

集团通过平台统一门户，采用可视化大屏展示的形式，实现人才信息一张图，即通过平台集中展示集团及下属企业的内部人才梯队建设情况，以及外部专家、人才团队的人员画像。支持通过年龄、岗位、教育经历、工作经历、荣誉或资质获取情况等多维度对人员数据进行筛选与分类展示，辅助集团及企业领导对人才数量、分布与特征的宏观把握，便于"知人、选人、用人"，更大程度地发挥人才价值。

3）创新工作机制，高效推进前期工作

一是建立"上下联动、齐抓共管、分工负责"的工作推进机制。省政府成立铁路建设专项小组，定期、不定期调度协调铁路建设推进过程中的重大问题。二是形成"路地共建、部门协同，快速推进"的良好工作局面。路地双方协同配合、同舟共济；省直有关部门、沿线各级地方政府和山东铁投集团目标一致，协调配合；山东铁投集团履行项目实施主体职责，成立前期工作专班，挂图作战，借助智能化管理平台前期管理、设计管理、征迁管理、临建管理、进度管理和投资管理等功能模块，逐步推进铁路工程建设前期各项工作。

4）强力推进标准化建设

参照《中国铁路总公司关于深化铁路建设项目标准化管理的指导意见》和《铁路建设项目标准化管理绩效考评实施办法》，自 2015 年开始，山东铁路建设在总结济青、鲁南、潍莱高铁建设管理方面经验的基础上，以铁路工程全生命周期管理为目标，以信息化为手段，以 BIM 模型为数据核心载体，一直深入推进铁路建设项目标准化建设。

3. 创新地方高速铁路养护运维技术

1）创新应用数字技术，着力推进平台建设

在济青、鲁南高铁建设之初，山东铁投集团就全面开展了 BIM+工程建设管理开发工作，将 BIM 技术和特殊结构健康监测技术应用到鲁南高铁站点运维管理领域，建成了"智慧鲁南"运维平台（包含车站运维管理、站房能耗管控、站房结构监测、线路安全监控、重点部位监控等），大幅度提高了鲁南高铁客站运维的智能化水平。

2）深化智能建造、智能装备技术攻关

为实现高速铁路建设的运维管控，山东铁投集团重点研究了基于数字孪生的运维管控技术，通过建立数字孪生模型，实现了实际建筑物的状态信息实时获取并与数字模型对应，实现了远程监控和运维决策。此外，山东铁投集团为实现高速铁路建设的运维智能决策，研究了基于知识图谱的运维智能决策技术，通过运用知识图谱的技术手段，将建设运维过程中的各种信息、数据和知识进行融合、建模和推理，为运维决策提供了智能化的支持。

3）探索高铁车站的智能运维监测技术

山东铁投集团搭建了鲁南绿站系统，实现了集车站运维、站房绿色能耗管控、站房结构健康监测、线路安全监控、重点部位变形监控于一体的智能运维监测管理。

3.4.2.4 绩效考核机制

山东铁投集团为规范铁路建设项目管理行为，落实管理责任，扎实推进平台建设与应用，制定了平台应用绩效考核机制。

1. 考核小组

山东铁投集团成立平台考核小组，对平台应用情况考核，根据日常检查、专项抽查、集中考核等进行综合考评，并根据完成情况给予相应的奖惩。

平台考核工作由铁路建设信息化管理办公室负责，该办公室设在山东铁投集团工程管理部，工程管理部部长为办公室主任。平台考核小组成员由集团办公室、规划开发部、工程管理部、投资企管部、计划管理部、财务资金部、安质物资部、运营管理部人员组成，各部门指定专人负责平台相应功能模块的考核工作。

2. 考核原则

平台考核工作采用"分级考核，综合评级"的原则，考核模式分为两级考核：第一级，由铁路建设信息化管理办公室组织对各权属单位平台应用情况进行考核；第二级，各权属单位针对铁路建设项目各参建单位平台应用情况进行考核。

3. 考核时间

每月对平台应用情况进行一次考核，每年对考核对象进行一次综合评级。

4. 考核方式

考核小组采取日常抽查考核、专项抽查、集中检查考核相结合的方式，每月对各单位平台应用进行全面考核。

日常抽查考核采取不定期远程数据调取的形式，集中检查考核采取现场检查的形式。检查考核结果纳入月度考核。

各月检查结果加权平均，形成年度考核结果。

5. 考核内容

考核小组根据考核对象在平台应用中的及时性、准确性、完备性进行综合考核。铁路建设信息化管理办公室对权属单位平台应用情况进行考核，并制定考核表，见表3-3。

表3-3 铁路建设信息化管理平台考核评分标准表

序号	考核项目	评分标准	分值
1	制度保障(25)	成立平台应用推进机构。未设立扣10分	10
2		形成相关保障制度，规范平台的使用。未形成制度扣5分	5
3		建立考核机制，保障平台的有效应用。未制定考核办法扣5分	5
4		建立平台应用调度制度，按时参与集团组织的相关会议。出现一次缺席扣2分，未建立调度制度扣5分	5

续表3-3

序号	考核项目	评分标准	分值
5	平台管理(25)	对所录入数据负责,确保数据真实性。有此情形扣5分	5
6		账号管理不规范,有账号分配、注销不及时情况。出现一次扣1分	5
7		未设置专人负责平台管理工作。有此情形扣5分	5
8		平台问题未及时反馈、处理,导致工作延误。出现一次扣5分	10
9	业务处理(40)	各环节出现工作逾期情况,如提交不及时、审批不及时、变更不及时等。出现一次扣5分	40
10	满意度调查(10)	收到设计单位、施工、监理等单位的投诉。出现一次扣2分	10

注:60(含)~80分为合格,80(含)~90分为良,90分(含)以上为优秀。

3.4.2.5　基础保障机制

1. 建立完善的组织制度

完善的组织制度是集团智能建造管理的关键保障。山东铁投集团制定了智能建造管理制度及考核办法,构建了适应智能化发展的企业运行智能建造管理组织制度,使智能建造管理组织的行为有序化。智能建造管理组织制度见表3-4。

表 3-4　智能建造管理组织制度

智能建造管理制度	转型管理制度		《山东铁路投资控股集团有限公司数字化转型实施方案》
			《山东铁路投资控股集团有限公司数字化转型工作管理办法(试行)》
			《山东铁路投资控股集团有限公司数字化转型专项规划(2022—2025 年)》
	信息化制度	平台管理制度	《鲁南高速铁路有限公司工程建设信息化管理平台应用管理办法(试行)》
			《山东铁投集团 BIM+工程建设管理平台管理办法》
			《山东铁路投资控股集团有限公司铁路智能化工程建设管理平台管理办法》
		平台考核制度	《鲁南高速铁路有限公司工程建设信息化管理平台应用考核办法(试行)》

续表 3-4

智能建造管理制度	科研管理制度	科研计划与成果管理制度	申报课题的立项论证制度
			课题执行情况定期检查制度
			科技成果管理制度
		科研支撑条例管理制度	科研仪器的使用制度
			科研仪器的维修制度
			科研仪器的保管制度
		学术交流及表彰制度	表彰奖励制度
			学术交流制度
	标准化制度	信息技术标准体系	基础平台标准
			数据信息安全标准
			支撑技术标准
		工程技术标准体系	征地拆迁标准
			智能工程设计标准
			智能工程施工标准
		管理技术标准体系	数字化管理标准
			设计交付标准
			模型审核标准
		标准化管理考核制度	《建设项目标准化管理绩效考评实施办法》
			《建设项目标准化管理绩效考评实施细则》
	日常管理制度	奖惩制度	
		培训制度	
		办公用品采购及管理制度	
		日常行政与业务文件的接收保管制度	
		公章管理制度	
		……	

2. 加强人才队伍培养

人才保障是山东铁投集团智能建造的核心动能。山东铁投集团通过不断完善智能建造队伍的建设，制定鼓励各种人才成长的激励政策和措施，加强对人才的引进和培养，努力塑造人才成长和锻炼的环境，从而为智能化转型的成功奠定坚实的基础。

3. 匹配专项资金投入

专项资金投入是企业智能化转型的持续保障。山东铁投集团通过建立智能化转型专项资金，制定资金管理办法，确保智能化转型基础平台、功能应用、数据采集、互联互通、成效展示等方面的有效投入，从集团战略统筹和长期发展的角度保障转型工作有序开展。

4. 提升数据标准思维

山东铁投集团加强大数据知识普及，通过宣传、培训等多种方式，树立全员智能化转型意识和数据思维，提升全员大数据认知水平；制定数据标准规范，为集团系统建设和数据使用提供统一规范指导，提升数据可用性。

5. 完善信息安全保障

山东铁投集团认真落实国家有关信息安全防护与系统建设"同步规划、同步建设、同步运行"的要求，做好信息化项目全生命周期的信息安全闭环管理，杜绝系统"带病"上线运行。数字化、信息化管理部门统一组织、严格把关，认真抓好安全方案审查、上线检查、等保测评与备案等工作。

6. 配套数字基础设施

为有效保证数字化转型工作平稳、安全、高效运转，山东铁投集团进一步加大基础设施保障力度。重点包括机房基础设施及服务器、安全防护设备、指挥调度设备等的购置和应用。

3.5　智能建造管理组织协调

高效的组织协调机制是高速铁路智能建造管理顺利推进的前提与保证。山东铁投集团为了推进高速铁路智能建造管理工作的开展与成果应用，建立了完善的智能建造管理组织协调机制，通过 BIM+工程建设管理平台、数字管理平台、铁投云和数字指挥中心等智能化信息平台的建设和应用，集团内部与权属单位、铁路建设项目各参建单位、政府之间建立了完备的组织协调机制。

3.5.1　集团内部组织的协调

山东铁投集团内部组织协调机制包括横向和纵向协调机制，以"统一领导、分级管理"为组织协调原则，立足集团"一盘棋"，加强顶层设计、统筹谋划，统一规范标准，推动集团内部横向联动，集团及权属单位纵向协同、构建集团统一的全业务、全流程智能建造管理组织协调体系。横向协调主要通过信息平台、直接联系等方式实现；纵向协调主要通过信息平台、定期报告和书面信息等方式实现。

为了使集团各部门之间顺畅地沟通交流，山东铁投集团建立了信息化管理平台，一体化连接集团前后端的人、财、物、数据和信息，实现集团信息化前中后台围绕组织和业务的协同，全面提升企业组织协调效能。基于各部门业务板块需求，包括系统办公、党建管理、人事管理、投资管理、审计管理、法务合同管理、科技创新管理、纪检监察、工会管理、运营管理等业务板块，通过可视化的低代码开发平台来构造集团业务管控平台。集团各部门之间、各部门上下级之间在信息管理平台上可实现充分交流。平台的建立使得职能部门与组织单元之间的界限变得模糊，组织结构呈现出互相交错的网络化，集团内部信息沟通流畅，山东铁投集团成为凝心聚力、务实创新、整体互动、协调合作的团队与平台。

3.5.2　集团与权属单位的协调

集团与权属单位的协调以信息化平台为基础，以"统一领导、分级管理"为原则，建立四级管理组织架构：第一级为集团领导小组；第二级为集团本部各部门；第三级为权属单位各部门；第四级为铁路建设项目各参建单位。集团领导小组下设铁路建设信息化管理办公室，办公室设在集团工程管理部，工程管理部部长为办公室主任，成员由集团本部各部门成员组成，各部门指定专人负责平台相应功能模块的管理与应用工作。一般情况下，权属单位受集团铁路建设信息化管理办公室领导，主要职责为收集各权属单位下属部门的平台应用需求和优化建议，并及时向上级部门反馈，组织软件升级等工作，以及负责组织对各权属单位的检查和考核工作等。权属公司各部门（含现场指挥部）将平台作为提高工作效率、提升管理质量的重要手段，在铁路建设项目管理工作中积极使用。

权属单位针对自主建设管理的铁路建设项目，在平台中开展相关应用，功能模块包含电子沙盘、设计管理、监理管理、综合管理、征迁管理、施工组织管理、进度管理、质量管理、安全管理、物资管理、投资管理、劳务管理、环水保管理、文物保护管理、培训教育等。

3.5.3　集团与各参建单位的协调

对于山东铁投集团自主建设管理的高铁建设项目，项目各参建单位（施工单位、监理单位等）需积极履行集团关于项目的信息化管理要求，借助信息化管理平台有序推动集团及权属单位高速铁路智能建造工作的高效开展，实现各环节工作标准化、流程化。

1. 施工单位

施工单位按照山东铁投集团的总体要求，履行投标承诺，积极应用平台。具体职责如下：

（1）负责平台在本标段的应用，配足配齐软硬件设备，按照集团要求统一部署，应用相关信息化模块。

（2）制定并落实本单位信息化工作管理制度，并报监理单位备案。

（3）指定专人（标段级信息化管理员）负责平台的日常管理，确保系统正常运行。

（4）及时准确录入或上传数据，出现超标或报警时应第一时间按照规定或要求采取处置措施，实现闭环管理。

（5）施工单位有关专业工程师每天应至少登录平台1次，进行线上巡检，发现分部（工区）问题后，及时通知（含电子模式）分部（工区）信息化主管负责人整改，并检查处理结果。

（6）积极使用山东铁投集团组织上线的应用模块，积极为信息化技术的推广应用提出优化建议。

2. 监理单位

各监理单位按照山东铁投集团的总体要求，履行投标承诺，积极应用平台。具体职责如下：

（1）负责平台在本标段的应用，配足配齐软硬件设备，按照集团要求统一部署，及时启用相关信息化模块。

（2）制定并落实本单位信息化工作管理制度。

（3）指定专人（标段级信息化管理员）负责平台的日常管理，确保系统正常运行。

（4）负责各施工单位信息化工作的日常检查，及时上报各施工单位信息化工作存在的问题，督促各施工单位按要求完成相关数据的录入或上传，按要求对报警信息进行闭合处理，并进行检查或旁站监理；发现并制止施工单位的违规行为，杜绝弄虚作假。

（5）针对各层级单位检查发现的问题，督促施工单位及时整改。

（6）积极使用山东铁投集团组织上线的应用模块，积极为信息化技术的推广应用提出优化建议。

3.5.4　集团与政府单位的协调

山东省交通运输厅着力强化组织领导，组织山东铁投集团等试点实施单位认真贯彻实施《交通运输部关于山东省开展高速铁路建设管理模式等交通强国建设试点工作的意见》等一系列部署要求，增强创新意识，狠抓工作落实，建成了全国为数不多的集筹资、投资、建设、运营一体化的地方铁路建设管理平台，打通了高铁上下游链条，在推动山东高铁建设中发挥了不可替代的作用。

（1）突出组织领导。山东省交通运输厅成立由厅主要领导任组长的试点工作领导小组，抽调精干力量组建办公室，专门负责试点工作的督导、推进、评估和日常工作。成立由分管厅领导牵头的试点工作专班，强化整体谋划，制定了具体推进计划和实施方案，确保试点各项工作扎实有序推进。

（2）强化项目业主作用。山东铁投集团组织了一流的项目建设队伍，严格执行国家、国铁集团高铁建设的要求，通过创新管理模式、严格合同管理、强化组织管理、加强参建各方业务培训，强力推进、落实试点的各项任务。

（3）突出落实推进。山东省交通运输厅研究制定了《山东高速铁路建设管理模式交通强国建设试点方案》，召开动员会议，强化部署落实。山东铁投集团等单位分别成立了相应的组织领导和工作推进机制，落实推进计划，推动试点工作实施。

（4）突出调度督导。山东省交通运输厅根据年度计划，实施"两周一调度、一月一汇总、半年一总结，一年一汇报"制度，定期督导调度，强力督促各单位按照年度计划重点推进。

第4章

智能建造标准化管理

"智能建造，标准先行。"标准化工作是实现智能建造的重要技术基础。高速铁路智能建造标准体系是从顶层规划角度对高速铁路智能建造各业务制定的规范与准则，旨在基于统一的标准实现业务应用系统互联互通、数据资源共享，推动信息技术与铁路建设发展深度融合，提升高速铁路建造的数字化、信息化和智能化水平，为高速铁路智能建造高质量发展提供支撑。本章在国家信息新技术相关标准与铁路行业现有标准的基础上，提出高速铁路智能建造标准体系建设的总体要求，构建高速铁路智能建造标准体系框架，阐述信息技术标准体系、工程技术标准体系、管理技术标准体系的构成要素与具体内容。

4.1 智能建造标准体系框架

4.1.1 总体要求

1. 指导思想

(1)坚持标准先行、规范引领，充分发挥标准在推进高速铁路智能建造健康有序发展中的指导、引领和保障作用，通过标准管理助推高速铁路智能建造发展。

(2)围绕行业特色，立足国内需求，兼顾国际体系，建立涵盖基础共性、关键技术和行业应用等三类标准的高速铁路智能建造标准体系。

(3)加强标准的统筹规划与宏观指导，从顶层设计角度出发建立跨行业、跨领域、跨专业的全产业链高速铁路智能建造标准体系，优化标准体系结构，整体推进高速铁路建造信息化和智能化发展。

(4)加快创新技术成果向标准转化，优先保障共性关键技术、重大科研项目和应用类科技计划项目成果，形成标准项目立项，推动标准化与科技创新互动发展，同步部署技术研发和标准研制，加快高速铁路智能建造发展步伐。

(5)强化标准的实施与监督，以标准体系为准绳，切实深化高速铁路智能建造中模型建立、设计优化、施工管理等业务过程，提高标准化管理水平，激发标准化活力。

2. 基本原则

(1)系统性。高速铁路智能建造标准体系内部标准按照一定的结构进行逻辑组合，所有标准对象并不是简单叠加，而是相互补充、相互依存和相互服务的，共同构成一个完整、统一的整体。

(2)层次性。高速铁路智能建造标准体系各标准对象之间的关系大多为隶属或包含关系，是基于层次化标准体系结构和线性标准体系结构建立的。体系中的标准根据级别的不同分为若干层次，侧重抽象性和共性的标准对象置于较高的层次，侧重具体性和个性的标准对象置于较低的层次，同层次之间标准对象界限清晰分明。

（3）协调性。高速铁路智能建造涉及多业务、多部门、多系统，因而高速铁路智能建造标准体系内各项标准对象既相互独立，又具备较强的内在联系。在高速铁路智能建造标准体系中，同属于一个环节或者相互衔接环节的标准内容应衔接一致、相互配合。在高速铁路智能建造标准体系中修改任一标准，与之相关的标准也应做出相应的调整，避免冲突与矛盾。

（4）开放性。高速铁路智能建造标准体系遵循开放性原则，提供符合国际标准的高速铁路工程建造接口，以及软件、硬件、网络、操作系统等方面的接口与工具，使标准体系具备良好的灵活性、兼容性和可移植性。整个标准体系是一个开放的系统，凡遵循国际标准所开发的硬件和软件，均能彼此兼容，可方便地实现互连。

（5）可拓展性。高速铁路智能建造标准体系采用模块化结构，同时采用标准统一的接口设计，可以在不改变标准体系结构和主要软硬件设备的情况下，根据社会环境的改变、科学技术的发展、用户需求的变化，对标准体系进行扩充，以保持标准体系的可用性与先进性。

3. 建设目标

（1）全域覆盖。建立跨行业、跨领域、跨专业的全产业链高速铁路智能建造标准体系，着重对高速铁路智能建造中的关键技术领域、空白领域、新兴领域进行标准创新和完善，实现对高速铁路智能建造的设计、施工、验收、维护等过程的全域覆盖，建立完善统一、覆盖全面的高速铁路智能建造标准体系。

（2）结构优化。以物理高速铁路网和信息高速铁路网双网融合为主线，以既有铁路技术标准、铁路信息化标准，以及云计算、大数据、北斗导航系统等新兴技术标准为基础，从信息技术标准体系、工程技术标准体系、管理技术标准体系三个维度出发，建立一个层级清晰、结构分明、体系明确的高速铁路智能建造标准体系。

（3）应用高效。从高速铁路智能建造的实际需求出发，牢牢把握好关键环节与关键过程，做到横向融合、纵向贯通，保证所建标准体系的科学性、实用性和有效性；强化技术标准体系在各层级、各单位、各专业的精准落地和应用，积极总结经验，不断推进标准体系改进优化。

（4）开放融合。持续开展重点领域标准比对分析，积极采用国际标准，大力推进中外标准互认，提高我国标准与国际标准的一致性程度。推动国内国际标准协同发展，积极借鉴国外标准的发展成果，统筹推进标准化对外合作交流，提升标准国际化水平。

4.1.2　体系框架

在高速铁路智能建造领域，山东铁投集团经过多年实践与探索建立了一系列企业级标准，并通过不断优化升级，逐渐完善高速铁路智能建造标准体系框架，为实现高速铁路建造智能化奠定了基础。高速铁路智能建造标准体系框架是从信息技术、工程技术、管理技术三个维度出发，从智能建造的全过程管理入手，结合智能建造的指导思想、基本原则和建设目标，构建了覆盖基础平台标准、数据信息安全标准、智能工程设计标准、智能工程施工标准、数字化管理标准等八个板块的标准体系框架。

高速铁路智能建造标准体系框架是从标准层面对高速铁路的设计、施工、管理全产业链成套技术及相关基础支撑标准进行的整体设计，是实现高速铁路建造智能化、标准化、规范化的重要基础，用于指导高速铁路智能建造标准体系的建设与维护，确保各项工作统一规范、无缝衔接。

高速铁路智能建造标准体系框架由信息技术标准体系、工程技术标准体系和管理技术标准体系构成，主要包括 3 个一级类目、8 个二级类目和 37 个三级类目，如图 4-1 所示。

```
                                                              ┌─ 信息模型分类标准
                                          ┌─ 基础平台标准 ──┼─ 信息模型建模标准
                                          │                  ├─ 信息模型编码标准
                                          │                  └─ 铁路工项分解标准
                           ┌─ 信息技术   │                  ┌─ 数据信息安全管理
                           │   标准体系 ──┼─ 数据信息安全标准┼─ 数据信息重要性评估
                           │              │                  ├─ 数据信息完整性安全规范
                           │              │                  └─ 数据信息保密性安全规范
                           │              └─ 支撑技术标准 ──┬─ 地理信息应用标准
                           │                                 └─ 倾斜摄影技术与三维实景模型
                           │                                 ┌─ 铁路工程信息模型设计行为规定
                           │                                 ├─ 铁路工程信息模型协同设计规定
                           │              ┌─ 智能工程设计标准┼─ 铁路工程信息模型设计资源规定
                           │              │                  ├─ 铁路工程设计优化
                           │              │                  └─ 铁路工程设计交付
                           │              │                  ┌─ 施工组织设计
                           │              │                  ├─ 施工组织模拟
        高速铁路            │              │                  ├─ 施工场地规划
        智能建造           │              │                  ├─ 施工方案模拟
        标准体系 ─────────┼─ 工程技术   │                  ├─ 施工工艺模拟
                           │   标准体系 ──┤                  ├─ 施工进度管理
                           │              └─ 智能工程施工标准┼─ 施工质量管理
                           │                                 ├─ 施工安全管理
                           │                                 ├─ 物资机械管理
                           │                                 ├─ 建设投资管理
                           │                                 ├─ 施工监理管理
                           │                                 └─ 竣工验收管理
                           │              ┌─ 数字化管理标准 ─┬─ 管理制度
                           │              │                  └─ 考核办法
                           │              │                  ┌─ 模型审核依据
                           └─ 管理技术   ┌─ 模型审核标准 ──┼─ 模型审核内容
                               标准体系 ──┤                  ├─ 模型审核流程
                                          │                  └─ 审核成果报告
                                          │                  ┌─ 管理流程
                                          └─ 元件库管理标准 ┼─ 权限管理
                                                             ├─ 元件入库
                                                             └─ 元件应用
```

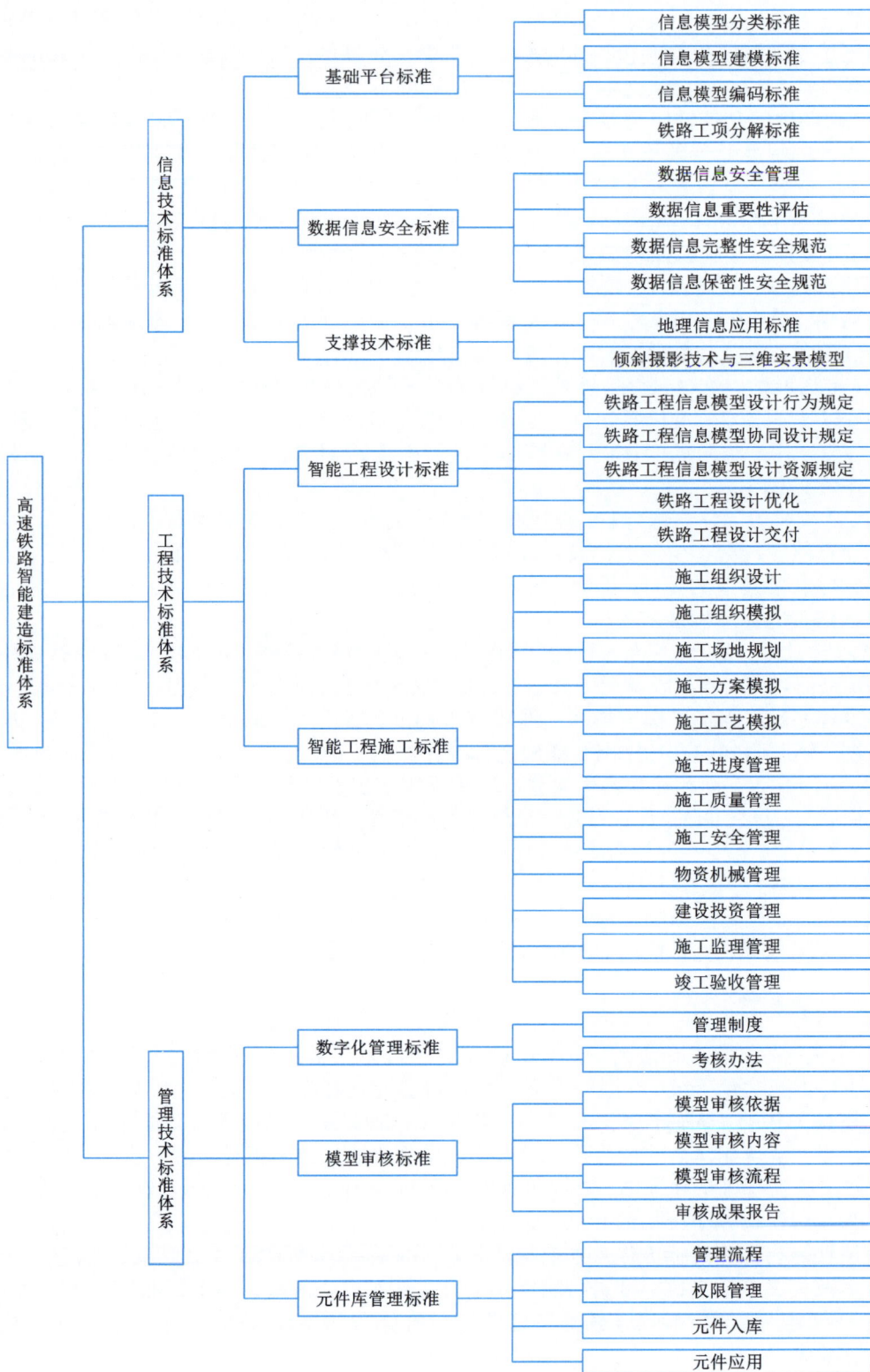

图 4-1 高速铁路智能建造标准体系框架

4.1.3　术语与缩略语

4.1.3.1　术语

高速铁路智能建造标准体系的主要术语见表 4-1。

表 4-1　主要术语

序号	术语	定义
1	铁路工程信息模型 railway building information model	包含铁路工程建设全生命周期或部分阶段的几何信息、非几何信息的数字化模型。铁路工程信息模型以数据对象的形式组织和表现铁路及其组成部分，并具备数据共享、传递和协同的功能
2	铁路 GIS 模型 railway geographic information system model	表达铁路工程建设全生命周期或部分阶段的包含几何属性、语义等多元信息的数字化模型，面向特定的应用需求。该模型常常表现出线状分布、大场景、多尺度等特性，将铁路工程现状、环境和建设(规划、设计、施工、运维等阶段)成果有效结合，具备快速可视化、数据共享和传递的功能
3	地质模型 geologic model	利用工程区一定范围内的地质勘查资料，按地质对象类别建立的带有几何属性、地质属性和约束关系的三维可视化图形模型
4	工程部位模型 project unit model	铁路工程项目某一区域范围内的模型，如某站房模型、某区间模型
5	粒度 level of details	在特定应用环境下，综合考虑信息冗余度、可视化效率、多尺度数据组织和管理等因素，信息模型所表现出的细节层次
6	模型精度 level of development	模型单元在视觉呈现时，几何表达真实性和精确性的衡量指标
7	信息深度 level of information detail	模型单元承载属性信息详细程度的衡量指标
8	几何表达精度 level of geometric	模型单元在视觉呈现时，几何表达真实性和精确性的衡量指标
9	信息 information	在工程建设和维护的过程中供参考和利用的数据
10	地理信息 geographic information	与地球上的地点直接或间接相关的现象的信息
11	几何信息 geometric information	信息模型中用于表达实体对象空间位置和自身形状的部分，包括坐标、尺寸、姿态、拓扑关系等
12	非几何信息 non-geometric information	信息模型中除几何信息以外的其他信息，一般包括语义、属性、纹理三类
13	设计资源 design resources	铁路工程信息模型在设计阶段实施过程中所需要的各种生产要素的集合，主要包括环境资源、人力资源和模型资源三方面

续表4-1

序号	术语	定义
14	协同 cooperation	基于建筑信息模型数据共享及操作间的协调过程，主要包括项目参与单位之间的协同、项目各参与单位内部专业之间或专业内部成员之间的协同，以及相邻两个施工阶段之间的数据传递与反馈

4.1.3.2 缩略语

GIS——geographic information system，地理信息系统。

LOD——level of detail，细节层次/粒度，描述信息模型精细程度的参数。

DLG——digital line graph，数字线画图，GIS 领域用于表达现实世界实体对象几何形态、位置、姿态的矢量化数字图像，一般通过双像立体测图的方式获得。

XML——extensible markup language，可扩展标记语言。

LoD——level of development，信息决断力/深度，美国建筑师协会（AIA）的 E202 号文件中首次出现，用来指代 BIM 模型中各个元件在不同阶段中的完整度。

4.2 信息技术标准体系

在高速铁路智能建造中，信息技术标准体系是指围绕技术、平台、安全、数据等制定的，用于规范和管理信息技术在高速铁路工程建设中的应用的一整套标准。它是高速铁路智能建造的技术基础，涵盖了基础平台标准、数据信息安全标准、支撑技术标准三大板块，为高速铁路智能建造提供主数据、元数据、地理信息、大数据分析等服务，提供运行稳定、软硬兼备的信息基础设施，确保信息技术在工程建设的各个环节中得到统一和规范的应用，以提高高速铁路工程建设的质量和效率。

4.2.1 基础平台标准

4.2.1.1 信息模型分类标准

1. 数据对象

铁路工程的数据对象分为建设资源、建设过程、建设成果、其他数据四大类，见表 4-2。

表 4-2 铁路工程的数据对象

序号	内容	分类	定义
1	建设资源	建筑产品	工程建设和使用过程中所用到的永久结合到工程实体中的材料、设备及它们的组合
2		组织角色	组织在工程项目生命周期中担任的角色
3		工具	在工程项目生命周期中使用的软件、设备、物品等
4		信息	在建设和维护工程的过程中供参考和利用的数据

续表4-2

序号	内容	分类	定义
5	建设过程	工程建设项目阶段	按时间划分的工程项目建设过程的一个阶段,每个项目阶段应有显著的里程碑
6		行为	工程相关方在工程建设中表现出的工作与活动
7	建设成果	按功能分建筑物	
8		按形态分建筑物	
9		按功能分建筑空间	
10		按形态分建筑空间	
11		工作成果	在新建建筑的施工阶段和既有建筑的改建、扩建、维修、拆除活动中得到的建设成果
12		铁路元素	铁路工程建设中独立或与其他部分结合的、满足建筑主体主要功能的部分
13		地理信息	与地球上的地点直接或间接相关的现象的信息
14	其他数据	专业领域	一定科学领域或一门科学的分支
15		材料	用于工程建设或制造建筑产品的基本物质
16		属性	工程实体可以测量和检测的物理或理论上的特征

2. 数据对象分类

信息模型分类标准按照尽量引用已有国家标准的原则编制,当已有国家标准不能满足铁路工程需要时,采用在已有国家标准的基础上扩充和对铁路工程信息单独分类两种方法编制。当需要扩充的内容较少时,一般采用在国家标准分类表适当类目下扩充铁路工程信息;当需要扩充的内容较多时,采用单独设置铁路工程分类表。

铁路工程信息模型的数据对象分类的引用与扩展情况见表 4-3。单个分类表内的分类层级不应超过 6 级,同位类目的数量不应大于 99 个。

表 4-3　铁路工程信息模型的数据对象分类

序号	表代码	分类名称	参考标准	编制说明
1	10	按功能分建筑物	《建筑信息模型分类和编码标准》(GB/T 51269)	扩展
2	11	按形态分建筑物	《建筑信息模型分类和编码标准》(GB/T 51269)	引用
3	12	按功能分建筑空间	《建筑信息模型分类和编码标准》(GB/T 51269)	扩展
4	13	按形态分建筑空间	《建筑信息模型分类和编码标准》(GB/T 51269)	引用
5	14	元素	《建筑信息模型分类和编码标准》(GB/T 51269)	引用
6	15	工作成果	《建筑信息模型分类和编码标准》(GB/T 51269)	引用
7	21	行为	《建筑信息模型分类和编码标准》(GB/T 51269)	引用
8	22	专业领域	《建筑信息模型分类和编码标准》(GB/T 51269)	扩展

续表4-3

序号	表代码	分类名称	参考标准	编制说明
9	32	工具	《建筑信息模型分类和编码标准》(GB/T 51269)	引用
10	33	信息	《建筑信息模型分类和编码标准》(GB/T 51269)	引用
11	40	材料	《建筑信息模型分类和编码标准》(GB/T 51269)	引用
12	41	属性	《建筑信息模型分类和编码标准》(GB/T 51269)	引用
13	51	按功能分铁路单项工程	《建筑信息模型分类和编码标准》(GB/T 51269)	扩展
14	52	按形式分铁路单项工程	《建筑信息模型分类和编码标准》(GB/T 51269)	扩展
15	53	铁路工程构件	《建筑信息模型分类和编码标准》(GB/T 51269)	扩展
16	54	铁路工程工项	《建筑信息模型分类和编码标准》(GB/T 51269)	扩展
17	55	铁路工程项目阶段	《建筑信息模型分类和编码标准》(GB/T 51269)	扩展
18	56	铁路工程人员角色	《建筑信息模型分类和编码标准》(GB/T 51269)	扩展
19	57	铁路工程组织角色	《建筑信息模型分类和编码标准》(GB/T 51269)	扩展
20	58	铁路工程产品	《建筑信息模型分类和编码标准》(GB/T 51269)	扩展
21	59	铁路工程特性	《建筑信息模型分类和编码标准》(GB/T 51269)	扩展
22	60	地理信息	《建筑信息模型分类和编码标准》(GB/T 51269)	扩展

以数据对象中的"专业领域"为例，详细的分类情况见表4-4。该表引用国家标准，并在适当的类目下扩充铁路工程专业领域。

表4-4 "表22-专业领域"详细分类表

编码	第一级	第二级	第三级	第四级	第五级	第六级	说明
22-11 00 00	规划专业						引用
22-11 91 00		铁路网规划					引用
22-11 92 00		城际铁路线网规划					引用
22-11 93 00		城市铁路线网规划					引用
22-11 94 00		城市铁路建设规划					引用
22-21 00 00	设计专业						引用
22-21 91 00		铁路设计					引用
22-21 91 03			经济				引用
22-21 91 07			行车				引用
22-21 91 10			线路				引用

续表4-4

编码	第一级	第二级	第三级	第四级	第五级	第六级	说明
22-21 91 13			轨道				引用
22-21 91 17			桥梁				引用
22-21 91 20			路基				引用
22-21 91 23			隧道				引用
22-21 91 27			建筑				引用
22-21 91 30			结构				引用
22-21 91 33			暖通				引用
22-21 91 37			室内给排水				引用
22-21 91 40			环控				引用
22-21 91 43			站场				引用
22-21 91 47			机务				引用
22-21 91 50			车辆				引用
22-21 91 53			机械				引用
22-21 91 57			室外给排水				引用
22-21 91 60			环保				引用
22-21 91 63			通信				引用
22-21 91 67			信号				引用
22-21 91 70			信息				扩展
22-21 91 73			电力				引用
22-21 91 77			供电				引用
22-21 91 80			接触网				引用
22-21 91 83			牵引变电				引用
22-21 91 87			电化防干扰				引用
22-21 91 90			工程经济				引用

4.2.1.2　信息模型编码标准

1. 编码格式

铁路工程信息模型中信息的分类编码由表代码和分类对象编码组成，两者之间用"-"连接。编码结构采用"表代码-大类代码　中类代码　小类代码　细类代码　子类代码　子细类代码"的形式，编码示例见表4-4。其中，表代码和分类对象各层级代码均采用两位数字表示。

2. 信息模型编码

采用全数字编码方式，分类表代码采用两位数字表示，编码长度不应大于15位。

如"表60-地理信息"中的分类对象编码遵照《地理信息分类与编码规则》(GB/T 25529—2010)中的有关规定。除"表60-地理信息"外,其他分类表内各层级代码采用两位数字表示,层级代码值小于10时用前导零补齐。"00"不用于层级代码。

3. 编码的运算符号

在描述铁路工程复杂对象数据时,宜采用逻辑运算符号联合多个编码使用。逻辑运算符号宜采用"+、/、<、>"符号表示,并应符合下列规定:

(1)"+"用于将同一表格或不同表格中的编码联合在一起,表示两个或两个以上编码含义的集合。

(2)"/"用于将单个表格中的编码联合在一起使用,从"/"符号前的代码开始直至"/"符号后的代码结束,表示该代码区间内的分类对象。

(3)"<、>"用于将同一表格或不同表格中的编码联合在一起,表示两个或两个以上编码对象之间的从属或主次关系,"<"符号前的对象是"<"符号后的对象的一部分,">"符号后的对象是">"符号前的对象的一部分。

4. 编码应用原则

(1)铁路工程信息模型中数据对象的分类和编码,以及逻辑运算符号的运用,宜采用信息技术方法实现。

(2)铁路工程信息模型中数据对象的分类编码应按照不同的类别索引与表格对应。

(3)当铁路工程信息模型应用于具体工程项目时,应将位置信息编码和对象分类编码结合使用,二者之间采用"_"连接。

(4)当铁路工程应用地理信息编码时,应按照线路→车站→车辆段→停车场→主变电所等顺序依次索引,确定铁路工程设施设备的空间位置。若未来新增规划线路或车站等,应按照既定原则扩展编码。

(5)新增铁路工程信息模型的数据对象分类与编码时,应按照其分类与编码的规定进行扩展。当注销某数据对象的分类时,该分类编码废置,其他编码不变;废置编码作为历史记录,供查询、追溯使用。

4.2.1.3 铁路工项分解标准

为促进铁路BIM技术的广泛应用,规范铁路工程实体结构分解信息的分类、编码与组织,加强铁路工程建设的信息化、标准化管理,铁路工项分解标准将铁路工程实体结构按照轨道、路基、桥涵、隧道、站场、环保、通信、信号、信息、自然灾害及异物侵限监测、电力、牵引变电、接触网、给排水、机务、动车、车辆、综合工务维修、大临及过渡工程、迁改工程、建筑工程、景观等铁路专业工程分类,依据线分法原则,利用WBS、EBS对各类工程按工点进行工程实体结构分解。其中,WBS分解适用于初步设计阶段和施工图设计阶段,EBS分解适用于施工阶段。

1. 分解原则

综合考虑设计、施工、建设管理等需要,对铁路工程各专业实体工程进行划分,形成适合信息化管理的合理单元。以电力专业为例,其划分原则具体如下:

(1)变、配电所按每座单独划分工点。包含基础、构架及遮栏制作与安装,变、配电装置安装与检验,电缆线路敷设,防雷接地等。

（2）区间电力按每个供电臂的工程划分工点。包含电缆线路敷设、35 kV 及以下架空线路架设、箱式变电站及箱式电抗器等电气装置安装与检验、低压配电、防雷接地等。

（3）站场的电力工程按个单独划分工点。包含电缆线路敷设、35 kV 及以下架空线路架设、低压配电、室外及站场照明、防雷接地等。

（4）电源线路按每回单独划分工点。包含电缆线路敷设、35 kV 及以下架空线路架设、防雷接地等。

（5）电力远动系统按每套单独划分工点。包含调度中心设备安装、远动终端设备安装、远动系统检验、防雷接地等。

（6）桥、隧的电力工程按每座单独划分工点。包含低压配电、桥隧照明、防雷接地等。

（7）柴油发电机组按每组单独划分工点。包含设备安装及检验、防雷接地等。

（8）光伏发电系统按每套单独划分工点。包含设备安装及检验、防雷接地等。

2. 铁路工项分解编码规则

1）工点编码规则

工点编码采用 12 位，前 6 位表示项目编码，第 7、8 位为工点类型码，第 9、10、11、12 位为工点顺序号。工点编码一般结构如图 4-2 所示。

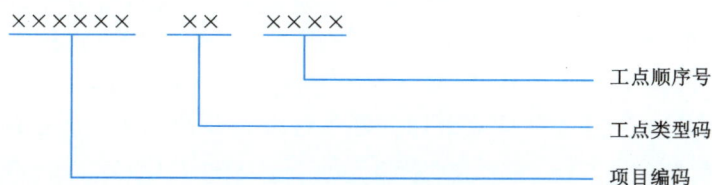

图 4-2　工点编码一般结构

项目编码为 6 位，一般取项目类别和项目简称首字母表示，由使用单位自行编码，工点类型编码见表 4-5，工点顺序号按照里程由小到大顺序排列，正常的工点顺序号范围为 0001~8999，9001~9999 预留给工点调整时使用。

表 4-5　工点类型编码表

编码	类别	编码	类别
01	轨道专业	12	牵引变电专业
02	路基专业	13	接触网专业
03	桥涵专业	14	给排水专业
04	隧道专业	15	机务专业
05	站场专业	16	动车专业
06	环保专业	17	车辆专业
07	通信专业	18	综合工务维修专业
08	信号专业	19	大型临时工程及过渡工程专业
09	信息专业	20	迁改工程专业
10	自然灾害及异物侵限监测专业	21	建筑工程专业
11	电力专业	22	景观专业

2）EBS 编码规则

EBS 编码与工程量清单、验标编码类似，都采用的是层次码。EBS 编码以编码集合中的层级分类为基础，将编码对象编码成连续且递增的组（类）。位于较高层级上的每一个组（类）都包含并且只能包含它下面较低层级的全部的组（类）。EBS 代码类型以每个层级上编码对象特性之间的差异为编码基础。每个层级上特性必须互不相容。EBS 层次码的一般结构如图 4-3 所示。在 EBS 层次码中，第一层为工点类型编码，其编码见表 4-5 工点类型编码表。

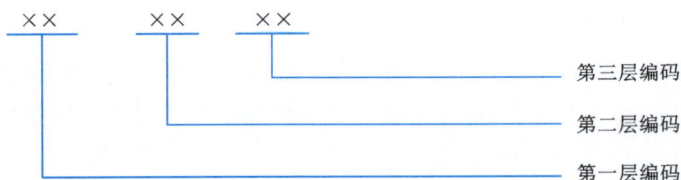

图 4-3　EBS 层次码一般结构

3. WBS 分解

WBS 分解采用线分法，以铁路工程的专业领域为主线，按设计单元进行分解。WBS 分解应包含设计单元的全部工程内容，满足统计设计单元各级结构节点的工程量和综合单价（初步设计阶段），以及第一、二级结构节点的工程量和综合单价（施工图设计阶段）的需要。WBS 分解结构各节点工程量的单位应采用公制单位或行业惯用单位。以电力专业为例，其WBS 分解结构见表 4-6。

表 4-6　电力专业 WBS 分解结构表

序号	1	2	单位
1	照明		
1.1		灯具	10 套
1.2		灯塔	10 套
1.3		灯柱	处
1.4		灯桥	处
1.5		照明开关	10 套
1.6		插座	10 套
2	变配电		
2.1		变压器	台
2.2		调压器	台
2.3		电源屏	台
2.4		配电箱	台
2.5		电抗器	座

续表4-6

序号	1	2	单位
2.6		电容器	台
2.7		配电柜(箱)	台
2.8		箱式变电站	台
2.9		高压开关柜	台
2.10		低压开关柜	台
2.11		不间断电源	台
2.12		柴油发电机	台
3	线缆		
3.1		电线杆	个
3.2		电力铁塔	个
3.3		电力架空线	条公里
3.4		高压电力电缆	hm
3.5		低压电力电缆	hm
3.6		控制电缆	hm
3.7		钢管	10 m
3.8		塑料线槽	hm
3.9		桥架	10 m
3.10		电缆线槽	hm
3.11		电缆支架	根
3.12		隔离开关	组
4	火灾自动报警系统		
4.1		火灾报警控制器	台
4.2		感温探测器	个
4.3		感烟探测器	个
5	机电设备监控系统		
5.1		综合自动化装置	台
6	防雷接地		
6.1		接地装置	根
6.2		设施防雷	套

4. EBS 分解

铁路工程实体结构 EBS 分解是指采用系统分析方法将铁路工程对象系统按照专业系统

分解成相互独立、相互联系的工程项目单元，作为工程项目管理的对象，满足管理的需求。以电力专业为例，其EBS分解结构见表4-7。

表4-7 电力专业EBS分解结构表（部分）

EBS编码	层级	EBS名称	单位
11	1	电力专业	
1101	2	--架空线路	km
110101	3	------高压架空电力线路	km
11010101	4	----------杆塔组立	根
1101010101	5	--------------立混凝土电杆	根
110101010101	6	------------------基坑挖填	个
11010101010101	7	----------------------综合土坑	个
11010101010102	7	----------------------泥水坑	个
11010101010103	7	----------------------岩石坑	个
11010101010104	7	----------------------水坑	个
110101010102	6	------------------底盘、卡盘制安	块
11010101010201	7	----------------------底盘安装	块
11010101010202	7	----------------------卡盘安装	块
110101010103	6	------------------电杆	根
11010101010301	7	----------------------9 m杆	根
11010101010302	7	----------------------10 m杆	根
11010101010303	7	----------------------11 m杆	根
11010101010304	7	----------------------12 m杆	根
11010101010305	7	----------------------13 m杆	根
11010101010306	7	----------------------15 m杆	根
11010101010307	7	----------------------18 m杆	根
11010101010308	7	----------------------21 m杆	根
11010101010309	7	----------------------24 m杆	根
1101010102	5	--------------铁塔组立	座
110101010201	6	------------------基坑挖填	m³
110101010202	6	------------------基础浇筑	处
110101010203	6	------------------铁塔	座
11010101020301	7	----------------------1.5 t铁塔	座
11010101020302	7	----------------------1.7 t铁塔	座
11010101020303	7	----------------------2 t铁塔	座

续表4-7

EBS 编码	层级	EBS 名称	单位
11010101020304	7	——————————————————3 t 铁塔	座
11010101020305	7	——————————————————5 t 铁塔	座
11010101020306	7	——————————————————7 t 铁塔	座
11010102	4	—————————横担组装	组
11010103	4	—————————导线架设	条公里
11010104	4	—————————拉线制安	组
11010105	4	—————————附属设施制安	元
11010106	4	—————————防雷接地	元
11010107	4	—————————供电线路设备	台
11010108	4	—————————调试	元
110102	3	——————高、低压合架线路	km
110103	3	——————（细目同高压架空线路）	km
110104	3	——————低压架空线路	km
110105	3	——————（细目同高压架空线路）	km
1102	2	——电缆线路	km
110201	3	——————高压电缆线路	km
11020101	4	—————————电缆沟	km
11020102	4	—————————砖砌电缆沟	km
11020103	4	—————————混凝土排管	km
11020104	4	—————————混凝土电缆槽敷设	km
11020105	4	—————————电缆桥架安装	km
11020106	4	—————————电缆穿管敷设	km
11020107	4	—————————电缆敷设	km
11020108	4	—————————电缆头制安	元
11020109	4	—————————调试	元
110202	3	——————站场高压电缆线路	km
110203	3	——————（细目同高压电缆线路）	km
110204	3	——————高压桥隧电缆线路	km
11020401	4	—————————桥隧电缆敷设	km
11020402	4	—————————电缆敷设	km
11020403	4	—————————电缆头制安	元
11020404	4	—————————调试	元
110205	3	——————低压电缆线路	km

续表4-7

EBS 编码	层级	EBS 名称	单位
110206	3	------(细目同高压电缆线路)	km
110207	3	------控制电缆线路	km
110208	3	------(细目同高压电缆线路)	km
1103	2	--电源线路	km
110301	3	------架空线路	km
110302	3	------(细目同高压电缆线路)	km
110303	3	------电缆线路	km
110304	3	------(细目同高压电缆线路)	km
1104	2	--电源设备	元
110401	3	------变配电所、站	座
11040101	4	----------建筑工程	座
11040102	4	----------安装工程	台
110402	3	------变压器台	处
11040201	4	----------杆架式变压器台	处
11040202	4	----------落地式变压器台	处
110403	3	------箱式变电站	处
11040301	4	----------建筑工程	处
11040302	4	----------安装工程	座
110404	3	------小型发电站	元
11040401	4	----------太阳能发电站	座
11040402	4	----------柴油发电机组	处
1105	2	--其他电力	元
110501	3	------室外照明	元
11050101	4	----------灯塔	座
11050102	4	----------灯桥	座
11050103	4	----------灯柱	座
110502	3	------桥隧及特殊场所照明	综合
11050201	4	----------配电箱安装	套
11050202	4	----------电气安装(包括灯具、开关等)	综合
11050203	4	----------配管配线	m
11050204	4	----------防雷接地	元
11050205	4	----------调试	元
110503	3	------动力配电	kW

续表4-7

EBS 编码	层级	EBS 名称	单位
11050301	4	----------配电箱安装	套
11050302	4	----------配电柜安装	面
11050303	4	----------配管配线	m
11050304	4	----------滑触线	m
11050305	4	----------起重设备电气安装	台
11050306	4	----------电梯电气安装	部
11050307	4	----------防雷接地	元
11050308	4	----------调试	元
1106	2	--电力自动控制	元
110601	3	------调度中心	系统
110602	3	------远动终端	系统
11060201	4	----------变配电所终端设备安装	所
11060202	4	----------箱变远动终端设备安装	台
11060203	4	----------变电所终端设备安装	所
11060204	4	----------电力远动间终端设备安装	所
110603	3	------防雷接地	元
11060301	4	----------接地装置制安	元
110604	3	------调试	元
11060401	4	----------电力远动调试	处、系统
11060402	4	----------设备调试	台、组
11060403	4	----------接地电阻调试	组

4.2.1.4　信息模型建模标准

1. 基本规定

1）坐标系

项目模型创建应采用统一的全局坐标系（世界坐标系），采用 2000 国家大地坐标系，高程系统采用 1985 国家高程基准。站前工程项目定位点一般采用默认设置，以线路左线起始点作为基准点并提供基点坐标经纬度。为便于设计建模，各工程部位、各专业可根据需要建立自己的局部坐标系。

2）模型标高

线路、桥涵、隧道、路基、轨道等项目模型标高采用绝对标高。绝对标高为模型在全局坐标系中的 z 坐标值，应与工程实体实际高程一致。房建 BIM 模型层高以建筑相对标高进行设置，各专业根据本专业需要可自行添加标高。

3）模型单位

模型创建应采用统一的度量单位。项目模型宜使用毫米为长度的工作单位（显示单位）。各工程部位模型根据需要可使用不同的工作单位。

4）建模环境与模型文件

铁路工程项目全线全专业 BIM 模型应采用统一的建模环境与项目模板文件进行创建。其中线路、路基、桥梁、隧道、轨道及"四电"专业宜采用 Bentley 系列软件（OpenRail、OpenBridge、Substation 等）建模，版本选择 CE10.07/Update7 系列版本（例如 OpenRail CE 10.07.03.18），MicroStation 建议选择 MicroStation Update10、MicroStation Update12。站场及站房、动车所、沿线配套房屋等房建专业宜采用 Autodesk 系列软件（Revit2020）建模。

模型创建应遵照搭建建模环境与项目模板文件，包括图元分类及属性参数、图层（若有）、颜色等。项目建模环境与模板文件应由专人统一管理，进行维护更新。

2. 建模范围和深度要求

铁路工程 BIM 模型成果按专业系统工程进行划分，包括站前工程、房建工程、"四电"工程。各专业系统工程对象模型单元的深度等级包括几何表达精度等级和信息深度等级。

1）几何表达精度

几何表达精度（level of geometric detail），又称几何精度，模型单元在视觉呈现时几何表达真实性和精确性的衡量指标。模型单元的几何信息应符合下列规定：

（1）应选取适宜的几何精度呈现模型单元几何信息；

（2）在满足项目工程各阶段应用需求的前提下，应选取较低等级的几何精度；

（3）不同的模型单元可选取不同的几何精度。

以桥梁专业为例展示其模型的几何精度要求，见表 4-8～表 4-11。

表 4-8　LOD1.0 桥梁模型几何精度

建模内容	几何精度要求
重要桥梁、涵洞	● 用点和线进行二维表达

表 4-9　LOD2.0 桥梁模型几何精度

建模内容	几何精度要求
简支梁和常规连续梁	● 简化建立三维轮廓模型 ● 给出孔跨组成信息
重大特殊结构桥梁	● 建立桥梁轮廓模型
涵洞/框架/地道	● 给出里程、孔径等信息 ● 建立涵洞轮廓模型
附属设施	● 使用块体示意表达

表 4-10　LOD3.0 桥梁模型几何精度

建模内容	几何精度要求
桥位场地基本信息	• 宜用简单几何形体表达项目周边场地中的铁路、地铁、道路、航运、航空、建筑、农田、水利设施等公共基础设施
桥墩/桥台	• 应按照需求输入桥墩/桥台的几何信息，建模几何精度宜为 1 mm • 应具有编号、里程、线刚度、纵横向位移、纵横向偏心等信息
基础	• 应按照需求输入基础的几何信息
支座	• 使用块体简化表达 • 应具有几何尺寸、限位方向等信息
梁	• 应按照需求输入梁的几何信息，建模几何精度宜为 10 mm • 应具有起止里程等信息
拱	• 应按照需求输入拱的几何信息，建模几何精度宜为 10 mm
桥面板	• 应按照需求输入桥面板的几何信息，建模几何精度宜为 10 mm
索塔	• 应按照需求输入索塔的几何信息，建模几何精度宜为 10 mm
斜拉索	• 应按照需求输入斜拉索的几何信息，建模几何精度宜为 10 mm
吊杆	• 应按照需求输入吊杆的几何信息，建模几何精度宜为 10 mm
缆	• 应按照需求输入缆的几何信息，建模几何精度宜为 10 mm
柱	• 应按照需求输入柱的几何信息，建模几何精度宜为 10 mm
桥面系	• 应按照需求输入桥面系的几何信息，建模几何精度宜为 10 mm
附属工程	• 给出块体示意表达
涵洞/框架/地道	• 应按照要求输入涵洞涵身、出入口、翼墙等组成部分的几何信息，建模几何精度宜为 10 mm

表 4-11　LOD3.5 桥梁模型几何精度

建模内容	几何精度要求
桥位场地基本信息	• 宜用简单几何形体表达项目周边场地中的铁路、地铁、道路、航运、航空、建筑、农田、水利设施等公共基础设施
桥墩/桥台	• 应按照需求输入桥墩/桥台的几何信息，建模几何精度宜为 1 mm • 应反映泄水坡、倒角、开槽等细节构造 • 墩/台应按照墩/台身的定位基线建模 • 墩在高程方向的插基点一般设置在顶帽顶
基础	• 应按照需求输入基础的几何信息，建模几何精度宜为 1 mm • 应具有编号、里程等信息
支座	• 使用块体简化表达 • 应具有支座型号、几何尺寸、限位方向、定位等信息

续表4-11

建模内容	几何精度要求
伸缩缝	• 使用块体简化表达 • 应具有长度、宽度、定位等信息
梁	• 应按照需求输入梁的几何信息，建模几何精度宜为 1 mm • 作为一个整体对象，对于不同类型的梁，应可选择梁的具体组成构件，如：分片梁、湿接缝、杆、节点、板等
拱	• 应按照需求输入拱的几何信息，建模几何精度宜为 1 mm • 应可选择拱的组成构件 • 应具有拱的线型方程等信息
桥面板	• 应按照需求输入桥面板的几何信息，建模几何精度宜为 1 mm
索塔	• 应按照需求输入索塔的几何信息，建模几何精度宜为 1 mm • 应根据定位轴线建模 • 应具有里程等信息
斜拉索	• 应按照需求输入斜拉索的几何信息，建模几何精度宜为 1 mm • 应根据定位直线建模 • 斜拉索可作为一个对象，不反映内部的组成关系 • 应输入拉索型号等信息
吊杆	• 应按照需求输入吊杆的几何信息，建模几何精度宜为 1 mm • 吊杆应根据吊杆定位轴线建模 • 应反映吊杆与桥面的连接构造 • 吊杆可作为一个对象，不反映内部的组成关系
缆	• 应按照需求输入缆的几何信息，建模几何精度宜为 1 mm • 应反映出缆与吊杆的详细连接构造 • 缆可作为一个对象，不反映内部的组成关系 • 缆宜采用悬链线方程曲线直接建立，不宜采用分段直线拟合
柱	• 应按照需求输入柱的几何信息，建模几何精度宜为 1 mm • 应根据定位轴线建模
桥面系	• 应按照需求输入桥面系的几何信息，建模几何精度宜为 1 mm • 桥面系的组成部分应为单独对象 • 栏杆可作为整体对象
基础施工辅助设施	• 应按照需求输入栈桥、便桥、钢围堰等基础施工附属设施的几何信息，建模几何精度宜为 10 mm • 基础施工辅助设施建模应与地形相结合 • 影响主体结构构件几何的应具有位置、尺寸等几何信息
附属工程	• 应包括锥体、吊篮、围栏、检查梯、防护门、护栏、排水设施、限高架、通航辅助设施等附属工程的简单几何表达 • 影响主体结构构件几何的应具有位置、尺寸等几何信息

续表4-11

建模内容	几何精度要求
涵洞/框架/地道	• 应按照要求输入涵洞涵身、出入口、翼墙等几何信息，建模几何精度宜为 1 mm • 宜给出沉降缝、出入口铺砌、倒流工程、改沟顺接工程的简单几何外形表达
其他	• 其他桥梁构件、配件可按照需求建模，建模几何精度宜为 100 mm • 桥梁设备宜用简单几何体表达

2) 信息深度

信息深度(level of information detail)，为模型单元承载属性信息详细程度的衡量指标。基本信息作为模型单元的基本几何、非几何信息附加，在不同模型精度下，可结合实际情况进行相应扩展。

铁路工程信息模型的属性信息包括几何信息和非几何信息。几何信息宜分解至最底层，并采用结构化方式进行存储；非几何信息宜根据实际应用需求进行分解，部分数据可采用非结构化方式进行存储。

添加属性信息的顺序，按照"几何信息"下的各项信息及"非几何信息"下的各项信息的顺序录入。以桥梁专业为例，基本信息见表 4-12。

表 4-12　桥梁模型基本信息

编号	项目	几何信息	非几何信息	IFD 编码
	桥梁	长度、跨度、定位信息	桥梁名称、桥梁结构形式、孔跨布置形式、材料种类及强度等级	53-120000
1	下部结构	定位信息	下部结构形式、材料种类及强度等级	53-122000
1.1	基础	尺寸、埋置深度、定位信息	基础类型及名称	53-122020
1.1.1	明挖基础	层数、长度、宽度、厚度	混凝土强度等级、施工工艺	53-12202010
1.1.2	承台/地系梁	形状、高度、横向尺寸、纵向尺寸	类型及名称、混凝土强度等级、施工工艺	53-1220202010
1.1.3	桩基础	直径、长度、间距、定位信息	混凝土强度等级、施工工艺	53-12202020
1.1.4	沉井基础	长度、宽度、分节、定位信息	混凝土强度等级、施工工艺	53-12202030
1.1.5	挖井基础	长度、宽度、深度、定位信息	混凝土强度等级、施工工艺	53-12202040
1.2	墩/台	尺寸、定位信息	墩/台结构形式、材料种类及强度等级	53-122010
1.2.1	垫石	长度、高度、横向间距、平面形状、定位信息	类型及名称、混凝土强度等级、施工工艺	53-1220101010

续表4-12

编号	项目	几何信息	非几何信息	IFD 编码
1.2.2	顶帽/盖梁	厚度、纵向宽度、横向长度、定位信息	类型及名称、混凝土强度等级、施工工艺、材料类型及名称	53-12201020/53-12201080
1.2.3	托盘/系梁	高度、顶面形状、顶面纵向尺寸、顶面横向尺寸、侧面与竖直线间的夹角、底面形状、底面纵向尺寸、底面横向尺寸、定位信息	托盘/系梁名称、混凝土强度等级、施工工艺、材料类型及名称	53-12201030
1.2.4	墩身/柱身/台身	高度、顶面形状、顶面纵向尺寸、顶面横向尺寸、顶面坡度、底面形状、底面纵向尺寸、底面横向尺寸、定位信息	墩身类型及名称、墩身材料种类(混凝土、石砌)、墩身材料强度等级、施工工艺	53-12201050
2	上部结构	定位信息	上部结构形式、材料种类及强度等级	53-121000
2.1	支座	定位信息	支座类型、承载力	53-123000
2.1.1	普通支座	支座板几何尺寸、支座布置个数、支座布置横向和纵向间距、定位信息	支座类型及规格、支座安装工艺	53-123010
2.1.2	抗震支座	支座设计地震峰值加速度、支座板几何尺寸、支座布置个数、支座布置横向和纵向间距、定位信息	支座类型及规格、支座安装工艺	53-123020
2.2	梁	长度、截面尺寸、定位信息	梁的结构形式、材料种类及强度等级	53-121008
2.2.1	分片式	定位信息	分片结构形式、材料种类及强度等级	53-12100820
2.2.1.1	边梁/中梁	长度、截面尺寸、定位信息	梁类型及名称、里程信息、材料强度等级、施工工艺、配筋信息	53-12100821
2.2.1.2	湿接缝	长度、宽度、定位信息	湿接缝类型及名称、混凝土强度等级、施工工艺	53-121091
2.2.1.3	预应力体系	(钢筋、钢丝、钢绞线)公称直径、预应力筋长度、线形、定位信息	预应力体系类型及名称、混凝土强度等级、预应力钢筋强度、锚固体系类型、张拉施工工艺	53-12100870
2.2.2	整体式	定位信息	整体结构形式、材料种类及强度等级	53-12100810

续表4-12

编号	项目	几何信息	非几何信息	IFD 编码
2.2.2.1	梁体	长度、截面尺寸、定位信息	梁类型及名称、里程信息、材料强度等级、施工工艺、配筋信息	53-12100810
2.2.2.2	预应力体系	(钢筋、钢丝、钢绞线)公称直径、长度、线形、定位信息	预应力体系类型及名称、混凝土强度等级、预应力钢筋强度、锚固体系、张拉施工工艺	53-12100870
2.2.3	钢桁梁	高度、长度、定位信息	钢桁梁结构形式、钢材强度等级	53-121050
2.2.3.1	杆	长度、截面尺寸(高度、宽度、长细比)、级条缀板隔板尺寸、定位信息	杆件种类、截面类型、钢材强度等级、连接类型、生产施工工艺	53-121030
2.2.3.2	节点板	尺寸、定位信息	节点板类型及名称、节点构造形式(拼装式、整体式)、螺栓群布置、板材强度等级、安装施工工艺	53-121015
2.2.4	钢箱梁	长度、截面尺寸、定位信息	钢箱梁结构形式、钢材强度等级	53-121008
2.2.4.1	箱体	截面尺寸、腹板尺寸、顶板尺寸、底板尺寸、定位信息	箱室布置形式、箱体钢材强度等级、拼装施工工艺	
2.2.4.2	肋	加劲肋长度、加劲肋截面尺寸、加劲肋壁厚、定位信息	加劲肋截面形式(开口、闭口)、槽口形状、钢材强度等级、拼装施工工艺	53-126000
2.2.4.3	横隔板	宽度、高度、厚度、间距、定位信息	横隔板形式及名称、连接形式、钢材强度等级、安装施工工艺	53-121015
2.2.5	结合梁	长度、截面尺寸、定位信息	结合梁结构形式、混凝土强度等级、钢材强度等级、钢混连接形式	53-121008
2.2.5.1	钢梁	长度、截面尺寸、定位信息	钢梁截面形式、钢材强度等级、施工工艺	53-121008
2.2.5.2	桥面板	宽度、长度、厚度、定位信息	桥面板混凝土强度等级、施工工艺	53-121090
2.2.5.3	剪力钉	尺寸、布置间距、定位信息	剪力钉规格、材料强度等级、安装施工工艺	53-121092
2.3	拱	高度、跨度、矢跨比、拱各部分尺寸、定位信息	拱的结构形式、材料种类及强度等级、施工工艺	53-121045
2.3.1	钢筋混凝土拱	拱圈高度、拱圈跨度、矢跨比、拱各部分尺寸、定位信息	材料种类及强度等级、施工工艺	53-121045

续表4-12

编号	项目	几何信息	非几何信息	IFD 编码
2.3.1.1	拱圈	矢跨比、高度、拱轴线线型、拱肋截面尺寸、拱肋长度、拱肋的拱顶与拱脚高度、定位信息	拱的体系及类型、拱肋截面形式、车道系所处位置、拱圈材料强度等级、施工工艺	53-121045
2.3.1.2	劲性骨架	长度、截面尺寸、定位信息	劲性骨架类型、材料种类及强度等级、施工安装工艺	53-121068
2.3.2	钢桁拱	拱圈高度、拱圈跨度、矢跨比、拱各部分尺寸、定位信息	材料种类及强度等级、施工工艺	53-121050
2.3.2.1	杆	长度、截面尺寸(高度、宽度、长细比)、上下弦杆轴线形状、定位信息	杆件截面形式(H形、箱形、圆管)、构件材料强度	53-121030
2.3.2.2	节点板	尺寸、定位信息	节点板类型及名称、节点构造形式(拼装式、整体式)、螺栓群布置、板材强度等级、安装施工工艺	53-121015
2.3.3	钢管拱	拱圈高度、拱圈跨度、矢跨比、拱各部分尺寸、定位信息	材料种类及强度等级、施工工艺	53-121045
2.3.3.1	拱肋	矢跨比、拱轴线线型、拱肋截面尺寸、拱肋长度、拱肋横向倾角、拱肋的拱顶与拱脚高度、定位信息	拱肋的截面形式(单圆管、并列双圆管、三肢桁式、四肢桁式)、车道系所处位置、材料强度等级、施工工艺	53-121045
2.3.3.2	锚固结构	系梁系杆截面尺寸、系梁系杆长度、系梁宽度、定位信息	连接形式、施工工艺	53-121060
2.3.3.3	管内混凝土	混凝土截面面积	混凝土强度等级、施工工艺	
2.3.4	钢箱拱	拱圈高度、拱圈跨度、矢跨比、拱各部分尺寸、定位信息	材料种类及强度等级、施工工艺	53-121045
2.3.4.1	拱肋	矢跨比、拱轴线线型、拱肋截面尺寸、拱肋长度、拱肋横向倾角、拱肋的拱顶与拱脚高度、定位信息	拱肋的截面形式、车道系所处位置、拱圈材料强度等级	53-121045
2.3.4.2	肋	加劲肋长度、加劲肋截面尺寸、加劲肋壁厚、定位信息	加劲肋截面形式(开口、闭口)、槽口形状、钢材强度等级、拼装施工工艺	53-126000
2.3.4.3	横隔板	横隔板宽度、高度、厚度、间距、定位信息	横隔板形式及名称、连接形式、钢材强度等级、安装施工工艺	53-121015
2.3.5	拱脚	长度、宽度、高度、定位信息	材料类型、施工工艺	53-121075
2.4	桥面板	定位信息	桥面板类型、材料种类及强度等级	53-121090

续表4-12

编号	项目	几何信息	非几何信息	IFD 编码
2.4.1	板	长度、宽度、厚度、定位信息	板的类型及构造、材料种类及强度等级、安装施工工艺	53-121015
2.5	斜拉桥	跨度、定位信息	结构形式、材料种类、施工工艺	
2.5.1	索塔	高度、坡度、截面尺寸、定位信息	塔的结构形式、材料种类及强度等级	53-121053
2.5.1.1	塔柱	高度、坡度、截面尺寸、定位信息	塔横向和纵向的结构形式、截面类型、塔身材料强度等级、施工工艺	53-121053
2.5.1.2	锚固结构	尺寸、定位信息	锚具、夹具、连接器及锚下支承系统的种类及规格	53-121060
2.5.1.3	爬梯	高度/长度、倾斜度、定位信息	爬梯布置形式、材料强度等级、施工安装工艺	53-084000
2.5.2	斜拉索	定位信息	索类型及规格	53-12103810
2.5.2.1	索	斜拉索长度、斜拉索倾斜度、截面尺寸、定位信息	索类型及规格、强度等级、布置形式（扇形、竖琴形、辐射形）、张拉施工工艺	53-121038
2.5.2.2	锚具	尺寸、定位信息	锚具类型及规格、施工工艺	53-121060
2.6	悬索桥	跨度、定位信息	结构形式、材料种类、施工工艺	
2.6.1	吊杆	定位信息	吊杆类型及规格	53-121030
2.6.2	缆			53-12103820
2.6.2.1	主缆	截面尺寸、根数、矢跨比、主缆成桥几何线形、定位信息	主缆类型、材料种类及强度等级	53-12103820
2.6.2.2	锚锭	几何尺寸、定位信息	锚锭形式（自锚、地锚）、混凝土强度等级、主缆与锚锭的连接形式、施工工艺	53-122030
2.7	柱	定位信息	截面形式、材料种类及强度等级	53-121023
2.8	桥面系	定位信息	材料种类及强度等级	53-121090
2.8.1	遮板	高度、长度、定位信息	遮板类型及规格、材料种类及强度等级、安装工艺	53-124001
2.8.2	竖墙	长度、截面尺寸、定位信息	混凝土强度等级、配筋强度等级、施工工艺	53-124002
2.8.3	防撞墙	长度、截面尺寸、定位信息	混凝土强度等级、配筋强度等级、施工工艺	53-124040

续表4-12

编号	项目	几何信息	非几何信息	IFD编码
2.8.4	挡碴墙/防护墙	长度、截面尺寸、定位信息	混凝土强度等级、配筋强度等级、施工工艺	53-124045
2.8.5	道碴槽	长度、截面尺寸、定位信息	混凝土强度等级、配筋强度等级、施工工艺	53-124060
2.8.6	预埋件	尺寸、定位信息	预埋件类型及构造、预埋件材料类型、安装工艺	53-124055
2.8.7	人行道	宽度、长度、铺装厚度、定位信息	人行道铺装层材料强度、施工工艺	53-124030
2.8.8	防水层	厚度	材料类型、施工工艺	53-124015
2.8.9	避车台	长度、宽度、厚度、定位信息	混凝土强度等级、配筋信息、施工工艺	53-124075
3	基础施工辅助设施	定位信息	辅助设施种类	53-124000
3.1	钢板桩	长度、截面尺寸、定位信息	截面结构形式、钢板桩连接方式、钢材强度等级	53-021001
3.2	钢轨桩	长度、截面尺寸、定位信息	钢轨桩结构形式、钢轨桩连接方式、钢材强度等级	53-021002
3.3	钢套箱	高度、截面尺寸、定位信息	钢套箱结构形式、材料强度等级、施工工艺	53-021003
3.4	钢围堰	高度、截面尺寸、定位信息	钢围堰结构形式、材料强度等级、施工工艺	53-021004
3.5	钢吊箱	侧板、底板、内支承、支吊系统的几何尺寸,以及钢吊箱高度、水下混凝土封底厚度、承台混凝土厚度、定位信息	钢吊箱结构形式、材料强度等级、施工工艺	53-021005
3.6	工作平台	高度、平面尺寸、定位信息	工作平台结构形式、材料强度等级、搭建施工工艺	53-021006
4	附属设施	定位信息	附属设施种类	53-124000
4.1	墩柱围栏	长度、定位信息	结构形式、材料类型及强度等级、施工工艺	53-124000
4.2	吊篮	长度、吊篮质量、定位信息	吊篮结构形式、材料强度等级	53-034300
4.3	排水设施	定位信息	排水设施类型、布置信息、施工安装工艺、材料强度等级	53-124015
4.4	伸缩缝	缝长、缝宽、定位信息	伸缩缝类型	53-124020
4.5	检查梯	定位信息	检查梯类型及规格	53-124050
4.6	防护门	定位信息	防护门类型及规格	53-024014

续表4-12

编号	项目	几何信息	非几何信息	IFD 编码
4.7	防撞设施	定位信息	防撞设施类型及规格	53-024024
4.8	限高架	定位信息	限高架类型及规格	53-02402420
4.9	护栏	定位信息	护栏类型及规格	53-024019
4.10	通航辅助设施	定位信息	通航辅助设施类型及规格	53-124085
5	涵洞/框架	孔径、涵长、与线路相交角度、里程信息	结构形式、材料种类及强度等级、施工工艺	53-130000
5.1	涵节	净高、长度、定位信息	混凝土强度等级、配筋信息、施工工艺	53-134010
5.2	帽石	尺寸、定位信息	混凝土强度等级、配筋信息、施工工艺	53-134020
5.3	翼墙	高度、宽度、长度、定位信息	翼墙形式、混凝土强度等级、配筋信息、施工工艺	53-133040
5.4	边墙	长度、截面尺寸、定位信息	边墙形式、混凝土强度等级、配筋信息、施工工艺	53-133010
5.5	盖板	尺寸、定位信息	盖板形式、混凝土强度等级、配筋信息、施工工艺	53-133020
5.6	锥体	锥体高、底边长、底边宽、定位信息	锥体形式、混凝土强度等级、施工工艺	53-124080
6	旅客地道	孔径、主地道长度、与线路相交角度、里程信息、结构形式	材料种类、混凝土强度等级、施工工艺	53-086000
6.1	主地道分节	净高、净宽、长度、定位信息	混凝土强度等级、配筋信息、施工工艺	
6.2	转角	净高、净宽、长度、定位信息	混凝土强度等级、配筋信息、施工工艺	
6.3	出入口	净高、净宽、长度(封闭段长度、敞开段长度、平坡长度)、定位信息	混凝土强度等级、配筋信息、施工工艺	
6.3.1	集水井	净宽、净深、厚度、定位信息	混凝土强度等级、配筋信息、施工工艺	53-043010
7	钢筋	直径、间距、定位信息	钢筋类型	

3)粒度层级要求

每个粒度层级都规定了包含的构件模型及相应的模型等级。LOD1.0 级宜用于预可研阶段,LOD2.0 级宜用于可研阶段,LOD3.0 级宜用于初步设计阶段,LOD3.5 级宜用于施工图设计阶段。以桥梁专业为例,其模型粒度层级要求见表4-13。

表 4-13 桥梁模型粒度层级

编号	桥梁信息	LOD1.0	LOD2.0	LOD3.0	LOD3.5
1	下部结构	△	△	△	▲
1.1	基础		△	△	▲
1.1.1	明挖基础		△	△	▲
1.1.2	承台/地系梁(按需分层)				
1.2	墩/台	−	−	−	−
1.2.1	垫石				▲
1.2.2	顶帽/盖梁		△	△	▲
1.2.3	托盘/系梁				▲
1.2.4	墩身/柱身/台身				▲
2	上部结构	△	△	△	▲
2.1	支座				
2.1.1	普通支座		△	△	▲
2.1.2	抗震支座		△	△	▲
2.2	梁		△	△	▲
2.2.1	分片式		−	−	−
2.2.1.1	边梁/中梁		△	△	▲
2.2.1.2	湿接缝		−	△	▲
2.2.2	整体式				
2.2.2.1	梁体		△	△	▲
2.2.3	钢桁梁	−			
2.2.3.1	杆		△	△	▲
2.2.3.2	节点板		−	△	▲
2.2.4	钢箱梁				
2.2.4.1	箱体		△	△	▲
2.2.4.2	肋		−	△	▲
2.2.4.3	横隔板		−	△	▲
2.2.5	结合梁				
2.2.5.1	钢梁		△	△	▲
2.2.5.2	桥面板		△	△	▲
2.2.5.3	剪力钉		−	−	△
2.3	拱				

续表4−13

编号	桥梁信息	LOD1.0	LOD2.0	LOD3.0	LOD3.5
2.3.1	钢筋混凝土拱		△	△	▲
2.3.1.1	拱圈		△	△	▲
2.3.1.2	劲性骨架		−	△	▲
2.3.2	钢桁拱		△	△	▲
2.3.2.1	杆		△	△	▲
2.3.2.2	节点板		−	△	▲
2.3.3	钢管拱		△	△	▲
2.3.3.1	拱肋		△	△	▲
2.3.3.2	锚固结构		△	△	▲
2.3.3.3	管内混凝土		−	△	▲
2.3.4	钢箱拱		△	△	▲
2.3.4.1	拱肋		△	△	▲
2.3.4.2	肋		−	△	▲
2.3.4.3	横隔板		−	△	▲
2.4	桥面板		−	△	▲
2.4.1	板		△	△	▲
2.5	斜拉桥	−	△	△	▲
2.5.1	索塔		△	△	▲
2.5.1.1	塔柱		△	△	▲
2.5.1.2	锚固结构		−	△	▲
2.5.1.3	爬梯		−	−	△
2.5.2	斜拉索		−	△	▲
2.5.2.1	索		−	△	▲
2.5.2.2	锚具		−	△	▲
2.6	悬索桥		−	△	▲
2.6.1	吊杆		−	△	▲
2.6.2	缆		△	△	▲
2.6.2.1	主缆		△	△	▲
2.6.2.2	锚锭		−	△	▲
2.7	柱		−	△	▲
2.8	桥面系		−	△	▲
2.8.1	遮板		−	△	▲
2.8.2	竖墙		−	△	▲
2.8.3	防撞墙		−	△	▲
2.8.4	挡碴墙/防护墙		−	△	▲

续表4-13

编号	桥梁信息	LOD1.0	LOD2.0	LOD3.0	LOD3.5
2.8.5	道碴槽		–	△	▲
2.8.6	预埋件		–	△	△
2.8.7	人行道		–	△	▲
2.8.8	防水层		–	△	▲
2.8.9	避车台		–	△	▲
3	基础施工辅助设施		–	△	▲
3.1	钢板桩		–	△	▲
3.2	钢轨桩		–	△	▲
3.3	钢套箱		–	△	▲
3.4	钢围堰		–	△	▲
3.5	钢吊箱		–	△	▲
3.6	工作平台		–	△	▲
4	附属设施		–	△	▲
4.1	墩柱围栏		–	△	▲
4.2	吊篮		–	△	▲
4.3	排水设施		–	△	△
4.4	伸缩缝		–	△	△
4.5	检查梯		–	△	△
4.6	防护门		–	△	△
4.7	防撞设施		–	△	△
4.8	限高架		–	△	△
4.9	护栏		–	△	△
4.10	通航辅助设施		–	△	△
5	涵洞/框架	△	△	△	▲
5.1	涵节		–	△	▲
5.2	帽石		–	△	▲
5.3	翼墙		–	△	▲
5.4	边墙		–	△	▲
6	旅客地道	△	△	△	▲
6.1	主地道分节		–	△	▲
6.2	转角		–	△	▲
6.3	出入口		–	△	▲
6.3.1	集水井		–	△	▲
7	钢筋		–	△	△

注:"▲"表示应具备的信息,"△"表示宜具备的信息,"–"表示可不具备的信息。

4）GIS 数据精度要求

为满足基础地理信息数据与 BIM 的整合，以及设计优化、征迁管理的要求，建议创建倾斜实景三维模型、地形模型及正射影像。

在重点工程、隧道进出口、危岩落石重点区域创建倾斜实景三维模型，按优于 5 cm 影像分辨率（GSD）、线路左右 150 m 范围进行倾斜摄影航带设计，航向重叠度不低于 80%，旁向重叠度不低于 70%。同时为保证倾斜实景三维模型的平面和高程精度，须在航摄范围内提前布设像控点标记。站场、站房等重点工程及部位的建模精度不低于 5 cm 影像分辨率（GSD），常规工程的建模精度不低于 10 cm 影像分辨率（GSD）。

3. 信息模型创建要点

为规范 BIM 模型创建流程，提高信息模型创建水平，《信息模型建模标准》详细制定了地质、线路、桥梁、隧道等 21 个专业的信息模型创建要点，为智能建造管理提供了依据。下面以桥梁专业为例叙述信息模型创建要点。

1）基础要求

桥梁构件命名应根据桥梁构件种类进行区分。桥梁构件高程应根据项目要求进行放置。放置桥梁构件前，应保证构件的尺寸正确。放置桥梁构件时，应保证构件的放置方法和相对位置关系正确。立面或剖面能够体现桥梁构件间正确的空间位置关系。

2）模型文件拆分要求

基于总体要求，按标段、单位工程、工点进行模型组织。简支梁工点、连续梁工点、特殊结构工点（如系杆拱）、涵洞等各项桥涵工点按表 4-14 进行文件拆分。

表 4-14　桥梁模型文件拆分

专业	单位工程	工点	文件拆分
桥涵	某特大桥	1#墩-20#墩简支梁	下部结构，上部结构和桥面系分为两个模型文件
		20#墩-23#墩连续梁	下部结构，上部结构和桥面系分为两个模型文件所涉及的 4 个墩归属于连续梁的下部结构文件
		23#墩-135#墩简支梁	下部结构，上部结构和桥面系分为两个模型文件
		135#墩-137#墩系杆拱	下部结构，上部结构和桥面系分为两个模型文件
		框架涵	
		框架中桥	
		……	

涵洞需要从路基模型中独立拆分，并入桥涵专业，形成单独的模型文件。文件命名基于命名规则"设计单元_类型描述"，示例为："某路基_DK100_20_18_DK100_50_93 全涵洞模型.dgn"。

3）模型构件拆分要求

（1）桩基、明挖基础、承台、台身、墩身、垫石、支座按个独立拆分。

（2）简支梁梁体按预制梁体切分。

（3）连续梁梁体按节段拆分。

（4）桥面系按工点位置拆分，按防护墙、电缆槽及盖板、护栏拆分，以及按每节简支梁拆分模型构件。连续梁桥面系按整个连续梁工点拆分模型构件，不按连续梁梁块拆分模型构件。

（5）系杆拱下部结构与简支梁的拆分一致。系杆拱梁部结构按底板、腹板、顶板拆分模型构件，并在梁部横墙两侧断开。系杆拱拱部结构按拱脚、拱肋、桁架、吊杆独立拆分模型构件，其中拱脚、桁架、吊杆按个拆分，拱肋及拱肋内混凝土按 9~11 m 一段拆分（避开吊杆连接处及桁架连接处）。

（6）其他特殊结构桥梁拆分需足够细化，满足施工段及施工步序的划分。

（7）涵洞按"涵身及附属""明挖基础（含承台）""地基处理"拆分模型。"涵身及附属"中根据涵洞类型调整拆分，如盖板涵按"底板""涵身及顶板"拆分模型；箱涵按"涵节""出入口八字墙""帽石"拆分模型。

（8）桥梁段防护栅栏以不超过 1000 m 为一段进行切分，并区分高度规格。

4）编码要求

（1）桩基。

部位按墩号填写。同一台身、墩身下所有桩分别录入流水码，流水码按小里程至大里程方向自左下角开始以 S 形顺序填写；同排时，自左向右顺序填写。明挖基础需通过 EBS 进行区分，部位按墩号填写，流水码默认值为 1。

（2）承台。

部位按墩号填写。流水码默认值为 1。

（3）转体系统。

转体系统需要建模表示，部位按墩号填写，EBS 编码选择 03010101010105、030103010201010105 等。流水码默认值为 1。

（4）台身、墩身。

部位按墩号填写。流水码默认值为 1。台身、墩身分多个部分建模时，应录入同一 EBS 编码及流水码。

（5）垫石。

部位按墩号填写。流水码按小里程至大里程方向自左向右顺序填写。

（6）支座。

简支梁支座部位按梁体两端所在的墩号区间填写，例如"34#墩-35#墩"，以"-"连接。流水码按小里程至大里程方向自左向右顺序填写。

连续梁边墩的支座（与简支梁交界处）、简支梁的支座均属于简支梁工点模型，不应出现于连续梁工点模型中；连续梁支座的部位按墩号填写，流水码按小里程至大里程方向自左向右顺序填写，如图 4-4 蓝色字所示。

（7）简支梁。

EBS 按需选择"架设"或"节段梁架设"，例如 03010101020102，不要使用"预制"。现浇连续梁则使用"现浇"，例如 03010101020103。

部位按梁体两端所在的墩号区间填写，例如"11#墩-12#墩（QF31.5ZW-001）"，以"-"连接。流水码默认值为 1。

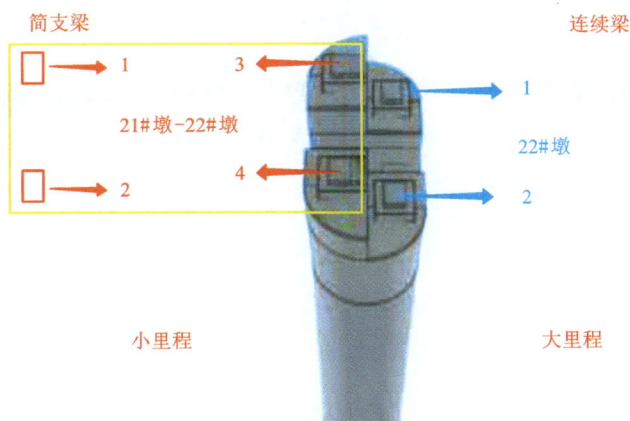

图 4-4　连续梁边墩支座部位及流水码填写示例

（8）连续梁。

连续梁的 T 构梁体，EBS 区分支架法及悬臂浇筑，部位仅填写墩号；边跨直线段的部位仅填写邻近的墩号；中跨合龙段、边跨合龙段的部位填写墩号范围，例如"14#墩-15#墩"，如图 4-5 所示。

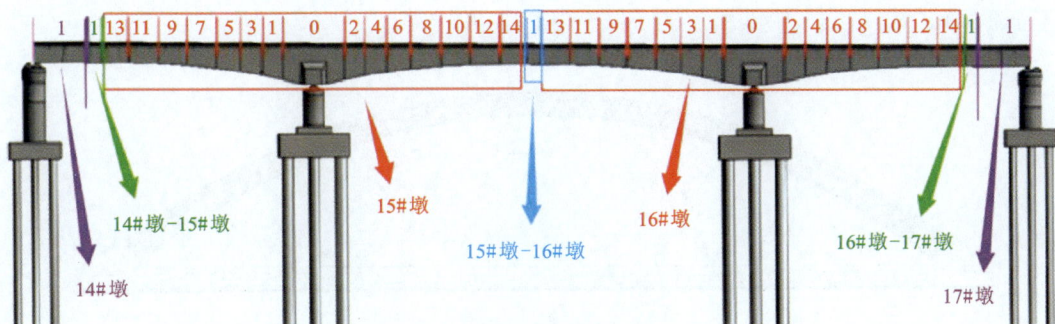

图 4-5　连续梁部位填写示例

图 4-5 中，连续梁不同颜色部分的 EBS 编码不同（连续梁 T 构、中跨合龙段、边跨合龙段、边跨直线段），连续梁 T 构 0#块流水码填 0，并以 0#块为中心，左右交叉依次填写流水码，小里程为奇数，大里程为偶数。（1#块包含两部分，流水码分别为 1 和 2；2#块包含两部分，流水码分别为 3 和 4……）

（9）多 T 构组合。

基本节块的部位、流水码的填写与"（8）连续梁"要求一致，EBS 按需选择"架设"或"现浇"，例如"制架（钢筋）预应力混凝土 T 梁—现浇"的编码为 03010101020203。

在同一墩身两侧均为边跨直线段与边跨合龙段时，部位应填写当前墩号与两侧邻近墩号，如"8#墩-9#墩""9#墩-10#墩"。流水码的填写，边跨合龙段为"HLD"，边跨直线段"ZXD"，如图 4-6 所示。

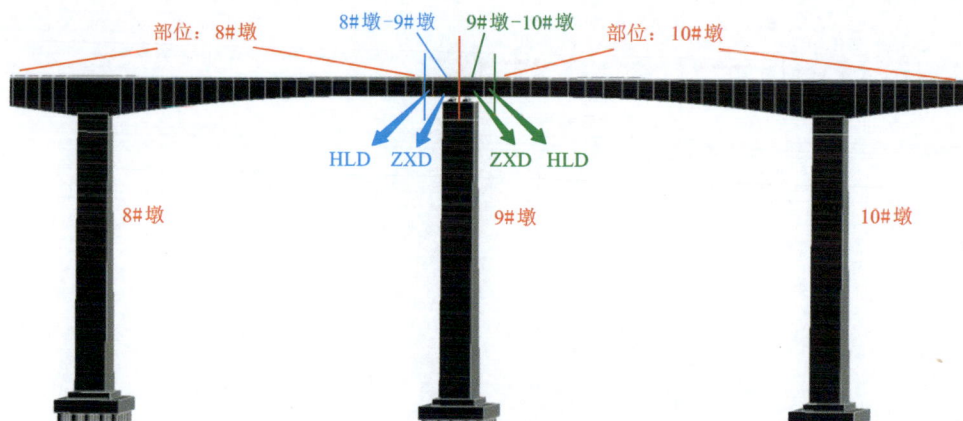

图 4-6　多 T 构组合段部位及流水码填写示例

（10）系杆拱。

部位按梁体两端所在的墩号区间填写，例如"11#墩-12#墩"，以"-"连接。

拱脚、拱肋、拱肋内混凝土的流水码按小里程至大里程方向自左向右依次填写流水码；桁架流水码按小里程至大里程方向依次填写流水码；吊杆按张拉顺序依次填写流水码；梁体结构流水码以施工浇筑最大单元来划分，按小里程至大里程方向，并按底板、腹板、顶板依次填写流水码（图 4-7），中间跨度为 54～56 m，左右均等。

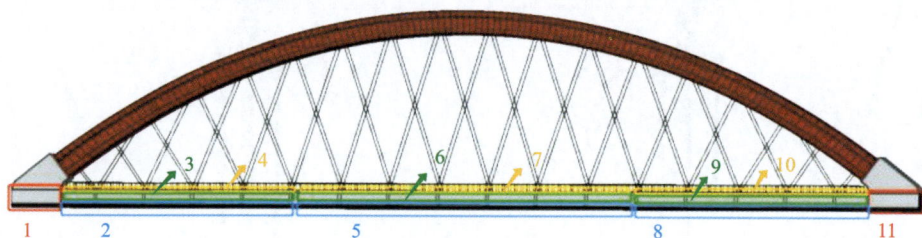

图 4-7　系杆拱梁体流水码填写示例

（11）斜拉桥。

部位、流水码的填写与"（8）连续梁"要求一致，按桥梁类型选择所需的 EBS 编码，如 03010101020801（复杂特大桥-斜拉桥索塔）、03010201020802（一般特大桥-斜拉索）等。

斜拉桥索塔流水码，按小里程至大里程方向，左侧为 1，右侧为 2；索塔系梁的 EBS 为 03010101020805、03020101020805 等"上部>>斜拉桥>>斜拉桥索塔系梁"，流水码为 1；索塔帽梁的 EBS 为 03010101020806、03020101020806 等"上部>>斜拉桥>>斜拉桥索塔帽梁"，流水码为 1。

斜拉索流水码以斜拉桥索塔为中心，左右交叉依次填写流水码，小里程为奇数，大里程为偶数。

（12）桥面系。

部位按桥面系两端切分处的墩号区间填写，例如"3#墩-4#墩""14#墩-17#墩"，以"-"连接。流水码按防护墙、电缆槽及盖板、护栏分别填写 1、2、3。

（13）涵洞。

部位按"里程+涵洞类型"填写，例如"DK177+885 单孔 2.0 m 涵洞"。

涵身及附属的流水码按底板、涵身及顶板分别填写 1、2。明挖基础流水码默认值为 1。其他构件按小里程至大里程方向自左向右填写流水码。

（14）地道。

旅客地道等地道需要建模，部位按"××站场+地道"填写。流水码按结构形式、小里程至大里程方向自左向右填写。

（15）声屏障。

声屏障按每孔梁切分建模，部位与所在梁的部位保持一致，按梁体两端所在的墩号区间填写，例如"11#墩-12#墩（QF31.5ZW-001）"，以"-"连接。流水码默认值为 1。

5）算量属性要求

每个桩需填写各自的长度及体积工程量，桩基规格属性填写直径（1.00 m、1.25 m、1.50 m、1.80 m 等）；承台、墩身填写体积工程量，如果承台、墩身分部分建模，同一流水码下的工程量一致且为同一流水码下包含构件的工程量总量，墩身规格属性填写墩高；每个垫石需填写各自的体积工程量；每个支座规格属性填写承载力属性；梁体、桥面系填写延长米；涵洞涵身及附属填写横延米工程量，明挖基础填写体积工程量，涵身及附属、明挖基础的规格属性填写涵洞宽度（2.0 m、3.0 m、4.0 m、5.0 m、6.0 m 等）；地道工程量按顶面面积填写到面积属性中；声屏障填写延长米属性，规格属性填写声屏障高度。详细工程量要求见表 4-15。

表 4-15　桥梁算量属性要求

分类		属性值	单位
简支梁 下部结构	桩基	体积属性、长度属性、规格属性	圬工方、米
	承台	体积属性	圬工方
	墩身+托盘	体积属性、规格属性	圬工方
	垫石	体积属性	圬工方
简支梁	梁	延长米属性	延长米
	支座	规格属性	个
	桥面系	延长米属性	延长米
连续梁 下部结构	桩基	体积属性、长度属性、规格属性	圬工方、米
	承台	体积属性	圬工方
	墩身+托盘	体积属性、规格属性	圬工方
	垫石	体积属性	圬工方

续表4-15

分类		属性值	单位
连续梁	梁	延长米属性(按表中数值录入)、体积属性(按表中数值录入)	延长米、圬工方
	支座	规格属性	个
	中跨合龙	延长米属性(按表中数值录入)、体积属性(按表中数值录入)	延长米、圬工方
	边跨合龙	延长米属性(按表中数值录入)、体积属性(按表中数值录入)	延长米、圬工方
	边跨直线	延长米属性(按表中数值录入)、体积属性(按表中数值录入)	延长米、圬工方
	桥面系	延长米属性	延长米
系杆拱	桩基	体积属性、长度属性、规格属性	圬工方、米
	承台	体积属性	圬工方
	墩身+托盘	体积属性、规格属性	圬工方
	垫石	体积属性	圬工方
系杆拱梁	支座	规格属性	个
	梁-底板	体积属性	圬工方
	梁-腹板	体积属性	圬工方
	梁-顶板	延长米属性、体积属性	延长米、圬工方
	拱脚	体积属性	圬工方
	拱架-钢管	体积属性	吨
	拱架-横撑	体积属性	吨
	拱架内混凝土	体积属性	圬工方
	吊杆	体积属性	吨
	桥面系	延长米属性	延长米
涵洞	明挖基础	体积属性、规格属性	圬工方
	涵身及附属	横延米属性、规格属性	横延米
旅客地道等	(顶面面积)	面积属性	平方米
声屏障		延长米属性、规格属性	延长米

4. 模型表达规范

1)一般规定

为满足工程三维模型表达的规范化管理要求,实现模型表达的标准化推送,便于模型的批量编辑修改、示意区分及多模型协同设计工作的开展，在三维模型构件分类的基础上，应对包括图层（若有）、颜色、材质在内的模型信息进行定义管理。以桥梁专业为例，其模型类别及表达规范应符合表 4-16 的规定。

表 4-16　桥梁结构模型类别及表达规范参考表

类别	工程对象	三维模型		
		图层	RGB	颜色样例
基础	明挖基础、沉井基础、承台、垫层	JG_QL_JC	165，168，166	
结构桩	挖孔桩、钻孔桩、管桩	JG_QL_JGZ	215，213，203	
承台	浆砌石桥台、素砼桥台、砼桥台	JG_QL_QT	124，127，126	
墩身	砼桥墩	JG_QL_QD	124，127，126	
梁	现浇梁、预制梁、现浇预应力梁、预制预应力梁	JG_QL_TL	165，168，166	
钢梁	钢板梁、钢桁梁	JG_QL_GL	136，129，117	

坐标、尺寸、面积、体积等信息是对所创建的三维模型的空间描述，在模型创建时自动计算，并随模型的编辑修改而变化；线形、线宽、填充花纹、二维符号等信息用于描述三维模型的二维图符，参建方可按照企业内部相关规定进行定义管理。

2）模型表达

（1）模型图层的命名结构可划分为三级，每级之间以"_"连接，设置规则如下：

专业代号_类别代号_对象代号

第一级体现模型专业信息，在专业层面对三维模型进行分类；第二级体现类别信息，以土建对象类别或机电设备系统类别对三维模型进行分类；第三级体现对象信息，用于确定三维模型所代表的具体工程对象类型。专业代号、类别代号、对象代号分别采用专业名称、类别名称、对象名称的拼音首字母缩写，可适当简化，并兼顾设计习惯，避免互相重复。

（2）模型颜色及材质要求。

地上环境建（构）筑物模型的颜色应尽量接近实物效果；地质模型的颜色应体现地质分层和岩土特征；市政管线模型的颜色应便于区分不同管道系统，宜与二维图纸的管线颜色保持一致；铁路工程本体各专业模型的颜色应满足模型展示美观和直观区分各专业、系统的需求；管路系统的颜色应采用该工艺系统国标、行标或相应标准规定的颜色；阀门、附件、保温设施应与各系统管道模型颜色表达一致；设备模型可采用与所属系统管道模型一致的颜色或与设备本体相近的颜色；电气管道母线类设备的颜色应采用反映其相序的颜色。

同时，模型图层颜色宜采用与构件、设施或设备本体相近的颜色；模型材质应采用与构件、设施或设备本体相近的材质。

4.2.2 数据信息安全标准

4.2.2.1 数据信息安全管理

1. 数据信息安全存储要求

数据信息存储介质包括纸质文档、语音或其录音、输出报告、硬盘、磁带、光存储介质等。存储介质管理须符合以下规定：

（1）包含重要、敏感或关键数据信息的移动式存储介质须专人值守。

（2）删除可重复使用存储介质上的机密和绝密数据时，为了避免在可移动介质上遗留信息，应该对介质进行消磁或彻底的格式化，或者使用专用的工具在存储区域填入无用的信息进行覆盖。

（3）任何存储媒介入库或出库须经过授权，并保留相应记录，方便审计跟踪。

2. 数据信息传输安全要求

（1）在对数据信息进行传输时，应该在风险评估的基础上采用合理的加密技术。选择和应用加密技术时，应符合以下规范：

①必须符合国家有关加密技术的法律法规。

②根据风险评估确定保护级别，并以此确定加密算法的类型、属性，以及所用密钥的长度。

③听取专家的建议，确定合适的保护级别，选择能够提供所需保护的合适的工具。

（2）机密和绝密数据在存储和传输时必须加密，加密方式可以分为对称加密和不对称加密。

（3）机密和绝密数据的传输过程中必须使用数字签名以确保信息的不可否认性，使用数字签名时应符合以下规范：

①充分保护私钥的机密性，防止窃取者伪造密钥持有人的签名。

②采取保护公钥完整性的安全措施，例如使用公钥证书。

③确定签名算法的类型、属性，以及所用密钥的长度。

④用于数字签名的密钥应不同于用来加密内容的密钥。

3. 数据信息安全等级变更要求

数据信息安全等级经常需要变更。一般来说，数据信息安全等级变更需要由数据资产的所有者进行，然后改变相应的分类并告知信息安全负责人进行备案。对于数据信息的安全等级，应每年进行评审，只要实际情况允许，就要进行数据信息安全等级递减，这样可以降低数据保护的成本，并增加数据访问的方便性。

4. 数据信息安全管理职责

数据信息涉及各类人员的职责见表4-17。

表 4-17 数据信息安全管理职责

序号	角色	职责
1	拥有者	拥有数据的所有权；拥有对数据的处置权利；对数据进行分类与分级；指定数据资产的管理者/维护人
2	管理者	被授权管理相关数据资产；负责数据的日常维护和管理
3	访问者	在授权的范围内访问所需数据；确保访问对象的机密性、完整性、可用性等

4.2.2.2 数据信息重要性评估

1. 数据信息分级原则

1）分级合理性

数据信息和处理数据信息分级的系统应当仔细考虑分级范畴的数量及使用这种分级所带来的好处。过于复杂的分级规划可能是累赘，而且使用和执行起来也不经济实用。

2）分级周期性

数据信息的分级具有一定的保密期限。任何数据信息的分级都不一定自始至终固定不变，可按照一些预定的策略发生改变。如果把安全保护的分级划定得过高就会导致不必要的业务开支。

2. 数据信息分级

数据信息应按照价值、法律要求，以及对组织的敏感程度、关键程度进行分级。数据信息分级见表 4-18。

表 4-18 数据信息分级

等级	标识	数据信息价值定义
5	很高	重要程度很高，其安全属性破坏后可能导致系统受到非常严重的影响
4	高	重要程度较高，其安全属性破坏后可能导致系统受到比较严重的影响
3	中	重要程度较高，其安全属性破坏后可能导致系统受到中等程度的影响
2	低	重要程度较低，其安全属性破坏后可能导致系统受到较低程度的影响
1	很低	重要程度很低，其安全属性破坏后可能导致系统受到很低程度的影响，甚至可以忽略不计

4.2.2.3 数据信息完整性安全规范

（1）确保所采取的数据信息管理和技术措施及覆盖范围的完整性。

（2）应能够检测到网络设备操作系统、主机操作系统、数据库管理系统和应用系统的管理数据、鉴别信息和重要业务数据的完整性在传输过程中是否受到破坏，并在检测到关于数据完整性的错误时采取必要的恢复措施。

（3）具备完整的用户访问、处理、删除数据信息的操作记录能力，以备审计。

（4）在数据信息传输时，经过不安全网络的（如 Internet），需要对传输的数据信息提供完整性校验。

4.2.2.4 数据信息保密性安全规范

数据信息保密性安全规范用于保障业务平台重要业务数据信息的安全传递与处理应用，确保数据信息能够被安全、方便、透明地使用。为此，业务平台应采用加密等安全措施开展数据信息保密性工作：应采用加密措施实现重要业务数据信息传输保密性；应采用加密措施实现重要业务数据信息存储保密性。

加密安全措施主要分为密码安全和密钥安全。

1. 密码安全

密码的使用应该遵循以下原则：

（1）不能将密码写下来，不能通过电子邮件传输。

（2）不能使用缺省设置的密码。

（3）不能将密码告诉别人。

（4）如果系统的密码泄漏，必须立即更改。

（5）密码要以加密形式保存，加密算法强度要高，加密算法要不可逆。

（6）系统应该强制指定密码的策略，包括密码的最短有效期、最长有效期、最短长度、复杂性等。

（7）如果需要特殊用户的口令（比如说 UNIX 下的 Oracle），要禁止通过该用户进行交互式登录。

（8）在要求较高的情况下可以使用强度更高的认证机制，例如双因素认证。

（9）要定时运行密码检查器检查口令强度，对于保存机密和绝密信息的系统应该每周检查一次口令强度；其他系统应该每月检查一次。

2. 密钥安全

密钥管理对于有效使用密码技术至关重要。密钥的丢失和泄露可能会损害数据信息的保密性、重要性和完整性。因此，应采取加密技术等措施来有效保护密钥，以免密钥被非法修改和破坏；还应对生成、存储和归档保存密钥的设备采取物理保护。此外，必须使用经过业务平台部门批准的加密机制进行密钥分发，并记录密钥的分发过程，以便审计跟踪，统一对密钥、证书进行管理。密钥管理流程见表4-19。

表4-19　密钥管理流程

序号	流程	定义
1	密钥产生	为不同的密码系统和不同的应用生成密钥
2	密钥证书	生成并获取密钥证书
3	密钥分发	向目标用户分发密钥，包括在收到密钥时如何将之激活
4	密钥存储	为当前或近期使用的密钥或备份密钥提供安全存储，包括授权用户如何访问密钥
5	密钥变更	包括密钥变更时机及变更规则，处理被泄露的密钥

续表4-19

序号	流程	定义
6	密钥撤销	包括如何收回或者去激活密钥,如在密钥已被泄露或者相关运维操作员离开业务平台部门时(在这种情况下,应当归档密钥)
7	密钥恢复	作为业务平台连续性管理的一部分,对丢失或被破坏的密钥进行恢复
8	密钥归档	归档密钥,以用于归档或备份的数据信息
9	密钥销毁	密钥销毁将删除该密钥管理下数据信息客体的所有记录,将无法恢复,因此,在密钥销毁前,应确认由此密钥保护的数据信息不再需要

4.2.3　支撑技术标准

4.2.3.1　地理信息应用标准

为贯彻执行国家技术经济政策,实现铁路工程全生命周期信息在不同阶段间的共享、传递,推动铁路工程信息模型的建设、应用和发展,提升工程项目建设信息化水平,地理信息应用标准在参考地理信息领域相关国家标准和行业标准的基础上,遵循适用性、开放性和可扩展性的原则,从地理信息模型精度、地图尺度、数据组织等方面制定了地理信息应用标准,从而为铁路工程勘察设计及施工建造过程中需要 GIS 技术辅助的决策、管理等提供依据。

1. 基本规定

1)GIS 表达基本原则

(1)铁路 GIS 模型的信息应包含几何信息、属性(语义)信息和纹理信息。

(2)铁路 GIS 模型的信息应尽可能简化,避免错漏,降低冗余,但必须满足需方的应用需求。

(3)铁路 GIS 模型宜从铁路 BIM 模型中生成,在相同的铁路工程建设阶段中,铁路 GIS 模型的信息量不应超过与之对应的铁路 BIM 模型信息。

(4)交付成果的内容和形式宜以地理信息应用标准中的相应规定做参考,在实际交付过程中应以供方与需方签订的合同条款为准。

(5)交付 GIS 模型、专题图层等内容宜按照地理信息应用标准的相关规范进行组织。对于铁路工程具体应用需要,交付内容应结合实际情况进行合理组织。

2)元数据

铁路三维 GIS 元数据的层次结构应分为三层:元数据子集、元数据实体和元数据元素。其中元数据元素是元数据的基本单元,一组说明数据相同特性的元数据元素构成元数据实体,元数据子集则由相关的元数据实体和元数据元素组成。

铁路三维 GIS 元数据可分为三种级别:描述一个数据或特征的级别,描述一个模型的级别,描述一个数据库的级别。元数据与模型之间的对应关系应为一对一或一对多。

铁路三维 GIS 元数据内容包括八项:实体集信息、标识信息、限制信息、维护信息、数据质量信息、铁路参照系、铁路内容信息、分发信息(表 4-20)。

表 4-20 铁路 GIS 元数据表

序号	类别	示例
1	实体集信息	MD_元数据、铁路元数据文件标识符、CI_联系单位、元数据标准名称等
2	标识信息	MD_标识、引用、名称、日期、版本、摘要、目的、状况等
3	限制信息	MD_限制、铁路三维地理信息安全限制等级、铁路地理信息访问限制等
4	维护信息	MD_维护信息、维护与更新频率、更新范围、维护注释、CI_维护单位等
5	数据质量信息	DQ_数据质量、范围、数据志说明、完整性、逻辑一致性等
6	铁路参照系	MD_参照系、参照系标识符、投影、标准纬线、中央经线经度等
7	铁路内容信息	MD_铁路内容信息、MD_要素类目说明、数据集说明、包含要素类等
8	分发信息	MD_分发、在线资源、订购说明、分发单位名称、分发单位电话等

铁路三维 GIS 元数据应具有八种特征：序号、中文名、英文名、缩写名、定义、约束条件、最大出现次数、类型/值域。以"限制信息"为例，其特征表见表 4-21。

表 4-21 限制信息（MD_限制/MD_Constraints）的特征表

序号	中文名	英文名	缩写名	定义	约束条件	最大出现次数	类型/值域
1	MD_限制	MD_Constraints	Consts	访问和使用数据资源的权限	使用参照对象的约束条件	使用参照对象	
2	铁路三维地理信息安全限制等级	classification	secClass	为了国家安全考虑对数据施加限制	M	N	类/铁路三维地理信息安全限制分级（"代码表"A.0.4）
3	铁路地理信息访问限制	accessConstraints	accessConsts	为了确保隐私权或保护知识产权，对获取数据集施加的访问限制，以及任何特殊的约束或限制	O	N	类/铁路三维地理信息访问和使用限制（"代码表"A.0.5）
4	铁路地理信息使用限制	useConstraints	useConsts	为了保护隐私权或知识产权，对获取数据集施加的访问限制，以及任何特殊的约束或限制	O	N	类/铁路三维地理信息访问和使用限制（"代码表"A.0.5）
5	用途限制	useLimitation	useLimit	影响数据集适用性的限制，如"不可用于导航"	O	N	字符串

3）信息模型数据

铁路 GIS 信息模型宜分为地形模型、铁路工程要素模型、铁路建筑模型、其他模型四类。地形模型包括表达地形起伏的 DEM 和地表纹理的 DOM。铁路工程要素模型包括铁路工程站前和站后（除建筑外）各专业设计的、可集成到三维 GIS 系统中的信息模型。铁路建筑模型包括铁路工程中涉及的、符合 CBIMS 分类体系的建筑模型。其他模型为除上述三类模型外构成铁路三维 GIS 场景的相关信息模型。

铁路 GIS 信息模型的具体内容应参照《铁路工程信息模型分类和编码标准（1.0 版）》（CRBIM 1001—2014）中对铁路工程要素类型定义和划分的相关要求进行组织，最高粒度不宜超过构件层次。

铁路 GIS 信息模型应包括铁路工程特征要素的几何、属性（语义）、纹理三类信息，否则可视为不满足交付要求。同时，交付的铁路 GIS 信息模型包含的信息量不应超过同阶段相对应的铁路 BIM 信息模型。当采用由 BIM 设计模型转换得到的 GIS 信息模型时，应完成语义融合和几何简化两方面的处理。另外，交付的铁路 GIS 信息模型应采用通用数据格式，见表 4-22。另外，地形模型也可采用地图服务的方式交付，以方便需方使用各类 GIS 平台进行无缝集成。

表 4-22　各类铁路 GIS 信息模型的格式

模型类型	数据格式
地形模型	.tif、.img、.shp
铁路工程要素模型	.gml、.x、.obj、.mtl、.xls
铁路建筑模型	.gml、.x、.obj、.mtl、.xls
其他模型	.gml、.x、.obj、.mtl、.xls

交付地形模型的范围宜覆盖铁路中心线两侧垂线方向 1 km 区域，铁路工程要素模型和铁路建筑模型应在铁路中心线附近按照规划设计的范围排布，其他模型宜根据特定需要（可视化展示、统计分析等）自行设定排布范围。

4）其他设计资料

除信息模型数据以外，设计资料还应包括数字线画图（DLG）。DLG 内容宜包括水系、居民地及设施、交通、管线、境界与政区、植被与土质、地貌等，各图层编码应符合《基础地理信息要素分类与代码》（GB/T 13923—2022）的相关规定。DLG 成果宜包含项目设计单元周边专题信息，并采用规定的符号进行几何表达。

5）GIS 表达的阶段和细节层次

铁路工程建设所处的阶段决定了交付铁路 GIS 模型的复杂度和粒度，二者之间具有一一对应关系（表 4-23）。一般 GIS 交付精度不宜高于 LoD300。地理信息应用标准中 GIS 数据交付的过程限定为规划阶段、预可研和可研阶段、初步设计阶段。

表 4-23　铁路工程建设阶段定义与划分

建设阶段	英义全称	阶段名称	对应铁路 BIM 交付粒度层级中的阶段
LoD100	level of development 100	规划阶段	LOD1.0
LoD200	level of development 200	预可研和可研阶段	LOD2.0
LoD300	level of development 300	初步设计阶段	LOD3.0
LoD350	level of development 350	施工图设计阶段	LOD3.5
LoD400	level of development 400	施工工法模拟及造价控制阶段	LOD4.0

铁路三维模型按表现细节的不同可分为 LOD1、LOD2、LOD3、LOD4 四个粒度层级(细节层次),与铁路工程建设的阶段之间构成对应关系,应符合表 4-24 的规定。

表 4-24　不同铁路工程建设阶段各类模型的粒度层级

建设阶段	粒度层级	信息内容			
		地形模型	铁路工程要素模型	铁路建筑模型	其他模型
LoD100	LOD1	DEM	线路中心线模型	体块模型	通用符号模型
LoD200					
LoD300	LOD2	DEM+DOM	线路中心线模型	基础模型	基础模型
LoD350	LOD3	高精度 DEM+高精度 DOM	标准模型	标准模型	标准模型
LoD400	LOD4	精细模型	精细模型	精细模型	精细模型

2. 模型粒度层级

在同一区域内可建立不同细节层次的模型。不同细节层次的地理信息模型应符合表 4-25 规定。

表 4-25　地理信息模型要求

序号	模型类别	粒度层级	要求
1	地形模型	LOD1	应为反映地形起伏特征的模型;DEM 格网单元尺寸不宜大于 10 m×10 m;平坦地区的高程精度不宜低于 2 m,丘陵地区不宜低于 5 m,山地不宜低于 10 m,高山地不宜低于 20 m
		LOD2	应为反映地形起伏特征和地表影像的模型;DEM 格网单元尺寸不宜大于 5 m×5 m;平坦地区的高程精度不宜低于 1.4 m,丘陵地区不宜低于 2 m,山地不宜低于 5 m,高山地不宜低于 10 m;DOM 分辨率不宜低于 1 m
		LOD3	应为反映地形起伏特征、地表形态及其影像的模型;DEM 格网单元尺寸不宜大于 2.4 m×2.4 m;平坦地区的高程精度不宜低于 0.6 m,丘陵地区不宜低于 1.4 m,山地不宜低于 2 m,高山地不宜低于 5 m;DOM 分辨率不宜低于 0.2 m
		LOD4	应为逼真反映地形起伏特征和地表形态的模型,宜以 1 : 500、1 : 1000、1 : 2000 等比例尺的地形图,以及航空影像、实地采集数据为基础,采取真实的地表纹理反映地表的质地、色彩、纹理等特征

续表4-25

序号	模型类别	粒度层级	要求
2	铁路工程要素模型	LOD1	铁路中心线模型应反映铁路走向，宜利用铁路中心线及其高程数据生成三维铁路中心线
		LOD2	
		LOD3	标准模型应基本反映轨道、路基、桥涵、隧道及明洞等，铁路纹理模型和铁路附属设施模型可通过采取标准纹理模型和通用模型建立和表现
		LOD4	精细模型应包含铁路模型及铁路附属设施模型，应真实准确反映铁路线路的结构、尺寸、质地、色彩等特征
3	铁路建筑模型	LOD1	体块模型应根据建筑基底和建筑高度生成平顶柱状模型；建筑物基地宜以1∶500、1∶1000、1∶2000等比例尺的地形图以及建筑轮廓线为依据；建筑高度可根据建筑性质采取对应的平均层高间接获得，也可通过航空影像或近景摄影测量、车载激光扫描、机载激光扫描或野外实地测量等方式直接获得；平面尺寸精度不宜低于 2 m，高度精度不宜低于 3 m，对于高层建筑的高度精度可放宽至 5 m
		LOD2	基础模型应表现建模物屋顶及外轮廓的基本特征，平面尺寸和高度精度不宜低于 2 m
		LOD3	标准模型应精确反映房屋屋顶及外轮廓的基本特征，平面尺寸和高度精度不宜低于 0.5 m
		LOD4	精细模型应精确反映房屋屋顶及外轮廓的详细特征，平面精度不宜低于 0.2 m
4	其他模型	LOD1	通用符号模型可使用通用模型表达模型的分布和特征。宜以 1∶500、1∶1000、1∶2000 等比例尺的地形图为基础，反映其他模型物体的分布及主要特征，可采取通用的三维符号模型库或纹理库示意表现
		LOD2	基础模型应以实际测量数据为依据，结合真实的纹理图片，宜采取单面片、十字交叉面片、多面片等方式表现建模物体的基本形态、样式、高度、分布、位置及纹理特征，纹理宜采取简单贴图，高度精度不宜低于模型自身高度精度的20%
		LOD3	标准模型应根据实际测量的物体尺寸和外业采集的纹理信息精细建模，应真实、准确地反映物体的各部位几何特征、样式、高度、分布、位置、质地、色彩及纹理等，模型细部可根据实际情况进行取舍，取舍掉的细部结构可采取纹理进行辅助表现，纹理贴图要求细节清晰，高度精度不宜低于模型自身高度精度的10%
		LOD4	精细模型应根据实际测量的物体尺寸和外业采集的纹理信息精细建模，应真实、准确地反映物体的各部位几何特征、样式、高度、分布、位置、质地、色彩及纹理等，模型细部可根据实际情况进行取舍，取舍掉的细部结构可采取纹理进行辅助表现，纹理贴图要求细节清晰，高度精度不宜低于模型自身高度精度的5%

3. DLG 图幅比例尺

交付的数字线画图（DLG）成果应采用国家基本比例尺，不同铁路工程建设阶段需要提交的图幅尺度应符合表 4-26 的规定。同时，DLG 比例尺的确定应以满足各专业的基本需求为依据。

表 4-26　不同铁路建设阶段交付 DLG 图幅比例尺

建设阶段	阶段名称	DLG 比例尺
LoD100	规划阶段	1∶5 万
LoD200	预可研和可研阶段	1∶1 万、1∶5 万
LoD300	初步设计阶段	1∶1000（城轨站场）、1∶2000、1∶5000（隧道）、1∶1 万
LoD350	施工图设计阶段	1∶1000（城轨站场）、1∶2000、1∶5000（隧道）、1∶1 万
LoD400	施工工法模拟及造价控制阶段	1∶500、1∶2000

4. 模型附加信息要求

铁路三维模型的空间参照系必须与该铁路基础所用的平面坐标系及高程基准相一致。其中，铁路三维模型的几何模型应符合下列规定：应统一以"米"为计量单位；所有模型轴心点定义应统一；每个模型应为独立对象；在满足各级别模型细节层次要求的情况下，应尽量减少几何模型的面数；不应存在漏缝、共面和废点等情况。

铁路三维模型的纹理应符合下列规定：应真实反映建模物体的颜色、质地和图案等，同一区域种类物体纹理应协调一致；应与几何模型细节层次相匹配，纹理应清晰可辨；纹理尺寸应为 2^n，且不宜超过 2048×2048 像素；对重复利用的纹理，宜建立纹理库。

铁路三维模型属性信息应包含描述模型类型、用途和特征等的基本属性信息和专题属性信息，并应符合下列规定：应唯一标识每一个三维模型，并应对三维模型进行准确描述；属性内容应正确、完整；可根据实际应用需要进行扩充。

5. 多源数据的组织方法

铁路三维地理信息模型数据组织主要有三种方式：分层、分区、分类。分层类似地形图中比例尺的概念，将不同细节层次（LOD）的三维模型划分为不同的层，不同的层表现不同的细节；分区类似地形图中的分幅，是指将建模区域按照一定的规则分为小区域，以小区域为数据组织的单位；分类类似地形图中的图层，是指根据地物所属类型将之分类。这三种方式既可以单独使用也可以同时使用。

铁路场景中数据高效组织与管理主要包括地形模型数据组织与管理、铁路工程要素模型数据组织与管理、铁路建筑模型数据组织与管理、其他模型数据组织与管理四个方面，以及铁路属性数据组织和元数据组织。下面逐一进行说明。

1）地形模型数据组织与管理

铁路大场景模型数据中地形模型的组织应充分利用铁路 DEM 数据和 DOM 数据，采用程序自动生成的方法建立地形的 LOD 模型，同时建立起地形的金字塔索引；铁路大场景模型数据组织管理宜采用分层分块的层次瓦片组织管理方式，在输入地形数据基本参数的基础上，通过输入分块大小实现分层分块的管理。

铁路地形模型中模型层级应按地形模型的 LOD 划分进行分层，每一细节层次宜确定一层；应对每层地形模型进行分块，同一层地形模型宜采用相同大小的分块；LOD 级别越高，地形分块尺寸宜越小；不同层次的地形模型应建立金字塔索引，同一层次的地形分块应建立平面网格索引。

地形分块大小的确定应当充分考虑本地区起伏的特点。在采用动态调度的情况下，分块过大会造成数据加载的时间过长，影响三维场景浏览的流畅性；分块过小会造成数据调度过于频繁，额外消耗的系统资源过多。对于地形变化较大的区域，各级 LOD 宜采用比较小的分块，地形变化较小的区域，各级 LOD 宜采用相对较大的分块。

同一 LOD 级别的地形分块应大小相同，以便采用定长字段或固定大小的文件存储地形数据，以及软件系统的数据调度；为满足实时三维浏览的要求，应建立地形索引，以加快数据加载效率。对大小相同的地形分块可建立隐式索引。

大场景中的影像数据宜采用地形数据金字塔分层分块机制，对影像数据进行分层分块组织；铁路大场景模型数据宜采用混合分辨率数据管理，带状的铁路线路及沿铁路线路的地形模型与影像采用高分辨率的数据，距铁路线路较远处则采用低分辨率数据。

2）铁路工程要素模型数据组织与管理

宜采取分类与分块相结合的数据组织方式；应对铁路工程要素模型中的模型进行分级、分类或分区，分区时可根据实际情况进行细分或合并；对于线状的铁路铁轨模型，宜采用独立组装模型进行拼接，以组成线状模型。

铁路工程要素模型的三维空间位置与姿态应依据模型的几何尺寸与建模间隔，将线路中心进行等距划分进行计算；在铁路大场景模型数据中应顾及模型中的语义进行管理与组织；铁路大场景模型数据中的铁路工程要素模型应通过视点位置、姿态和视线方向等信息，自动调度与装载多细节层次的 DEM、DOM 及铁路设施三维模型。

3）铁路建筑模型数据组织与管理

建筑物按照模型精度标准要求建模，包括裙楼、建筑主体、地下设施等，每栋独立建筑形成独立的模型，由裙楼或通道连接的建筑可按照文件数据量、纹理渲染、细节表现等因素进行拆分，并保证建筑的完整性。不可将多栋建筑组合为一个模型文件。

铁路建筑模型在满足视觉效果的情况下，宜减少模型的几何面数和降低纹理的分辨率。对有规律的纹理，可采取重复贴图的方式。

4）其他模型数据组织与管理

不同类型的模型可采用不同的分区方式，铁路建筑模型、其他模型等呈现出离散分布的模型可以按照建模单元划分的方式进行分区，铁路工程要素模型等呈连续分布的模型可采取其他方式。

对于采用模型库自动生成的情况，可按照分类的方式组织，不同类型的管线划分为一类；对于采用 CAD 建模的方式制作的铁路工程要素模型，宜按照铁路段进行组织，再按铁路工程要素的类型进行分类；宜采用分区、分类和分块相结合的组织方式；应对不同类型的三维模型进行分类组织，每一类的三维模型宜确定为一层。

4.2.3.2　倾斜摄影技术与三维实景模型

倾斜摄影三维实景建模技术是近年来国际测绘遥感领域发展起来的一项高新技术，广泛应用于应急指挥、国土安全、城市管理、国土资源管理、房产税收、人口统计、数字城市、城市管理、灾害评估、环保监测、房地产、工程建筑、实景导航、旅游规划等领域。

倾斜摄影三维实景建模包括利用外业的倾斜摄影作业（通常为无人机航拍）和实景模型生产两大部分。

1. 倾斜摄影技术

倾斜摄影技术通过在同一飞行平台上搭载一台或多台倾斜摄影相机，同时从一个垂直、四个倾斜共五个不同的角度采集影像，拍摄相片时同时记录航高、航速、航向、旁向重叠、坐标等参数，通过专业软件对影像进行空中三角测量、几何校正、同名点匹配、区域网联合平差等处理，将平差后的数据赋予每张倾斜影像，使影像具有在虚拟三维空间中的位置和姿态数据，最后合成高精度三维模型。

一般利用搭载高精度定位设备的飞行平台，再通过地面控制点的辅助，生产的影像或实景模型的平面或水平误差可控制在 20~30 cm，甚至在 15 cm 之内，达到大比例尺地图的精度要求。影像或实景的精度可达到 2 cm（即可分辨最小 2 cm 的实体对象）。

倾斜摄影技术可向用户提供真实直观的实景信息。影像数据不仅能够真实地反映地物情况，而且可通过先进的定位技术嵌入地理信息、影像信息，获得更高的用户体验，极大地拓展遥感影像的应用范围。

2. 三维实景模型

实景建模是通过分析从不同视点拍摄的几张照片的静态对象（通常利用倾斜摄影技术获取），并利用专业软件自动检测，以对应于一个相同的物理点像素，通过连续拍摄且有 70% 的重叠率的相邻两张照片自动生成高分辨率的三维网格模型。实景模型能够准确、精细地复原出建模主体的真实色泽、几何形态，具有逼真的细节、清晰的边缘及测量精度。如果倾斜相片带有坐标信息，则软件自动生成的实景模型地理位置信息十分精准（在此情况下需注意数据保密性）。通常软件自动生成的实景模型会存在一定缺陷或实景与新建构筑物存在位置冲突，需要利用专业软件对实景模型进行进一步修正，以便更好地展示项目规划、设计成果。

3. 高速铁路工程实景模型

利用倾斜摄影技术，可以构建线路沿线精确的实景模型，实景地形能够反映出周边地形地貌、坐标、高程、面积、体积等信息，再现直观、真实、多维度场地信息，在轨道交通工程中具备广泛的应用场景。

（1）实景可以与测绘相结合，可以基于实景模型进行 DLG（数字线画图）采集。相比较传统的佩戴 3D 眼镜进行 DLG 采集，基于实景模型的 DLG 采集的作图效率和作图精度都有明显的提高。

（2）可为线路规划、征地拆迁提供准确依据。

（3）可用于分析线站位布置，优化线路设计，减低施工影响。

（4）实景模型表现直观，比传统二维图纸更加准确、信息更加丰富，易于观察理解，便于交流，能有效提高沟通效率，为设计和施工方案选型提供决策依据。

（5）实景模型可作为工程建设管理和智慧城市的底层数据载体。

4.3 工程技术标准体系

在高速铁路智能建造管理体系中，工程技术标准体系是指针对高速铁路智能建造过程中的工程技术要求和智能化规范而建立的标准体系，是贯穿高速铁路智能建造的设计、施工、运维等方面的成套智能化标准的总称，是新一代技术与铁路技术的集成融合。工程技术标准体系主要分为智能工程设计标准和智能工程施工标准两大板块，由设计行为与资源、设计优化、设计交付、施工模拟、施工管理等十七个部分构成。建立高速铁路智能建造的工程技术标准体系，可以确保高速铁路智能建造过程中的工程技术活动符合规范和要求，保证高速铁路的建设质量和运营安全。

4.3.1 智能工程设计标准

为统一铁路工程信息模型在铁路设计阶段的深入应用，有效规范项目实施过程，实现设计阶段信息的有效传递及应用，本部分从铁路工程信息模型的行为、协同和资源三个基本维度介绍铁路工程信息模型的设计实施方法。

4.3.1.1 铁路工程信息模型设计行为规定

铁路工程信息模型设计阶段的主要参与对象包括建设单位、设计单位和咨询单位，而铁路工程信息模型的设计行为，是指三者在项目设计工作过程中与建模相关的过程组织和控制，具体见表 4-27。建设单位、设计单位、咨询单位的各种行为，应以模型中的信息共享互用为行动准则，从而达到项目全生命周期的应用目标。

表 4-27 铁路工程各参与对象信息模型设计行为

序号	参与对象	铁路工程信息模型设计行为
1	建设单位	制定设计任务书、选择咨询单位、中间协调检查、组织评审等
2	设计单位	建模与准备、分析与检算、审核与优化、交付与归档等
3	咨询单位	通过信息模型检查设计成果的合理性

1. 建模准备

设计单位在 BIM 模型的建模工作展开前，应进行如下的准备工作：

（1）明确项目的 BIM 应用目标，包括模型交付精度、应用要求等；

（2）选择合适的 BIM 设计工具，熟悉 BIM 信息化平台，确保这些工具能够对 BIM 设计提供足够的技术支持；

（3）定义基于流程的专业内外交互需求（IDM），确定数据交换、工作流程；

（4）明确模型的命名、构件的分类及命名，以及构件属性等规定；

（5）明确各专业及项目参与单位之间的数据接口，包括每个专业模型文件规划的内容和信息。

2. 分析与应用

模型分析与检算是确保模型质量的主要行为，分析内容主要包括设计指标分析、模型性能分析、模型可视化分析等。而铁路工程设计阶段 BIM 应用实施主要包括如下内容，见表 4-28。

表 4-28 铁路工程设计阶段 BIM 应用内容

序号	阶段	应用项目	应用内容说明
1	预可研和可研阶段	规划方案表现	(1)应根据规划方案创建铁路工程项目规划三维展示模型，整合周边环境模型，实现不同规划方案的可视化表现。 (2)规划方案可视化表现宜在可研设计阶段并始进行，并及时反馈以进行方案优化。 (3)宜利用 BIM 与地理信息系统(GIS)集成现状铁路交通线网与规划建设线路模型，分析周边建筑布局、区域特征、线位关系等关键因素，优化规划方案。 (4)通过规划符合性分析，可实现铁路工程与城市总体规划的协同
2		线位、站位综合比选	(1)应基于地质模型、现状管线模型等基础资料进行场地建模，并进行地质风险评估高程分析、坡度坡向等场地分析。 (2)线位、站位综合比选宜在可研设计阶段开始进行，并及时反馈以进行方案调整、优化。 (3)利用 BIM 与 GIS 平台地质资料，可视化分析方案线路所穿越的地层、地下水与不良地质情况，比选不同的线位、站位方案。 (4)地质分析结果应作为后续施工阶段施工方案选定、危险源识别的依据。 (5)应依据 BIM 模型核查项目范围内红线及周边既有建(构)筑物间的空间关系，拟选最佳线位、站位
3		环境影响分析	(1)收集周边建(构)筑物、车站周边地貌数据等资料，借助分析软件形成地形方案设计模型，并确保数据准确性。基于 BIM 模型，分析环境影响因素，生成环境影响分析报告。 (2)宜利用日照模拟软件对建设项目进行三维日照分析，生成日照分析报告，展示三维空间建(构)筑物遮挡情况。 (3)宜利用热环境分析软件对建设项目进行声波和粒子的可视化分析，为室内音频评价提供数据基础。 (4)宜利用热环境分析软件对建设项目进行热环境分析
4		征地拆迁分析	创建征地拆迁对象方案设计模型，将模型、周边环境数据、征地指标、三维数字地形进行整合，建立三维整合模型并确保数据的准确性。基于 BIM 三维整合模型，对工程周边拟建工程占用土地及附属建筑等特性进行全方位模拟，生成征地拆迁分析报告
5		规划控制管理	利用 BIM 信息化平台集成铁路工程方案设计模型及环境、规划数据，建立包含完整环境信息的数字城区，协助方案审查、规划控制，实现整个规划的动态可视化管理
6		地质适宜性分析	(1)宜利用 BIM 数据集成与 BIM 信息化平台进行地质适宜性分析。 (2)宜利用 BIM 数据集成与 BIM 信息化平台建立线网方案设计模型，进行施工场地控制、交通疏解计划制定、相关专业研究(工程配合、文物保护等)、工程总体筹划、投资估算等工作

续表4-28

序号	阶段	应用项目	应用内容说明
7	预可研和可研阶段	投资估算分析	(1)创建 BIM 方案设计模型,通过运用数据指标等获得准确的工程量及造价,生成指标信息库,建立并完善数据库,关联 BIM 模型和投资估算方案,生成不同方案的集成模型,得到投资情况数据,生成投资估算分析报告。 (2)应基于 BIM 的计算统计功能进行投资估算,基于 BIM 算量功能针对不同方案进行造价分析。 (3)宜建立多个 BIM 模型进行方案比选。利用集成化数据模块建立 BIM 模型,进行方案比选。结合 BIM 的虚拟建造、可视化等特点,直观展示建筑方案优缺点,确定最优方案。 (4)宜利用 BIM 模型计算建安成本。调用数据库中与拟建项目相似工程的指标模型,填入项目所在地区的相关要素价格等,或输入已有类似项目综合价格,估算拟建项目不同方案的建安成本。 (5)应能直观展示建设周期与投资的关联情况、投资的收益水平、资金的时间效益等
8		建筑设计方案比选	(1)应建立方案比选模型,对站房的多种建筑方案布局的可行性、功能性、经济性方面进行可视化比选。 (2)建筑设计方案比选宜从初步设计阶段开始,施工图设计阶段经方案深化调整后,宜根据施工图深化设计模型,再次开展建筑方案优化。 (3)应形成方案比选报告,及时反馈,进行方案调整及优化
9		景观分析	(1)利用 BIM 模型与项目周边环境数据集成,对站房与周边环境结合的景观效果进行分析与方案比选。 (2)景观分析宜从初步设计阶段开始,并及时反馈总体设计进行方案调整、优化。 (3)景观分析工作开展过程中,应与建筑、结构等相关专业建立紧密的沟通协调机制,将景观影响因素及时反馈并作出优化
10	初步设计阶段	客流模拟	客流模拟应利用专业的客流模拟软件,通过设置人流特征、客流量、环境特征来模拟高峰时段、平峰时段下客流特征及拥堵情况。 客流模拟仅需要简化的 BIM 模型,具备地面、墙面、门、闸机、坡道、楼梯、自动扶梯、垂直电梯、栏杆、建筑柱、出入口(目的地)等元素,并具备准确的几何占位尺寸和位置。 客流模拟宜从初步设计阶段开始。施工图设计阶段经方案深化调整后,宜根据施工图深化设计模型,再次开展客流模拟分析。宜针对客流模拟结果,形成方案报告,包含对潜在拥堵点的说明、客流引导路径与措施等
11		性能分析	基于初步设计模型,开展铁路工程性能分析,包括通风、照明、温度、噪声、烟气等模拟分析。 利用照明分析软件,对空间照明设备布置、功率选型等指标进行模拟,分析遮挡、亮度情况,协助照明方案优化。 利用 CFD 软件对主变电所、配电室等场所进行通风模拟分析,调整送风角度、送风量等参数,预演紧凑环境下室内空气流动情况,协助进风与机械排风方案优化。 可基于 BIM 模型,关联设备设施能耗指标并进行能耗分析。 性能分析模拟宜从初步设计阶段开始,并依据分析结果及时反馈,以进行方案调整、优化

续表4-28

序号	阶段	应用项目	应用内容说明
12	施工图设计阶段	建筑方案优化	根据前期的分析模拟，对铁路工程项目建筑专业方案模型进行优化修改。 基于施工图设计模型，可视化展示铁路工程建筑限界、区间、站场、人员出入口布设等建筑设计方案，开展方案深化与优化工作。 建筑方案优化宜在施工图设计阶段开始，并及时反馈施工图设计进行方案调整、优化
13		管线综合与碰撞检查	利用BIM模型开展三维管线综合与碰撞检查，核查管线与建筑、结构及管线之间的冲突，优化管线排布，并协调调整设计方案，使管线、设备整体布局合理、有序，最大限度地满足空间使用要求。 管线综合与碰撞检查工作宜在施工图设计阶段进行，并及时反馈并修改。 施工阶段安装深化设计后，宜根据深化设计BIM模型再次开展管线综合分析核查工作。 根据碰撞分析报告和管线综合技术要求调整BIM模型中的管线布置，并反馈至设计方进行审查和确认，由设计方完成二维图纸修改，根据更新后的设计图纸更新BIM模型，再次进行碰撞检查直至优化完成
14		预留预埋检查	(1)宜应用BIM基于施工图设计模型进行孔洞预留、预埋检查，确保模型深度和构件属性信息深度达到相关图纸需求并根据图纸查找所有预留预埋点，确定管道及设备的位置、标高尺寸，标注空洞位置等。生成预留孔洞与预埋件定位布置图，校对各专业预埋预留孔洞的模型、图纸的准确性，保证模型表达与图纸表达信息一致性，并输出报告完成归档。 (2)预留孔洞与预埋件定位布置图应包含文字注释、尺寸标注、图例、设计施工说明等信息。 (3)预留预埋检查时，应使用管线综合布置及经碰撞检查后的施工图设计模型
15		工程量统计与复核	基于施工图设计模型创建算量BIM模型，利用模型单元识别工程量清单项目并计算其工程量，或导入其他算量软件进行工程量统计与复核。 宜利用施工图设计模型输出各清单子目工程量与项目特征信息，根据工程量清单中的分部分项优化完善模型数据，保证清单项与构件一一对应，辅助编制、校核工程量清单。 宜在算量BIM模型中针对每个工程量清单项目根据定额确定综合单价，并在此基础上计算相关模型单元的成本。 利用算量BIM模型及软件，基于清单规范和消耗量定额确定工程量清单项目，生成工程量清单(包括不同构件砼体积、钢筋、主要管线长度、主要设备数量等)，并进行工程量复核。在设计变更后，自动计算并更新工程量明细表，辅助设计变更管理
16		装修效果仿真	在施工图设计BIM模型的基础上补充室内装饰构件，形成装修深化设计BIM模型，真实表达室内装饰设计效果，进行装修效果仿真，指导装修方案的沟通与决策。 装修深化设计应用宜在装修设计方案稳定后开始，并随装修设计方案同步深化。在施工阶段装修团队进场前，宜根据现场实际施工情况，对装修方案再次进行检查分析。 可将装修深化设计模型导入分析软件中，对室内装修部分进行温度模拟分析、采光模拟分析、通风模拟分析等，增加装修方案应用价值
17		图模一致性复核	宜利用创建的BIM模型，校审二维设计图纸，检查模型与二维图纸的一致性，并较少涉及图纸的质量问题。 审查内容包含尺寸标注、平立剖详图对应关系、专业间图纸版本、明显的专业设计冲突等要点

续表4-28

序号	阶段	应用项目	应用内容说明
18	施工图设计阶段	应急疏散模拟	应急疏散模拟应利用专业的疏散模拟软件，通过设置人流特征、客流量、环境特征，用 BIM 模型模拟人群疏散行为，并计算疏散时长，明确疏散拥堵位置，评估灾害风险。 应急疏散模拟仅需要简化的 BIM 模型，具备地面、墙面、门、坡道、楼梯、自动扶梯、栏杆和出入口（目的地）等元素，并具备准确的几何占位尺寸和位置。 应根据应急疏散模拟结果，进行应急疏散方案优化并提供相关报告
19		设计进度和质量管理	宜基于 BIM 数据集成与 BIM 信息化平台对项目相关数据进行集中分类、存储管理，对设计任务进行日常管理及记录，对分配的任务节点进行把控，并在 BIM 数据集成与 BIM 信息化平台分配各参建单位的权限归属。 宜建立 BIM 数据集成与 BIM 信息化平台，保证项目信息在实施阶段顺畅传递于各参建单位之间，并被建设单位各职能管理部门调用。 BIM 应用交付成果宜包括各专业施工图进度计划表、设计任务分配文件、设计任务管理日志、施工图文件审查意见表、图纸问题意见回复表等

3. 审核与优化

BIM 模型的审核是模型合规性检查，应检查 BIM 模型中错误、遗漏、碰撞、缺陷等各种设计问题。在模型的审核过程中，应审核模型整体与局部的关系、模型内部与外部的协调关系。方案优化时，应考虑模型在整个项目中的作用，对其技术性、经济性、社会性等进行权衡后作出综合评价。

4.3.1.2 铁路工程信息模型协同设计规定

设计阶段 BIM 协同是指参与单位之间、参与专业之间、相关设计阶段之间的信息交付和工作协调。在 BIM 协同工作中，应搭建 BIM 信息化平台，对项目参与单位的行为进行约束，确保 BIM 模型数据的统一性与准确性，提高各参与单位的协作效率。根据项目不同参与单位的归属，协同设计可分为内部协同和外部协同两类：

①内部协同是设计单位内部多专业的工作协同；

②外部协同是不同单位之间的工作协同。

协同设计应基于设计单位流程、审查要求，并在应用规范基础上搭建成型。专业设计人员应通过该平台获取项目信息，以保证交付数据的及时性、一致性和准确性。

1. BIM 信息化平台

BIM 信息化平台应结合设计单位工作流程、审查要求，在应用规范基础上进行搭建，专业设计人员获取和提交项目信息都应通过该平台进行，以保证交付数据的及时性、一致性和准确性。BIM 信息化平台应对铁路设计阶段中的建设单位、设计单位、咨询单位三方的工作进行协调规范，提高各单位的协作效率。

2. 内部协同

设计单位内部协同必须基于统一的 BIM 模型数据源进行协同；应制定合理的任务分配原则，保证设计人员的工作顺畅有序；应结合现有的软硬件条件和管理制度，制定合理的协同工作流程；应建立互不干涉的协同工作权限，各专业在 BIM 信息化平台上完成各自的深化工作，协作资源配置，兼顾各单位整体利益。

各专业设计人员应在 BIM 信息化平台上进行设计文件的接收和交付，以保证协同设计过程留痕；模型管理在 BIM 信息化平台中可按照目录方式进行组织，应规范各专业目录结构组织规则、文件夹命名规则、文件命名规则；应基于统一的 BIM 模型进行实时协同，专业设计人员的工作成果必须及时同步到 BIM 信息化平台中，确保同专业成员之间可以互相参照最新的设计成果。

BIM 设计成果发生变更时，应对本专业设计成果进行整合、检查和优化，确保设计成果的正确性；各专业提交 BIM 模型后，应由设计总体开展模型综合检查，发现问题后，应协调相关专业优化 BIM 设计成果，直至问题解决；BIM 设计成果发生变更时，应及时通知同专业其他成员，方便迅速处理变更问题。

设计单位内部协同可分为专业内和专业间两种业务协同模式。

（1）专业内协同要求。

专业内设计阶段的任务划分应根据设计项目的需求、特点，按照区间、工点、分部、分项等维度进行划分，上述维度可组合使用；模型管理在 BIM 信息化平台中应规范各专业目录结构组织规则、命名规则；应基于统一的 BIM 模型进行协同，确保所有成员模型同步；当 BIM 设计成果发生变更时，应及时通知同专业其他成员，及时处理变更问题；向其他专业提交模型前，必须通过质量审核流程，以保证模型正确性。

（2）专业间协同要求。

各专业根据项目的实际情况，与设计总体和其他相关专业协调设计范围；模型管理可在 BIM 信息化平台中按照目录方式进行组织，各专业应建立本专业工作目录，同时应规范各专业目录结构组织规则、文件夹命名规则；应对 BIM 模型进行统一存储，并保持模型之间的关联关系；模型应有完整的权限管理，以保证数据安全；在专业间协同过程中，各专业应结合本专业模型和其他关联专业模型对本专业设计成果进行整合、检查和优化，在各设计阶段工作完成后，设计总体应整合所有专业 BIM 模型，对整体设计成果进行整合、检查，根据检查结果协调相关专业，优化设计成果。

3. 外部协同

（1）参与单位协同要求。

各参与单位应采用统一的数据交换格式，进行数据协同；各参与单位应通过同一 BIM 信息化平台进行数据交换；应对 BIM 模型进行统一存储，各关联专业在各自权限范围内必须基于同一个 BIM 数据模型进行协同工作，根据关联专业参与人员及专业性质划分设计单元，实现各关联专业之间的信息共享、交叉设计和协同工作，最终在连接各关联专业后形成本专业完整的 BIM 模型。

当本专业 BIM 设计成果发生变化时，应及时通知其他专业，以方便迅速处理变更问题。在专业协同过程中各专业应结合本专业模型和其他关联专业模型对本专业设计成果进行整合、检查和优化；在各设计阶段工作完成后，设计总体应整合所有专业 BIM 模型，对整体设计成果进行整合、检查，根据检查结果协调相关专业优化设计成果。

各参与单位应及时在 BIM 信息化平台上发布信息、公告、通知及其他协同事项，保证设计阶段所有工作留痕；各参与单位应将协同过程中的所有检查文件、验收文件、信函和会议纪要在 BIM 信息化平台中归档保存。

（2）建设单位协同要求。

应结合项目特点制定各参与单位的信息交换流程和协同要求，并搭建和开通 BIM 信息化平台；明确建设项目初步需求，制定阶段目标和实施大纲，通过 BIM 信息化平台向设计单位下发设计任务书；配备相关的专业技术和信息化管理人员，由专人具体负责协调工作和平台的管理工作，定期检查各参与单位在 BIM 信息化平台的执行情况。

建设单位检查设计单位交付的模型及文件时，应及时进行审查并生成 BIM 设计检查单，通过 BIM 信息化平台反馈至设计单位；在阶段性工作完成后，应由建设单位组织对 BIM 设计成果进行阶段性验收和归档，并由建设单位签发 BIM 成果验收单，通过 BIM 信息化平台发送给设计单位；在阶段性工作完成后，应由建设单位委托设计单位开展下一阶段工作。

（3）设计单位协同要求。

设计单位应组建 BIM 工作团队，并指定本单位的 BIM 负责人进行内外部沟通和协调，并配合建设单位的 BIM 管理工作。

设计单位应根据建设单位提出的要求进行 BIM 设计和投资估算工作；设计单位各阶段 BIM 成果应通过 BIM 信息化平台及时提交咨询单位和建设单位，便于设计成果检查和监控；设计单位应结合项目其他参与单位审查及反馈信息，在各设计阶段进行实时的协同业务检查，并将整改结果写入检查单及提交相应单位，及时解决外部单位所提出的问题。

设计单位阶段性工作完成时，应通过 BIM 信息化平台将设计成果提交至建设单位验收及归档，并获取建设单位所签发的验收单；设计单位在开展下阶段设计工作时，应在前一阶段方案及 BIM 设计成果的基础上开展。

（4）咨询单位协同要求。

咨询单位应组建 BIM 工作团队，并指定本单位的 BIM 负责人进行内外部沟通和协调，并配合建设单位的 BIM 管理工作；与建设单位进行咨询内容、目标、设计意图的沟通，并按照建设单位要求进行咨询服务。

咨询单位应按照建设单位的要求对设计单位的 BIM 设计成果进行监督和审阅，并形成 BIM 设计检查单，通过 BIM 信息化平台反馈至设计单位，直到完全满足建设单位的要求为止；在阶段性工作完成后，咨询单位应针对设计单位 BIM 设计成果形成 BIM 设计质量报告，并提交建设单位。

咨询单位应及时提出合理的咨询意见，便于建设单位组织开展评审验收及招投标工作；咨询单位应对施工单位提交的施工深化模型文件进行审核，并形成合理的修改意见。

4.3.1.3　铁路工程信息模型设计资源规定

铁路工程信息模型设计资源主要包括：人力资源、环境资源和模型资源。

1. 人力资源

人力资源一般是指项目中与 BIM 应用相关，以及受 BIM 应用影响的组织模式和人员配备。

建设单位应建立专家委员会，对项目的 BIM 应用方案及成果进行评估和审查，并针对项目的特点和要求制定 BIM 实施大纲。咨询单位应建立 BIM 项目咨询团队，其应具备审阅 BIM 模型、提供可行性建议的能力。设计单位应建立 BIM 项目设计团队，在项目设计过程中实现全专业、全流程的 BIM 设计。设计单位 BIM 设计团队应包括 BIM 技术人员、BIM 管理人员，以及相适应的组织架构，其配置应依照 BIM 实施的类型和阶段，并与传统的方式做好衔接和融合。设计单位人力资源组织模式分为三方服务外包、专业人员专职和专业人员兼职三种模式，具体应用模式应综合考虑业务特征和单位实际情况进行选择或组合应用。

2. 环境资源

环境资源一般是指项目中 BIM 应用所需的软硬件技术条件，如 BIM 应用所需的各类 BIM

软件工具、个人终端和服务器、网络环境及其配置等。环境资源主要包括 BIM 软件工具和支撑 BIM 应用的硬件基础架构。

（1）BIM 软件工具包含但不限于：专业辅助建模软件、协同管理软件、渲染软件、成果集成软件和项目管理软件。其中，专业辅助建模软件和协同管理软件为必备软件，其他软件应根据项目执行计划书的要求进行合理配置。

（2）硬件基础架构宜采用相对成熟、高可靠性、高可用性的技术进行规划建设和集中管理，参建单位应结合自身条件选择。其类型可分为以下三类：采用个人计算机终端运算、服务器集中存储的 IT 基础架构；基于虚拟化技术的 IT 基础架构；基于企业私有云技术的 IT 基础架构。

3. 模型资源

模型资源一般是指在 BIM 应用过程中，积累并经过标准化处理，形成的支持 BIM 应用并可重复利用的信息总称。

模型资源应以专业元件库的形式进行传递和共享，专业元件库文件的命名应符合准确、简洁的原则。专业元件库应遵循《铁路工程信息模型分类和编码标准》要求，做好 BIM 模型资源的信息分类及编码。专业元件库中具体构件的建立应符合《铁路工程信息模型交付精度标准》要求，划分设计单元，做好信息附加。确保构件的完整性、一致性和正确性。专业元件库的管理宜采用专业软件平台进行资源管理，确保设计信息的完整性与准确性控制、检索信息的全面性与规范性控制、模型对象的可重用性与可扩充性控制。在 BIM 模型资源库的建设过程中，应注重 BIM 标准构件的整理，保证其在实际设计过程中具有良好的通用性。

4.3.1.4 铁路工程设计优化

1. 路基工程深化设计

在路基结构深化设计中，可基于施工图设计模型或施工图创建深化设计模型，利用 BIM 技术针对排水和排土设计、规划土方平衡、施工工序模拟、节点措施、路基与接触网立杆基础等碰撞检查方面进行优化，输出深化设计图、工程量清单等。

铁路路基必须保证轨顶标高，与沿线桥梁、隧道连接，组成完整贯通的铁路线路，其坐标定位线长面广，是整个线路工程的基础。利用 BIM 模型与 GIS 地理信息模型整合，指导施工测量放样，实现多点高精度定位，尤其是超高和加宽段，明确每个区域的挖方和填筑的边界线，保证与线路中心线吻合。

根据路基工程实体结构分解，将 BIM 模型按照里程、支挡结构、左右线、站场等原则进行拆分，得到不同部位、不同时间段精准的土石方工程量，结合挖方原料情况，对施工组织方案进行合理调整，优先考虑区段内平衡，减少大运距调配。

路基结构深化设计模型除应包括施工图设计模型元素外，还应包括预埋件和预留孔洞、节点等类型的模型元素。

2. 桥涵工程深化设计

桥涵施工存在施工环境复杂、施工周期长、设计复杂、构件繁多，体积庞大等诸多问题，BIM 技术应用能有效解决上述问题。

利用 BIM 技术可视化、协调性、模拟性、优化性、可出图性等优点，依据国家 BIM 标准及行业 BIM 标准创建桥梁三维模型及周边场地模型，对桥梁施工的场平布置优化，验证规划场地内区域规划合理性；对 0#块钢筋进行深化设计，解决钢筋碰撞问题；建立转体桥梁转动系统模型及支架措施、安全措施模型，保障施工质量和安全；整合混凝土结构模型，钢筋模型、钢绞线、泄水孔、排水孔、预埋件等模型，减少碰撞，便于后期施工。

3.隧道工程深化设计

隧道工程利用 BIM 三维技术进行深化设计，直观准确地再现隧道洞身与地质构造的空间关系，定位隧道洞门空间位置，辅助完成洞门排水系统设计、特殊段落设计等工程问题，从而提升设计及施工质量。

在隧道工程深化设计中，可基于施工图设计模型或施工图创建深化设计模型，利用 BIM 技术针对超前支护、初期支护、衬砌结构、隧道防排水设计进行优化，输出深化设计图、工程量清单、施工监测信息等。隧道工程深化设计 BIM 软件具有下列专业功能：支护结构深化设计、注浆深化设计、施工进度和工艺模拟、监控量测动态信息反馈。

现浇混凝土结构深化设计模型除应包括施工图设计模型元素外，还应包括地质、超前支护、初期支护、衬砌结构、隧道防排水等类型的模型元素，其内容符合表 4-29 的规定。

表 4-29　隧道工程深化设计模型元素及信息

模型元素类型	模型元素及信息
上游模型	施工图设计模型元素及信息
超前支护	超前支护锚杆、注浆等； 几何信息包括：位置、几何尺寸、注浆孔扩散半径、注浆范围； 非几何信息包括：超前支护类型、注浆压力、注浆材料、浆液配比
初期支护	初期支护锚杆、钢筋网、注浆等； 几何信息包括：位置、几何尺寸、注浆孔扩散半径、注浆范围； 非几何信息包括：锚杆类型、钢筋信息(等级、规格等)、注浆压力、注浆材料、浆液配比
衬砌结构	拱墙衬砌、仰拱衬砌、底板衬砌、仰拱填充、堵头墙、背墙、拱顶压浆等； 几何信息包括：位置、几何尺寸、模筑长度、注浆孔直径、注浆孔扩散半径、注浆范围；非几何信息包括：类型信息、材料信息、钢筋信息(等级、规格等)、注浆压力、注浆材料、浆液配比
隧道防排水	泄水洞、止水带(条)、防水卷材、盲管、排水管、防水板、土工布等； 几何信息包括：位置、几何尺寸、纵向间距、环向间距、水管路径、卷材厚度； 非几何信息包括：类型信息、材料信息、管类型

隧道工程 BIM 应用交付成果包括深化设计模型、深化设计图、施工工艺模拟结果、工程量清单、监控量测动态信息等。

4.四电工程深化设计

在四电工程深化设计中，可基于施工图设计模型或施工图创建深化设计模型，利用 BIM 技术针对碰撞检测和解决、空间分配和冲突解决、设备协调和安装调试、施工节奏和优化等方面进行优化，输出深化设计图、工程量清单等。

四电工程 BIM 模型深化工作是在路基、桥梁、隧道、轨道等 BIM 模型的基础上进行各专业设备和设施的布置、优化等工作。充分考虑作业规范和验收标准，达到图纸、模型、现场一致，为后续四电工程的 BIM 模型应用工作提供最根本的保障。

供电专业需要为其他各专业的各类设备提供电力，在深化过程中与其他专业协同配合，规划好线缆排布方案和出线位置，避免和弱电线缆交叉碰撞。接触网零部件众多、结构复杂，图纸中只表达了平面位置和立面样式，通过 BIM 模型深化，在现场施工之前在模型中做好腕臂和吊弦的预匹配，在模型中为划定空间区域创建衔接，并以此和接触网其他零部件进行碰撞检查，提前规避限界碰撞问题。通信、信号专业线缆种类、材质、特性不尽相同，不同的线缆有专用的固定方式、走线规范、接口连接等方式，通过模型深化工作规划好符合现场实际的布线方案，分析检查回路联通性并优化线缆交叉情况。

深化设计过程中，应在模型中补充或完善设计阶段未确定的设备、附件、末端等模型元素。四电专业深化设计模型元素在施工图设计模型元素基础上，确定具体尺寸、标高、定位和形状，并应补充必要的专业信息和产品信息，其内容符合表 4-30 的规定。

表 4-30　四电工程深化设计模型元素及信息

专业	模型元素	模型元素信息
接触网	基础及预埋、预留件、化学锚栓、支柱、吊柱、硬横跨、拉线、接触悬挂(腕臂结构、补偿装置、承力索及接触线、中心锚结、定位装置、吊弦及弹性吊索、电连接)、设备(隔离开关、避雷器、分段绝缘器、线岔、锚段关节式电分相)、附加悬挂(架空导线、接触网接地及回流引线、27.5 kV 电缆)等	几何信息：尺寸大小等形状信息；平面位置、标高等定位信息 非几何信息：名称、规格型号、尺寸、唯一识别码、材质、计量单位、制造商、供应商、供应类型、生产日期、安装日期、验收日期、验收工号、使用寿命、状态(验证、运行、停用、退役)、安装高度、侧面限界、基础类型、槽道类型、槽道距伸缩缝距离、锚固胶厂家、锚固胶规格型号、锚栓外露长度、硬横梁长度、拉线长度、绝缘子类型、污染区、非污染区、拉粗值、定位器类型等安装信息
电力	基础及构支架、遮栏及栅栏、电气装置(电力变压器、互感器、高压断路器、隔离开关、负荷开关及高压熔断器、高压开关柜、集中无功补偿装置、户外高压开关箱、综合自动化装置二次配线、交直流电源装置、中性点接地装置)、电缆线路、低压配电、电气照明、防雷与接地等	
通信	光电缆线路安装、传输设备、接入网设备、数据通信网设备、有线调度通信设备、通信杆塔、GSM-R设备、会议电视设备、综合视频监控设备、应急通信、综合布线、电源设备等	
信号	计算机联锁(CBI)系统设备、光电缆线路、地面固定信号、轨道占用检查装置、道岔转辙装置、道岔融雪装置、列车运行控制系统(CTCS)设备、调度集中(CTC)设备、动车段(所)控制集中系统(CCS)设备、信号集中监测设备等	
牵引变电	牵引变电所、分区所、开闭所、AT所的基础及构架支架、防雷及接地装置、变压器及互感器、母线及绝缘子、电缆、屏柜二次回路、交直流电源装置、综合自动化系统、安全监控系统等	
自然灾害及异物侵限监测	光电缆线路、现场监测设备(监控单元设备、电源设备、风现场采集设备、雨现场采集设备、雪现场采集设备、地震现场采集设备、异物侵限现场采集设备)、监测中心设备等	

4.3.1.5　房间工程深化设计

1. 现浇混凝土结构深化设计

在现浇混凝土结构深化设计中，可基于施工图设计模型或施工图创建深化设计模型，利用 BIM 技术针对二次结构设计、预留孔洞设计、节点设计、预埋件设计进行优化，输出深化设计图、工程量清单等。现浇混凝土结构深化设计 BIM 软件宜具有下列专业功能：二次结构设计、预留孔洞设计、节点设计、预埋件设计模型的碰撞检查、砌块自动排布、深化设计图生成。

现浇混凝土结构深化设计模型除应包括施工图设计模型元素外，还应包括二次结构、预埋件和预留孔洞、节点等类型的模型元素，其内容宜符合表 4-31 的规定。

表 4-31　现浇混凝土结构深化设计模型元素及信息

模型元素类型	模型元素及信息
上游模型	施工图设计模型元素及信息
二次结构	构造柱、过梁、止水反梁、女儿墙、压顶、填充墙、隔墙等； 几何信息包括：位置、几何尺寸；非几何信息包括：类型、材料等
预埋件和预留孔洞	预埋件、预埋管、预埋螺栓及预留孔洞； 几何信息包括：位置、几何尺寸； 非几何信息包括：类型、材料等
节点	节点的钢筋、混凝土，以及型钢、预埋件等； 几何信息包括：位置、几何尺寸及排布； 非几何信息包括：节点编号、节点区材料、钢筋（等级、规格等）、型钢、节点区预埋等

现浇混凝土结构深化设计 BIM 应用交付成果宜包括深化设计模型、深化设计图、碰撞检查分析报告、工程量清单等。其中，碰撞检查分析报告应包括碰撞点的位置、类型、修改建议等内容。

2. 预制装配式混凝土结构深化设计

在预制装配式混凝土结构深化设计中，可基于施工图设计模型或施工图，以及预制方案、施工工艺方案等，利用 BIM 技术针对预制构件平面布置、拆分、设计等创建深化设计模型，输出平立面布置图、构件深化设计图、节点深化设计图、工程量清单等。预制装配式混凝土结构深化设计 BIM 软件宜具有下列专业功能：预制构件拆分、预制构件设计计算、节点设计计算、预埋件和预留孔洞设计、模型的碰撞检查、深化设计图生成。

预制构件拆分时，宜依据施工吊装工况、吊装设备、运输设备和道路条件、预制厂家生产条件及标准模数等因素确定其位置和尺寸等信息。宜应用深化设计模型进行安装节点、专业管线与预留预埋、施工工艺等的碰撞检查及安装可行性验证。

预制装配式混凝土结构深化设计模型除施工图设计模型元素外，还应包括预埋件和预留孔洞、节点连接和临时安装措施等类型的模型元素，其内容宜符合表 4-32 的规定。

预制装配式混凝土结构深化设计 BIM 应用交付成果宜包括深化设计模型、碰撞检查分析报告、设计说明、平立面布置图，以及节点、预制构件的深化设计图、计算书、工程量清单等。

表 4-32　预制装配式混凝土结构深化设计模型元素及信息

模型元素类型	模型元素及信息
上游模型	施工图设计模型元素及信息
预埋件和预留孔洞	预埋件、预埋管、预埋螺栓及预留孔洞等； 几何信息包括：位置、几何尺寸； 非几何信息包括：类型、材料等
节点连接	节点连接的材料、连接方式、施工工艺等； 几何信息包括：位置、几何尺寸及排布； 非几何信息包括：节点编号、节点区材料、钢筋（等级、规格等）、型钢、节点区预埋等信息
临时安装措施	预制混凝土构件安装设备及相关辅助设施； 非几何信息包括：设备设施的性能参数等

3. 钢结构深化设计

在钢结构深化设计中，可基于施工图设计模型或施工图、相关设计文件、施工工艺文件等，利用 BIM 技术针对节点设计、预留孔洞、预埋件设计、专业协调等创建钢结构深化设计模型，输出平立面布置图、节点深化设计图、工程量清单等。钢结构深化设计 BIM 软件宜具有下列专业功能：钢结构节点设计计算、钢结构零部件设计、预留孔洞、预埋件设计、深化设计图生成。

钢结构节点设计 BIM 应用应完成结构施工图中所有钢结构节点的深化设计图、焊缝和螺栓等连接验算，以及与其他专业协调等内容。钢结构深化设计模型除应包括施工图设计模型元素外，还应包括节点、预埋件、预留孔洞等模型元素，其内容宜符合表 4-33 的规定。

表 4-33　钢结构深化设计模型元素及信息

模型元素类型	模型元素及信息
上游模型	钢结构施工图设计模型元素及信息
节点	几何信息包括：钢结构连接节点位置、连接板及加劲板的位置和尺寸，现场分段连接节点位置、连接板及加劲板的位置和尺寸，螺栓和焊缝位置； 非几何信息包括：钢构件及零件的材料属性、钢结构表面处理方法、钢构件的编号信息、螺栓规格
预埋件和预留孔洞	几何信息包括：位置和尺寸

钢结构深化设计 BIM 应用交付成果宜包括钢结构深化设计模型、平立面布置图、节点深化设计图、计算书及专业协调分析报告等。

4. 机电深化

在机电深化设计中，可基于施工图设计模型或建筑、结构、机电、装饰专业设计文件，利用 BIM 技术针对设备选型、设备布置及管理、专业协调、管线综合、净空控制、参数复核、支吊架设计及荷载验算、机电末端、预留预埋定位等创建机电深化设计模型，完成相关专业管线综合，校核系统合理性，输出机电管线综合图、机电专业施工深化设计图、相关专业配合条件图和工程量清单等。机电深化设计 BIM 软件宜具有下列专业功能：管线综合、参数复核计算、支吊架选型及布置、与厂家产品对应的模型元素库。

深化设计过程中,应在模型中补充或完善设计阶段未确定的设备、附件、末端等模型元素。管线综合布置完成后应复核系统参数,包括水泵扬程及流量、风机风压及风量、冷热负荷、电气负荷、灯光照度、管线截面尺寸、支架受力等。机电深化设计模型元素宜在施工图设计模型元素基础上,确定具体尺寸、标高、定位和形状,并应补充必要的专业信息和产品信息,其内容宜符合表 4-34 的规定。

机电深化设计 BIM 应用交付成果宜包括机电深化设计模型、机电深化设计图、碰撞检查分析报告、工程量清单等。

表 4-34　机电深化设计模型元素及信息

专业	模型元素	模型元素信息
给排水	给水排水及消防管道、管件、阀门、仪表、管道末端(喷淋头等)、卫浴器具、消防器具、机械设备(水箱、水泵、换热器等)、管道设备支吊架等	几何信息: 尺寸大小等形状信息;平面位置、标高等定位信息 非几何信息: 规格型号、材料和材质、技术参数等产品信息;系统类型、连接方式、安装 部位、安装要求、施工工艺等安装信息
暖通空调	风管、风管管件、风道末端、管道、管件、阀门、仪表、机械设备(制冷机、锅炉、风机等)、管道设备支吊架等	
电气	桥架、桥架配件、母线、机柜、照明设备、开关插座、智能化系统末端装置、机械设备(变压器、配电箱、开关柜、柴油发电机等)、桥架设备支吊架等	

4.3.1.6　铁路工程设计交付

1. 交付要求

1)一般规定

项目各参与方应根据各阶段要求和应用需求,从 BIM 模型中提取所需的信息形成交付物。BIM 模型主要交付物的代码及类别见表 4-35。

表 4-35　交付物一览表

代码	交付物类别	设计	施工	运维	备注
D1	铁路工程信息模型	▲	▲	▲	可独立交付
D2	属性信息表	△	▲	▲	宜与 D1 共同交付
D3	工程图纸	▲	▲	▲	可独立交付
D4	项目需求书	△	△	△	宜与 D1 共同交付
D5	BIM 执行计划	▲	▲	▲	宜与 D1 共同交付
D6	模型工程量清单	△	▲	▲	宜与 D1 或 D3 共同交付
D7	交付说明书	▲	▲	▲	宜与 D1 共同交付
D8	动画视频、报告文档	△	△	▲	宜与 D1 共同交付

注:工程图纸包含电子工程图纸文件。"▲"表示应具备,"△"表示宜具备。

铁路工程信息模型与应用成果应提供原始模型文件格式,对于同类文件格式应使用统一的版本,根据要求提供相应的格式。常用数据交付格式见表 4-36。根据工程实际情况,可增加其他文件格式。

表 4-36 常用数据交付格式

序号	内容	软件	交付格式	备注
1	模型成果文件	AutodeskRevit	*.rvt	车站主要格式
		3DsMax	*.3ds	部分复杂装饰造型构件
		Dynamo	*.rvt	Revit 配套使用
			*.ifc	中性格式，同主要格式共同提交
		Bentley	*.dgn	区间主要格式
		Enscape	*.exe	
2	浏览审核文件格式	Navisworks	*.nwd	
		Bentleyi-model	*.i-model	
3	效果仿真文件格式	LumenRT	*.lrt、*.exe	除原始格式外，提供独立的 exe 文件与素材包
		Lumion	*.ls6、*.exe	除原始格式外，提供独立的 exe 文件与素材包
		Fuzor	*.che、*.exe	提供素材包
4	媒体文件格式		*.MP4	原始分辨率不小于 1600×1024，帧率不少于 15 帧/s。内容、时长应以充分说明所表达内容为准
5	图片文件		*.jpg	分辨率不小于 1280×720
			*.png	
6	办公文件	Office	*.doc/ *.docx	
			*.xls/ *.xlsx	
			*.ppt/ *.pptx	
		Adobe	*.pdf	

2）交付物要求

交付物具体要求见表 4-37。

表 4-37 交付物要求

交付物	内容	要求
属性信息表	版本相关信息；模型单元基本信息；模型单元属性信息	项目级、功能级、构件级模型单元应分别制定属性信息表；属性信息表电子文件的名称可由表格编号、模型单元名称、表格生成时间、数据格式、描述依次组成，用半角下画线"_"隔开，字段内部的词组宜用半角连字符"-"隔开
工程图纸		工程图纸应基于铁路工程信息模型的视图和表格加工而成；电子工程图纸文件可索引其他交付物。交付时，应一同交付，并应确保索引路径有效

续表4-37

交付物	内容	要求
项目需求书	项目计划概要；项目铁路工程信息模型的应用需求；项目参与方协同方式、数据存储和访问方式、数据访问权限；交付物类别和交付方式；铁路工程信息模型的权属	铁路工程信息模型建立之前，宜制定项目需求书；项目需求书完成后应与参与各方沟通，无异议后应共同签字盖章确认；若项目需求发生了变更，应对相关内容进行修改，并经各参与方重新确认
铁路工程信息模型执行计划	项目简述；项目中涉及的模型属性信息命名、分类和编码，以及所采用的标准名称和版本；铁路工程信息模型的模型精细度说明；模型单元的几何表达精度和信息深度；交付物类别；模型执行和交付计划；软硬件工作环境，简要说明文件组织方式；项目的基础资源配置、人力资源配置；非相关标准规定的自定义的内容	根据项目需求书，应制定铁路工程信息模型执行计划
项目工程指标表	项目简述；项目工程指标表应用目的；项目工程指标名称及其编码；项目工程指标值	项目工程指标表应基于模型导出
模型工程量清单	项目简述；模型工程量清单应用目的；模型单元工程量及编码	模型工程量清单应基于 BIM 模型导出
交付说明书	项目简述；项目中涉及的模型属性信息命名、分类和编码，以及所采用的标准名称和版本；铁路工程信息模型的模型精细度说明；详细说明专业交付信息集合及交付物类别；软硬件工作环境，文件组织方式；交付格式、模型的后续使用和相关的知识产权	在交付过程中，应提交交付说明书，对交付物内容、引用标准、使用方式等进行详细描述
动画视频、报告文档		在交付过程中，可提交基于模型的工程项目动画视频、报告文档等附属文件；场地漫游、复杂节点施工工艺、实景模拟等宜通过动画视频进行展示，性能分析、碰撞检查结果、模型应用方案等宜生成相应的报告文档

2. 交付内容

1）模型粒度层级要求

各阶段交付的模型单元粒度层级宜符合下列规定：

（1）初步设计阶段模型粒度层级不宜低于 LOD2.0；

（2）施工图设计阶段模型粒度层级不宜低于 LOD3.0；

（3）施工阶段模型粒度层级不宜低于 LOD3.5。

以线路专业为例，线路模型各阶段的粒度层级要求见表4-38。

表 4-38　线路模型粒度层级

编号	线路信息	LOD1.0	LOD2.0	LOD3.0	LOD3.5
1	中线	△	△	▲	▲
2	标志标牌	-	△	▲	▲

注："▲"表示应具备的信息，"△"表示宜具备的信息，"-"表示可不具备的信息。

2）几何精度要求

工程信息模型几何精度应与模型精度规定的相应等级对应，满足各阶段使用需求，具体对应要求在项目执行计划书中进一步明确。在满足工程信息模型几何精度的前提下，可使用二维图形、文字、文档、影像补充或增强本工程信息模型，并提供其与工程信息模型的关联关系。以线路专业为例，线路几何精度要求见表4-39～表4-42。

表4-39 LOD1.0 线路模型的几何精度

建模内容	几何精度要求
线路中线	• 确定线路中线夹直线长度、曲线长度； • 确定线路中线简化模型

表4-40 LOD2.0 线路模型的几何精度

建模内容	几何精度要求
线路中线	• 确定线路中线夹直线长度、圆曲线半径及缓和曲线长度； • 确定线路坡度大小、竖曲线长度； • 确定路、桥、隧、站段落信息，线路空间中线建模时宜区别各个段落，几何精度为 10 mm
标志标牌	• 标志标牌应包含公里标、曲线标、缓和曲线和圆曲线始终点标、坡度标、竖曲线始终点标等。 • 可简化建模，几何精度为 10 mm

表4-41 LOD3.0 线路模型的几何精度

建模内容	几何精度要求
线路中线	• 确定线路中线夹直线长度、圆曲线半径及缓和曲线长度； • 确定线路坡度大小、竖曲线长度； • 确定路、桥、隧、站起始及终止里程信息，线路空间中线； • 建模，将路、桥、隧、站模型进行拼装组合即可，几何精度参照各专业模型精度
标志标牌	• 标志标牌应包含公里标、半公里标、百米标、曲线标、缓和曲线和圆曲线始终点标、坡度标、竖曲线始终点标、用地界标、车站标等。 • 确定标志标牌类型，区别建模，几何精度为 1 mm

表4-42 LOD3.5 线路模型的几何精度

建模内容	几何精度要求
线路中线	• 确定线路中线夹直线长度、圆曲线半径及缓和曲线长度； • 确定线路坡度大小、竖曲线长度； • 确定路、桥、隧、站起始及终止里程信息，线路空间中线； • 建模，将路、桥、隧、站模型进行拼装组合即可，几何精度参照各专业模型精度
标志标牌	• 标志标牌应包含公里标、半公里标、百米标、曲线标、缓和曲线和圆曲线始终点标、坡度标、竖曲线始终点标、用地界标、车站标等。 • 确定标志标牌类型，区别建模，几何精度为 1 mm

3）信息深度要求

工程的模型单元信息深度应与模型精度规定的相应等级对应，满足各阶段使用需求。以线路专业为例，线路各模型单元基本信息对应的几何信息和非几何信息包含但不限于表 4-43 的规定。

表 4-43　线路各模型单元基本信息

编号	项目	几何信息	非几何信息	备注
1	中线	新建长度，运营长度，曲线半径，曲线长度，夹直线长度，坡度大小，竖曲线半径，竖曲线长度，路、桥、隧、站定位信息	线路名称，铁路等级，正线数目，速度目标值，牵引类型，牵引质量，限制坡度，最小曲线半径，机车类型，到发线有效长度，闭塞类型	
2	标志标牌	桩号、里程信息	标牌类型	

3. 交付归档

1）交付归档要求

（1）铁路工程信息模型交付节点宜以工程阶段之间的时间节点进行划分，过程中的成果可不交付。

（2）归档的文件应经过分类整理，按照位置、工程阶段、专业、标段、描述、交付物类别等顺序归档。

（3）交付物表达方式应根据项目需求与合同要求的交付内容、交付物的特点选取，宜采用模型、表格、文档、图像、点云、多媒体和网页等方式，各种表达方式间应具有关联访问关系。

（4）任何局部的变更都应交付完整版本模型，并应同时提供变更描述文件。

（5）交付物应具有唯一性。当需求发生变更，应重新提交交付物并替换原交付物，原交付物标记为中间过程文件。

（6）铁路工程信息模型创建单位完成模型交付后，接收方应将 U 盘、光盘等作为载体，对所有交付物统一归档储存。

2）版本管理

工程 BIM 交付物应根据不同阶段进行版本管理，并应在文件命名中予以标识。版本管理应满足在交付过程中交付双方文件管理的需要，并具有可追溯性。发生版本变更时，应形成版本管理说明文件，并记录如下内容：版本变更的原因、版本变更的内容、变更依据的参考文件及其对应版本。

在同一交付阶段对同一交付物进行多次交付时，文件夹与文件版本应在满足文件命名规则的基础上，在文件命名字段中添加版本号。版本号宜采用英文字母 V 与数字的组合进行标识，其格式为"V（主版本号）.（子版本号）"。在工程需求与前置条件不发生变化的前提下，文件宜采用同一主版本号。子版本号管理要求宜根据项目情况在项目执行计划中自行约定。

4.3.2　智能工程施工标准

4.3.2.1　准备阶段（预建造阶段）

1. 施工组织设计

建设单位除应按相关技术规范编制指导性施工组织设计外，还应组织各参建单位应用

BIM 技术对指导性施工组织设计进行深化，编制基于 BIM 技术的指导性施工组织设计，主要内容包括项目总体施工进度安排、场地规划、资源配置、重点施工方案模拟、投资控制等。

施工单位应根据建设单位编制的基于 BIM 技术的指导性施工组织设计、相关模型及文档，编制该标段实施性施工组织设计，主要内容包括：该标段总体施工进度安排、场地规划、资源配置、重点施工方案模拟及优化比选、质量安全管理、成本控制等，形成该标段实施性施工组织模型及相关文档。

基于 BIM 技术的施工组织设计应遵循铁路工程建设相关的现行管理办法，执行评审、核备及发布等程序。同时，应根据现场实际生产情况进行动态调整，修正模型信息及相关文档，利用协同平台及时更新信息。

2. 施工组织模拟

工程项目施工中的施工组织模拟宜应用 BIM。施工组织中的工序安排、资源配置、平面布置、进度计划等宜应用 BIM。

施工模拟前应确定 BIM 应用内容、BIM 应用成果分阶段或分期交付计划，并应分析和确定工程项目中须基于 BIM 进行施工模拟的重点和难点。

在施工组织模拟 BIM 应用中，可基于施工图设计模型或深化设计模型、施工图、施工组织设计文档等创建施工组织模型，并应将工序安排、资源配置和平面布置等信息与模型关联，输出施工进度、资源配置等计划，指导和支持模型、视频、说明文档等成果的制作与方案交底。

施工组织模拟前应制订工程项目初步实施计划，形成施工顺序和时间安排。

宜根据模拟需要将施工项目的工序安排、资源配置和平面布置等信息附加或关联到模型中，并按施工组织流程进行模拟。明确工序间的搭接、穿插等关系，优化项目工序安排。资源配置模拟应根据施工进度计划、合同信息及各施工工序安排模拟。应根据施工内容、施工工艺等，优化资源配置计划。平面布置模拟应结合施工进度安排，优化各施工阶段的垂直运输机械布置、现场加工车间布置及施工道路布置等。施工组织模拟过程中应及时记录工序安排、资源配置和平面布置等存在的问题，形成施工组织模拟分析报告等指导文件。施工组织模拟完成后，应根据模拟成果对工序安排、资源配置和平面布置等进行协调和优化，并将相关信息更新到模型中。

施工组织模拟 BIM 应用交付成果宜包括施工组织模型、施工模拟动画、虚拟漫游文件、施工组织优化报告等。施工组织优化报告应包括施工进度计划优化报告及资源配置优化报告等。

3. 施工场地规划

利用施工图设计模型(或施工图深化设计模型)和 GIS 数据，本着节约用地、减少环境污染和生态破坏、节约成本的原则，对梁(板)场、铺轨基地、预制构件厂、材料堆场、临时道路、安全文明设施、坏水保等进行规划布置，形成施工场地规划模型。

施工场地规划模型应动态表达施工过程中的场地地形、周边环境、既有构筑物、临时设施等。施工场地规划模型应满足经济技术分析、性能分析、安全及环水保评估等需求。

4. 施工方案模拟

对重难点及关键控制性工程，应以施工图设计模型或施工图设计深化模型为基础进一步深化，进行可视化模拟，对施工方案作出分析和优化，并实现可视化交底和培训。

用于重难点及关键控制性工程施工方案模拟的模型应表示施工过程中的活动顺序、相互影响、紧前紧后关系、施工资源及措施等施工管理信息。施工方案模拟生成的演示动画应能清晰表达施工过程及工艺要点。

5. 施工工艺模拟

工程项目施工中的土方工程、大型设备及构件安装、垂直运输、脚手架工程、模板工程等施工工艺模拟宜应用 BIM。当施工难度大或采用新技术、新工艺、新设备、新材料时，宜应用 BIM 进行施工工艺模拟。

在施工工艺模拟 BIM 应用中，可基于施工组织模型和施工图创建施工工艺模型，并将施工工艺信息与模型关联，输出资源配置计划、施工进度计划等，指导模型创建、视频制作、文档编制和方案交底。

在施工工艺模拟前应完成相关施工方案的编制，确认工艺流程及相关技术要求。土方工程施工工艺模拟应根据开挖量、开挖顺序、开挖机械数量安排、土方运输车辆运输能力、基坑支护类型及换撑等因素，优化土方工程施工工艺。模板工程施工工艺模拟应优化模板数量、类型，支撑系统数量、类型和间距，支设流程和定位，结构预理件定位等。临时支撑施工工艺模拟应优化临时支撑位置、数量、类型、尺寸，并宜结合支撑布置顺序、换撑顺序、拆撑顺序。大型设备及构件安装工艺模拟应综合分析柱梁板墙、障碍物等因素，优化大型设备及构件进场时间点、吊装运输路径和预留孔洞等。复杂节点施工工艺模拟应优化节点各构件尺寸、各构件之间的连接方式和空间要求，以及节点施工顺序。

垂直运输施工工艺模拟应综合分析运输需求、垂直运输器械的运输能力等因素，结合施工进度优化垂直运输组织计划。脚手架工程施工工艺模拟应综合分析脚手架组合形式、搭设顺序、安全网架设、连墙杆搭设、场地障碍物、卸料平台与脚手架关系等因素，优化脚手架工程方案。预制构件拼装施工工艺模拟应综合分析连接件定位、拼装部件之间的连接方式、拼装工作空间要求及拼装顺序等因素，检验预制构件加工精度。在施工工艺模拟过程中宜将涉及的时间、人力、施工机械及其工作面要求等信息与模型关联。在施工工艺模拟过程中，宜及时记录在工序交接、施工定位中存在的问题，形成施工模拟分析报告等方案优化指导文件。宜根据施工工艺模拟成果进行协调优化，并将相关信息同步更新或关联到模型中。施工工艺模拟模型可从已完成的施工组织模型中提取，并根据需要进行补充完善，也可在施工图、设计模型或深化设计模型基础上创建。

4.3.2.2　实施阶段

1. 施工进度管理

工程项目施工的进度计划编制和进度控制等宜应用 BIM。基于 BIM 技术的施工进度管理应包含 WBS 分解、计划编制、资源配置、施工计划审批、实时进度上报、施工进度可视化展示、施工进度预警、施工进度及资源配置调整等。

1）进度计划编制

进度计划编制中的工作分解结构创建、计划编制、与进度相对应的工程量计算、资源配置、进度计划优化、进度计划审查、形象进度可视化等宜应用 BIM。进度计划编制 BIM 应用应根据项目特点和进度控制需求进行。在进度计划编制 BIM 应用中，可基于项目特点创建工作分解结构，并编制进度计划，可基于深化设计模型创建进度管理模型，基于定额完成工程量估算和资源配置、进度计划优化，并通过进度计划审查。工作分解结构应根据项目的整体工程、单位工程、分部工程、分项工程、施工段、工序依次分解，并应满足下列要求：

（1）工作分解结构中的施工段应与模型、模型元素或信息相关联；

（2）工作分解结构宜达到支持制定进度计划的详细程度，并包括任务间关联关系；

（3）在工作分解结构基础上创建的施工模型应与工程施工的区域划分、施工流程对应。

创建进度管理模型时，应根据工作分解结构对导入的深化设计模型或预制加工模型进行拆分或合并处理，并将进度计划与模型关联。宜基于进度管理模型估算各任务节点的工程量，在模型中附加工程量信息，并关联定额信息。应基于工程量、人工、材料、机械等因素对施工进度计划进行优化，并将优化后的进度计划信息附加或关联到模型中。

进度计划编制 BIM 应用交付成果宜包括进度管理模型、进度审批文件，以及进度优化与模拟成果等。

2）进度控制

工程项目施工中的实际进度和计划进度跟踪对比分析、进度预警、进度偏差分析、进度计划调整等宜应用 BIM。

在进度控制 BIM 应用中，应对实际进度的原始数据进行收集、整理、统计和分析，并将实际进度信息附加或关联到进度管理模型；应基于进度管理模型和实际进度信息完成进度对比分析，并应基于偏差分析结果更新进度管理模型。

进行进度对比分析时，应基于附加或关联到进度管理模型的实际进度信息、项目进度计划和与之关联的资源及成本信息，对比项目实际进度与计划进度，输出项目的进度时差。

进行进度预警时，应制订预警规则，明确预警提前量和预警节点，并根据进度时差，对应预警规则生成项目进度预警信息。

项目后续进度计划应根据项目进度对比分析结果和预警信息进行调整，进度管理模型应做相应更新。

进度控制 BIM 应用交付成果宜包括进度管理模型、进度预警报告、进度计划变更文档等。

2. 施工质量管理

基于 BIM 技术的质量管理主要包括：施工流程管理、工序质量验收管理、工序流转及控制管理、质量问题及缺陷管理、质量证明文档管理等。施工单位在做施工图深化设计时，应根据确定的工艺方法，按铁路质量验收评定标准要求完成模型的拆分或组合，以满足施工阶段质量管理的细度要求。

基于 BIM 技术的质量管理应在协同平台上与进度、投资、安全、物资等建立必要的数据交互机制，保证信息的关联性、一致性和协同性。施工质量管理 BIM 应用应根据项目特点和质量管理需求，编制不同范围、不同时间段的质量管理计划。质量管理 BIM 应用过程中，应根据施工现场的实际情况和工作计划，对质量控制点进行动态管理。

工程项目施工质量管理中的质量验收计划确定、质量验收、质量问题处理、质量问题分析等宜应用 BIM。在质量管理 BIM 应用中，宜基于深化设计模型或预制加工模型创建质量管理模型，基于施工质量验收标准等确定质量验收计划，进行质量验收、质量问题处理、质量问题分析工作。创建质量管理模型时，宜对导入的深化设计模型或预制加工模型进行检查和调整。宜利用模型针对整个工程项目确定质量验收计划，并将验收检查点附加或关联到相关模型元素上。质量验收时，宜将质量验收信息附加或关联到相关模型元素上。

质量问题处理时，宜将质量问题处理信息附加或关联到相关模型元素上。质量问题分析时，宜利用模型按部位、时间、施工人员等对质量信息和问题进行汇总和展示。

质量管理 BIM 应用交付成果宜包括质量管理模型、质量验收报告等。

3. 施工安全管理

各参与单位应积极参与施工过程安全管理，依据铁路施工安全管理的目标、任务和需求，建立施工安全管理 BIM 实施指导方案，并大力推广信息化技术在施工生产中的应用，以提高施工安全管理水平。

通过现场施工与模型比对，并采用自动化、信息化、远程视频监测等技术，有效控制危险源。各参与单位宜采用信息模型进行安全技术交底，与信息化流程管理相结合，强化安全责任意识，提高安全交底的指导性、可操作性及过程监督的可追溯性。

各参与单位可采用 VR（virtual reality）、AR（augmented reality）等技术，利用施工图深化设计模型进行施工工序、操作方法及易发生险情环节等虚拟展示，实现可视化安全教育培训；针对操作复杂的大型设备以及危险系数较高的施工工序，施工单位可搭建可视化仿真系统，用于特种作业人员的岗前培训。

安全管理 BIM 应用应根据项目特点和安全管理需求，编制不同范围、不同时间段的安全管理计划。安全管理 BIM 应用过程中，应根据施工现场的实际情况和工作计划，对危险源进行动态管理。安全管理中的技术措施制订、实施方案策划、实施过程监控及动态管理、安全隐患分析及事故处理等宜应用 BIM。在安全管理 BIM 应用中，宜基于深化设计或预制加工等模型创建安全管理模型，基于安全管理标准确定安全技术措施计划，采取安全技术措施，处理安全隐患和事故，分析安全问题。

处理安全隐患和事故时，宜使用安全管理模型制定的相应的整改措施，并将安全隐患整改信息附加或关联到相关模型元素中；当安全事故发生时，宜将事故调查报告及处理决定附加或关联到相关模型元素中。分析安全问题时，宜利用安全管理模型，按部位、时间等对安全信息和问题进行汇总和展示。

安全管理 BIM 应用交付成果宜包括安全管理模型及相关报告。

4. 物资机械管理

施工单位宜利用信息模型对施工生产中用到的物资及机械进行管理，以提高管理效率，实现信息化及可视化追踪。施工图深化设计模型应包含用于生产构件详细的物资清单、规格、数量、生产厂家等信息。

用于施工方案模拟的施工深化模型应包含主要的施工机械设备信息，包括名称、型号、生产厂家、性能状态、维修保养记录等。各参与单位应充分应用信息模型完成物资及机械的数量统计、采购或租赁、库存、核算管理等动态跟踪工作。

5. 建设投资管理

1）工程数量管理

各参与单位应利用施工图设计模型或施工图深化设计模型，开展项目工程数量管理。

（1）基于信息模型的工程数量管理，主要包括：基于施工图设计模型的工程量、基于施工设计深化模型用于成本管理的工程量、已完工工程量、剩余工程量等。

（2）施工图设计模型或施工图深化设计模型应满足各相关参与单位的算量需求，工程算量规则应满足现行铁路工程量计量规则的相关要求。

（3）建设单位根据项目施工生产进度，按建设管理要求，通过协同平台获取已完工工程量、剩余工程量。

（4）施工单位根据项目施工生产进度及自身管理需要，通过协同平台获取已完工工程量、剩余工程量。

2）验工计价管理

在获取已完工工程量的基础上，各参与单位应通过协同平台按投资管理周期完成验工计价；发生设计变更的项目，应按照设计变更管理流程更新模型、调整工程量，依据铁路工程变更设计管理办法办理验工计价；各参与单位宜按照铁路工程建设管理要求在协同平台上完成验工计价的申报、审批、核备等工作。

6. 施工监理管理

施工阶段的监理控制、监理管理等宜应用 BIM。施工监理 BIM 应用中，应遵循工作职责对应一致的原则，按合约规定配合工程项目相关方完成相关工作。

1）监理控制

在施工监理控制 BIM 应用中，宜进行模型会审和基于模型的设计交底，并将模型会审记录和设计交底记录附加或关联到相关模型中。施工监理控制中的质量、造价、进度控制，以及工程变更控制和竣工验收等宜应用 BIM，并将监理控制的过程记录附加或关联到相应的施工过程模型中，将竣工验收监理记录附加或关联到竣工验收模型中。

在监理控制 BIM 应用中，宜在深化设计模型元素或施工过程模型元素基础上，附加或关联模型会审与设计交底信息，以及质量、进度、造价和工程变更等监理控制信息。

监理控制 BIM 应用交付成果宜包括模型会审、设计交底记录，质量、造价、进度等过程记录，监理实测实量记录、变更记录，竣工验收监理记录等。

2）监理管理

监理管理过程中的安全管理、合同管理、信息管理宜应用 BIM。监理管理 BIM 应用中，宜基于深化设计模型或施工过程模型，将安全管理、合同管理、信息管理的记录和文件附加或关联到模型中。在监理管理 BIM 应用中，宜在深化设计模型元素或施工过程模型元素基础上附加或关联安全、合同等管理信息。

监理管理 BIM 应用交付成果宜包括安全管理记录、合同管理记录、信息资料等。

7. 竣工验收管理

竣工验收阶段的竣工预验收和竣工验收宜应用 BIM。竣工验收模型应在施工过程模型上附加或关联竣工验收相关信息和资料，其内容应符合现行国家标准《建筑工程施工质量验收统一标准》（GB 50300）和现行行业标准《建筑工程资料管理规程》（JGJ/T 185）等的规定。在竣工验收 BIM 应用中，应将竣工预验收与竣工验收合格后形成的验收信息和资料附加或关联到模型中，形成竣工验收模型。竣工验收 BIM 软件宜具有下列专业功能：

（1）将验收信息和资料附加或关联到模型中；

（2）基于模型的查询、提取竣工验收所需的资料；

（3）与工程实测数据对比。

4.4　管理技术标准体系

在高速铁路智能建造中，管理技术标准体系是指基于信息化技术，结合现代化管理手段，对高速铁路智能建造技术研发、实施、管理、智能化水平评价等方面建立的成套标准体系。它涵盖了数字化管理标准、模型审核标准、元件库管理标准三大板块，涉及了高速铁路智能建造的数字化管理平台、"BIM+管理"标准化、多专业设计协同、信息模型管理等不同方面，可以有效促进信息技术与工程建设的深度融合，推动铁路工程建设的数字化转型，提高工程建设的管理效率和水平。

4.4.1　数字化管理标准

4.4.1.1　管理制度

1. 管理机构

管理机构主要有建设单位、运营单位、咨询单位、设计单位、监理单位、施工单位，不同单位有不同的分工和职责，如图 4-8 所示。

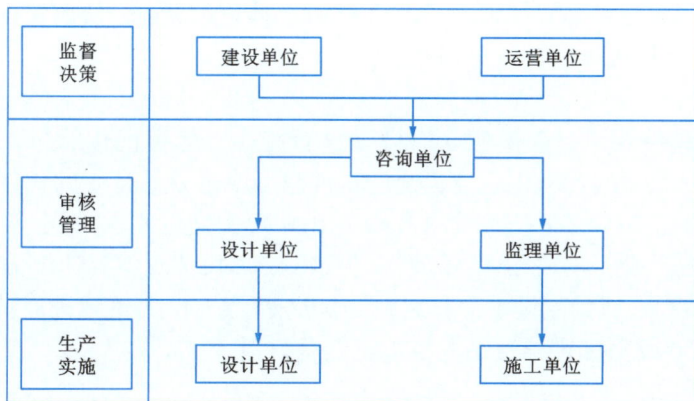

图 4-8　管理机构

2. 管理职责

1）建设单位职责

主要负责对铁路工程全生命周期的 BIM 模型的质量监控，对 BIM 模型审核活动进行全过程监督与决策；负责明确各单位职责，协调各单位关系，组织对各单位的考核；负责颁布标准规范、技术要求、设计细则、会议纪要等，并制订模型审核激励措施；负责根据实际需要，进行阶段性的抽查，抽查内容包括资源投入、实施进度、成果质量及履约配合等；负责组织各阶段的 BIM 模型、审核记录及相关资料成果归档。

2）设计单位

负责铁路工程各阶段的模型设计与质量控制；负责对设计阶段的模型成果进行专业技术审核，客观公正地行使技术管理权；积极配合建设单位和咨询单位落实对模型的修改、优化；负责从专业技术层面，根据铁路工程相关的现行设计标准、规范、规程、法规或其他有效审核依据，对设计阶段 BIM 模型成果进行专业技术合规合理性审核，形成各专业审核意见，并对 BIM 模型质量做出评价、提出相关合理性建议；协助 BIM 咨询单位制订设计 BIM 模型交付及审核计划，明确 BIM 模型交付及审核时间节点，对计划的执行情况进行跟踪、统计、分析与评估，协助建设单位掌握设计 BIM 模型工作的整体进展情况。

3）咨询单位

负责铁路工程全生命周期 BIM 模型的质量控制；负责编制智能建造各种模型的具体规范，并提交建设单位审核通过；负责对各阶段模型成果进行技术审核，客观公正地行使技术管理权；配合建设单位落实对各设计、施工单位 BIM 模型的考核和评价；负责制订各阶段的 BIM 模型交付及审核计划，明确 BIM 模型交付及审核时间节点，对计划的执行情况进行跟踪、统计、分析与评估，协助建设单位掌握各阶段 BIM 模型工作的整体进展情况；协助建设单位对各阶段的 BIM 模型和审核意见成果进行汇总归档。

4）监理单位

负责铁路工程施工 BIM 模型的质量控制；负责对施工的 BIM 模型成果进行专业技术审核，客观公正地行使技术管理权；配合建设单位落实对施工单位的 BIM 模型的考核和评价；负责从专业技术层面，根据铁路工程相关的现行施工标准、规范、规程、法规或其他有效审核依据，对施工各阶段 BIM 模型成果进行专业技术合规合理性审核，形成各专业审核意见，并对 BIM 模型质量做出评价、提出相关合理性建议；协助咨询单位制订施工 BIM 模型交付及审核计划，协助建设单位掌握施工 BIM 模型工作的整体进展情况；协助建设单位对施工阶段的 BIM 模型和审核意见成果进行汇总归档。

5）施工单位

负责根据建设单位要求，依据建立的模型进行施工，落实优化意见，对所承担的施工 BIM 模型全面负责；负责对设备供应商提交的构件模型或本单位自制的构件模型进行专业技术审核，确保满足施工阶段实际应用要求及竣工 BIM 模型交付要求；协助咨询单位制订施工 BIM 模型交付及审核计划，明确 BIM 模型交付及审核时间节点，对计划的执行情况进行跟踪、统计、分析与评估，协助建设单位掌握施工 BIM 模型工作的整体进展情况；协助建设单位对施工阶段的 BIM 模型和审核意见成果进行汇总归档。

3. 管理内容与要求

1）前期工作

可研、初设、施工图设计各阶段应明确数字化设计及 BIM 工作要求，山东铁投集团工程管理部牵头负责，计划管理部负责落实资金来源。集团各部门应按工作分工应用前期管理模块开展工作，对各阶段各项负责工作进度及问题进行实时更新。设计单位应根据可研、初设、施工图设计各阶段工作要求，按照集团标准开展工作，提交符合集团标准和平台使用要求的 BIM 模型、倾斜摄影模型、线路中心线 KML、用地红线图纸、环水保区域图纸等成果。

2）工程招标

集团工程管理部、安质物资部应在施工及监理招标技术手册中明确软硬件、人员、机构配置等信息化工作要求，应明确梁场、拌和站、试验室等工控系统相关技术参数，计划管理部将此作为履约考核内容。

招标公告发布后，工程管理部负责向平台开发单位提交项目基本信息、技术标准、单位工程、工点信息、指导性施工组织及计划等相关信息，组织设计单位提交符合平台应用要求的 BIM 模型、GIS 数据等相关基础数据，组织平台开发单位完成应用准备工作。

3）准备阶段

施工、监理等参建单位应按照投标承诺成立信息化工作专班，指定专人负责推进本单位平台应用工作，报领导小组办公室备案。各参建单位应结合相关办法制定管理制度，明确组织架构、指定信息化管理员，落实人员信息及硬件配置，报领导小组办公室审批。指挥部组织参建人员完成实名制认证、个人账号信息及权限分配维护工作。各参建单位进场后，由工程管理部会同指挥部负责组织各参建单位对全体参建人员进行平台试用培训及考核。平台开发单位负责具体落实。

施工、监理单位应用平台完成投标约定人员、项目进场人员录入及审批。施工单位应用平台及时完成重难点工程专项施工组织设计、实施性施工组织设计报批。各施工单位应于计划开工日期 5 个工作日前，向工程管理部提交相应的实施性施工组织计划，由工程管理部组织平台开发单位完成相关配置及关键线路的信息录入。施工单位应按照建设单位要求，及时完成劳务公司、劳务人员信息及合同录入。施工单位、监理单位应于开工日期 3 日前完成部位树负责人配置，明确各部位相关负责人；后续负责人变动时，应于变动部位开工前完成调整。施工单位负责配合外接系统单位于设备投产前完成梁场管理系统、工程试验检测（拌和站）等相关智能化管理系统的安装与调试，安质部、指挥部负责验收。

计划管理部根据集团下达的年度计划编制投资计划，工程管理部根据投资计划调整施工组织，确定分月计划。工程管理部组织对施工单位填报的年度分月计划进行审批。

4）施工阶段

施工、监理单位应根据施工现场实际情况，对风险源及风险工点进行动态管理。监理单位应按验收标准及时审批报验申请，上传验收视频。设计单位应于每周五 15 点前在应用平台通过设计管理模块上传配合施工周报。

施工单位应严格按照工序验收要求，通过移动端及时发起工序报验流程，填报各类信息，并录入各部位施工劳务人员。施工单位项目经理、总工、安全总监、安全质量和技术管理人员，其他经研究确定的关键岗位人员，以及监理单位骨干人员应按指定要求应用移动端进行每日考勤打卡；施工单位各工区负责人组织完成劳务人员每日考勤打卡。墩身分段浇筑、路基分层填筑等需要多次报验的部位，在施工前明确施工报验次数及相关工程量，在工程量拆分模块中完成拆分后方可报验。报验过程中报验所需次数不符合实际要求时，调整拆分量后方可报验。施工单位按规范要求填写施工日志。施工单位应于每周五 15 点前在应用平台中上传征迁管理、"三电"迁改、管线迁改、大临管理模块更新工作进度情况。施工单位应在大型及特种设备进场前报告设备信息，经过线上监理进场审批后才可进场，进场后粘贴和绑定设备二维码，二维码尺寸不小于 30 cm×30 cm。施工单位应要求驾驶人员在启动、停止机械设备时，扫码后在移动端中对机械设备进行开关机记录，并保持移动端一直处于在线登录状态。

4.4.1.2　考核办法

山东铁投集团成立平台考核小组，对平台应用情况进行考核，根据日常检查、专项抽查、集中考核等综合考评，以及工作完成情况给予对应的奖惩。平台考核工作采用"分级考核，综合评级"的原则，考核模式分为两级考核。第一级，由集团铁路建设信息化管理办公室组织对各权属单位平台应用情况进行考核；第二级，各权属单位针对铁路建设项目各参建单位平台应用情况进行考核。

考核小组采取日常抽查考核、专项抽查、集中检查考核相结合的方式，每月对各单位平台应用情况进行全面考核。考核小组根据考核对象在平台应用中的及时性、准确性、完备性进行综合考核。集团铁路建设信息化管理办公室组织对各参建单位平台应用情况进行考核，考核评分标准表见表4-44。

表4-44　铁路建设信息化管理平台考核评分标准表(开发单位)

序号	考核项目	赋分	评分标准
1		30	未配备平台运维管理员(扣30分)
2	基本考核	30	未及时响应配合解决用户提出的相关问题，未能保证平台正常运行(每一次扣1分)
3		20	未及时对工程建设信息化管理平台各使用单位进行相关培训(每一次扣5分)
4	项目信息	10	未及时协助建设单位录入项目基本信息、技术标准、单位工程、工点信息、指导性施工组织及计划(每一处扣1分)
5	视频监控	10	未及时接入视频监控到平台(每一处扣1分)

4.4.2　模型审核标准

模型审核是高速铁路工程BIM模型质量管控的重要环节之一。模型审核工作要从项目开始，加强技术策划，按照"提前介入、靠前指导、闭环控制"的指导思想，加强过程控制，提高工作效率，保证高速铁路工程信息模型全生命周期的BIM实施应用最大限度地满足标准规范、技术要求。

4.4.2.1　模型审核依据

审核依据主要包括高速铁路工程方面的现行标准、规范、规程、法规，以及山东铁投集团的企业级标准等。具体的BIM模型审核依据见表4-45。

表4-45　审核依据表

设计BIM模型专业技术审核依据	施工BIM模型专业技术审核依据
• 各专业开展设计工作执行的国家或地方颁布的铁路工程相关的现行设计标准、规范、规程及法规等。 • 政府部门颁布的与铁路工程建设技术管理相关的规定。 • 前一阶段的设计评审意见、节能、环保等评审论证意见。 • 工程设计合同的相关要求。 • 重要的会议纪要。 • 设计变更的相关文件。 • 外部输入条件。 • 其他相关资料等。 • 各专业开展BIM设计执行的国家或地方颁布的铁路工程BIM实施相关的现行标准、规范、规程及法规等	• 各专业开展施工作业执行的国家或地方颁布的铁路工程BIM实施相关的现行施工标准、规范、规程及法规等。 • 安全文明施工、环境保护、交通组织等方面的规定。 • 工程施工合同的相关要求。 • 通过评审的施工组织设计、专项施工方案等资料。 • 重要的会议纪要。 • 工程变更的相关文件。 • 外部输入条件。 • 其他相关资料等。 • 各专业开展BIM施工应用执行的国家或地方颁布的铁路工程BIM实施相关的现行标准、规范、规程及法规等

4.4.2.2　模型审核内容

高速铁路工程 BIM 模型审核的内容涵盖模型的完整性、规范性、准确性、真实性等四个方面，具体审核内容见表 4-46。

表 4-46　模型审核内容清单

类别	序号	审核内容	审核类型
1. 模型完整性	1.1	是否完整地交付相应阶段要求的单个或多个部位的模型，单个或多个专业模型，以及各部位、各专业的总装模型	BIM 技术审核
	1.2	各部位、各专业模型建模范围是否满足相关标准与规范，分部/分项工程或系统/子系统是否齐全，构件是否齐全	专业技术审核
2. 模型规范性	2.1	技术要求	
	2.1.1	构件的几何表达精度是否满足相应阶段的编制深度规定或应用需求	BIM 技术审核
	2.1.2	构件的信息深度是否满足相应阶段的编制深度规定或应用需求	BIM 技术审核
	2.1.3	构件的命名、图层(若有)、颜色、材质等属性信息表达是否满足相关标准与规范	BIM 技术审核
	2.1.4	是否违反相关标准与规范中的强制性条文或相关法规	专业技术审核
	2.1.5	是否违反相关标准与规范中涉及公共利益、公共安全的非强制性条文	专业技术审核
	2.1.6	各专业系统构件是否存在冲突	BIM 技术审核
	2.1.7	各专业系统之间是否满足接口关系协调和功能平衡，是否满足接口界面明确和标准统一	专业技术审核
	2.1.8	各专业系统与外部接口关系是否协调，方案是否符合要求	专业技术审核
	2.2	存储管理	
	2.2.1	模型的命名、编号与描述是否规范合理	BIM 技术审核
	2.2.2	模型是否区分不同版本进行存储	BIM 技术审核
	2.2.3	模型是否按照通用格式或开展应用所需的格式进行存储	BIM 技术审核
	2.3	标准设置	
	2.3.1	各部位、各专业模型是否基于统一的坐标系和高程系统建设	BIM 技术审核
	2.3.2	各部位、各专业模型文件的单位、距离等的设置是否合理	BIM 技术审核
3. 模型准确性	3.1	各专业模型构件的属性信息是否准确	BIM 技术审核
	3.2	各专业模型构件编码是否唯一并符合相关标准与规范	BIM 技术审核
4. 模型真实性	4.1	模型是否准确反映真实设计意图或施工建造状态，与相应阶段方案或工程状态是否一致，后续的模型应用是否以此为依据	专业技术审核

4.4.2.3　模型审核流程

1. 设计模型审核流程

设计模型审核主要由设计单位和 BIM 咨询单位开展，设计单位首先对模型进行内部审核，合格之后再送审（进行专业技术审核），在对专业技术审核意见进行完善落实后送 BIM 咨询单位进行 BIM 技术审核，审核合格通过后，最终交由建设单位签收与批复。具体设计模型审核流程如图 4-9 所示。

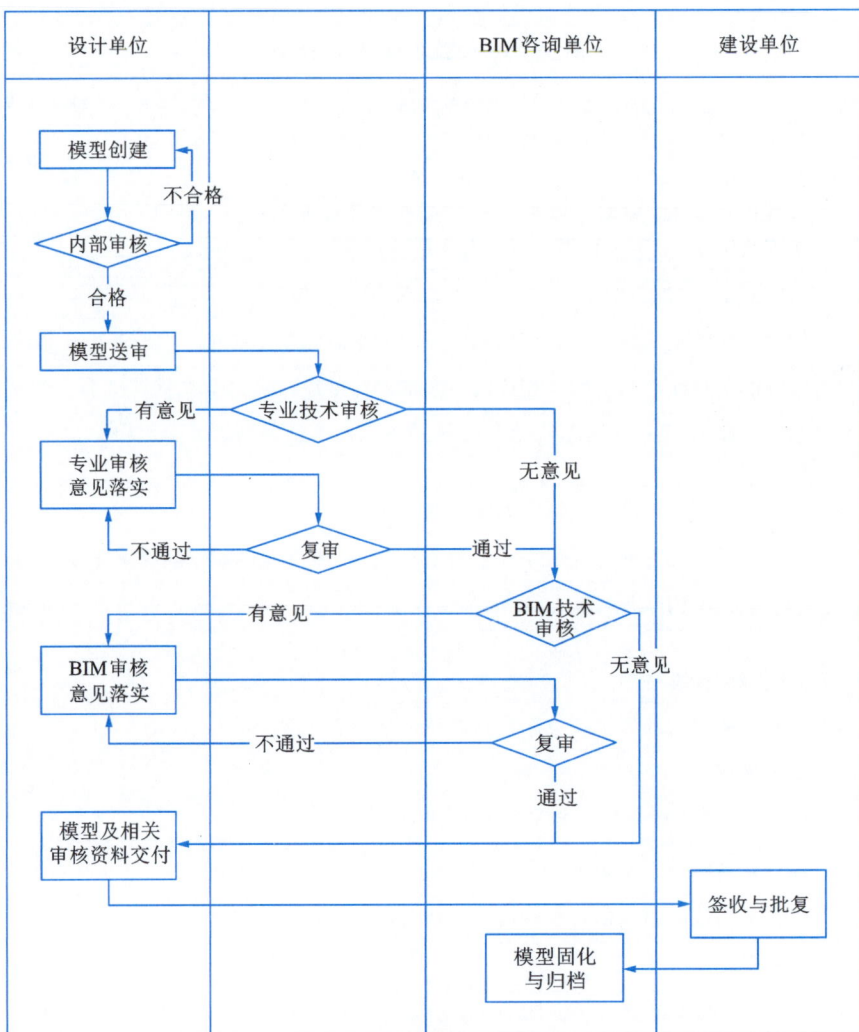

图 4-9　设计模型审核流程图

2. 施工模型审核流程

施工模型审核主要由设计施工单位、监理单位、BIM 咨询单位开展，施工单位针对所完成的施工 BIM 模型开展内部审核工作，合格之后由建设单位进行专业技术审核，施工单位再对专业审核意见进行落实，合格之后交由 BIM 咨询单位进行 BIM 技术审核，并出具审核意见，施工单位落实意见之后提交复审，复审通过后由建设单位签收与批复。具体施工模型审核流程如图 4-10 所示。

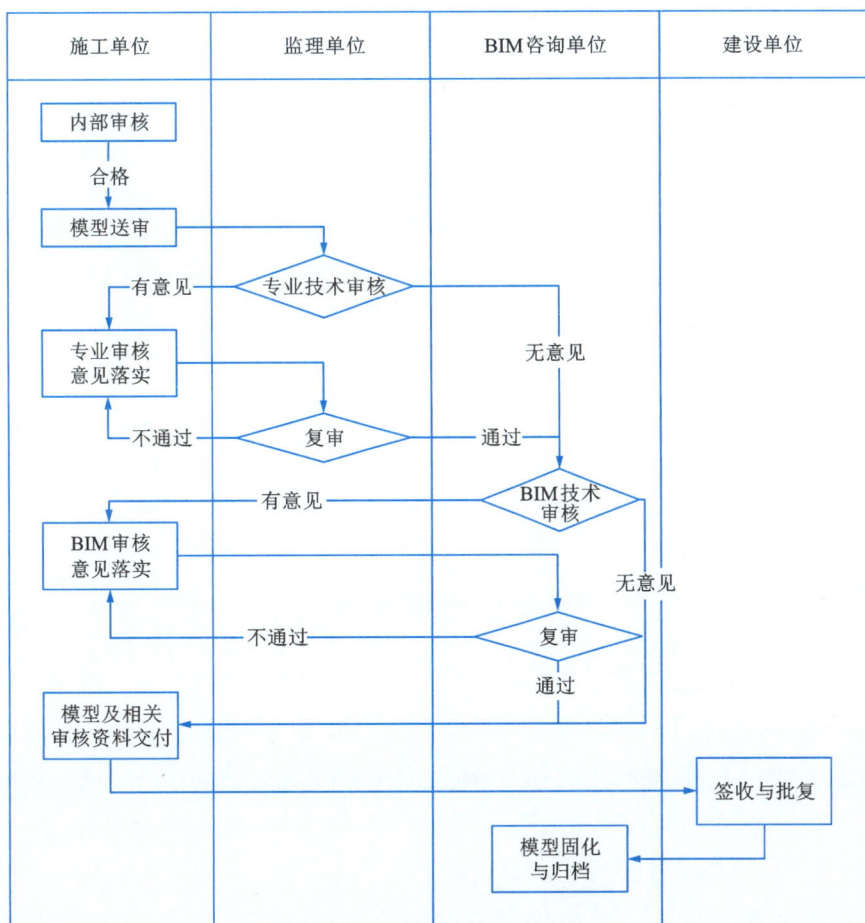

图 4-10 施工模型审核流程

4.4.2.4 模型审核成果报告

模型审核成果报告包括模型内部审核报告、模型专业技术审核报告、模型 BIM 技术审核报告、模型抽查报告四类。

模型审核成果报告由封面、目录、意见表、附录、附件等内容组成，其中附录为工具检测报表（如碰撞检测表），附件为含批注的模型文件。模型审核成果报告由相关责任单位及时上传至 BIM 信息化平台进行线上交付与归档，相关责任单位应采用可靠的电子签名等手段保障归档电子文件的真实可靠性。

对不具备线上交付条件的模型审核成果报告由相关责任单位进行线下交付与归档。

4.4.3 元件库管理标准

1. 管理流程

根据管理权限，BIM 元件库主要划分为一级用户、二级用户、三级用户、四级用户和五级用户。一级用户为集团相关部门，二级用户为 BIM 元件库管理员，三级用户为 BIM 总体咨询单位、设计总体总包单位和施工监理单位，四级用户主要由设计单位、施工单位、设备供应商和其他分包单位组成，五级用户为临时用户。BIM 元件库的管理应符合如图 4-11 所示的流程。

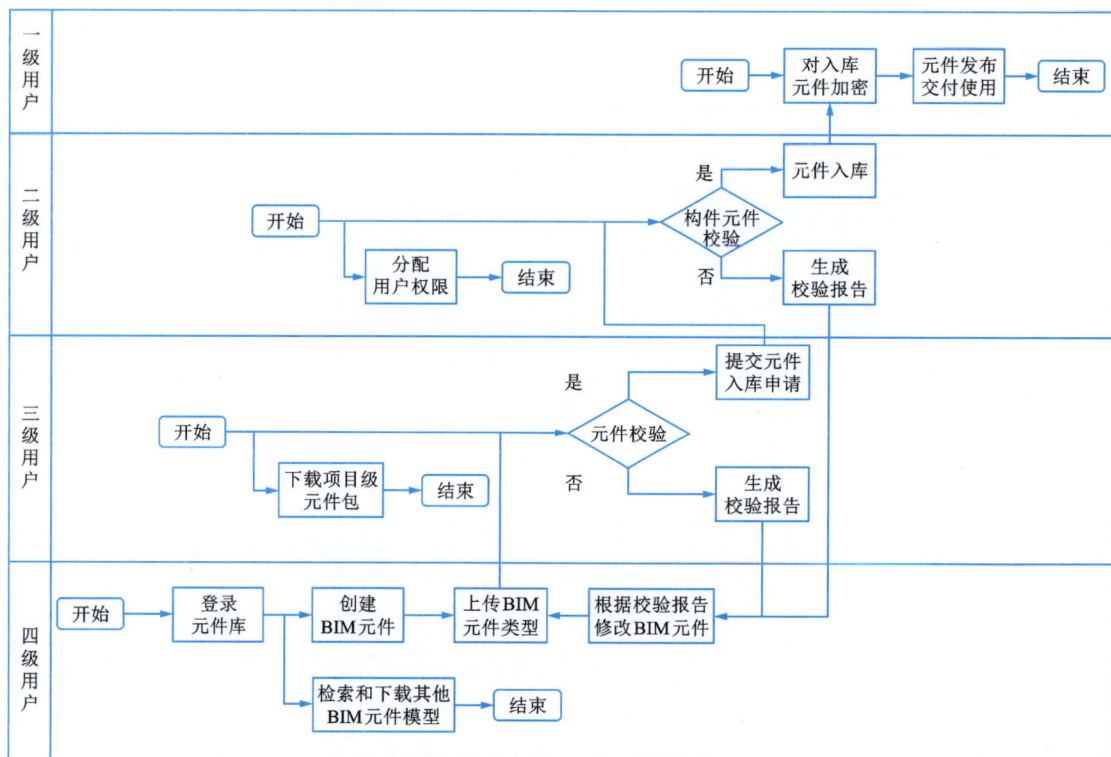

图 4-11　BIM 元件库管理流程

2. 权限管理

权限管理表见表 4-47。

表 4-47　权限管理表

	权限分配	系统登录	构件上传	构件下载	校验审核	构件加密	构件解密	构件发布	构件移除	构件替换
一级用户		√			·	√	√	√	√	√
二级用户		√	√	√	√					
三级用户		√		√	√					
四级用户		√	√	√						
五级用户		√								

注："√"为具有的权限。

3. 元件入库

BIM 元件模型应通过校验流程后入库，上传的 BIM 元件模型应符合图 4-12 的校验流程。BIM 元件模型校验通过后，存储在元件库分类体系的相应类别下，并对存储在元件库的 BIM 元件模型进行自动加密。经模型文件加密后，元件模型可正式交付至用户使用。

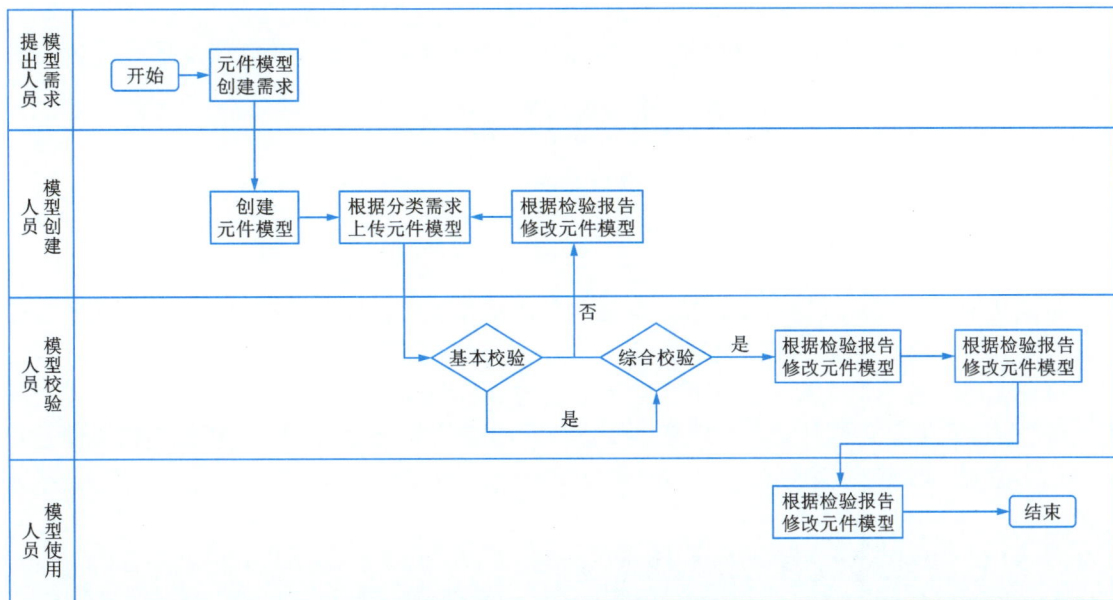

图 4-12　BIM 元件入库流程

4. 元件应用

BIM 元件库用户可通过元件模型的名称、编码及其他字段检索所需的元件。BIM 元件库用户宜根据项目类型下载项目级元件包，供集团工程项目应用。在权限范围内，BIM 元件库用户可根据项目需求，通过单个下载或批量下载的方式，下载 BIM 元件模型，应用在项目 BIM 模型中。当需要扩展元件分类体系，或替换、移除既有 BIM 元件模型时，应向 BIM 元件库管理部门提出申请。申请审批后，可进行增删操作。

第 5 章

智能建造技术

智能建造是将 BIM、GIS、大数据、自动监测传感器等信息技术与工程建造技术相融合的全新建造模式，旨在实现高速铁路勘察设计、施工、运维全过程的智能化管控。本章针对山东铁投集团的工程建设实践，重点围绕数字选线与 BIM 技术应用、智能化施工装备与生产管理系统、智能检测与运维技术，梳理高速铁路智能建造的关键技术，阐述高速铁路智能建造关键技术原理、功能、应用场景、应用流程及应用成效等。

5.1 绿色智能选线与 BIM 技术应用

围绕铁路选线和 BIM 技术应用，山东铁投集团在工程实践中，创新性提出绿色智能选线技术，在转体连续梁、"四电"工程施工过程中成功开展了 BIM 应用实践。

5.1.1 绿色智能选线技术

5.1.1.1 绿色智能选线技术的概念

铁路选线是以经济、安全、舒适、快捷、环保为目标，确定铁路线路空间位置和布置形式的过程，主要任务包括技术标准选择、空间位置规划和相关构造物的协调布置等，本质是在各类因素的影响下，从三维空间中的无数方案中搜索出经济合理、切实可行且满足规范的最优路线。

山东铁投集团联合西南交通大学等科研院所，开发了高速铁路绿色、智能、精细化选线技术(简称绿色智能选线技术)，并应用于工程实践。该技术以铁路环保、投资、征拆影响因子研究为基础，融合大数据分析与人工智能算法，采用多目标智能选线算法，将绿色影响因子计算指标融入多目标优化过程，在人工选线基础上，综合考虑工程造价、环境影响、绿色低碳等多因素的影响，确定最优方案。绿色智能选线技术的主要流程如下(图 5-1)。

1. 数据输入，确定约束条件

在程序中输入原线形基本数据，将地形参数和生态大数据输入模型，生成地形模型，再定义目标函数，确定具体约束条件。

2. 平面线形参数化处理

对原平面线形进行合理分段并且确定平面线形的参数搜索规则。

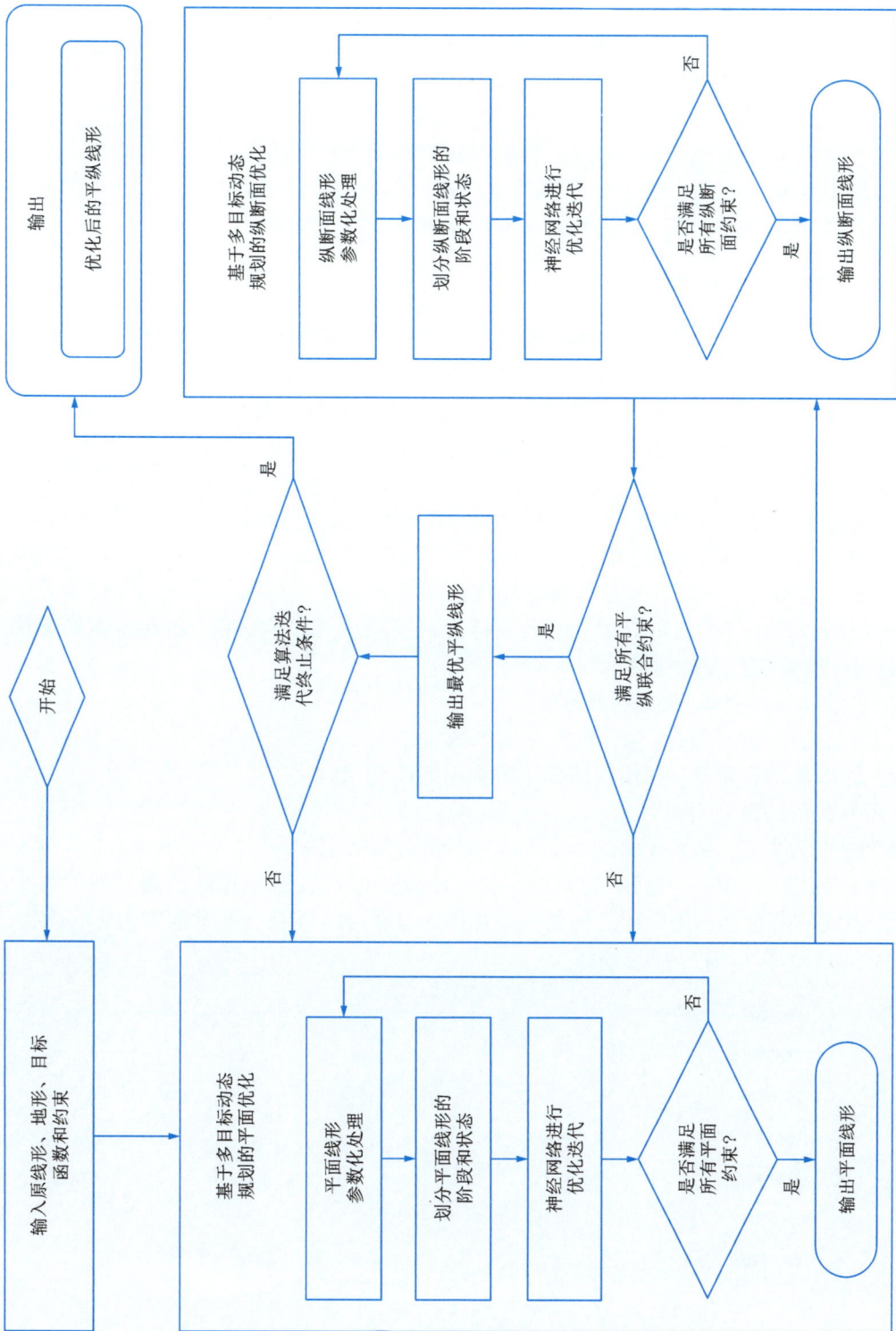

图5-1　绿色智能选线技术示意图

3.平面线形精细化调整

获取平面线形的参数,构建对应的自适应动态规划模型(adaptive/approximate dynamic programming model,ADP 模型),计算每个阶段目标函数并且寻找其最优解。在此基础上,确保所有约束都已满足,否则需要重复前面的步骤直到满足所有约束。

4.纵断面线形精细化调整

重新生成精细化调整线路的平面线,分段处理纵断面线形并确定纵断面线形的参数搜索规则;获取纵断面线形参数并构建 ADP 模型,计算每个阶段的目标函数之后寻找最优解。此时需要确认是否满足所有约束,否则重复之前的步骤直至满足要求。

5.1.1.2 绿色智能选线技术应用实例

绿色智能选线技术在我国高速铁路的建造运营中,特别是生态环境敏感区高速铁路的建造运营中,具有很强的应用潜力,可提高高速铁路设计智能化水平、节省工程投资、保护生态环境、减少碳排放。该技术在潍宿高铁青岛连接线项目线路的纵断面设计中得到了应用,实现了夹心地最少、投资最节省、环境干扰最小的设计目标。应用实例如下。

1.确定比选范围及约束

新线与既有青盐铁路并行地段为洋河口站—青岛西站,总比选区间长度为 29 km,共 11 个交点。在该区间进行比选线形设计时,除应满足规范要求外,还应满足以下几点约束:

(1)大部分用地边线不侵入青盐铁路的用地范围;

(2)一般路段最小并线间距取 25 m,若能够大幅度减少夹心地面积,可在短距离范围内(一般不超过 100 m)缩小并线间距;

(3)隧道洞口最小并线间距取 70 m;

(4)设计比选线形后不应产生新的夹心地区域。

综合上述四条约束条件,利用前述算法得到逼近的约束线。

2.平面参数及结果分析

以每个交点为中心,在半径增量为 10 m 的圆形区域中随机搜索 7 个新的交点,再对所有新交点进行排列组合,从而生成新的路线,最后计算新比选线形与青盐铁路之间的占地面积,其中交点搜索范围与占地面积之间的关系如图 5-2 所示,在交点搜索范围为 50 m 时,比选线形与青盐铁路之间的占地面积最少。

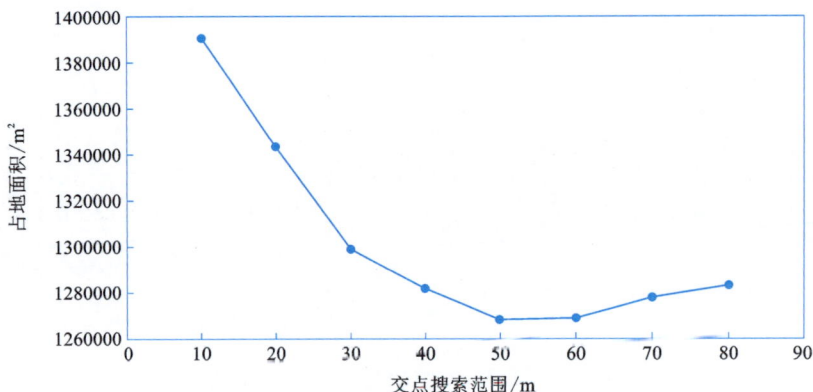

图 5-2 交点搜索范围与占地面积关系图

3. 洋河口至青岛西平面线位比选展示——减少夹心地面积、减少拆迁

调整交点 6 至交点 9（JD6、JD7、JD8、JD9）共 4 个交点的位置，获得最优比选路线。利用上述算法在交点 6、交点 7、交点 8 各区域内进行自由搜索，发现交点 9 受到前方隧道进口限制，只能沿切线方向搜索交点。比选结果如图 5-3 所示。

如图 5-3 所示，紫色线形为青盐铁路，灰色线形为青盐铁路用地界，红色线形为原线形左线，浅蓝色线形为原线形用地界，深蓝色线形为比选线形左线，黑色线形为比选线形用地界，绿色区域为比选线形用地界与青盐铁路之间的夹心地区域。全线共优化约 11 km，里程范围为 DK11+053～DK21+858，减少夹心地面积 7221 m²，减少两线间用地面积 45745 m²。表 5-1 对比了新路线和原路线的工程量及造价变化，发现与原路线相比，新路线共减少 325 万元造价费用。

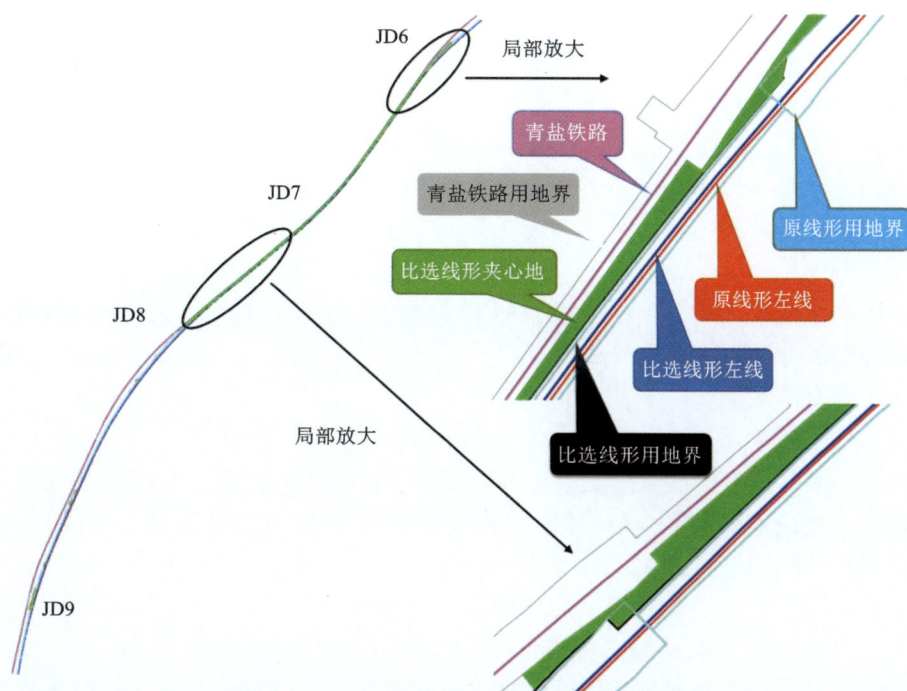

图 5-3　洋河口至青岛西平面线位比选展示

表 5-1　比选方案经济效益对比

比选内容	比选工程量	单价	造价变化
减少夹心地面积	洋河口至青岛西：比原方案减少 7221 m²	30 万元/亩	−325 万元

5.1.2　转体连续梁 BIM 施工模拟技术

转体连续梁 BIM 施工模拟技术指基于 BIM、无人机及三维扫描等技术，对连续梁转体施

工技术方案进行模拟,分析施工危险源,提高施工安全性,提高项目精细化管理水平,加快工程施工速度,降低工程施工成本的一种多技术综合应用。本书以山东铁投集团所辖肖家庄特大桥跨兖石、瓦日铁路项目连续梁转体施工方案为例说明转体系统结构技术和BIM施工模拟。

1. 连续梁转体系统结构技术

肖家庄特大桥是三跨单箱室、变高度混凝土连续箱梁,基础形式为桩基,转体系统位于承台,主墩采用圆端型实体墩,采用双T构转体施工,T构采用挂篮悬灌工艺,转体球铰承载力为125000 kN,转体角度为35°。

桥梁转体施工是指将桥梁结构在非设计轴线位置制作(浇注或拼接)成形后,通过转体实现就位的一种施工方法。根据桥梁结构的转动方向,可分为竖向转体施工法、水平转体施工法以及平转与竖转相结合的方法。肖家庄特大桥采用平转法进行施工。转体系统分为下承台、上转盘、上球铰、下球铰、销轴、球铰骨架、撑脚、滑道和滑道支架,其中,下球铰、销轴、球铰骨架、滑道、滑道骨架嵌于下承台中,撑脚、上球铰嵌于上转盘内。

转体系统的施工流程及工艺如下。

1)施工流程

桩基础→下承台→转体系统→上转盘→墩柱→0#块→悬臂连续梁→称重试验→牵引系统安装→试转→正式转体→边跨合龙→中跨合龙→上部结构施工。

2)施工工艺

转体系统的主要施工工艺包括下承台的下球铰及滑道定位安装工艺、上转盘施工、转体前的称重试验、牵引系统的安装调试、试转、正式转体、边跨合龙、中跨合龙等。此处重点描述下承台和上转盘的关键施工工艺。

下承台的施工顺序如下:

标高测量→安装、调整下球铰支架及滑道支架→精确定位及调整→固定下球铰支架及滑道支架→绑扎基坑内横向钢筋、布置限位挡板、布置牵引反力座钢筋及千斤顶反力座(I56a工字钢)→安装、校准、固定滑道板→安装、核准、固定下球铰→绑扎下球铰外圈钢筋→浇注承台混凝土。

2. 基于BIM的连续梁转体施工模拟

为确保转体系统的顺利安装,基于BIM、无人机及三维扫描等技术,开展连续梁转体施工模拟。

1)BIM+无人机扫描+三维扫描实现场景统一

利用BIM核心建模软件搭建桥梁主体结构、转体系统,结合无人机扫描+三维扫描技术获取点云数据,基于Bentley软件进行轻量化处理后,挂接BIM模型,实现场景统一。

2)施工场地三维布置

利用BIM全景模型结合企业场地布置标准化管理办法,搭建了场地模型,包括施工区、生活区、安全体验区、观摩区、材料堆放区等,对临建设施进行布局模拟,在开工前识别危险地带,合理规划场地使用,提升场地利用率,通过场地漫游避免材料二次搬运。

3)校核施工作业空间位置关系

基于BIM模型检查了施工作业空间位置关系,发现18#、19#承台吊装拆模工作与营业线位置冲突,于是调整施工方案,将承台下部模板改为砖模,降低了施工中的安全风险,同时,确保连续梁底与接触网立柱距离均满足规范要求，可进行后续施工。

4）校核 0#块与既有线空间位置关系

该项目中，18#墩 0#块临近既有线，属于 B 类施工，经 BIM 模型复核，18#墩 0#块支架与瓦日铁路下行线接触网回流线最小距离为 2.1 m，19#墩与其的距离为 2.54 m；经过 GIS 数据分析后，确定 25 t 汽车吊设备占位，同时确定机械作业半径为 15 m，作业范围距离营业线设备安全界线 20 m 以上，不影响既有线行车安全。基于 BIM 技术的 0#块施工位置校核如图 5-4 所示。

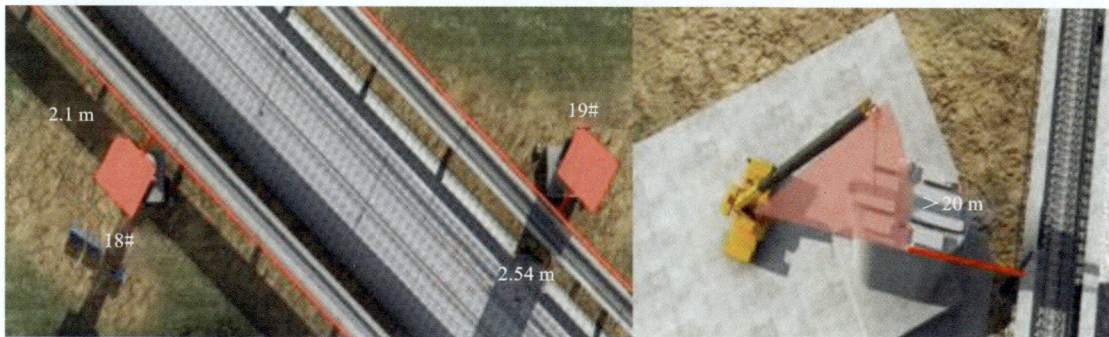

图 5-4　基于 BIM 技术的 0#块施工位置校核

5）碰撞检查

建立钢筋、预应力管道 BIM 模型，在虚拟的三维环境下快速、全面、准确地计算和检查了结构、钢筋、预应力、张拉空间、作业空间等位置设计图纸可能存在的错误及冲突问题。通过对 0#块钢筋和预应力的检查，针对碰撞报告中的问题调整了钢筋形状，优化了钢筋布置。

6）0#块施工模拟、技术交底

利用 BIM 技术，对 0#块的支架预压、模板加固、钢筋绑扎、混凝土浇筑、预应力张拉等工序进行详细模拟和三维技术交底，有效避免了安全隐患，达到了指导施工的目的。

7）钢盒吊装施工模拟

钢盒吊装施工为营业线三级施工，在该项目上，利用 BIM 技术，分别从防护设置、吊车安放起臂、人工配合、精确定位、钢盒焊接、现场清理等作业内容进行了模拟论证，最终得以精确分配每道工序作业时间，从而有效指导现场施工。

8）中跨合龙段施工模拟

利用 BIM 技术，针对合龙段施工进行三维交底，从防护人员的就位与撤离、遮板安装、现场清理等作业内容分别进行详细交底，以合理安排每道工序所需时间。

9）挂篮施工三维技术交底

利用 BIM 模型针对挂篮施工进行三维技术交底，可将挂篮模板的结构形式、几何尺寸、挂篮走行、悬臂浇筑施工流程及安全注意事项直观地体现于 BIM 模型中，确保交底准确。基于 BIM 技术的三维技术交底如图 5-5 所示。

图 5-5　基于 BIM 技术的三维技术交底

10）工程量计算与复核

利用 BIM 技术，选择合适的软件，以计算规则为依据，通过建模确定构件实体位置，输入查询的构件信息，自动计算得到构件实体工程量，包括转体系统材料用量、桥梁下部及上部主体结构材料用量等。同时针对不同需求，按不同类别进行分类统计，如按构件型号、材质、标高等。

11）施工进度模拟

通过将项目进度计划与 BIM 模型关联，在项目总工期的要求下，合理编制了本工程的施工进度计划，在直观展示施工工序的同时实时记录完成情况。根据施工进度的统计和分析工作，有效预见工序交叉施工情况，及时调整施工计划，确保关键线路的工期节点，保证项目进度计划顺利实施。

12）应用成效

利用 BIM 技术进行图纸审查、方案模拟、工艺仿真、参数化模型应力分析（单端张拉）和碰撞检测，优化了施工方案，有效减少了错误、遗漏、碰撞和缺陷，避免了返工造成的资源浪费。同时，通过 BIM 施工模拟论证了方案的可行性，成功提前 22 天开展工序连续梁转体。

基于 BIM 三维模型的成本管理，提高了成本控制中工程量计算环节的工作效率和精度，减少了 50% 以上的工作量。此外，BIM 技术的应用让各参与方能够基于统一模型进行信息交换和共享，使信息交流更加通畅。同时，随着工程的开展，项目实施过程中的关键信息和数据资料也逐步补充、存储于 BIM 模型中，形成数据库，以便日后对该项目的查找和追溯，为项目管理提供数据支持，有效提升管理效益。

3. 基于 BIM 的转体过程自动实施监测系统

相较于传统测量检测受限于恶劣天气、工况及人工测量无法连续监测的劣势，基于 BIM 的双 T 构连续梁转体过程自动实施监测系统（系统架构如图 5-6 所示）不受恶劣天气与工况影响，可以全天候连续测量，能大幅降低测量成本，减少用工，并确保工程质量。

双 T 构连续梁转体 BIM 监测平台的功能包括：

（1）梁体线形监控（变形、标高、端点实时坐标、桥轴线定位）；

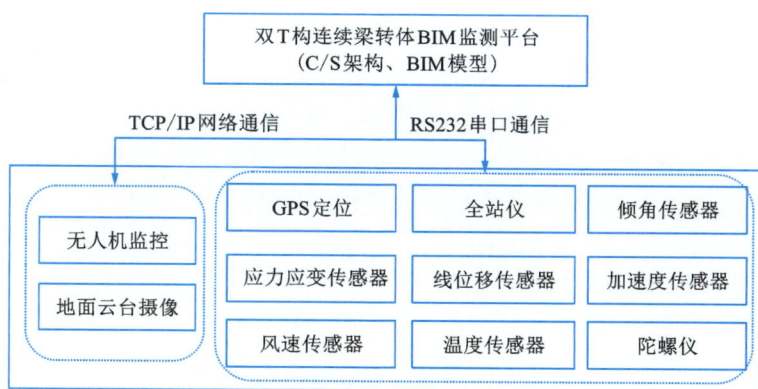

图 5-6　系统架构

（2）模板及支架变形监测（0#模板、挂篮、边跨现浇段等）；

（3）转体平衡性监测、中墩垂直度监测、转动体偏心监测；

（4）温度监测（球铰温度、大体积混凝土温度）；

（5）启动力矩与转动力矩监测；

（6）梁体实时转动速度监测；

（7）梁体对接关键接点的相对位置监测；

（8）梁体旋转实时线位移量、旋转角度监测及阈值报警；

（9）风力监测及阈值报警；

（10）梁体转体过程中振动监测及阈值报警；

（11）梁体三维模型联动；

（12）转体状态无人机高空全程监控；

（13）箱梁截面应变观测（混凝土浇筑）；

（14）地面摄像头监控。

　　自动监测系统的关键设备包括 GPS、线位移传感器、倾角传感器、风速仪、无人机及地面云台摄像机。其中，4 台 GPS 设备安装布设在梁体对接关键接点（两 T 构端点处），实现对 T 构端点实时坐标及 T 构对接坐标的相对位置监测和精确定位。线位移传感器布设在桥梁中墩上，实时采集和监测桥梁转体过程中的转动角度和速度数据，实现 BIM 三维模型的同步转动。4 个倾角传感器及 1 台风速仪分别用于监测转体过程中墩垂直度、转动体偏心及风力风速。无人机用于监控施工现场桥梁整体情况。2 台云台摄像机定点监控中墩转动情况。监测系统各设备的数据上传至上位机的监测系统中，设定预警阈值。系统通过前、后台进行实时监控，发布施工指令。

5.1.3　"四电"工程 BIM 技术应用

　　"四电"工程包括通信工程、信号工程、电力工程和电气化工程，是高铁的动力和大脑中枢，由沿线无数变电站与信号楼串成。为满足鲁南高速铁路等智能高铁的建设需求，山东铁投集团在"四电"工程的施工建设中，贯穿应用了 BIM 技术，在工程进度、产值分析、安全监控、资源管理和技术资料共享等方面实现了智能化管理。在鲁南高速铁路"四电"工程建设过程中，基于 BIM 技术的应用，管理数据在系统中的各层级可以实时更新，并以三维可视化形式呈现进度信息，实现管理人员、作业人员和机械装备资源的实时定位和投入分析；智能终端自动将现场关键工序工程质量参数传送至项目管理平台，实现一杆一档、一台一档数据的自动收录，为一体化运维提供基础数据支持。现以鲁南高速铁路"四电"工程建设为例，阐述 BIM 技术及其相关的一杆一档系统和项目管理平台的应用。

1. BIM 技术应用

BIM 技术贯穿于工程建造全过程，实现了工程进度、质量和安全等要素的数字化可视化管控。"四电"工程有以下应用：

（1）建立"四电"专业 BIM 族库文件，形成施工应用标准。

（2）研发三维轻量化的牵引供电系统设计软件，实现牵引供电系统全景三维模拟。

（3）利用 BIM 技术的可视化优势，与设计紧密衔接，探讨多种方案，完成最优设计。

（4）针对重点精品工程，开展"虚拟验收"，提前发现问题并修改施工方案。

（5）创建了高精度数字模型的应用平台，能够生成包含数据信息的设计图纸。

（6）将接触网 BIM 技术与接触网腕臂自动化生产线相结合（详见本书 5.2.5），完成系统参数及空间的自动验证并发送至生产线，实现过程控制的智能化。

（7）结合 BIM 运用经验，使用 BIM 技术交底平台进行现场交底，对工程关键部位及复杂工艺工序等进行三维可视化实时模拟，对工人进行技术交底，实现现场和后方三维交互批注。通过 BIM 建模优化布线规划方案，预知工程中的碰撞问题，减少返工的资源浪费，控制施工成本等。BIM 模型与现场图对比示例如图 5-7 所示。

图 5-7　BIM 模型与现场图

2. 一杆一档管理系统

一杆一档管理系统是一种在高速铁路四电智能化施工中使用的信息管理系统，旨在对接触网系统中的支柱（也称为杆）进行全面管理和监控，实现施工过程的数字化、自动化和集成化。

在高速铁路智能化施工过程中，应用该系统自动扫描二维码，获取支柱的详细信息、施工现场人员、物资、工序、日期等相关信息，集成其他建筑元素和工程数据，形成数据和信息丰富的接触网数字化模型，实现施工过程中的协同工作、冲突检测和优化设计。

施工单位、业主和运维单位能够随时访问部署于云端的一杆一档管理系统，基于大数据技术可视化分析接触网支柱的质量和安装数据，为接触网的设计、安装和运维提供支持和参考，实现数据的共享和协同工作。

5.2 智能化施工装备与生产管理系统

智能化施工装备是指融合了先进的信息技术、自动化技术等的施工装备。生产管理系统是指通过计算机技术、网络技术、信息技术等手段开发的各类信息平台和系统，可对施工生产过程中的各种信息进行收集、处理、分析和管理，以实现施工生产过程的信息化、数字化和智能化。山东铁投集团在工程建设实践中，在桥梁、隧道、轨道、"四电"工程等专业工程中，开发和应用了智能梁场与拌和站系统、智能信息化浇筑衬砌台车、CRTSⅢ型板式无砟轨道智能施工与测控装备、"四电"工程智能工装、接触网腕臂转配车间、数字平台和基于物联网-智能信息一体化的高速铁路设备。

5.2.1 智能梁场与拌和站系统

与传统梁场相比，智能梁场采用智能化装备代替传统人工操作，是基于工业互联网的闭环信息管理，可将人与人、人与物、物与物进行有机联系，实现对"事前、事中、事后"各个阶段的精细掌控，即生产管理过程中的"事前控制"，过程问题处理的"事中控制"，以及"事后评价"。在安全基础上稳步优质地推进工程进度，实现梁生产全过程的精益管控，提升工程建设管理水平。

传统拌和站生产管理，数据存储于现场搅拌站电脑中，无法共享、分析；数据与业务流程没有关联，对于生产发生的问题无法依托于信息系统去追溯。

智能试验检测（拌和站生产）系统完善了传统管理的不足，通过建立一套完整的试验生产状态可控、试验生产过程可视和试验生产结果可追溯的智能信息化系统，有效提升管理效果与生产质量。尤其是建立了试验室和拌合站系统基础信息相互依赖关系，杜绝类似未检先用和不合格材料进场生产。同时实现原材料使用信息自动展示，批次消耗自动统计分析，因此建立了生产问题库管理以及信息评价与考核体系。

5.2.1.1 智能梁场系统

山东铁投集团所建的潍烟、莱荣铁路为适应现代高铁快速发展和标准化建设的要求，在制梁过程中借助信息化、智能化和自动化技术，开发了智能梁场生产系统并应用于 16 个铁路预制梁场，有效保证了预制梁在生产及养护阶段的进度、安全和质量，改进了传统铁路预制梁生产模式。

1. 智能梁场系统特点

智能梁场系统通过综合应用 BIM+IOT 物联网+数据分析技术，对箱梁的生产、施工作业管控及各智能工装数据进行采集，从而实现箱梁预制的智能化施工和信息化管理，减少人工投入，降低安全风险。智能梁场系统的特点体现在以下方面：

（1）生产管理信息化。通过智能梁场系统对梁场现场施工、工序、人物机管理等方面实现信息化管理，提高生产效率。

（2）信息数据可视化。智能梁场系统对各类生产信息、数据、文档等进行集成化管理，可自动化汇总处理各类数据并形成台账与报表，减少手工方式造成的记录错误及信息传递错误，用户也可以通过终端查看各类统计信息，快速实时掌握梁场生产现状。

（3）智能算法辅助决策。智能梁场系统通过智能算法对现场施工计划、梁数量、制梁时间等数据进行综合分析，实现智能排产及台座布置，从而协助客户生成最优梁场生产计划，减少二次移梁，降低成本。

（4）智慧建造。智能梁场系统通过对接现场智能生产设备，监测梁场生产过程，并对数据进行存储和分析。

2. 智能梁场系统的构成与功能

1）智能梁场系统物联网功能的系统架构

智能梁场系统采用 B/S 架构，利用互联网、物联网及 5G 传输技术，实现用户、智能设备与数据中心服务器的数据交换；以预制梁体生产工序为主线，将物联网设备实施的工序生产数据对接至智能梁场系统后台，基于现行规范和相关要求设定阈值，自动预警工序异常及风险状态，实时监控现场生产状态；利用物联网技术实现智能压浆、智能张拉、智能喷淋及智能静载实验等关键功能。物联网功能的系统架构包括前端感知层、数据传输层、系统控制层、用户展示层。

前端感知层：由现场各种控制单元、专业设备、网络传输设备和传感器组成。通过控制单元控制专业设备进行工序操作，采集到对应的数据，为系统提供数据来源。

数据传输层：智能梁场系统通过 Wi-Fi、互联网、物联网或有线等传输形式将感知层采集到的数据传给现场的控制单元，并由控制单元基于 HTTPS 协议将数据传回数据中心服务器。

系统控制层：在现场的控制单元根据前端感知层采集的数据与智能梁场系统或设备设置的阈值进行对比，调整工序设备的相关操作。

用户展示层：调取查看数据中心服务器中的生产数据，直观展示各工序实施现状及最终结果。

2）基于物联网实现的智能梁场系统功能

（1）智能喷淋。

智能喷淋装备感知层由自动喷淋养护装置、控制柜和温湿度传感器组成，主要功能是采集现场环境和养护梁体的温湿度数据。控制柜利用采集到的数据控制抽水机和电磁阀开关，实现自动喷淋养护。预制梁体的养护温湿度-时间曲线及记录均储存在数据库中，以便随时查询、追溯、分析和评估。

智能喷淋装备的应用，提高了养护工作效率，同时为数据管理和分析提供了可靠支持。该功能具备以下优点：

①通过环境温湿度控制喷淋时机，能有效节电、节水；

②通过水压形成气雾水，喷涂细、水雾均匀，养护效果好；

③实现了喷淋养护自动化，减轻了劳动强度，提高了效率；

④智能梁场系统将自动生成养护记录表。

（2）智能张拉。

智能张拉的设备主要由千斤顶、预应力智能控制单元、油泵、系统主机，以及感知层的非接触式位移传感器和液压传感器等组成。通过千斤顶施加力量，预应力智能控制单元实时监测和调控张拉力，同时感知层传感器实时测量千斤顶的位移和油液压力，保证预应力施工的准确性和安全性，避免外部扰动对结果的影响，实现对混凝土构件预应力施工过程的高效控制和监测。依据上传至数据中心服务器的张拉过程数据和最终的结果数据，智能梁场系统自动生成张拉记录表，针对异常数据及时预警，并通知相关人员处理。该功能具备以下优点：

①预应力精准施加，极大减少应力误差；

②钢绞线延长率实时获取、精确验算，并确保其在技术规范可控范围内保证张拉应力与伸长量双控要求；

③控制单元可以对两端的千斤顶进行同步控制；

④过程数据及结果数据实时上传智能梁场系统，智能梁场系统能自动检查数据及生成记录表；

⑤若系统分析数据超限则报警，生成的报表将用红色展示异常数据，同时将报警信息发送给指定用户。

（3）智能压浆。

智能压浆设备由高速制浆机、低速储浆桶、螺杆泵和控制单元组成，同时配备精密传感器在进出浆口构成感知层。这些传感器实时监测压力，并将数据反馈给控制单元，实现对压浆过程的实时分析和调节。控制单元根据指令调整压力，以确保在符合技术规范的情况下完成压浆任务。压浆过程数据通过控制单元传回数据中心服务器，智能梁场系统能生成详尽的制浆报表、压浆记录表及压力-时间曲线，所有数据存储在数据库中，便于后续查询和追溯。感知层和控制单元的配合，实现了对压浆过程的高效监测和控制，智能数据管理系统提供了可靠的报表和记录，为施工过程的质量控制和数据分析提供了强有力的支持。该功能具备以下优点：

①浆体循环通过孔道，便于清除孔道中的空气；

②调整浆体流量，自动测量真空度，长时间以 0.5 MPa 持压；

③可两孔同时压浆，减少工序人员数量，提高作业效率；

④高速制浆机对水泥、水、压浆剂进行充分高速搅拌，保证制浆质量；

⑤智能梁场系统将自动化储存数据，并生成相关报表数据。

（4）智能静载。

智能静载系统是进行静态荷载试验的先进设备，其包括主控单元、液压集中泵站、分控单元、千斤顶、应力传感器和数字传送器等组件。在进行静态荷载试验时，启动设备按钮，由液压集中泵站为多个千斤顶同时加载静态荷载，通过电子阀门自动调控各千斤顶的加载速度和流量，保证均匀加载，确保试验的准确性。同时，应力传感器实时监测试验对象的应力变化，将数据传输至数字传送器，由主控单元对数据进行集中处理和分析，生成静载计算报表和试验报告，并进行数据存储和异常报警，确保试验的顺利进行。该功能具备以下优点：

①省去人工操作千斤顶的环节；

②自动计算梁体荷载，自动感知梁体变形挠度；

③自动上传试验过程数据；

④自动计算试验结果；

⑤智能梁场系统将自动储存数据，并生成相关试验计算报表及试验报告。

（5）智能钢筋加工。

钢筋智能静载系统包括主控单元及各类钢筋加工设备（如棒材或线材剪切、线材调直、棒材或线材弯曲、网片焊接、钢筋笼加工功能）。在钢筋半成品加工过程中，先启动设备并连接至网络，然后将系统生成的电子配料单信息通过扫码或手动输入设备中。设备根据配料单中的计划量生产半成品钢筋，并将生产信息传回信息系统，系统根据配料单将生产量展示在相应的页面上。通过主控单元及各类钢筋加工设备的协同作业，实现了钢筋加工的自动化和智能化。该功能具备以下优点：

①避免人工接触加工中的钢筋，保证安全生产；

②自动按设计量加工，生产调度有序；

③自动上传生产过程数据；

④自动展示生产结果数据。

（6）智能模板清理及喷涂。

智能模板清理及喷涂系统由主控单元、门架走行机构、空气压缩机，以及可调整液体喷涂或高压空气吹出角度的执行机构等组成。使用高压空气对模板的内模和外模进行清理，清理完成后将相关信息传回系统并与梁体生产信息连接。在安装钢筋之前，使用喷涂脱模剂均匀涂抹于内模和外模，喷涂完成后将喷涂信息传回系统并与梁体生产信息连接。通过主控单元、门架走行机构和执行机构的协作，实现模板清理及喷涂的自动化和智能化。数据的记录和管理系统能够与梁体生产信息连接，并提供便捷的查询和追溯功能。该功能具备以下优点：

①省去人工清理及喷涂作业，节省人力；

②自动均匀喷涂，并可将作业数据上传至系统；

③自动展示生产结果数据。

（7）智能混凝土顶板振捣。

智能混凝土顶板振捣系统由主控单元、门架走行机构、交流电机、插入式振捣棒、附着式振捣器构成。插入式振捣棒安装在门架走行机构上，可根据顶板浇筑进度及情况，以一排等间距的方式对梁体横断面浇筑混凝土时进行振捣作业。附着式振捣器安装在外模上，通过振动马达对腹板混凝土进行振捣作业。设备在整个浇筑过程结束后，将此次浇筑过程的数据传回系统并与梁体生产信息连接。相关生产数据均储存在数据库中，后期可查询、追溯。该功能具备以下优点：

①振动均匀并按照预设时间进行振捣作业；

②保证梁体浇筑过程中混凝土不漏振；

③记录振动时间、周期及作业次数，自动上传平台；

④根据生产数据展示生产过程数据。

（8）封端防水管控。

封端防水管控系统由主控单元、运行轨道和执行机构（可均匀喷涂防水涂料）组成。支架将运行轨道安装到梁体端部，通过腹板、底板的位置进行准确定位，系统会根据预设的喷涂量、运行速度及轨道方向，对梁体端部的腹板、底板进行均匀的防水喷涂处理，高效地保障梁体端部的防水处理工作，从而确保混凝土结构的耐久性和安全性。在整个喷涂过程结束后，设备将此次喷涂过程的数据传回系统，并与梁体生产信息连接。相关生产数据均储存在

数据库中,后期可查询、追溯。该功能具备以下优点:

①喷涂量均匀;

②运行速度稳定;

③保证喷涂厚度的一致性,可节省喷涂防水材料。

(9)提梁作业管控。

提梁作业管控系统由主控单元、提梁机工控电脑和应力应变传感器构成。提梁作业过程中,提梁机工控电脑实时接收应力应变传感器传回的各时刻应力及应变值,以监控提梁机关键部件及钢丝绳是否达到屈服强度的阈值。提梁过程结束后,相关数据传回系统与对应梁体信息连接,并储存在数据库中,供后期查询、追溯。该功能具备以下优点:

①实时监测提梁机关键部件的应力应变;

②通过每次作业的过程数据,判断关键部件及钢丝绳的维护状态;

③通过维护状态对关键部件及钢丝绳进行状态维修,节约维护成本。

5.2.1.2 工程试验检测(拌和站生产)智能工作系统

1. 智能拌和站系统介绍

工程试验检测智能工作系统(简称智能拌和站系统),采用云计算+大数据技术+微服务架构将试验室、拌和站进行关联,并采用工程试验检测(拌和站生产)智能工作 App、指挥部管理系统、考试系统、实体检测等子系统。智能拌和站系统结合国家标准体系、铁路标准体系、行业标准体系等的要求,自动检测试验和生产过程中的数据及结果是否符合规范要求,并通过智能技术,对不符合时效要求、技术规范要求的环节自动警告,并纳入问题库。

2. 智能化管控内容

智能化管控内容包括管理、控制、智能化和问题溯源。首先是管理,包括对人员、设备、物料、试验过程和生产过程的管理。其次是控制,包括进场验收、物料消耗、试验委托、试验见证、数据采集、配料通知单、试块养护、未检先用、确认发车单、生产补方及方量转移等方面的控制。其次是智能化,其中包括自动采集、自动录像、自动计算、自动修约、自动比对、报告自动生成龄期、自动判断、流程自动流转、自动考核、生产自动结束及待办自动提醒等智能化功能。最后是问题溯源,涵盖了进场及试验过程、见证过程、混凝土试块生命周期、问题库及处置过程等方面,通过溯源来解决问题。通过这些智能化管控内容,能够提高管理和控制效率,并且实现自动化和智能化的生产。

3. 系统功能

1)智能试验检测功能

(1)全项试验的电子化、自动化。

系统自动修约、自动计算、自动生成试验记录,直接打印报告和批量打印等功能。

(2)材料全生命周期可追溯。

系统通过试验台账结合取样、见证过程,录像视频,以及手机 App 定位、拍照、拍短视频等辅助功能,全方位覆盖试验检测整个过程。

(3)力学试验自动上传。

系统自动采集力学试验数据,实时上传并同步至铁路工程管理平台,杜绝人为干预。

（4）称重数据自动采集。

系统自动采集称重数据，减少人为记录、录入的过程，避免了人为错误。

（5）试验室温湿度监控与自动采集。

系统自动通过工控电脑实时采集试验房间温湿度，并关联到试验记录表格中。如温湿度未达到规定要求，则会提醒试验员。实时监控标养室、标养箱温湿度，每天定时采集温湿度数据，形成完整的试块养护记录数据信息。

（6）试验过程视频监控。

试验过程与视频录像自动关联，试验过程视频永久存档。

（7）统计分析。

根据积累的数据，实时统计分析试验信息数据，如监理试验平行率、见证率、监理自身工作开展情况、建设指挥部工作开展情况、混凝土标准差统计情况、施工单位试验检测工作开展情况等，通过大数据智能分析出更多的对质量管理有用的数据。

2）智能拌和站生产功能

（1）材料从进场开始控制，杜绝未检先用。

进入拌和站的材料与试验室同步。检测报告不合格将无法使用。杜绝材料未检先用。

（2）生产流程规范化全过程可追溯。

全过程跟踪生产过程，包括下发浇筑任务、调度员任务分配、制作配料单、首盘生产、出厂检验（由监理决定是否进行）、出厂检验确认（监理）、生产打印发车单、发车单确认、生产完成。

（3）原材料称量误差控制。

进入拌和站的原材料按批次消耗，系统会自动统计分析试验合格后的生产材料消耗，存量不足自动预警。

（4）智能化预警与考核。

对不符合管理要求的步骤，系统会自动将该条记录纳入问题库。

综上所述，在试验检测（原材料）及生产过程（搅拌混凝土）中借助信息化、智能化和自动化技术，有效保证了原材料在加工及生产阶段的进度、安全和质量，改进了传统铁路的混凝土生产模式，在一定程度上提高了铁路建设水平。

5.2.2 智能信息化浇筑衬砌台车

为保证衬砌混凝土的施工质量，山东铁投集团在宜兴项目应用了五星隧装智能信息化浇筑衬砌台车。该台车实现隧道衬砌施工可视化、数据化、智能化、信息化，让施工更轻松，监管更简单，质量更可靠。

智能信息化浇筑衬砌台车由分层浇筑系统、振捣系统、自铺轨系统、可视化封堵装置、软搭接技术、信息化监控系统等智能组件和装置构成，通过信息化监控系统实现数据采集、记录、存储和传输等功能。智能信息化浇筑衬砌台车突破了传统台车结构的受力原理，传力路线短、节点少，浇筑过程中不易发生变形和跑膜。台车面板上所有工作窗口及槽道口均采用激光下料，切割精度高，密封效果好，模板、门架、托架、附件、液压、电气等系统均采用标准化和模块化设计，支撑杆件比传统台车减少一半，可快速立模和脱模，有效减少立模和脱模时间。台车整体采用人性化设计，台车前后端及纵向均设置爬梯平台和防护栏，有效提升现场施工安全和文明施工水平。

1. 分层浇筑系统

台车配置了一套混凝土分层浇筑布料系统，最多可实现两侧及拱顶五层四点布料，实现混凝土逐窗分层浇筑。该布料系统不需要人工拆管、接管、换管和清洗，仅需一名操作人员轻松操作遥控器，即可实现逐窗分层浇筑。

2. 振捣系统

台车配置了插入式和附着式高频自动振捣系统，包括单动和编组联动两种模式，作业人员通过程序控制持续振捣时间、间隔时间和振动次数。插入式振捣系统通过插入式高频振动器的往返运动，在混凝土深部充分振捣，实现环向、纵向及厚度方向的振捣全覆盖，有效提升混凝土强度和密实度。

3. 自铺轨系统

台车配置专用轨道及轨道提升搬运装置，取消传统台车行走用枕木，轨道无须人工搬运，可自动铺轨，有效降低工人劳动强度，减少作业人数。

4. 可视化封堵装置

封堵装置为可视化高分子伸缩结构，采用轻量化标准化设计。上下封堵装置之间及下封堵装置与主模板之间采用快拆结构。上下封堵装置伸缩可调节，并用橡胶块代替木模，彻底取消木模封堵，其适应性强，拆装方便，可大幅降低劳动强度，提高功效。模板可多次重复使用，降低施工成本。相邻部件紧密接触，密封性好，避免施工缝漏浆。

5. 软搭接技术

台车采用软搭接技术，防止立模时将已浇筑混凝土的环纵向施工缝位置顶裂，在衬砌位置形成密闭空间，防止漏浆引起的离析、骨料分料等混凝土质量问题。

6. 信息化监控系统

智能信息化浇筑衬砌台车搭载信息化监控系统，提供交互式可编辑界面，具备拱顶防空洞预警、拱顶防超压预警、视频监控、报表生成等功能；能根据施工经验和现场施工情况预设浇筑方案，实时修改浇筑振捣等模块的工艺及参数，监测台车浇筑入仓的顺序、位置、浇筑方量、对应浇筑口流量、混凝土入模温度、衬砌施工位置的环境温度和湿度、浇筑过程中拱顶饱满度、拱顶压力等数据，实现标准化施工。

5.2.3　CRTSⅢ型板式无砟轨道智能施工测控与装备技术

CRTSⅢ型板式无砟轨道智能施工测控与装备技术是贯穿于无砟轨道设计、施工及管理的一套技术体系，能有效解决传统建造方式中存在的无砟轨道施工质量和精度控制难题、跨时空特性下轨道现场精细化管理难题、施工数据记录分散和无法追溯难题。山东铁投集团联合中铁四院、北京交通大学等科研院所，围绕CRTSⅢ型板无砟轨道的智能建造，开发了CRTSⅢ型板式无砟轨道智能施工测控与装备技术，涵盖了CRTSⅢ型板式无砟轨道智能化设计技术、CRTSⅢ型板式无砟轨道智能测控一体化技术、CRTSⅢ型板式无砟轨道智能建造云平台等。

5.2.3.1 CRTSⅢ型板式无砟轨道智能化设计技术

板式轨道智能设计技术是实现板式轨道智能建造的基础。基于线路平纵断面、路隧桥结构布置、轨道结构设计参数等，板式轨道智能化布置算法实现了钢轨、轨道板、底座的布置和数字化计算。基于统一的编码体系，CRTSⅢ型板式无砟轨道智能化设计技术构建了板式轨道单元深化设计模型，可直接进行工程建设精准工程量计算与实物成本计量；实现了轨道的坐标、里程、型号等数字化设计，形成轨道数字化设计成果，数据文件可直接与全站仪等测量装备进行关联；能指导轨道板的制造与检测，以及轨道的现场铺设。

1. 功能定位

CRTSⅢ型板式无砟轨道智能化设计技术的功能定位主要有以下五方面：

(1)实现设计成果数字化。

(2)利用数字化设计成果，为智能制造、施工和运维提供基础。

(3)结合施工实际情况，实现设计成果动态化修正。

(4)实现设计与预制轨道板制造之间的协同。

(5)实现协同设计，为其他专业实现智能设计接口。

2. 轨道板智能布板设计技术

1)在进行轨道板布置时应遵循原则

(1)通过配置不同长度轨道板和调整板缝来满足布板要求。轨道板布置根据设计在梁缝处断开，在路桥、路隧分界处断开。桥上轨道板端部与梁端对齐。

(2)在24 m梁、32 m梁和常用连续梁等地段进行标准化布置，其他地点轨道板布置以标准轨道板布置为主，特殊情况下采用异型板；异型板类型尽可能少。

(3)道岔前后采用的主型板不能满足布板要求时，通过配置双块式轨道或延长岔区轨枕埋入式轨道进行调整。

2)轨道板设计布板软件中轨道板布置的实现方式

(1)按线路左右线分别布置。

(2)采用"化整为零、集零为整"的布板方式。

首先把相同长度参数的组成线路布设完毕，如把32.6 m的简支梁先布置完成，再在施工段落里面调用32.6 m的简支梁。

①化整为零：按照线下基础类型的不同将整条线路分为路基、桥梁、隧道等不同的施工段落。桥梁地段又根据梁型及梁跨的不同划分为不同的单元。

②集零为整：在划分好的单元布板，逐步集成施工段落，最后整合成整个线路的布板设计。

3)数字化设计成果全线CAD可视化复核

精确计算轨道板心线方位角、承轨台轨顶中心的三维坐标，自动化生产数字成果，并通过软件自动生成与线路平面图结合的轨道板全线布置图、基于布板段落表与基础设施对比这两种方式实现复核校验。

3. 轨道多维全景信息模型构建

轨道多维全景信息模型的构建步骤包括：①依据线路、路基等专业提供的资料，建立设计源文件。②建立轨道标准库：包括轨枕、扣件等特征信息不随里程变化的轨道构件库，钢轨型号断面库，轨道板、底座、自密实混凝土层等参数化构件库。③根据数字化设计成果，利用所建立的轨道标准库形成全线的轨道 BIM 模型。④最后以轨道 BIM 模型为基础实现轨道的三维展示、工程量自动计算等功能。图 5-8 为轨道多维全景信息模型。

图 5-8　轨道多维全景信息模型

5.2.3.2　基于自动控制的 CRTSⅢ型板式无砟轨道智能测控一体化技术

基于自动控制的 CRTSⅢ型板式无砟轨道智能测控一体化技术是利用计算机互联网技术等新一代信息技术、轨道工程智能设计成果、全站仪等工装的数据自动采集和测控，建立板式无砟轨道的数据分析、统计、预测机制，形成"数据采集、数据贯通、数据共享开放、数据追踪追溯"的智能施工管理模式，使建造和监管方式由人工提升为自动化和智能化，如图 5-9 所示。

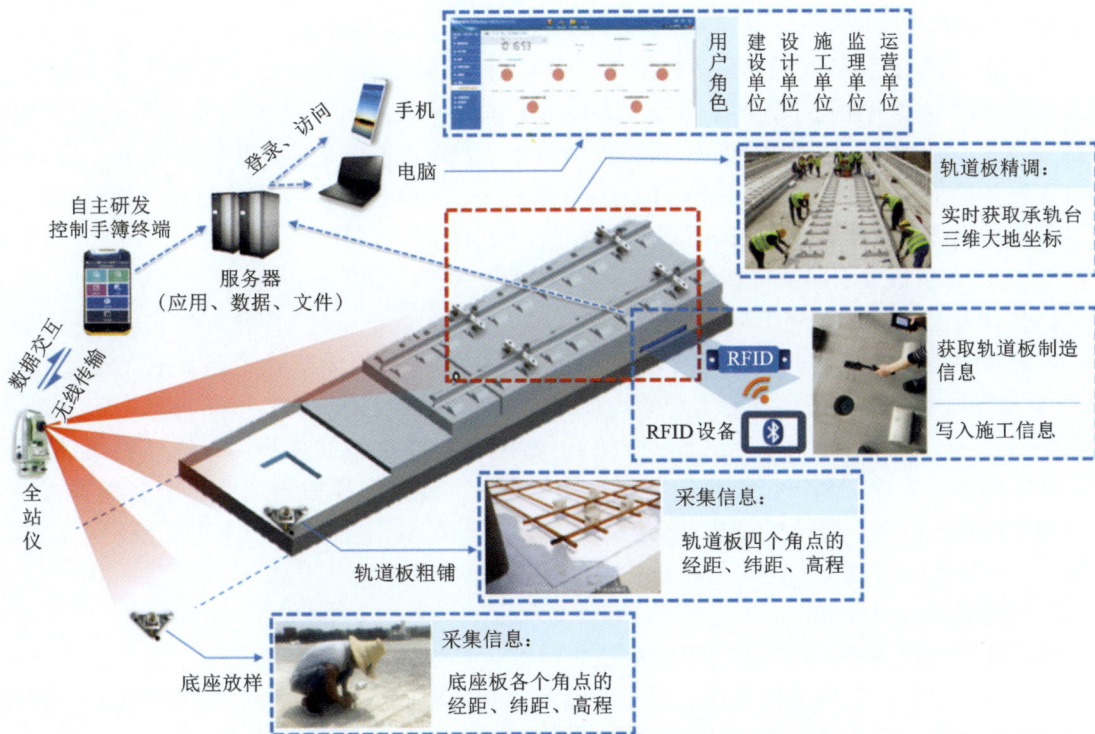

图 5-9　无砟轨道智能测控一体化总体方案示意图

1. 线下高程与数字化设计成果实时偏差管控技术

在CRTSⅢ型无砟轨道线下基础的施工过程中，由于施工现场因素影响，实际施工情况与设计不吻合，需要根据线下基础实际情况重新进行数字化设计成果实时修正。因此研发了线下高程自动采集管控系统，可实现下部基础标高信息的自动化采集和实时上传、实测标高与设计标高间动态比较和分析，形成底座立模高度、底座厚度的超前预测，防止误差累积和发展，给后续施工提出提前整治措施。

2. 基于自动测量机器人的底座自动放样和高程管控

基于全站仪测量，利用移动通信技术，实现远距离控制全站仪进行测量放样，自主研发了可与全站仪实现远距离无线互联互通的控制手簿，开发了基于控制手簿的底座施工放样测量系统软件，能自动读取轨道数字化设计成果，并根据设计数据自动控制全站仪进行测量作业，实时反馈测量结果，确保底座放样精度。

3. 基于便携式智能感知测量终端的轨道板几何形位控制

研发了便携式智能感知测量终端用于控制轨道板几何形位，基于GeoCom接口技术，打通了测量机器人等的数字化接口，实现轨道板空间几何形位的自动测量、轨道板实际位置与设计理论位置偏差的自动分析、轨道板三轴调整量的智能计算，以及精调结果数据的存储和上传。

5.2.3.3 CRTSⅢ型板式无砟轨道智能施工工艺与装备

我国CRTSⅢ型板式无砟轨道的施工工艺流程主要有：基面验收，底座板施工；铺设中间隔离层土工布，安装凹槽弹性垫板；安装自密实混凝土钢筋；粗铺轨道板；精调轨道板；压紧轨道板；灌注自密实混凝土；轨道板复测；铺设长钢轨；精调钢轨等。

为实现CRTSⅢ型板式无砟轨道的智能施工，山东铁投集团联合北京交通大学研发了轮轨式多维变形混凝土建造工程车、CPⅢ（contact system point Ⅲ）智能数控精调车、无砟轨道智能多维变形起运机、自适应断面铁路工程运输车、无砟轨道板智能支护调整装置、CRTSⅢ型底座整体模板、自密实混凝土灌注斗。本书结合CRTSⅢ型板式无砟轨道施工过程，详细阐述对应的智能施工工艺与装备。

1. CRTSⅢ型板式无砟轨道智能施工工艺与流程

1）底座板智能化浇筑施工流程

底座板智能化浇筑施工具体流程包括：①模板调运。利用无砟轨道道床智能建造车将CRTSⅢ型底座整体模板吊运至施工位置。②主体模板拼装与固定：利用研发的配套工装将模板整体拼装，并用螺栓固定至地面（梁面），根据需要调整伸缩缝高度，从外侧用螺栓固定。③钢筋网片安装。利用智能建造车调运钢筋网片，将其与模板固定。④凹槽模板安装。调整凹槽模板的位置，用螺栓将其与钢筋网片固定。⑤混凝土浇筑。利用混凝土摊铺车摊铺混凝土，实现底座板混凝土自动化布料、振捣与抹平。

2）轨道板智能化粗铺

待底座板养护完毕，可进行轨道板智能化粗铺。具体流程包括：①利用自适应断面铁路工程运输车将轨道板运输至作业地点附近。②利用无砟轨道道床智能建造车将轨道板从运输车吊起并自动定位至作业地点，卸下轨道板，完成轨道板粗铺。

3）轨道板智能化精调

无砟轨道智能机器人精调车根据 CP Ⅲ 控制网基标，自动运行至作业地点，吊起轨道板后，将轨道板自动调整至设计坐标，智能精调车上的精调机构与支护装置脱开，完成轨道板智能精调。

4）轨道板防侧移上浮施工

轨道板智能精调后，支护装置将轨道板立于底座板之上，此时需利用固定拉杆将支护装置与底座板预留孔位连接，进而防止在自密实混凝土灌注过程中轨道板侧移与上浮。支护装置、固定拉杆头部为六角螺丝，可利用与之配套的压力测量装置对支护装置扭矩进行复测微调。

5）自密实混凝土智能化浇筑

首先利用无砟轨道道床智能建造车的多功能吊架将自密实混凝土组合模板整体吊装，从上而下放置后通过辅助板与支护系统相连，形成整体模板；接下来自变形轮式混凝土施工车自动运行至作业地点，配合可智能行走的具有自搅拌系统的自密实混凝土灌注斗进行自密实混凝土灌注施工。灌注施工结束后拆卸 U 形卡，使中模板与辅助板脱模，再打开合机构顶开弧板，即完成脱模。

2. CRTS Ⅲ 型板式无砟轨道智能施工装备

1）轮轨式多维变形混凝土建造工程车

轮轨式多维变形混凝土建造工程车是一种专用车辆，用于混凝土建造工程中的运输和施工任务（如底座板智能化施工中模板调运、钢筋调运等）。它具备灵活的运输能力，每次可运输约 8 立方米的混凝土材料，能够高效地将混凝土输送至施工现场。车辆包括有人和无人智能化驾驶两种模式，通过行走传感器，自动感知并纠偏，确保车辆沿着规划的行走路线移动，并具备报警功能，及时提醒操作员或控制系统进行调整，增强安全性和稳定性，为混凝土建造工程提供可靠的支持。

2）CP Ⅲ 智能数控精调车

CP Ⅲ 智能数控精调车是一种用于道床板精确定位和调整的先进设备，能够精确地调整道床板的位置。该精调车具备有人和无人智能化两种驾驶模式，包含运输、桥面工作和路基工作三种形态。在运输形态下，它可以快速、安全地移动到施工现场；在桥面工作形态下，它能够进行道床板的变跨、行走和转向操作，以适应不同的桥梁条件；在路基工作形态下，它可以自动抓板和精确调整道床板的位置，确保施工的精度和准确性。

3）无砟轨道智能多维变形起运机

无砟轨道智能多维变形起运机是一种用于无砟轨道施工的先进设备，采用智能化技术和多维变形控制原理，旨在解决无砟轨道施工过程中的变形和调整需求，包含有人和无人驾驶两种控制方式，单次可吊运 10 t 轨道板。

该起运机具备多种功能和特点：能够实现对轨道板的多维变形控制，包括长度、宽度和高度的调整，以适应不同施工条件和轨道设计要求；采用智能感知技术实时监测轨道板的变形情况，并通过自动化控制系统进行实时调整和反馈；还配备有超载报警仪，接近荷载时预警，具备超载过载保护功能。无砟轨道智能多维变形起运机适用于不同类型和规格的轨道板，能够在不同施工环境和地形条件下进行操作，还能与其他智能施工设备和系统进行互联互通，实现工程数据的集成和共享。

4）自适应断面铁路工程运输车

自适应断面铁路工程运输车是一种具备自适应不同路面行驶功能的专用车辆，具有精确定位的能力，用于将物资（如道床板、工装、模板等）从起点运送到目的地，其载重范围通常在 20 t 至 40 t 之间。该运输车具备智能化驾驶功能，具备良好的通过性和稳定性，能够应对复杂的工程环境和地形条件，确保物资安全、稳定地运送至目的地。

5）无砟轨道板智能支护调整装置

无砟轨道板智能支护调整装置（图 5-10）由支护装置与扣压装置组成，通过调整机构调节支护装置支腿与固定拉杆高度来完成轨道板固定。扣压装置设有压力传感、位移量传感等施工状态感知模块，实现灌注前限位装置的预压力、灌注中轨道板的上浮力和位移量的精准测量，也可通过相关数据对施工质量进行精细化系统管理。通过对施工状态的精准监控，保障了灌注施工的质量，减少了轨道板复测工序，有效提高了灌注施工效率。

图 5-10 无砟轨道板智能支护调整装置

6）CRTSⅢ型底座整体模板

CRTSⅢ型底座整体模板是一种用于轨道基底施工的特殊模板系统，用于支撑和定位轨道的底座部分。整体模板由多个模板单元组成，可以形成一个完整的底座模板结构，用于支撑轨道板和相关设备。该模板具有高度的准确性和稳定性，能够确保轨道板的几何形状和位置的精确控制，从而满足工程设计要求。

7）自密实混凝土灌注斗

自密实混凝土灌注斗是一种用于无砟轨道施工的特殊设备，具备防止空气进入自密实混凝土的功能，以避免在浇筑过程中产生内部气泡。该设备通过密封处理，在放料口与道床板浇注口之间形成密闭环境，有效防止空气进入。灌注斗具有可调节的灌注口高度和大小，可以根据需求进行自由调整，通过配合实现整体推进式灌注的效果。灌注口设置了流量计，能够实时测量灌注流速数据。控制器根据反馈数据发送指令，控制电机的运动，从而驱动出料阀的运动。使用自密实混凝土灌注斗，可以解决在灌注过程中产生大气泡、蜂窝麻面等隐蔽缺陷的问题，有效控制灌注流速过快导致的轨道板上浮现象，提高 CRTSⅢ型板式无砟轨道施工的质量。

5.2.3.4　CRTSⅢ型板式无砟轨道智能建造云平台

　　CRTSⅢ型板式无砟轨道智能建造云平台(图 5-11)是一个基于 B/S 架构的智能建造平台,利用新一代信息技术,汇集轨道建造阶段的大量数据,通过多传感器数据融合和数据挖掘技术,充分挖掘和发现轨道数据中的隐藏信息,例如钢轨精调量、自密实混凝土厚度和底座板厚度等,建立各阶段信息之间的有效流转机制,消除了信息碎片化管理带来的孤岛效应。平台采用三维模型轻量化处理技术和 WebGL 开源三维引擎交互渲染技术,实现可视化管理模式,即通过一个模型展示多源信息,并进行综合管控。此外,平台能够实时监控轨道施工进度、精度和误差,对质量进行动态智能评估和缺陷预警。

图 5-11　无砟轨道智能建造云平台

　　平台通过数据流、通用业务流和工作流进行串联,系统结构及功能设计图如图 5-12 所示。无砟轨道设计数据作为数据流的起始数据提供给轨道板厂及施工单位进行轨道板制造和工程铺设。在轨道板制造过程中,根据设计数据提供的原始资料,实现轨道板关键性指标检验和几何尺寸偏差记录。各项偏差及测量记录以数据流形式通过既定的数据接口,进入信息业务处理平台。在无砟轨道施工阶段,各道工序在施工测量、成品验收、质量抽检等环节的相关数据以数据流形式传输至平台服务器。平台具有通用业务层与应用层。通用业务层负责针对数据流中的相关信息进行解析、封装、匹配等相关操作,将数据以规定结构格式传输至应用层。应用层可实现具体的管控功能,对通用业务层的数据进行对比分析、数据检索、超限数据自动分析等功能,为每一道工序提供管理,针对出现异常的数据进行预警处理。现场针对异常问题处理完毕后,再次利用数据流形式将最新数据上传。平台根据分析结果解除异常预警,同时将问题纳入问题库,对相似工序进行提前报警,减少和避免类似问题再次出现。

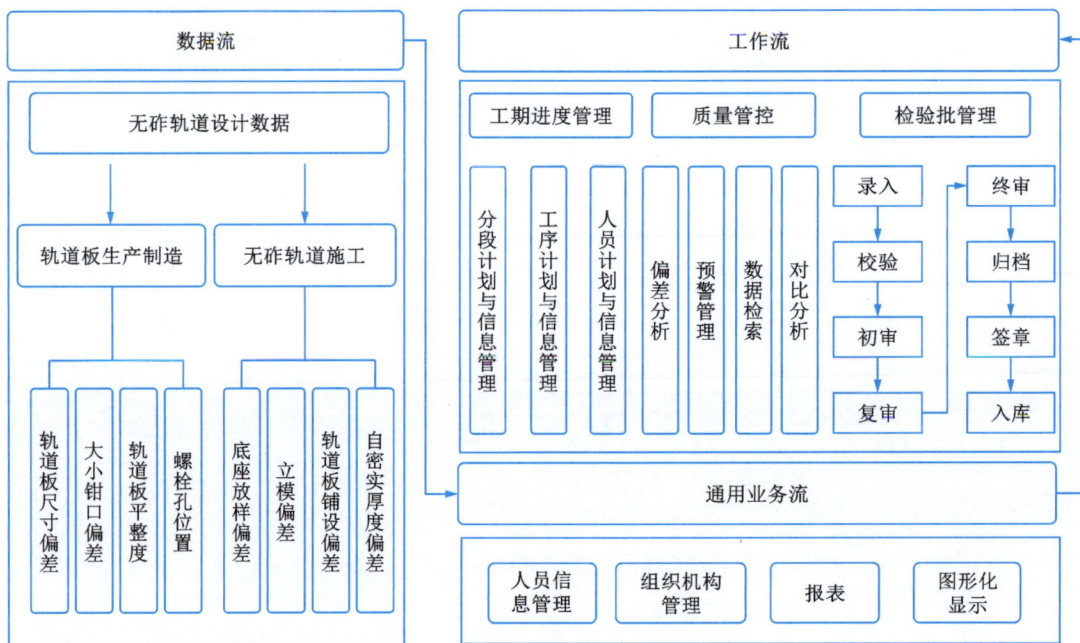

图 5-12　系统结构及功能设计图

系统实现的具体功能包括以下方面：

（1）实现建造过程中各道工序信息数据的自动化采集和实时传输，确保建造信息的准确性，促进建造工艺改进，提高无砟轨道的建造质量。

（2）根据实测数据完成自动化分析和处理，并按照设计格式自动生成进度报表、精度质量报表、质量整治报表等，实现报表管理。方便施工现场及时发现质量和进度问题，同时便于建设单位统一标准化管理。

（3）通过限差管理、预警值设置、短信预警提醒实现预警功能。

（4）建立以 RFID（射频识别）芯片编号为索引的数据库系统，基于轨道板中的 RFID 芯片实现无砟轨道的制造、仓储、铺设信息关联，实现生产制造、施工铺设等信息的快速检索和追溯。

（5）实现无砟轨道建造原材料、工艺、接口工序的检验批自动审批，改变传统的手工作业流程。

5.2.4　"四电"工程智能工装

智能工装是高速铁路"四电"工程中的关键应用，涵盖了测量、安装、预配、检测和监控等五大类系列化产品。山东铁投集团在工程建设实践中使用到的典型产品包括接触网激光检测仪、腕臂吊弦定位仪、吊弦安装间距测量仪、基于 CPⅢ 数据的接触网测量系统和轻型数显式弹性吊索安装仪。

接触网激光检测仪属于测量类工装，其应用激光技术测量接触网支柱的位置、高度和偏移等关键参数，自动实时跟踪接触网支柱的位置变化，确保测量的准确性和实时性。通过与手机或其他设备的连接，将测量数据实时传输和记录，并与腕臂吊弦计算软件无缝对接，解决测量过程中雨天防水和工地防尘等难题。

腕臂吊弦定位仪属于安装类智能工装，其使用精密的传感器和测量技术，准确测量腕臂的偏移量，用于辅助工人在安装接触网腕臂吊索和吊弦时进行准确定位和测量。在施工过程中，工人将腕臂吊弦定位仪放置在腕臂上，测量并获取腕臂的准确位置，以更加精确地安装吊弦，避免偏离设计要求，确保接触网的稳定性和安全性。

吊弦安装间距测量仪是一种辅助安装的智能工装，用于测量吊弦之间的间距。测量仪通过集成精密的测量技术和传感器，准确测量高空作业人员单手吊弦之间的距离，实现非接触式测量，确保各个吊弦之间的距离符合设计要求。同时，测量结果可以通过数字显示或数据传输方式进行记录和传输，便于后续数据分析和管理。

基于 CPⅢ 数据的接触网测量系统是一种应用于高速铁路"四电"工程的智能测量系统，利用 CPⅢ 数据进行接触网参数测量（如接触线高度、水平位置、垂直位置等参数）和分析，采用先进的测量技术和数据处理方法获取接触网的实时数据，实现接触网基础数据的数字化导入、软件自动计算、无轨测量和智能传输等功能。同时，系统可以实现数据的智能传输和共享，便于不同部门和人员之间的协同工作和信息交流。

轻型数显式弹性吊索安装仪通过张力传感器实时监测吊索张力，在数字显示屏直观显示对应张力值，主要用于安装接触网系统中的弹性吊索。此外，其具有弹性吊索张力调节的连续式功能，即操作人员通过仪器上的控制装置，逐步增加或减小吊索的张力，实现对吊索张力的精细调节，确保吊索张力达到预期的要求。

5.2.5 接触网腕臂装配车间及数字平台

腕臂装置是接触网的支撑结构，对接触网的安全运行起着重要作用，而接触网腕臂预配的精度和误差则决定了接触网的安全和稳定，因此，接触网腕臂预配是决定接触网安全和稳定运行的重要施工环节。

在传统的电气化铁路建设中，接触网腕臂预配作业采用人工预配的方式。随着接触网腕臂预配数量的增加，人工预配的效率、质量大大降低。预配质量的降低、误差的增大，往往会造成现场返工、材料浪费等现象，甚至会造成开通运营后发生接触网腕臂零配件"松、脱、断、裂"等现象，给工程质量带来重大的隐患。为了提高铁路电气化接触网腕臂预配的水平，工程领域曾采用半自动化技术结合人力的方式进行接触网腕臂预配，该技术较人工预配方式劳动力使用大幅减少，但是时间和质量上没有太多的改善；同时，半自动化技术结合人力的方式加大了发生人被机械伤害的风险，因此实际预配中采用得较少。在这种背景下，山东铁投集团在接触网腕臂预配中引入自动化接触网腕臂装配车间及数字平台。

1. 接触网腕臂装配车间及数字平台构成

接触网腕臂自动装配线采用集装箱方式，由机械手、伺服电机、减速机和精准运动控制系统组成。整个装配线通过总控装置、送料模块、桩测加工检测打标等 7 个模块相互配合，实现自动打孔、切断、拧紧等操作。设备采集到的腕臂计算数据自动导入 BIM 模型进行参数和空间检验，确认无误则自动发送到生产线进行预配。同时，该设备引入云端控制系统，与互联网数据互通，实现远程控制生产。预配时同步生成二维码，将项目名称、支柱杆号、型号、腕臂预配数据、零配件厂家信息、预配时间、负责人及检测结果上传到云端数据库，与一杆一档相匹配，能更好地服务于高铁运营维护管理。与传统人工预配相比，接触网腕臂自动装配方式作业人员减少，速度提高3倍以上。

2. 接触网腕臂装配技术特点及应用价值

基于高铁智能化需求，集装箱式拼接集成接触网腕臂自动化预配平台具备的特点与应用价值包括：①平台兼具不同腕臂预配长度。②平台功能模块化。在平台加工生产不同等级铁路线腕臂类型时，通过调整其中部分模组便可实现不同类型腕臂的加工功能，模块转换设计实现低成本化。③平台操作自动化、人性化、便捷化。通过互联网将腕臂数据传输至控制电脑后，平台即可实现自动化加工。④方便运输和转运。集装箱式拼接模块集成在一个标准集装箱中，需要加工生产时，把部件从集装箱中取出拼接，当需要转移时，可以将所有部件拆开并收入集装箱内，既方便又快捷。

5.2.6 基于"物联网+智能信息一体化"的高速铁路设备安全管理系统

以"物联网+智能信息一体化"为支撑的高速铁路设备安全管理系统是利用新型物联网技术及其他信息化软硬件技术，进行设备安全信息的收集、传输、处理、储存、利用、更新和维护的信息系统。山东铁投集团开发、部署了该管理系统，解决了线路上工程车辆与施工人员穿插交汇、作业人员多、所处区域分散导致的设备安全管理难度大等问题，补足了施工企业的整体安全管理缺陷，确保了施工现场的安全、稳定。基于"物联网+智能信息一体化"的高速铁路设备安全管理系统的主要功能包括以下方面：

（1）施工计划申请及流程管理。系统客户端上报施工计划，逐级审核后，由调度系统下发到司机驾驶室显示终端和线路上的施工管理人员手机上。

（2）行车安全及人员防护管理。为保证列车行车安全，通过多种方式保证行车安全及人员健康，具体包括：根据沿线施工计划设置施工防护区域，并自动显示在列车运行图上，当列车接近该施工防护区域时会自动报警，提示司机减速慢行；在不同区段设置列车最高行车速度，当超出限制速度时列车司机室与调度中心同时报警；配备移动式地面施工防护预警牌，便于地面施工作业人员随时随地进行施工作业区临时设置，当列车接近该施工防护区域时会自动报警，提示司机减速慢行，同时该装置会发出声光报警，提醒地面施工作业人员注意避让；如果低于预先设定的安全距离时，列车之间的车载终端会发出报警信号；系统自行利用摄像头对员工在工作中的违章行为进行抓拍。

（3）工程质量及安全巡查管理。为确保工程质量和现场安全，在系统中开发了多种工具和流程用于保障工程质量，如小程序拍照上传安全隐患、部署视频领航装置监控列车运行、重点区域及危险区域实时视频监控、行车监控数据实时推送等，实现安全巡查管理。

（4）施工现场与指挥中心信息传达管理。系统通过多种管理措施和手段实现施工现场与指挥中心的信息传达管理，具体包括：调度中心通过本系统向司机室实时发送文字版调度指令。调度指令按照时间段、列车编组、车次、指令号及接收司机等条件进行检索。此外，系统支持集中架梁、铺轨、上砟、机养、焊轨、放散锁定等施工进度的记录和管理，并以天为单位自动生成施工进度表，以不同颜色交替显示每一天的进度情况。

（5）统计分析及整体布局管控。系统集中呈现值班查询、在线机车查询、超速报警查询、车距报警查询、接近施工区域报警查询、调度命令查询等信息，并生成各项统计报表。

5.2.7　高速铁路施工调度安全信息化管理系统

高速铁路施工调度安全信息化管理系统是以提高施工的信息化、智能化及自动化水平，确保铁路施工安全、高效合理施工为目标，利用新型互联网+物联网技术所开发的调度指挥信息化系统。山东铁投集团因项目需要，自主开发了高速铁路施工调度安全信息化管理系统，包括十大功能：跨网段语音对讲、列车运行图计算机绘制、列车定位及接近报警、速度监控及报警、施工区防护及报警、调度命令无线传输、无线视频监控、运输统计、移动办公、远程查看。系统整体架构如图 5-13 所示。

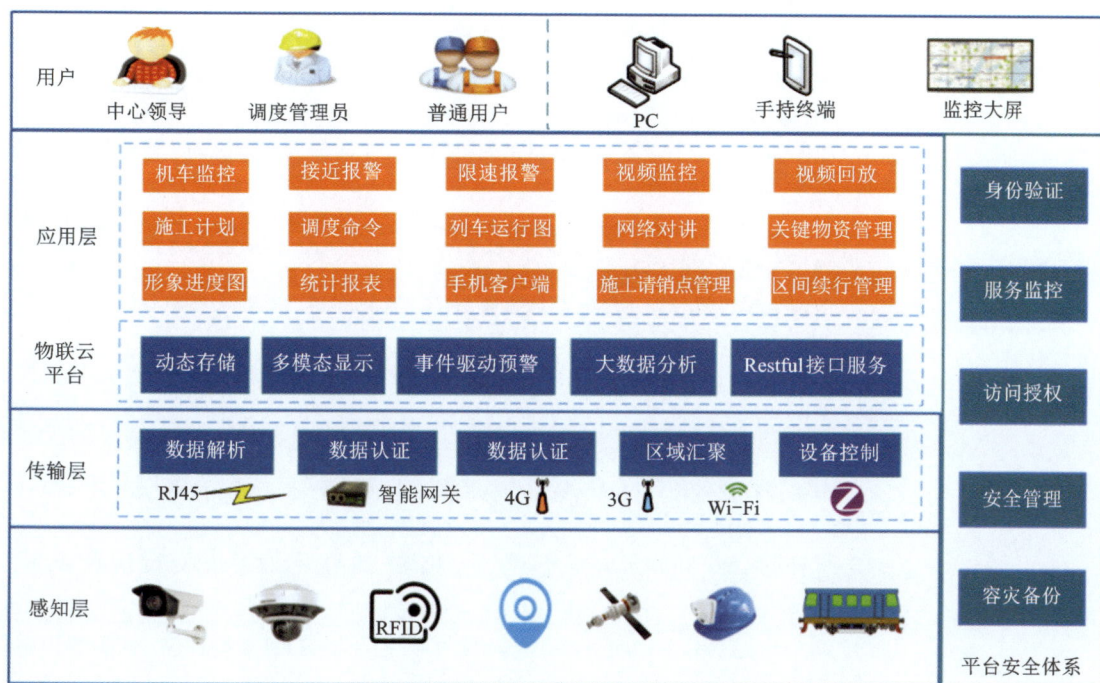

图 5-13　高速铁路施工调度安全信息化管理系统整体架构

铁路工程运输调度指挥系统功能见表 5-2。

表 5-2　铁路工程运输调度指挥系统功能

序号	功能	内　容
1	语音通信	(1)只要在通信网络覆盖范围内，网络对讲机间可采用语音对讲(免费)； (2)在隧道内自建局域网络覆盖范围内，使用智能手机访问互联网后，利用 QQ 等拨号软件与外界电信语音通信终端(固话、移动手机)进行通信(广域网通信运营商收取一定费用)

续表5-2

序号	功能	内　容
2	列车运行图绘制	(1)采用"点点画线"方式手工绘制列车运行计划图、实际图； (2)系统自动绘制列车运行轨迹； (3)一年内历史数据可随时查阅，根据需要可转化为 PDF 格式文件本地转储和打印
3	调度命令无线传输	(1)在系统中调度命令模板，可拟写行车调度命令，也可本地导入调度命令，点击"发送"按钮，命令被无线传输至受令轨道车终端设备； (2)轨道车终端设备接收到命令后，语音提示司机接收命令，司机点击"确认"按钮接受调度命令。 (3)可对调度命令传输信息进行历史查询、本地转储及打印
4	列车位置定位及接近报警	(1)列车在轨道上的位置实时定位(误差±10 m)； (2)相邻列车间距检测(误差±2 m)； (3)当相邻两列车互相接近，达到预先设置的安全防护间隔距离时，两列车和调度指挥中心同时语音报警； (4)可对接近报警的列车车号、时间、位置等信息进行历史查询、本地转储及打印
5	速度监控超速报警	(1)列车运行速度实时监控(误差±3 km/h)； (2)当列车超过事先设定的运行限制速度时，车载终端、调度指挥中心同时语音报警，提示司机减速运行； (3)可对超速报警的列车车号、时间、位置、速度等信息进行历史查询、本地转储及打印
6	施工防护及接近报警	(1)在列车运行图上设置施工防护区域，车载终端即可显示； (2)列车运行接近施工区域 800 m(可调整)时，车载终端、调度指挥中心同时语音报警，提示司机注意停车； (3)可对接近施工区域报警的列车车号、位置、时间、速度等信息进行历史查询、本地转储及打印
7	视频监控	(1)施工重点区域红外线(无线)进行视频监控，视频资料本地存储，需要时可转储、回放； (2)列车或推进运行的车辆前端可按需要加装视频监控摄像头，辅助司机瞭望； (3)管理人员、调度可实时远程查看视频监控区域状况
8	运输统计	(1)可按时间段、列车号、列车司机姓名等方式分类汇总统计有关运输历史信息； (2)以上信息资料可本地转储及打印
9	远程查看	经管理员授权的人员，可通过互联网远程访问调度系统，查看列车运行的相关信息
10	系统运行监控	(1)遇系统设备因故停止运行，自动检测、报告故障设备名称和位置； (2)遇系统供电故障，自动检测和报告故障处所

高速铁路施工调度安全信息化管理系统功能强大、实用性高，是一款针对铁路轨道施工研发的行车指挥和管理的专用系统。山东铁投集团建设的鲁南高速铁路项目应用高速铁路施工调度安全信息化管理系统，带来了较好的经济效益：该项目部原来每个基地站至工地间在同一时间段只能开行一列车，导致铺轨期间，焊机等后续施工不能与铺轨平行作业。应用该系统后，同一区段同一时间可同时开行多列车，施工组织变成了前行列车铺轨，后续列车配

合焊轨或水沟施工等作业，实现了同一区段同一时间两个作业面同时施工，一个作业面可节约工期 15 天左右。一个铁路轨道项目按照双线 200 km 长度，配备 4 台轨道车、8 辆平车、1 台焊轨机、350 人，分 2 个作业面施工来计算，可节约施工成本约 356 万元，产生良好的经济效益。

5.3　智能监测与运维技术

智能检测与运维技术是指在高速铁路建设、施工和运维过程中应用先进的信息技术、传感器技术和数据分析技术，对铁路构筑物及周围环境进行实时监测、质量控制和运维管理的技术手段。本节以山东铁投集团鲁南高速铁路建设实践为例，从工务运维和车站运维两个层面梳理智能检测与运维技术，阐述关键技术原理、功能、应用场景、应用流程及应用成效等。工务运维层面包括试桩区综合监测技术、连续梁线形监测系统、新建铁路对既有高速铁路路基变形控制与监测技术、地震断裂带路基变形监测技术和基于北斗+GNSS 高铁轨道平顺性测量系统。车站运维层面则是指由绿色站房能效管控系统、车站结构健康监测系统和站房运维管理系统组成的高铁车站运维管理平台。

5.3.1　试桩区综合监测技术

5.3.1.1　试桩区监测内容

在高铁工程建设过程中，试桩区监测旨在对试验区段的中心位置设置监测断面，通过数字监测设备及元件监测试桩区域地标水平与竖向位移、地基土体孔隙水压力变化、地下水位变换及土体深层水平位移。以曲阜东站为例，管桩试验项目的详细监测项目见表 5-3。

表 5-3　管桩试验项目的详细监测项目

试验项目		钻孔灌注桩	微型注浆钢管桩	预应力管桩
平板载荷试验（承载力≥200 kPa）				√
施工参数	设备工作尺寸	√	√	√
	施工速率	√	√	√
	有地下水时注浆效果		√	
	有地下水时成孔质量		√	
是否塌孔		√		√
地表是否隆起				√
场区地表变形	水平位移	√		√
	沉降	√		√
孔隙水压力		√		√
声波透射法检测桩身完整性		√		

试桩试验的目的在于：①选择合理的施工工艺，验证设计参数。设置监控措施，掌握施工过程对临近既有构筑物的影响范围及程度。②研究成桩进度对土体固结及超孔隙水压力消散时间的影响，考察成桩进度对周围土体的扰动程度。③考察桩的隔离效应，为优化现场施工组织提供依据。

依据相关规范要求，试验区监测断面的横向监测范围为 2 倍桩长范围（60 m）。曲阜东站的Ⅲ~Ⅵ试验区 4 个监测断面，共设置了 8 个地表位移测点。针对地表位移及沉降，项目团队选用 Nova TS-60 超高精度全自动测量机器人和监测棱镜，布设在距离试桩区 80 m 位置，通过 L 型棱镜观测，可自动获取测量数据；选用阵列式柔性测斜仪测量土体深层水平位移；采用孔隙水压力计和水位计测量超孔隙水压力和地下水位变化。其中，孔隙水压力计、水位计、阵列式柔性测斜仪的测站布置在各测试断面一侧 10.0 m 处，距加固区边界 8.0 m 处。

5.3.1.2 基准点选取及观测频次

1. 基准点选取要求

依照相关测量规程，每个测站设置不少于 3 个基准点。基准点设置在变形影响范围之外、便于长期保存的稳定位置，且基准点的间距不大于 1 km。依照现场实际情况，优先选用既有 CPⅠ、CPⅡ控制点及线路水准基点。按照线路水准基点的埋设要求增设基准点，并在使用时做稳定性检查与检验，以稳定或相对稳定的点作为测定变形的参考点。

2. 试验观测频次

1）自动监测

元件布设完成后，通过自动化监测系统监测地表位移及沉降、深层土体水平位移、孔隙水压力及地下水位。以曲阜东站为例，沉桩过程中观测频率为 12 次/天，其余时间正常情况下 6 次/天。实施过程中，可根据现场实际情况适当加密观测频率。

2）人工观测

（1）监测点埋设完成后，在施工前安排专人对位移、高程监测点进行坐标、高程采集。

（2）安排专人通过全站仪和精密水准仪对监测点位置及高程进行人工测量，按照 4 次/天观测频率记录观测数据，并将人工观测数据与仪器监测数据进行对比分析。

（3）在第一根管桩压桩到位后，进行首桩顶标高及桩位坐标测量并记录测量数据；测量完成后进行下根管桩施工，同时观测首桩位移及高程变化，并记录相关数据。以此类推进行首排管桩观测，直至桩位移已完成及高程无变化时，停止观测。

5.3.2 连续梁线形监测系统

连续梁线形监测系统应用移动互联技术，结合电子水准仪、全站仪对连续梁悬灌施工（高程方向和水平方向）进行线形监控，业务流程涵盖定义施工阶段、计算控制标高值、消除超限预警。该系统由数据采集端、数据发送端和服务端三部分构成（图 5-14），采用有线/无线网络作为传输链路，实现多维通信与处理。连续梁线形监测技术采用标准数据接口，实现全程电子化，以确保监控数据的准确、安全和可靠。监测数据通过移动互联网直接传输至服务器，有效地缩短了传输环节，保证了数据的完整性和及时性。数据整理和分析过程实现了自动化，采用图形化界面直观呈现数据，能够及时发现并解决问题。同时，系统还可自动生成施工监控单和报表。一旦偏差超限，系统将立即上报，相关单位可迅速采取措施，从而有效保障桥梁施工质量。远程监管功能也便于管理和考核过程的进行。

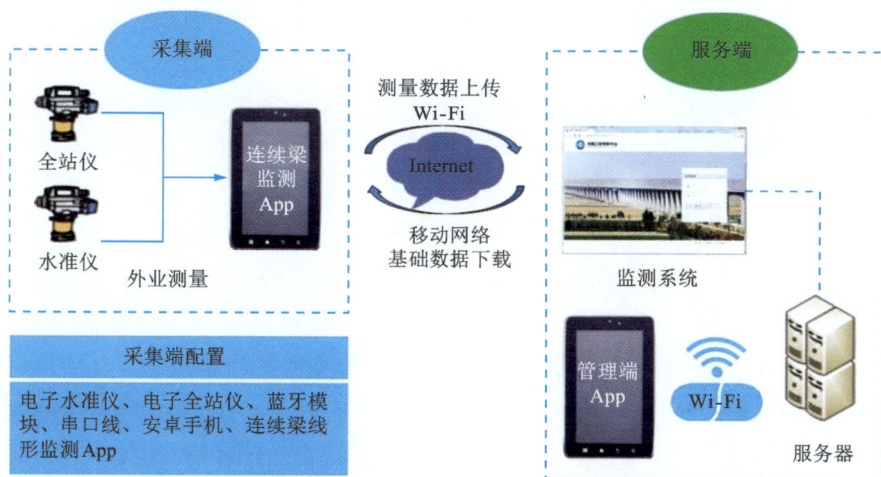

图 5-14 连续梁线形监测系统

连续梁线形监测系统主要业务流程环节包括：

(1)技术人员录入桥梁基础数据，进行初始化工作，设置首次理论值。

(2)根据上一个施工阶段的量测值计算下一个施工阶段的理论值，录入监测系统(循环此过程)。

(3)数据采集端(手机)下载梁段信息、测点信息、施工阶段信息、理论值和量测点信息。

(4)数据采集端(手机)与测量设备通信实施测量。

(5)数据上传至连续梁线形监测系统服务器进行数据处理及分析、偏差超限预警推送。

(6)PC 机客户端数据利用、偏差超限处理。在服务器端，系统汇总、统计、分析和展示采集端上传的数据(包括测量数据和偏差超限信息)，调整偏差，以指导下一步作业，保证施工质量。

5.3.3 新建铁路引入既有高速铁路路基变形控制与监测技术

为解决新建铁路对既有高速铁路路基变形控制问题，山东铁投集团以鲁南高铁引入既有京沪高铁技术研究(国铁集团立项课题)、曲阜—临沂城际铁路路基填筑对临近既有京沪高铁影响及变形控制技术研究等课题为依托，结合鲁南高铁曲阜东站实际工程应用，提出了新建铁路接入既有高速铁路的变形控制标准，构建了临近既有高铁施工的高精度实时在线综合监控系统、预警与响应机制，形成了适用于临近高铁地基加固的少扰动桩基施工控制成套技术。以下以鲁南高铁曲阜东站引入既有京沪铁路为例，阐述新建铁路接入既有高铁路基变形控制标准、监测与评估技术。

5.3.3.1 新建铁路引入既有高速铁路路基变形控制标准

依据《中华人民共和国铁道部高速铁路无砟轨道线路维修规则(试行)》，在鲁南高铁引入既有京沪高速铁路建设过程中，结合既有高速铁路工程特点、工程地质、水文条件、历史变形等,研究了新建铁路地基处理和路基填筑所产生的附加荷载分布特性,分析了其对运营既有高速铁路竖向变形、水平位移的时空影响规律,提出了新建铁路对既有高速铁路的变形控制标准,包括变形控制标准设置原则、变形控制标准的确定、预警呈报制度与应急措施。

1. 变形控制标准设置原则

(1)充分考虑京沪高铁的安全运营。以京沪高铁无砟轨道线路的可维护性为第一控制原则,始终确保既有京沪高铁线路平顺性处于扣件与垫片的调整能力范围之内,满足规则要求。

(2)考虑新建高铁的顺利施工。在不违背第一控制原则及一定的安全储备条件下,报警管理值的设置应避免为新建鲁南高速铁路施工带来不必要干扰,并动态指导新建鲁南高速铁路施工。

(3)以京沪Ⅰ、Ⅱ股道变形为准进行报警。由于铺设的传感器较多,有些传感器距离运营京沪Ⅰ、Ⅱ股道距离较远,但离施工区域很近,因此变形较大。若直接采用其值进行报警会造成较大施工干扰。

2. 变形控制标准的确定

由于鲁南高铁引入京沪高铁存在变形段,且路基自动全向传感水平位移计布设点与京沪高铁Ⅰ、Ⅱ股道正线相距较远,规则中关于沉降限值和水平位移监测的变形规定较为严格,不适用于该项目。因此,可设置两级报警体系:一级预警以自动监测结果为基础,设置Ⅰ、Ⅱ、Ⅲ三级,作为预警提醒;二级报警以轨道检测结果为基础,设置黄、橙、红三级,作为各单位行动响应依据。

运营线路监测报警管理值分类如下。

1)沉降监测报警管理值

根据《运营高速铁路基础变形监测管理办法》(TG/GW 260—2015),运营高速铁路基础沉降监测采用变形测量三等精度,水平位移监测采用变形测量二等精度。

根据竖向变形精度范围±0.5 mm 的要求,波动范围设置为 1.0 mm。为减小误报率,将最小等级划分跨度标准设置为波动范围+0.5 mm,即 1.5 mm。自动监测沉降预警等级划分为Ⅰ级、Ⅱ级、Ⅲ级,对应沉降变化量为 2.0 mm、3.5 mm、5.0 mm。轨道状态高低报警等级分为黄色、橙色和红色,对应的沉降高低偏差值分别为 2.0 mm、3.0 mm、4.0 mm。当自动监测报警值超过Ⅰ级之后,启动对Ⅰ、Ⅱ股道状态的检测,根据检测结果进行二级报警。

2)水平监测报警管理值

自动全向传感水平位移计波动范围为 1.5 mm,为减小误报率,将最小等级划分跨度标准设置为波动范围+0.5 mm,即 2.0 mm。据此,划分水平位移的Ⅰ、Ⅱ、Ⅲ报警等级,对应的水平位移值为 2.0 mm、4.0 mm、6.0 mm。轨道水平位移报警等级分为黄色、橙色、红色,对应的水平偏差值分别为 2.0 mm、3.0 mm、4.0 mm。当水平位移报警值超过Ⅰ级之后,启动对Ⅰ、Ⅱ股道状态的检测,并根据检测结果进行二级报警。

3. 预警呈报制度与应急措施

设置分级预警呈报制度:当自动监测超出黄色预警等级时,及时向施工单位及设备管理单位发出通知;当自动监测超出橙色和红色预警等级时,及时向鲁南公司、设备管理单位及施工单位发出通知。

为确保京沪高铁运营安全,超出报警值时各单位应对措施如下。

（1）超出黄色报警限值时。当超出黄色报警限值时，仔细检查测线基准点情况，认真分析数据与列车振动、温度等因素的相关性，确保获取准确无误的监测数据；施工单位与铁路主管部门联动，加密轨道状态检测频次。

（2）超出橙色报警限值时。当超出橙色报警限值时，临近营业线的施工作业应临时暂停。由施工单位向主管单位汇报现场情况，主管单位根据情况组织召开现场研讨会，共同分析变形超限原因，待处理方案确定后，方可恢复施工。

（3）超出红色报警限值时。当超出红色报警限值时，临近营业线的施工作业应立刻停工，监测单位和路局工务部门应加密监测与检测频次，施工单位将情况向主管单位进行汇报。主管单位根据紧急程度召开专家会或各方研讨会，明确变形超限原因与发展趋势，确定施工调整方案，并根据京沪高铁正线平顺性变化情况确定是否恢复施工。

5.3.3.2　基于 BIM 的监测数据可视化分析技术

为确保鲁南高铁引入京沪高铁曲阜东站建设工程的顺利进行，京沪高铁路基、桥墩的沉降变形在施工期间和运营期间被实时监测，同时在其施工期间及工程完成后对新建鲁南高铁临近既有曲阜东站施工还进行了路基监测，保障了既有京沪高铁的运营安全，加强了新建鲁南高铁的施工质量控制。

基于 BIM 技术的可视化、协调性、模拟性、优化性等特点，将 BIM 技术与监测数据结合起来，建立了基于 BIM 技术的既有高铁路基变形发展三维可视化系统（图 5-15），以直观展示新建高铁施工对既有高铁的变形影响。主要步骤包括：①基于真实数据重建既有线 BIM 模型；②构建新建线 BIM 模型；③基于 BIM 模型展示变形监测数据；④基于 BIM 的变形控制区建立施工方案交底。

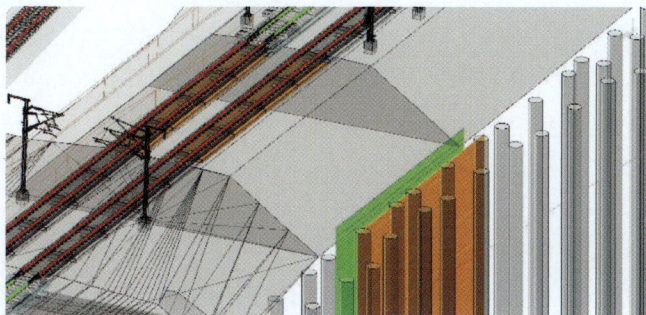

图 5-15　三维模型变形区域可视化

1. 基于真实数据重建既有线 BIM 模型

将所拍摄的无人机数据、各种辅助数据，如传感器属性（如焦距、传感器尺寸、主点、镜头失真）、照片的位置参数（如 GPS）、照片姿态参数（如 INS）、控制点等作为数据输入源，导入 Bentley ContextCapture（BCC，实景建模软件），自动输出铁路沿线高分辨率的、带有真实纹理的三角网格模型，精细地复原出鲁南高铁沿线地形地貌的真实色泽、几何形态及细节构成，以及当前的工程现状。实景建模软件建模的主要工作流程如图 5-16 所示。

（1）图片导入：拍摄目标区域，整理模型构件所需的照片文件。

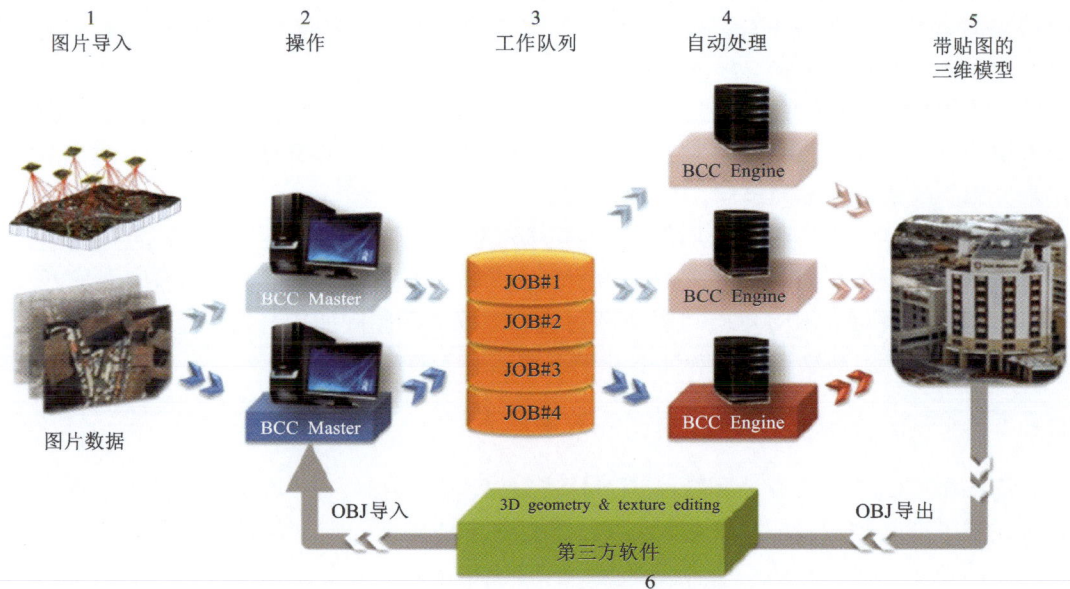

图 5-16　BCC 工作流程

（2）导入照片文件和设置参数：打开 BCC Master 模块，导入整理好的照片文件，选择适当的图形处理参数值并提交。

（3）任务分解和处理：BCC Master 自动分解任务，形成多个任务队列。BCC Engine 模块智能选择并处理任务队列。

（4）生成三维模型：处理结束后，生成三维模型。

（5）可选的模型修正：使用第三方软件（如 MicroStation）对需修正的模型进行修改。重复以上（2）～（5）的操作，最终按照已导入的 OBJ 模型进行网格纹理（texture）映射。

依据上述流程，通过倾斜摄影，获取鲁南高铁曲阜东站区域的 10 万张影像（示例图片见图 5-17），还原既有曲阜东站、综合工区的建筑结构、周围环境的三维几何信息。

图 5-17　既有曲阜东站

2. 构建新建线 BIM 模型

采用 Bentley PowerCivil、Bentley AECOsim Building Designer（ABD）、MicroStation CE（MS）、ProStructures V8i 及 CivilStation Designer（CSD）等软件建立地质模型、站场模型、轨道模型等 BIM 模型。

1）地质专业

地质专业人员通过 ProjectWise 中 MicroStation 二次开发的地质三维设计系统创建了地质专业 BIM 模型，并将模型数据嵌入服务器中，以备各个专业调取。具体流程包括：在地质数据库中，配置工程项目的地质内容环境，包括岩性层、覆盖层、地层时代、风化层、断层、卸荷和地下水等环境的配置；录入和管理野外勘察数据，包括钻孔数据、勘探线的勘探剖面数据、地质点数据和平洞数据，如钻孔的坐标、钻孔的岩性层、地层时代、岩性指标、风化层、节理统计、分段描述、地下水位、地质调查点和地质出露线等。

根据录入的地质数据和测绘专业提供的地形表面模型，在 MicroStation 中用自动和手动方式建立地质分界面，生成三维地质模型如图 5-18 所示。

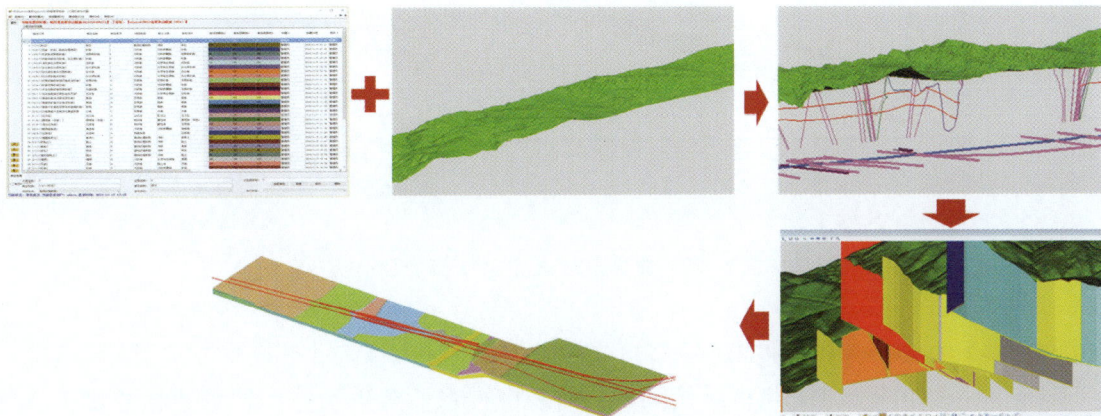

图 5-18　三维地质模型

2）站场专业

基于自主开发的辅助建模工具，对站场专业内骨架边坡、土石方工程、排水沟、复合地基、警冲标等进行建模。站场范围包括鲁南场、京沪场、京沪场综合工区、鲁南场综合工区。BIM 模型示例如图 5-19 所示。

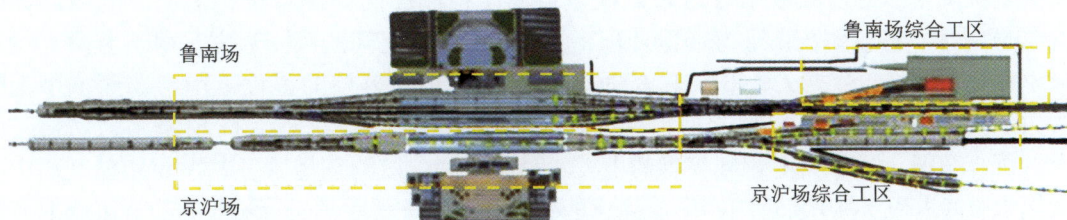

图 5-19　BIM 模型示例

3）轨道专业

通过轨道辅助设计工具创建轨道专业的轨道和道岔 BIM 模型。具体流程包括：登录 ProjectWise，引用线路、桥梁、站场、路基等专业数据，导入钢轨、轨枕、道床等相关数据文件，基于开发的轨道辅助设计工具开展轨道和道岔建模工作。建模成果包括泰安城际 CRTS Ⅲ型板式无砟轨道、京沪正线无砟轨道、临沂上下行联络线有砟轨道、高铁上下行联络线有砟轨道、菏泽方向上下行线有砟轨道、鲁南场到发线有砟轨道、京沪场到发线无砟轨道。曲阜东站轨道 BIM 模型示例见图 5-20。

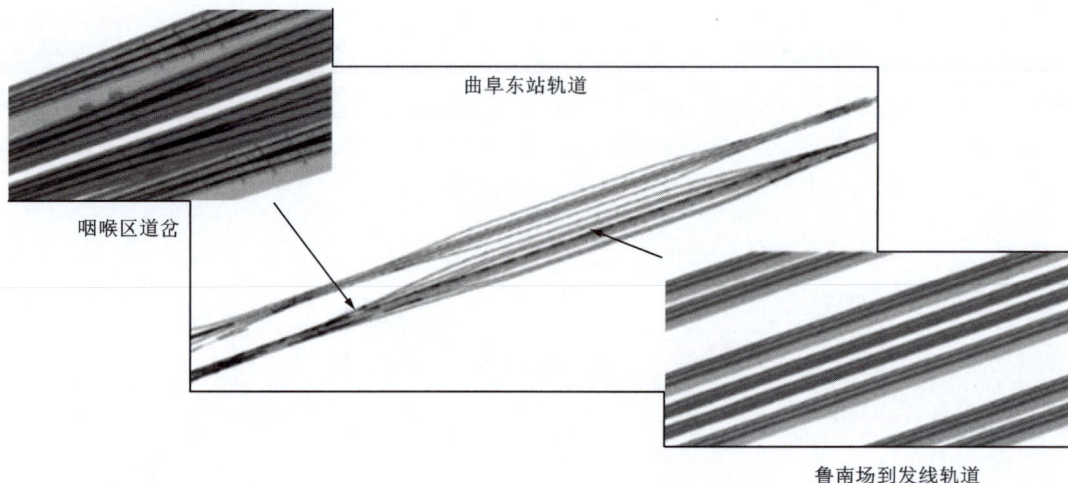

图 5-20 曲阜东站轨道 BIM 模型示例

3. 基于 BIM 模型展示变形数据

基于建立的 BIM 模型，将桥墩沉降与路基沉降变形监测点的空间位置数据链接至 BIM 模型，用图表直观地展示出监测点的具体变形情况。具体步骤如下。

1）监测数据关联 BIM 模型

由于桥墩和路基沉降变形监测数据获取方式不同，分别采用不同的方式将相应的监测数据关联至 BIM 模型。

桥墩变形监测仪器包括物位计与双轴倾角仪，其中物位计主要监测桥墩沉降变形。在每个桥墩固定物位计获取监测数据，通过将监测点与桥墩号关联，并将桥墩号信息附加到桥墩 BIM 模型上，可实现桥墩 BIM 模型和桥墩沉降监测点数据的一一对应，如图 5-21 所示。

路基沉降变形的监测数据通过布设在轨道底座板侧面的物位计进行监测。监测点每隔 20 米布设一个，将监测数据进行插值处理，可获取监测点之间的沉降数据。由于监测点仅有对应里程标记，监测数据关联 BIM 模型时需判断底座 BIM 模型的里程范围与监测点里程的包含关系。如果底座 BIM 模型的里程范围内包括监测点里程，底座 BIM 模型将采用相应监测点的沉降数据。如果底座 BIM 模型的里程范围内不涵盖监测点里程，则取 BIM 模型的中心里程作为插值里程，利用接近的两个监测点的数据，按照里程距离进行插值处理，可获取底座 BIM 模型的沉降数据。路基 BIM 模型和路基沉降监测点数据的对应关系如图 5-22 所示。

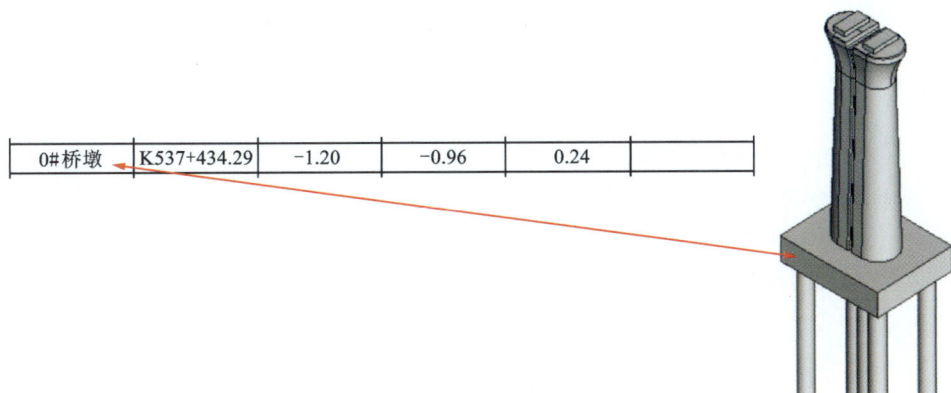

| 0#桥墩 | K537+434.29 | −1.20 | −0.96 | 0.24 | |

图 5-21　桥墩 BIM 模型和桥墩沉降监测点数据的对应关系

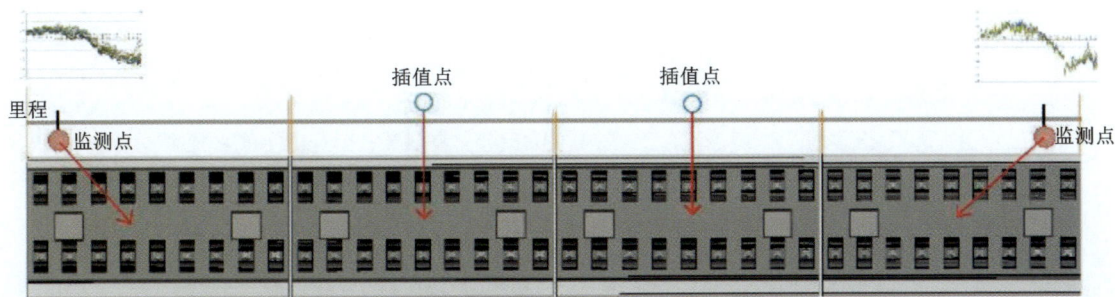

图 5-22　路基 BIM 模型和路基沉降监测点数据的对应关系

桥墩监测数据与桥墩 BIM 模型建立关联的方法主要包括以下步骤：利用 BIM 软件中的 ItemType 工具建立桥墩沉降信息类，信息类包括桥墩号、沉降值等；给监测点相关桥墩的 BIM 模型附加信息，并设置桥墩号信息；整理各监测点数据到 Excel 文件中，文件数据包括 2 列（桥墩号、沉降值）；利用自主开发的沉降信息附加插件，读取 Excel 文件中的桥墩沉降数据，附加到桥墩 BIM 模型，调整 BIM 模型颜色，不同的颜色即表示不同的沉降值。

路基监测数据与路基 BIM 模型建立关联的方法主要包括以下步骤：利用 BIM 软件中的 ItemType 工具建立路基沉降信息类，信息类包括所在线路、小里程、大里程、沉降值；利用自主开发的沉降信息附加插件，对里程范围内的 BIM 模型附加信息，设置所在线路、小里程、大里程信息；按线路整理各监测点数据到 Excel 文件中，文件数据包括 2 列（里程值、沉降值）；利用自主开发的沉降信息附加插件，读取 Excel 文件中的线路名称（表名）、监测点里程，分析监测点里程与 BIM 模型里程信息的关系，计算 BIM 模型对应的沉降值，调整 BIM 模型颜色，不同的颜色即表示不同的沉降值。

2）监测数据与 BIM 模型结合的展示效果

在 BIM 模型上附加信息后，利用自主开发的沉降信息附加插件在 BIM 模型中导入监测数据，即可在三维空间中查看整体沉降情况，施工技术人员可直观观察区域变形情况。图 5-23 为京沪场 66#~71#桥墩和Ⅰ、Ⅱ、3、5 股道累计沉降 BIM 模型示意图，从模型的颜色可以直观地看出累计变形情况。

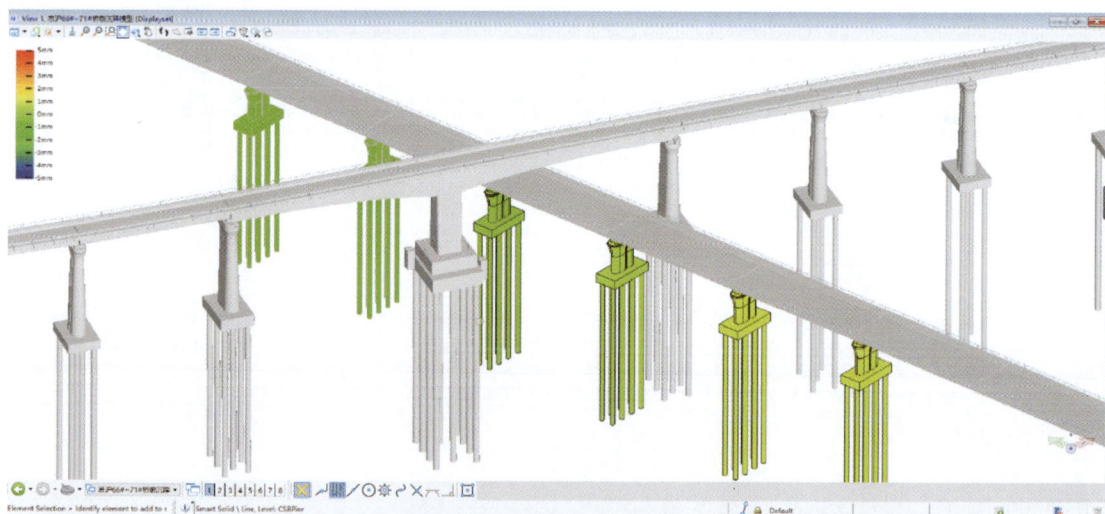

(a) 66#~71#桥墩沉降BIM模型

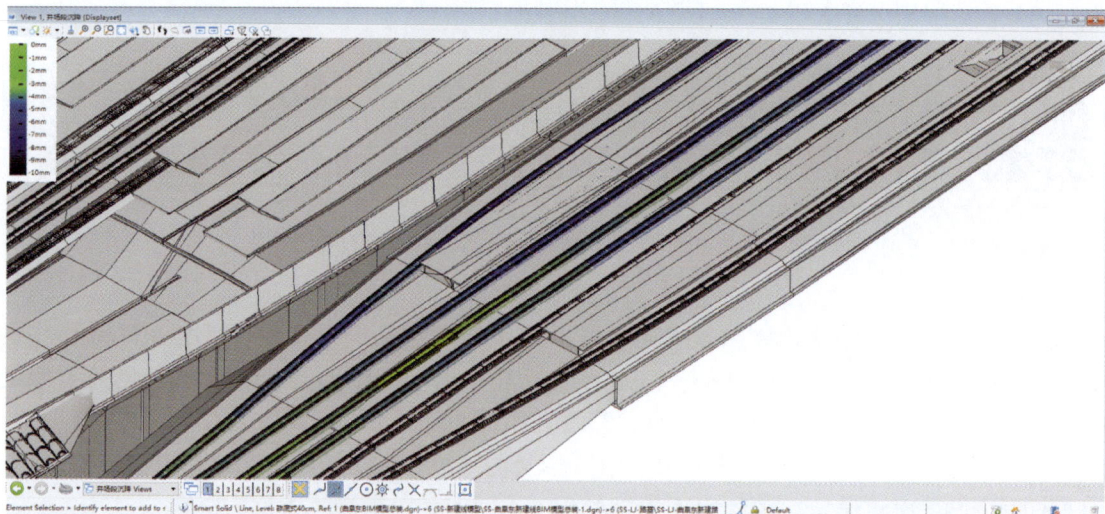

(b) Ⅰ、Ⅱ、3、5股道累计沉降BIM模型

图 5-23　京沪场桥墩沉降和股道累计沉降 BIM 模型示意图

4. 变形区域 BIM 施工方案交底

利用 BIM 技术特点，从变形控制区域工程展示和变形控制施工方案交底两方面来直观地使施工人员了解施工重点与难点问题，以提前针对变形控制要求采取应对方案。

以鲁南高铁曲阜东站建设项目为例，该项目的变形控制工程包括并场段桩基施工、接轨段路基帮填等。利用 BIM 技术，实现 CFG 桩、钻孔灌注桩、微型注浆钢管桩和轻质混凝土的帮填建模，通过真实三维坐标把实景数据和新建 BIM 模型整合到一个场景中，进行施工模拟和施工方案交底，具体流程如图 5-24 所示。将施工步骤进行分解，分析每个步骤所需的场景和 BIM 模型。根据施工步骤的前后关系形成施工脚本。依据施工脚本进行施工模型的细化和施工场景制作。基于建成的 BIM 模型，分析变形控制工程在不同时间和环境的设备位置关系及施工步骤前后关系，调整不合理的施工步骤和细节。根据调整结果，将每个施工步骤串接起来形成施工模拟动画，如图 5-25 所示。

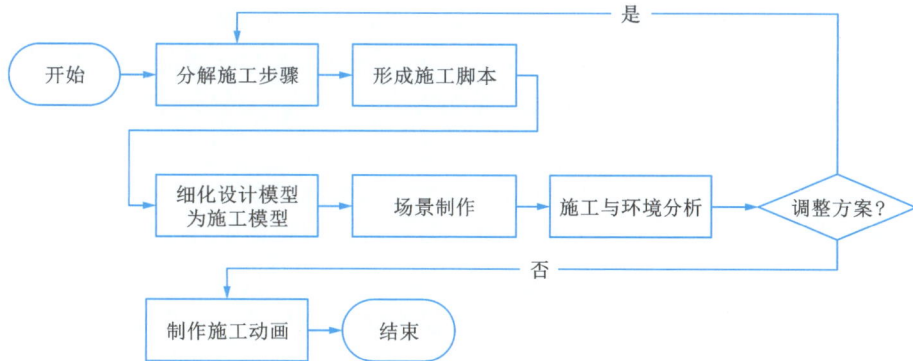

图 5-24　施工模拟流程

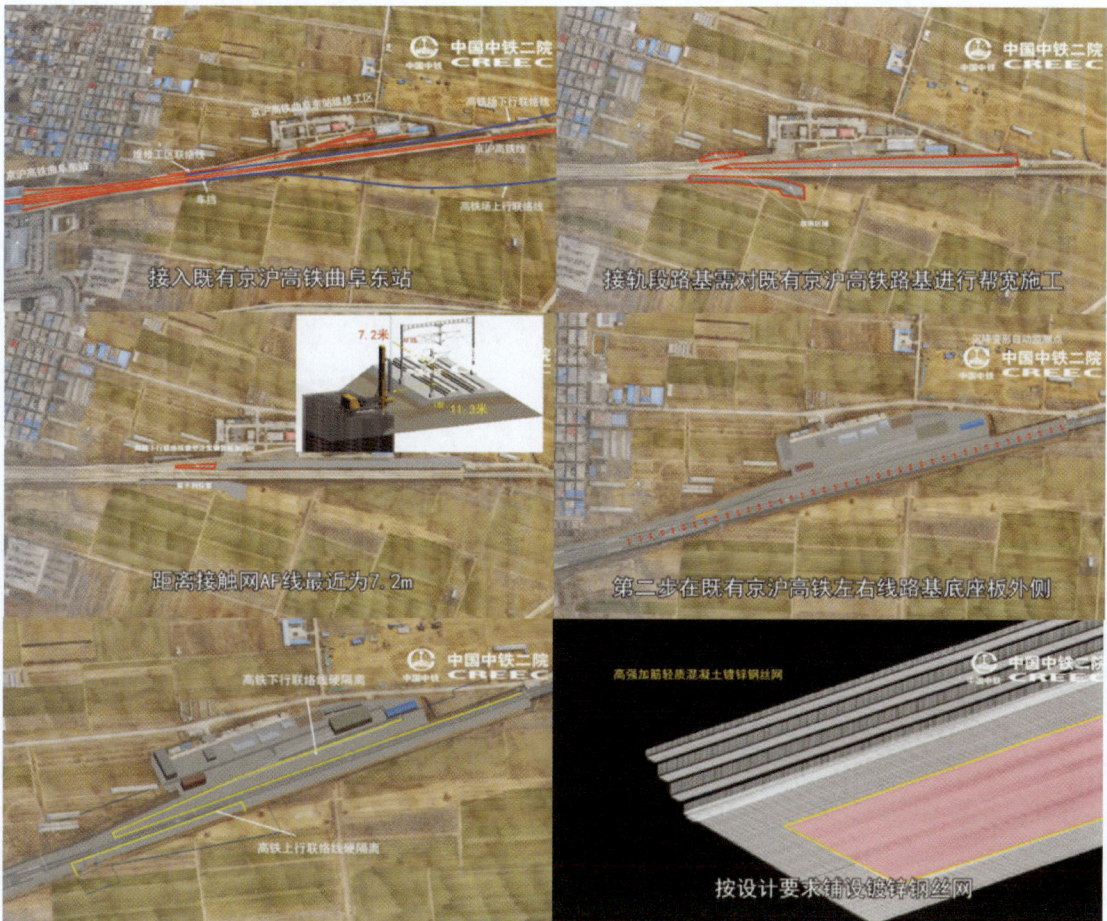

图 5-25　路基帮填施工模拟

5.3.4 地震断裂带路基变形监测技术

随着我国高速铁路的快速发展，高速铁路建设面临着越来越复杂的地质条件，跨越活动断裂带区域的高速铁路路基变形监测技术可以方便、全面、及时掌握断裂活动引起的路基变形，利于及时作出或调整必要措施，确保运营安全。

1. 监测技术与原则

地震断裂带路基变形监测技术是一项用于监测地震断裂带附近路基（包括地基面和路基面）变形情况的技术手段，包括对地基面和路基面的自动沉降监测，以及对坡深层水平位移的自动监测。该技术通过在适当位置设置监测设备，利用各种传感器和自动化测试系统，实时获取路基的沉降、水平位移等数据，以观测地震断裂带附近路基的变形状况，为工程安全运行提供可靠的数据支持。其中，地基面自动沉降监测点沿着地基面横向分布，路基面沉降监测点沿着路基的线路方向布设在线路两侧，坡脚监测点布设在坡脚位置。

2. 沉降自动监测系统布设要求

以鲁南高铁项目为例，为了有效观测、控制日照至临沂段活动断裂带地基面和路基面的变形沉降，山东铁投集团组织相关单位研究和制定了路基变形自动观测方案，采用电测沉降计与水平位移计对路基沉降和水平位移数据进行采集，实现自动化监测。同时，配合柔性位移计等检测元件及无线自动化综合测试系统，实现对路基沉降及稳定性的长期监测。

路基变形自动监测系统的布置及设备安装依照下列要求开展：

（1）自动监测系统设备包括自动监测物位计、基准板、沉降板、定位装载箱、连接总线（包括数据线、液管、气管）和工控设备箱。

（2）对于基底可压缩层沉降自动监测断面，在路堤基底中心埋设自动监测物位计，并在路基坡脚外侧（水沟内侧）埋设基准点物位计、定位装载箱和工控设备箱。对于基床表层底面沉降自动监测断面，在路基底层表面中心及两侧路肩（线缆槽内侧）埋设自动监测物位计，并在靠近地基沉降监测基准点一侧埋设定位装载箱。

（3）自动监测物位计的精度为 0.5 mm，量程为 500 mm，灵敏度为 0.01 mm。

以鲁南高铁日照至临沂段活动断裂带为例，地震断裂带路基变形监测包括自动沉降监测和深层水平位移监测，布设示意图如图 5-26 所示。

自动沉降监测方案包括以下内容：①在区段测点沿着线路方向布设测点。对于坡度较大的路段，可将传感器安装在路肩的斜坡上。②每个测点通过 4 个膨胀螺栓进行固定，并使用保护罩进行保护。③传输总线通过保护槽进行保护，保护槽应采用膨胀螺栓固定且每米不少于 4 个。对于其余路段，将测点布设在支承层上，每个测点通过 4 个膨胀螺栓进行固定，并使用保护罩进行保护。传输总线同样需要通过保护槽进行保护，保护槽应采用膨胀螺栓固定且每米不少于 4 个。

深层水平位移监测方案包括以下步骤：①在设计位置进行钻孔，钻孔深度符合设计要求。②将深层水平位移监测系统安装到钻孔中。

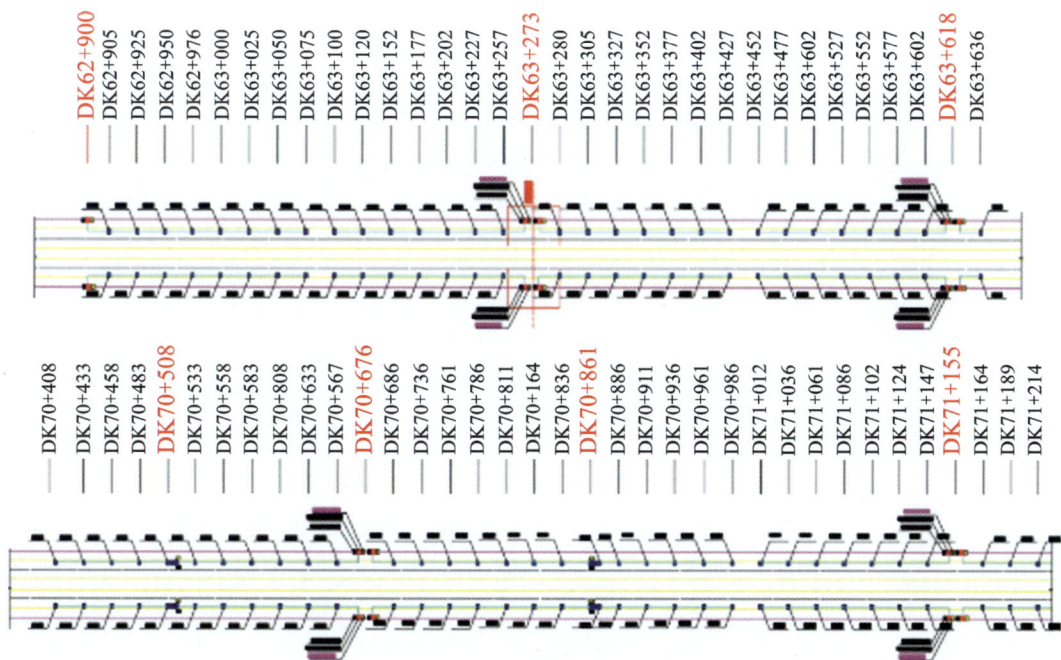

图 5-26　路基面自动沉降监测布设示意图

3. 自动监测观测要求

路基变形自动监测系统通过专用的监测软件访问平台数据库，设定监测频次，实时观测本期沉降、累计沉降和沉降速率等数据。在施工过程中，通过 CPⅠ和 CPⅡ对基准点进行变形数据修正，将观测数据输入软件进行系统修正，修正频次根据实际情况确定，正线 350 km/h 段在沉降评估满足要求后即进行后续轨道铺轨施工。

5.3.5　基于北斗+GNSS 高铁轨道平顺性测量系统

传统全站仪逐枕测量方法存在效率低下、测量条件要求高、复测费用高等缺点，因此亟须对此技术加以改进，适应高速铁路的快速发展。山东铁投集团联合山东北斗华宸导航技术股份有限公司、清华大学、中国铁路济南局集团有限公司和山东交通学院，开发了北斗+GNSS（惯导）高铁轨道平顺性测量系统。

北斗+GNSS 高铁轨道平顺性测量系统是一种全新的高铁轨道平顺性测量技术和方案，能够有效提升高铁轨道平顺性测量的效率，减少 CPⅢ基准网的复测工作量。该系统由 GNSS 基准站、测量小车、数据处理中心和通信系统四部分组成（图 5-27）。其中，GNSS 基准站沿铁轨两侧布设，间距约为 1 km，为整个系统提供基准坐标；测量小车在铁轨上移动，利用惯导与多种传感器进行相对测量，同时利用北斗静止测量的数据和惯导组合进行绝对测量，最终，所有数据通过通信系统传输至数据处理中心进行统一处理。

基准站的数据存储在数据中心中，与卫星定位进行小车轨道平顺性测量时产生的数据一同联合解算。在测量起点，小车进行惯导初始化检验，接收卫星信号以获取高精度起始坐标；持续观测 8 分钟后，小车在轨道上继续行驶，卫星接收机和惯导持续工作，接收数据；当

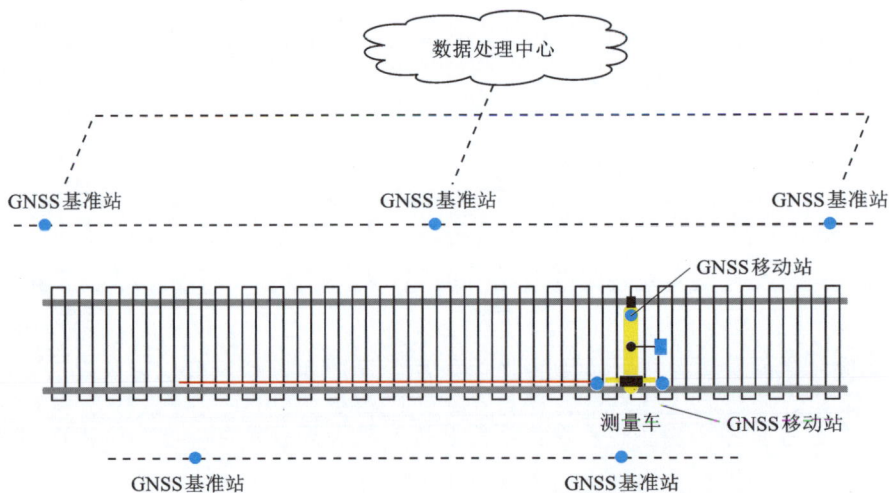

图 5-27　北斗+GNSS 高铁轨道平顺性测量系统架构

行驶到距离 150 m 处时停靠 3~5 分钟，以静态方式接收卫星信号；继续行驶直至测试终点。综合测量效率达到 1 km/h。

相对于传统的全站仪逐枕测量方法，北斗+GNSS 高铁轨道平顺性测量系统具有以下八个方面的核心优势：

（1）核心算法领先：2 分钟内的快速静态定位精度为 3 mm 以内，达到国际领先水平。

（2）高精度：完全满足高速铁路对高平顺性的指标要求，内部几何参数和外部几何参数均能达到或超过规范的要求。

（3）高效率：使用北斗/GNSS 小车，一个天窗的作业距离可为 3~5 km，使得绝对测量的作业效率提升 10 倍，可完成以前 3 倍的里程。

（4）费用低：系统一次性建设，基准站网无人值守长期运行，自动解算，综合费用大幅低于传统的 CPⅢ复测费用，从而降低了高速铁路的运营成本。

（5）全天候：GNSS 测量不受气候条件的限制，可实现全天候的变形监测和沉降监测。

（6）绝对测量+相对测量一体化：实现在绝对坐标测量控制下的相对测量。

（7）监测自动化：线上基准站网全年不间断运行，实现了沉降变形监测系统的自动化，实现了对路基、桥面的全天候监测。

（8）自主知识产权：具有完全自主知识产权的北斗/GPS 与 GNSS 组合的轨道检测技术。

5.3.6　高铁车站运维管理平台

高铁车站运维管理平台包括绿色站房能效管控系统、车站结构健康监测系统和站房运维管理系统。以施工阶段资料和现场实际情况为依据，建立与现场实际情况相符的 BIM 模型，并以此 BIM 模型为基础，结合绿色站房能效管控系统和结构健康监测系统的数据，开发出能满足现场运维需求的资产管理、巡检管理等功能模块。

5.3.6.1　绿色站房能效管控系统

山东铁投集团以鲁南高铁的 7 个新建车站为依托,开发和部署了绿色站房能效管控系统。绿色站房能效管控系统依托各子系统,通过环境监测、能耗管理、智能照明、智能卫生间、智能通风、设备监控等六大功能,实现全局可视化。

1. 环境监测

绿色站房能效管控系统接入室外气象综合监测仪以及室内温湿度、气体浓度探测器,实现对室内外环境参数(如室外环境的气温、风力风向、雨雪、$PM_{2.5}$ 和光照等参数,室内环境的温度、湿度、照度、$PM_{2.5}$、二氧化碳浓度、氨气浓度和硫化氢浓度等参数)的实时监测和控制、全站范围内的降耗节能。此外,将监测数据实时存储,可确保随时调看任意采集点或参数的实时曲线和历史曲线。

2. 能耗管理

绿色站房能耗管控系统接入电力仪表数据,可清晰了解供电系统电能质量及潜在风险,如电压波动、功率因数、谐波含量等,若发现潜在故障隐患,则提醒运维人员做预测性故障维护。能耗监测主要包括能源可视化监视与电力监测两个模块。

能源可视化监视:根据建筑实际情况定制三维展示界面,提供形式丰富、多样的数据展示效果(如数据、表格、曲线、棒图等展示形式,以及动画等展示方式),实现能源消耗量、能源运行参数和环境参数的可视化监视。

电力监测:根据配电管理规定或设计标准,对各用电支路或设备进行安全门限设置,包括过流、欠压、三相不平衡、波动、功率因数过低、设备异常操作等,与安全报警模块联动,展示配电系统图,实时显示每条支路的全电量参数及开关状态。

3. 智能照明

智能照明系统以平面图的方式展示站内回路的开闭状态及照明设备的亮灭情况。控制模块提供照明实现相应区域灯光的集中遥控,以及定时自动开关控制功能。

4. 智能卫生间

绿色站房能效管控系统通过厕位红外感应器,监测厕位是否有人,同时在厕位门上显示状态并在卫生间入口的 LED 屏上指示;区分有人和无人场景,智能开启厕位照明及排气扇,保持必要空气环境;实时监测卫生间温湿度及有害气体浓度(二氧化碳、氨气、硫化氢),智能调节通风机风量;设置香烟报警器,一旦触发,发出本地蜂鸣器警报并上传告警。同时,绿色站房能效管控系统将卫生间实时状况数据发布至卫生间入口的 LED 屏,提醒如厕人员尽快找到可用的厕位,并了解卫生间的环境状况。

5. 智能通风

绿色站房能效管控系统接入候车大厅、售票大厅的智能通风 FAS 系统和电动排烟窗控制系统。基于进出车站的人流量统计信息、不同季节需求、消防要求、室内外环境参数和阈值要求,自动调节风幕机和电动排烟窗的启停(如果风幕机支持调频,也可调节风幕机以不同的功率运转),在不影响消防要求的前提下,适时开启电动排烟窗进行自然通风,以达到节能目的。

6. 设备监控

候车大厅、售票大厅和设备机房等处装设的摄像机视频信号实时上传至绿色站房能效管控系统,实现现场视频图像随时调阅、电扶梯等所有机电设备运行状况和能耗量等实时监测、冷热源各项效率指标水平的监测和计算。

5.3.6.2　车站结构健康监测系统

山东铁投集团以鲁南高铁的临沂北站为依托，开发和部署了车站结构健康监测系统。车站结构健康监测系统利用无损传感技术和动态测试技术，综合数据、信号和知识处理，监测车站结构承轨层、屋盖结构、候车层旅服夹层、雨棚结构和幕墙结构的应力、温度、振动、位移、风速、倾角等指标，对超出限制要求的特征参数进行科学的判断，实时监测和评估车站结构健康状况。

车站结构健康监测系统总体架构包括传感器、数据采集系统、结构安全评定系统和云服务中心等。车站结构健康监测系统总体架构如图 5-28 所示。

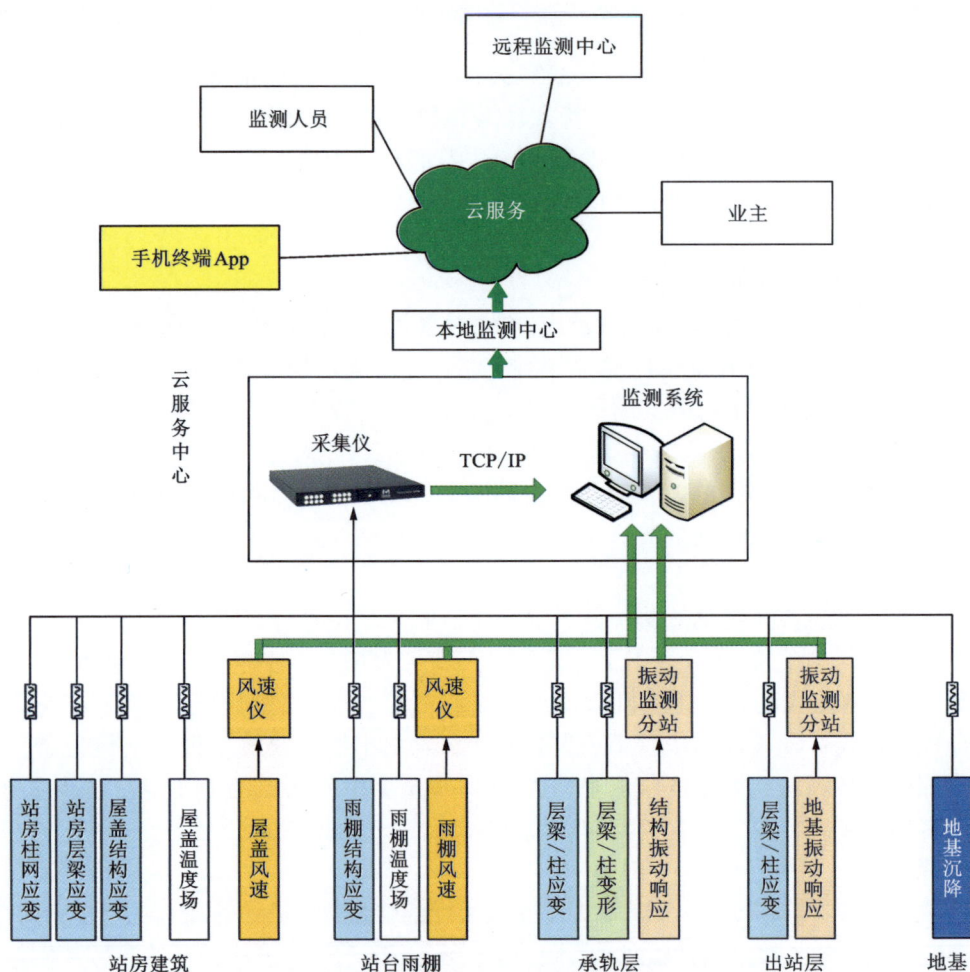

图 5-28　车站结构健康监测系统总体架构

车站结构健康监测系统主要功能模块包括数据管理模块、用户界面模块、数据分析模块、安全评定与预警模块、报告报表模块等，提供专家级别的数据分析与安全评定，对监测

数据和结构状态进行不同等级的在线预警,将预警信息通过 BIM 系统推送至用户。主要功能包括:

(1)结构健康状态实时监测。系统实现了车站站房工程关键结构区域应力、变形、温度、振动加速度、风速等参数的自动连续采集,并设置每个传感器的警戒值,以实现自动报警。

(2)数值、曲线显示。实现结构健康总体监测布置图、过程曲线、监测数据分布图、监测控制点布置图、报警状态等实时显示。

(3)数据库。实现监测数据实时存储、历史数据查询、分析、统计、输出等数据库功能。

(4)人机交互。监测中心的计算机具有监视操作、输入/输出、显示打印、报告现有测量值状态、调用历史数据和评估系统运行状态等功能。

(5)通信功能。系统实现与 BIM 系统的数据实时通信。

(6)安全评估功能。系统具备专家级别的数据分析与安全评定功能,能够对监测数据和结构状态进行不同等级的在线预警,通过 BIM 系统将预警信息推送至用户。

结构健康监测系统包含采集系统、数据库系统、应用服务器系统、数据处理系统和数据发布系统五大部分,其中数据库系统、应用服务器系统和数据发布系统可以合并为一个综合的系统。

结构健康监测系统数据架构包括数据库、应用服务器、自动化工控机(用于数据采集)、数据分析处理机、Web 发布模块、与第三方系统的接口,共计六个核心部分(图 5-29)。数据库和应用服务器承担基础功能,为其他模块提供服务和数据支持。自动化工控机负责采集数据单元(MCU)的信息,并传输至应用服务器进行计算和分析。数据分析处理机负责对实时或

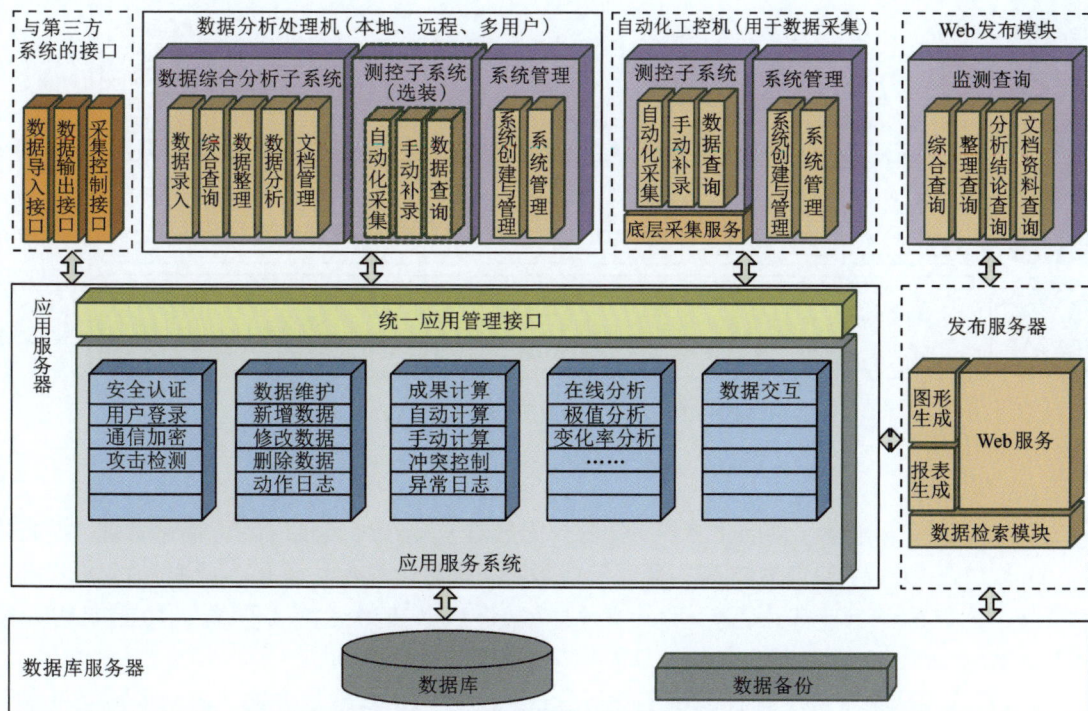

图 5-29　车站结构健康监测系统数据架构

历史数据进行处理、整理和分析。Web 发布模块用于发布系统数据、报表、图形及分析结果，满足远程客户不安装客户端的需求。与第三方系统的接口模块则专注于将数据传送至 BIM 系统，通过综合应用多种技术确保了数据交互的安全和稳定性。通过上传实时数据，生成可视化图表和健康报告，运维管理人员能够随时监测和查看站房的健康状况，可以及时发现结构损伤，预测可能发生的灾害，及时预警并采取相应的防治措施。

5.3.6.3 站房运维管理系统

站房运维管理系统是针对高速铁路站房运维管理的一套综合性信息管理系统，涵盖信息集成、资产管理、维保管理、巡检管理、知识管理等运维业务，以及相关拓展功能模块等多个方面，具备多源数据集成、设备可视化管理、维修作业闭环管理、设备状态实时监控和设备能耗管理等功能，用于提高设备运维的响应速度和协同管理水平。站房运维管理系统结合 BIM 技术、信息化技术和物联网技术，接入结构健康监测和绿色站房数据，将站房运维管理集中在一个平台展现。站房运维管理系统总体架构如图 5-30 所示。

图 5-30　站房运维管理系统总体架构

1. 主要功能

系统以降本（标准化、自动化管控，降低人力成本）、增效（实现三维可视化管理，提高效率）、节能（控制能源，将能效提高，实现节能效益）为建设目标，满足不同时期的运营需求（淡旺季、特殊活动、日常运营），且全流程留痕管理。站房运维管理系统功能架构如图 5-31 所示。

信息集成模块集中显示各种设备监控信息，支持远程登录管理界面，在一张图上可以查看实时监控的环境数据、相应设备设施信息及巡检状况等，实时监控站房内部的环境参数、设备状态，及时处理站房内部的各类报警信息，实现监控与管理一体化。

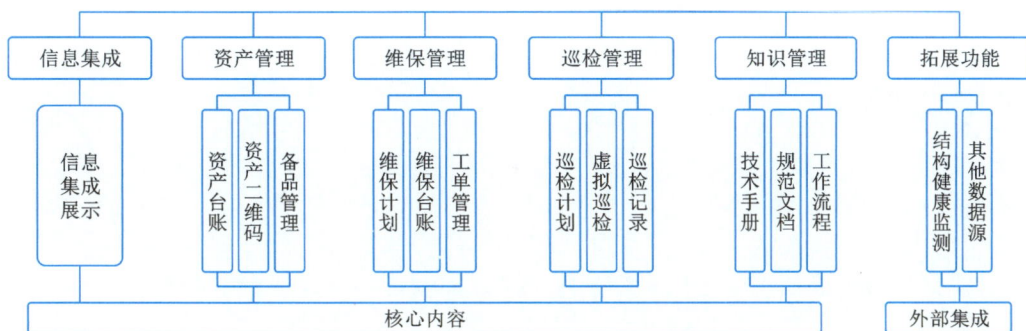

图 5-31　站房运维管理系统功能架构

资产管理模块按照设备全生命周期管理策略，为每个资产设备生成一个短链接及对应的二维码，通过各个资源所对应的唯一 UUID 识别和定位该资源，从设备建档、安装调度、服务、设备报警、设备维修、设备保养、设备升级改造到设备报废，提供完整的设备电子化管理手段，完成设备技术资料的记录、填写、积累、整理、归档、统计和利用等任务。

维保管理模块通过监测项目设施，实时检测和记录设备状况，当设备发生故障，PC 端与移动端产生工单推送审批，根据设备的紧急优先度推送给相关责任人，每个流程责任人的审批与处理结果全程记录于云端，便于后期维护复查预览。

巡检管理模块中，巡检人员通过移动端记录巡检过程，在 PC 端汇总信息，通过手机 App、网页等浏览模型信息，查看、编辑、上传巡检内容，实时查看相应站房数据，快速查找、定位、获取各类属性信息。

知识管理模块用于开展维护保养知识的管理和教育，主要知识内容包括技术手册、管理规范、工作流程等。

拓展功能模块从结构监测数据库中调取每个监测点位的数据，并与 BIM 模型中的传感器相关联，直观显示每个监测点位的监测状态。

2. 应用场景

（1）自动巡检：每天 24 小时车站情况实时掌握，每半小时进行一次全车站状态检查。

（2）人工巡检：规划巡检路线，扫描设备二维码，查看设备历史数据，记录动态信息，拍照上报巡检异常和故障。

第6章

智能建造管理平台开发与应用

智能建造管理平台(以下简称平台)作为智能建造的组织模式、标准体系和相关技术的重要支撑,其需求整理、架构设计、技术突破、功能开发的各个步骤都存在需要解决的问题,为此山东铁投集团组建了专项研究团队。本章阐述了平台研发过程所涉及的各项重要工作和关键技术,在前期调研和需求分析的基础上,规划了平台建设目标和架构,基于建筑信息模型BIM 的结构化处理、基于 BIM+GIS 的数字孪生等关键技术,并应用于工程实践。

6.1 智能建造管理平台开发规划

6.1.1 现状调研与需求分析

6.1.1.1 现状调研

调研分两部分:首先对山东铁投集团的企业数字化管理现状进行调研,分析其可能存在的问题,并对相关问题的解决方案做初步思考;再针对企业数字化应用比较成功的案例进行调研,学习相关经验或吸取相关的教训,为整理山东铁投集团的组织架构和业务需求、制定相应的解决方案、为推进山东铁投集团数字化转型提供支撑。

1.山东铁投集团数字化管理现状与存在问题的调研

1)企业数字化管理的现状

(1)缺乏整体规划,没有形成统一的推进机制。

山东铁投集团成立前期,对信息化建设较为重视,在项目的安全管理、劳务实名制管理、智能监测、智能运维等方面进行了许多有效的尝试,各权属公司在实施的项目建设过程中采用 BIM 模型指导施工,但在企业数字化、信息化建设方面尚未制订整体规划,没有形成统一的管理机制,也没有统一的编码标准,各个子平台之间的信息和数据互不相通,信息孤岛现象严重。

(2)缺乏数字化、数字化建设方面的专业人员。

数字化、信息化建设,归根结底是建立一个总的框架体系,配套相关信息感知与采集系统、数据中心、便捷高效的网络系统及相应的软件系统,服务于建设管理相关的参建方,以及对进度、投资、安全、质量等进行管理。数字化建设既涉及到路基、桥梁、隧道、轨道、房建、四电等专业的建设管理，还涉及到数字化技术的融合应用，其对相关从业人员的综合业务要求非常高。从山东铁投集团的目前情况来看，既懂业务、懂管理，又懂数字信息技术的复合型人才严重缺乏。

2）存在的问题

研究发现山东铁投集团在数字化发展过程中面临的问题主要为：数据孤岛与信息孤立、信息安全和数据隐私、技术架构和系统集成、数据分析和决策支持等问题，针对这些问题初步思考了解决方案：

（1）建立综合的数据集成和共享平台，将各个系统的数据整合到一个统一的数字化平台中。

（2）利用区块链技术的加密技术，对数据和隐私进行保护。

（3）进行综合规划和系统设计，确保技术架构的一致性和可扩展性。

（4）建立数据分析和决策支持平台，利用数据挖掘、机器学习和人工智能等技术，对数据进行深入分析和挖掘。提供可视化的数据报表和决策支持工具，帮助管理层和决策者进行准确、及时的决策。

2. 典型平台功能的调研

1）调研中国铁道科学研究院的铁路工程建设管理平台

中国铁道科学研究院的铁路工程建设管理平台是一个专门为铁路工程项目设计的集成化管理平台，其主要功能包括工程进度管理、质量管理、成本管理、安全管理等多个方面。其主要功能范围如下：

（1）工程进度管理功能。工程进度管理是铁路工程建设管理平台的核心功能之一。通过该功能，可以对工程的进度、完成情况、质量等进行全面监控和管理。

（2）质量管理功能。质量管理是铁路工程建设管理平台的另一个核心功能。通过该功能，可以对工程项目的质量进行全面管理和监控。

（3）成本管理功能。通过该功能，可以对工程项目的成本进行全面管理和控制。

（4）安全管理功能。通过该功能，可以对工程项目的安全进行全面管理和监控。

2）调研山东高速基础设施建设有限公司的信息化平台（简称山东高速信息化平台）。

山东高速信息化平台自 2008 年开始搭建，初始规划仅为一个信息化管理系统，2018 年在进行京沪改扩建项目时，结合当时信息化技术发展要求，开发了 BIM 系统，并确定建设思路为"一个平台""两个系统""四个中心"。

"一个平台"是指智慧建造协同管理平台，相当于一个数字可视化大屏驾驶舱，把"两个系统""四个中心"打通、合并，形成了一个统一的平台。

"两个系统"是指信息系统和 BIM 系统。信息系统在 2008 年开始开发，逐步在项目使用中进行完善和迭代，以计量管理为主要应用点。BIM 系统在 2018 年京沪改扩建项目中开发使用，以进度管理、正向设计管理为主要应用点。信息系统和 BIM 系统是两个独立系统，底层架构不同，通过 API 接口进行数据打通，通过编码将信息系统的数据与 BIM 系统的模型进行关联绑定，并将信息系统升级改造，为"四个中心"提供基础信息和数据，相当于业务管理的后台。

"四个中心"是指决策中心、数字中心、云视中心、集智中心，作为平台的四个独立管理分区，相当于大屏驾驶舱的四个展示栏目。决策中心主要展现进度、安全、质量、投资管理的相关信息，并结合 BIM+GIS 形成电子沙盘和可视化的进度、计量展现，监测点位的定位与数据展现，GIS 引擎也是采用超图的技术。数字中心主要对建设过程中的图纸、文档、资料进行管理，并与 BIM 模型进行关联绑定；云视中心主要对现场视频监控进行调取和查看；集智中心主要对工法库、风险库、科研课题的成果进行展现，相当于知识管理库。

3. 调研结论

调研结果表明，目前山东铁投集团信息化系统存在信息孤岛、数据收集困难、数据应用水平不高的问题。通过对典型平台应用调研，总结建设管理平台应用经验，提出符合山东铁投集团管理需求的智能建造平台研发方案，达到管理数据的高效协同，并提高建设管理效益的目的。

6.1.1.2 需求分析和解决方案思路

1. 需求分析

基于对山东铁投集团数字化发展存在的主要问题分析，得出企业数字化建设具体需求如下。

1）铁路工程建设全过程管理的需求

在建设阶段，工程的各个参与方包括建设、设计、监理、施工及咨询单位，可以在开工前对设计进度及设计成果进行评审，避免施工过程中因设计变更造成作业返工，降低项目质量。通过现场智能设备监测及安全质量标准管理体系应用，强化安全质量标准及流程，严格控制项目的安全和质量。通过对物联网设备的数据分析应用及安全质量标准管理体系应用，优化工作标准及流程，强化项目的全生命周期管理。建立以 BIM 技术为核心，以云计算、物联网、大数据为基础的铁路项目建设及运维管理平台，应用周期从建设阶段扩展到运维阶段，解决建设期与运维期信息不互通、易丢失、难追溯的问题，实现建设运维一体化管理。在运维阶段，利用建设阶段形成的数据资产为运维提供支撑，提高运维效率，降低运维成本。

2）铁路工程建设管理实时可控的需求

通过进度监控模块，实时掌握项目滞后原因，进行工期预警，及时协调项目资源，确保项目工期按计划执行，实现与验工计价联动并精细化的资金使用控制方案，提升项目投资管控能力，加强投资风险管控；施工过程中通过现场工序报验，形成检验批表单，进行质量全过程控制；施工过程中通过风险源研判、实时监控等管控手段，进行安全全过程控制；通过环水保管理和征迁管理，实时掌握征迁节点和环水保敏感点现状。运营期则利用建设期形成的管控模型、数据进行运维管理。

3）管理流程规范化、标准化的需求

基于平台管理需求，对现有山东铁投集团及其权属公司各部门管理制度及业务流程进行梳理，形成同效果、更简便、可操作的规范化管理模式。建立山东铁投集团企业级 BIM 及信息化应用框架和标准，以及配套的管理制度，让各参建单位都能在统一的规则内协同工作，为实现多项目平台管理提供标准化的基础数据。

4）多项目管理与数据积累的需求

基于项目级的 BIM 应用、平台应用，并结合山东铁投集团管理的要求，形成企业级智能建造管理平台，具备多项目管理的能力，为企业的项目投资、进度决策、调配资金和人力资源奠定基础。

5）铁路建设管理数据可视化的需求

通过 BIM 技术、GIS 技术、实时视频技术、数据图形化技术等，实现事前预可视、事中实时可视、事后回溯可视、竣工移交可视、统计大数据可视、运维管理可视。

6）多源数据汇总与清理的需求

基于"十四五"规划的多条高速铁路项目，在建设管理过程中采集了多维数据内容，形成大数据采集、分析的数据基础，可据此量化管理成果，汇集、分析各类基础数据。

7）铁路工程大数据应用的需求

基于建设管理过程中产生的大数据，提取核心资产数据物理汇聚至大数据平台，通过清洗转换、关联拉通、加工挖掘，形成萃取后的价值数据。经过服务封装后，对应用和其他系统开放。通过提供可视化的数据交互式探索工具，各业务部门的管理人员、数据分析人员、业务人员可自助、便捷地分析数据，降低发现数据价值的门槛，满足各种业务需求，支撑管理决策。

8）铁路建设管理业务可扩展的需求

平台能够根据实际管理需求，提供强大、丰富的管理业务功能，可支持权属公司、区域公司的多项目管理，同时依托开放的软件架构，将平台推广应用于铁路、公路、市政工程等大型工程建设及运维管理。

9）智能决策能力的需求

基于智能化管理，借助人脸识别、语音识别、图像识别等人工智能、物联网数据采集等技术，自动分析各数据间的相互关系，对超出范围的问题数据及时预警，为铁路工程建设提供决策依据。

10）平台生命力与兼容性的需求

按照实际工作内容和习惯设计平台界面。结合物联网手段实现自动化数据采集，减少现场施工人员信息录入工作，避免重复录入。优化管理流程，将进度管控和质量管控相结合，并落实实名制管理和诚信管理，让施工人员及施工过程可追溯，让平台更有生命力和权威性。通过接口快速集成其他信息化系统，拓展平台管控范围，提升 IT 资源的可复用性，减少重复开发和沟通成本，提升开发效率，优化系统间对接模式。采用解耦合实现自定义与敏捷集成，提供数据转换、负载均衡、安全监控和流量管理等服务。

2. 解决方案

针对上述需求制定解决方案，思路如下。

1）数据孤岛和信息孤立的解决方案

建立平台，将各类信息和工作集成到平台上，通过全流程数字化、全业务数字化、各职能部门数字化的过程，实现信息的集中管理和共享，打破信息壁垒，让数据和信息顺利流转，避免孤岛效应。

（1）全流程数字化。

建设工程的全流程数字化，是实现建设工程信息的实时、准确、可靠管理的关键。铁路建设涉及规划、设计、施工、验收等多个环节，而这些环节涉及各种信息，包括设计图纸、施工进度、施工图、验收报告等。如果能够实现全流程数字化，就能够在每个环节实现信息的实时更新和共享，避免信息传递的瓶颈和错误，减少沟通成本和时间浪费，提高建设工程的效率和质量。

（2）全业务数字化。

除了建设工程的数字化管理，铁路企业要通过平台实现铁路建设和管理业务的数字化处理。这包括人员管理、资产管理、合同管理等各个方面。例如，在人员管理方面，平台实现人员的信息化管理和人员资质的实时查询，方便人员的管理和调度；在资产管理方面，通过平台实现对铁路固定资产的实时监控和管理；在合同管理方面，通过平台实现合同的在线签订、审批和查询。通过全业务数字化，铁路企业实现各业务之间的信息共享，提高效率，减少错误和误解，提升管理水平和满意度。

（3）各部门职能数字化。

将各部门职能纳入数字化管理体系，通过信息化手段实现信息共享和协同工作，是实现全业务数字化的前提。对于铁路企业而言，各部门职能数字化可帮助企业实现各部门之间的沟通和协调。同时，数字化手段帮助企业实现各部门的信息实时更新和查询，避免信息滞后和传递的错误。例如，在施工管理方面，平台实现对施工进度的实时监控和反馈，帮助监理部门实现施工质量的实时监控和纠正；在安全管理方面，平台实现对现场安全情况的实时监测和报告，帮助企业实现安全管理的快速响应和处理。通过各部门职能数字化，铁路企业实现信息的实时共享和交流，提高企业协同工作的效率和准确性，促进铁路建设和管理的科学化和规范化。

2）信息安全和数据隐私的解决方案

区块链技术的应用，将铁路建设管理方面的各类图纸、文档、模型信息进行加密上"链"，信息的查询和验真通过区块链的信息摘要即可实现，而不再需要原始数据，提高了信息的安全性，同时利用智能合约的自动处理功能对数据确权进行管理，提供了隐私处理方案。

3）技术架构和系统集成的解决方案

为保证平台数据处理和多系统集成能力，平台规划了数据中台的技术方案，对数据管理和集成过程进行标准化处理，使系统具备较强的扩展能力和自定义的数据集成能力。

4）数据分析和决策支持的解决方案

通过应用数据建模、数据挖掘、人工智能、云计算等技术，对数据中台收集的数据进行处理、分析、预测，为决策提供辅助支撑。

6.1.2 平台建设目标

平台的开发目的是为铁路建设管理单位提供一套规范化、自动化、科学化的工程项目管理模式，利用完善的计算机网络来支持项目实施过程中涉及的项目建设单位、设计单位、监理单位、施工单位等各方内部业务及相关业务之间的交互，通过加速工程项目相关信息的流转，提高工作效率、强化工程项目管理。

（1）按照质量、安全、工期、投资、环保等建设目标，在深入推进标准化、信息化管理的基础上，围绕"施工组织是建设管理的生命线"，将各层级建设管理工作进行归纳整合，实施以"六个以"为核心内容的功能化管理体系，通过加大考核和激励约束力度，强化工程建设的内控管理。

（2）以进度管控为主线，以施工工序为驱动，形成全流程全要素管控；以工序报验驱动安质、物资、诚信、调度管理；安质信息、人员信息、物资试验与工程实体绑定；报验数据及时、准确、实时、可追溯。

（3）在"一张图"上展现多项目、多维度的二维数据、模型数据，以及工序、进度、质量、安全、投资、物资、监测等管理数据，形成可视化管理模式，为建设方、设计方、施工方、监理方及咨询方解决工作痛点，实现数据共享、协同办公、辅助决策。

（4）铁路建设管理层通过平台对各项目工程建设进行动态管理；建设项目各参建单位利用平台对各自的业务数据进行申请、审核、批复，同时按要求上报管理单位相关的工程资料，以备上级主管单位对各项目进行实时管理。

（5）在大量的、准确的工程管理数据基础上，提供分析、决策支持功能，增强管理部门工作的科学性与准确性。

（6）通过使用平台，实现综合信息管理、决策支持，全面提高管理水平、减少管理成本、规范各项业务，提高项目管理水平。

（7）通过使用平台，提高人员素质，培养自觉执行管理制度的能力，减少人为失误给工程项目带来的损失，避免重复劳动，全面减少工程项目实施的成本。

（8）通过使用平台，使工程项目的历史、经验数据得到有效的保存。数据的积累为工程项目管理水平的提高奠定了坚实的基础。

（9）通过应用平台，有效地节约、减少各协作单位之间的业务联系时间和来往费用。

6.1.3　平台顶层设计

1. 顶层设计

平台顶层设计的目标是规划 BIM、GIS、大数据、区块链等技术在各个项目阶段和不同架构层级的应用，总体规划针对应用的标准体系、平台架构、数据标准、功能工具、管理方案、阶段性工作等方面进行规划，为具体的实现方案提供指导。

1）标准体系

建立一个企业级标准体系，规范数据生产和应用、项目实施过程。这个标准体系基于国家及行业标准体系的框架，确保平台的数据、功能、流程等方面的统一性。

2）平台架构

平台将微服务架构作为底层架构，通过后台设定平台标准，中台固化平台功能，前台根据需求快速拓展功能入口。这种架构能够保证平台的稳定性和可扩展性。

3）数据管理

平台的一个重要特点是在工程项目全生命周期应用中，使用同一套数据在各阶段无缝流转，打通各阶段对数据的不同需求。通过解决以往设计、施工、运维等阶段中数据流转割裂、信息流转困难的问题，强化数据应用和数据驱动能力。

4）应用工具

平台能承载各类标准及规范、数据采集与管理、计算分析等应用工具等，能为铁路工程项目提供一个智能化应用的整体环境。这些应用工具能够实现数据可视化、项目管理、工程设计、智能运维等功能。

5）项目管理

根据项目管理的对象及内容不同，可将平台划分为企业级管理应用、项目级管理应用。通过统一部署、分级管理的模式，利用日益成熟的 BIM、GIS、物联网、互联网、大数据、云计算、人工智能、区块链等信息技术，积极推动企业数字化转型，提升企业的运行效率，进而实现项目的智能建造和智能运维。

6）安全性与合规性

平台底层采用超级账本（Hyperledger Fabric）私有链和区块链即服务（Blockchain as a Service，BaaS）构建区块链基础设施，提供底层区块链技术支撑。作为区块链基础设施，选用超级账本技术，搭配区块链即服务，能够获得安全、稳定、便捷的区块链应用服务，并在此基础上服务功能进行相关的开发。

2. 全周期的应用逻辑

围绕工程建设全生命周期各阶段（即设计阶段、施工阶段和运维阶段）的不同需求，设计和开发了平台的功能。平台逻辑架构如图 6-1 所示。

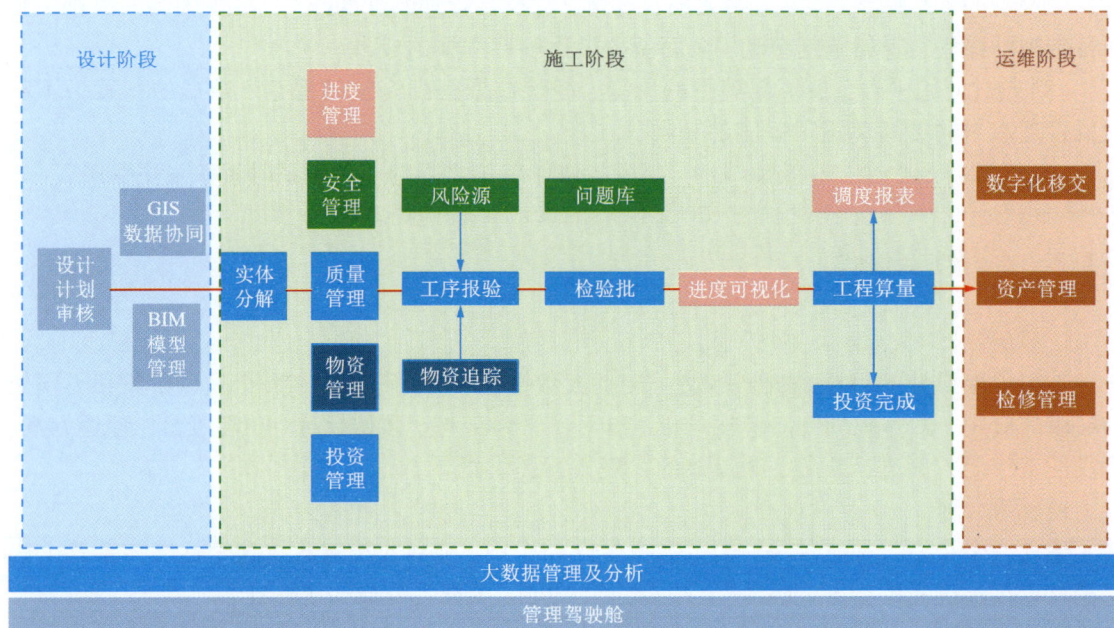

图 6-1　平台逻辑架构

1）设计阶段

在设计阶段，平台提供设计计划审核、GIS 数据协同和 BIM 模型管理等功能。通过审核设计计划的合规性和可行性，避免后期的设计纠错和资源浪费。GIS 数据协同是指通过采集空间信息来获取与工程项目相关的数据，并将其用于工程设计中。BIM 模型管理提供一种数字化的建筑设计方案，以帮助设计人员更好地完成工作。

2）施工阶段

在施工阶段，平台提供实体分解、进度管理、安全管理、质量管理、物资管理、投资管理、风险源、工序报验、物资追踪、问题库、检验批、进度可视化、工程算量、调度报表、投资完成等多个功能。实体分解是指将建筑物分解成一系列构成单元，以便管理和监控。进度管理和进度可视化功能可帮助施工人员跟踪工程进度和任务完成情况。安全管理和质量管理功能可帮助施工人员监控和管理建筑物的安全和质量。物资管理和物资追踪功能帮助施工人员管理建筑物所需的物资，确保其及时到位。工序报验和检验批功能可帮助施工人员对施工过程进行检验和验证，以确保其质量。施工阶段中可能存在的问题和隐患可以通过问题库跟踪和解决。工程算量是指对建筑物的材料和劳动力等进行预算。调度报表和投资完成功能可帮助施工人员监控和管理施工进度和投资预算。

3）运维阶段

在运维阶段，平台提供数字化移交、资产管理和检修管理等功能。数字化移交是指将施工完成后的建筑物数字化移交给运维方，以便进行后续的维护和管理。资产管理帮助运维人员管理建筑物的资产信息，包括资产数量、位置、状态等信息。检修管理帮助运维人员对建筑物进行检修和维护，确保其安全和稳定运行。

平台的整体应用还包括大数据管理及分析、管理驾驶舱等功能，可实现对数据的全面管理和分析，为项目决策提供数据支持和决策参考。同时，通过管理驾驶舱进行管理信息的可视化及展示，提升管理的精细化水平。

平台的全生命周期逻辑架构实现了从设计到施工再到运维的全程管理，支持对工程项目的全方位管理和追踪，实现了信息的无缝衔接和高效管理，同时还提供了数据分析和可视化展示的功能，帮助企业提高运行效率和管理水平，推进数字化转型。

6.2　智能建造管理平台系统架构

6.2.1　平台系统架构

平台系统架构是一个基于微服务架构的系统，由表单组件、图表组件、数据组件、GIS/BIM 组件等多个组件，以及基础资源层、技术中台层、业务中台层、应用服务层、表示层和系统服务构成，以支持铁路智能建造管理的各种需求。平台系统架构如图 6-2 所示。

表示层：平台系统架构提供全球广域网 World Wide Web（Web）端和移动端的应用服务，用于展示平台的各种业务功能和数据。同时，平台还提供了业务中台和技术中台，用于处理平台中的各种业务逻辑和技术实现。在技术中台上，该平台使用了报表引擎、表单引擎、流程引擎、任务引擎、配置管理、文件服务、GIS/BIM 引擎等技术中台组件，以提供强大的业务支持和技术实现。

基础资源层：该架构的基础资源层次包括中间件、容器平台、数据库及文件存储。其中，中间件包括 Web 中间件和消息队列，用于支持平台的各种通信和消息传递需求；容器平台则用于管理和部署平台中的各种应用程序和组件；数据库使用关系型数据库（MySQL）；文件存储使用云存储方案（MinIO）。

系统服务：该架构还提供了服务治理和系统监控功能。服务治理方面包括了注册中心、配置中心、服务网关、流量监控及链路追踪等。这些组件用于管理和维护平台中的各种服务，并提供强大的服务治理功能。系统监控方面包括了日志采集/搜索、监控/告警等组件，用于监测和管理平台的各种运行状态和性能数据。

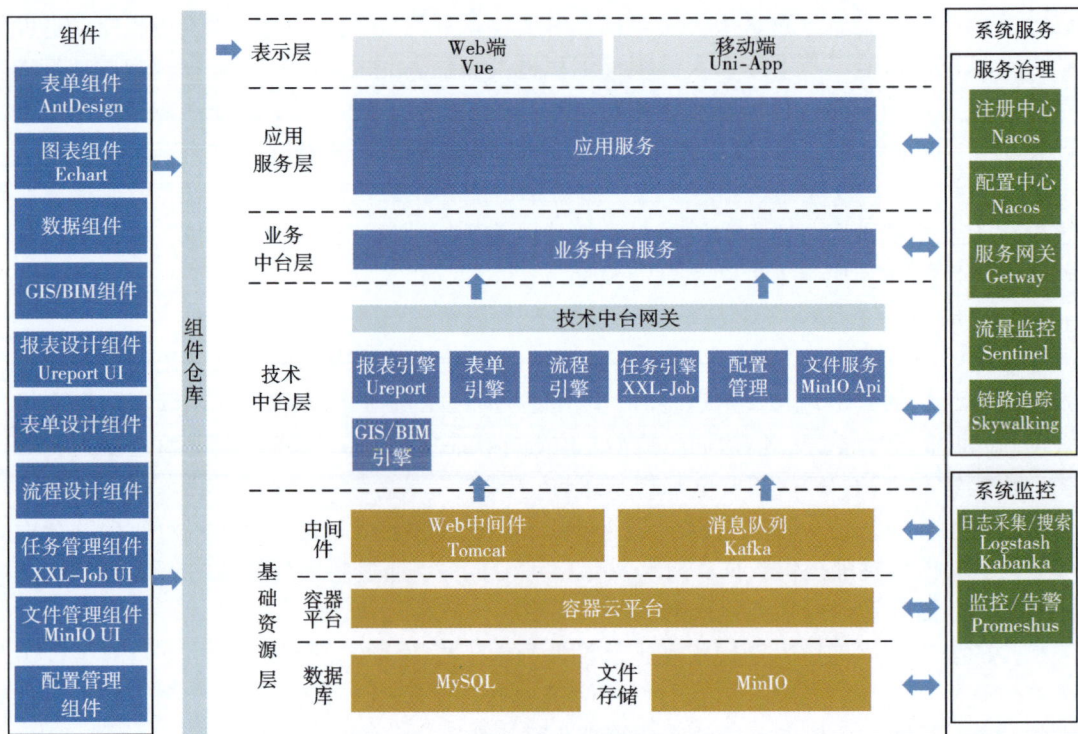

图6-2 平台系统架构

安全可靠性：平台核心架构采用区块链技术，通过数据服务功能和智能合约功能实现。其中，数据服务功能针对数据安全保护问题，提供链下分布式安全存储和本地数据软件安全扩展（intel software guard extension，Intel SGX）加密服务，保障原始数据的安全存储并提供加密服务，提高项目数据的安全可靠性，防止隐私敏感数据泄露。智能合约功能则解决两个问题：一是实现 BIM 区块链上的可信数据管理，定义了需要进行上链存储的统一数据结构标准，规范操作步骤和简化数据信息；二是提供访问控制功能，通过对不同参与方赋予相应权限来限制其访问平台的区块链操作接口，进一步保障各参与方的项目数据安全。

6.2.2　业务功能

以 BIM 模型为载体，以进度管理为主线，结合 BIM+GIS 技术，贯穿项目设计、施工全过程，实现多项目、多维度的二维数据、三维数据，以及进度、质量、安全、投资、物资等远程实时管理，并积累相关数据为运维智能化提供基础数据支撑。

平台功能分为企业级平台和项目级平台，主要功能有项目信息管理、电子沙盘、设计管理、征迁管理、施工组织管理、进度管理、安全管理、质量管理、物资管理、投资管理、监理管理、劳务管理、环水保管理、培训教育、科研管理、智慧工地和综合管理等。

（1）项目信息管理。该功能解决铁路建设中项目管理、参建单位管理、人员配置管理、标段管理、单位工程管理、工点管理等项目基本信息维护的问题。通过数字化、规范化的方式，实现对工程建设过程中的项目信息全面、精准、高效的管理，避免了信息不完整、不准确、不及时的问题，提高了管理效率和项目质量。

(2)电子沙盘。该功能解决工程项目宏观大场景展示和局部精细化管理的问题，同时也是项目推进过程各信息共享的基础。通过 BIM+GIS 电子沙盘，实现工程项目数字化建模、可视化展示、信息交互和数据共享，提高了决策效率和管理水平，降低了项目风险。

(3)设计管理。该功能解决设计过程及成果数字化、规范化的问题。通过对供图进度、设计变更、设计交付、图纸分发等设计管理流程的规范化、标准化，实现设计信息的数字化存储、共享和交流，提高了设计效率和质量，减少了设计误差。

(4)征迁管理。该功能解决征拆对象虚拟场景的可视化、参数化及征迁进度管理信息化的问题。基于 GIS 技术建立的征拆对象和迁改的二维模型，实现了对征迁进度的管理，提高了征迁效率和质量。

(5)施工组织管理。该功能解决线路级的指导性施工组织设计、标段级的实施性施工组织设计的维护、管理、查阅的问题。通过施工组织的规范化、标准化管理，实现了施工组织的数字化存储、共享和交流，提高了施工效率和质量。

(6)进度管理。该功能可帮助建设管理人员实时、可视化地查看施工进度，了解、组织、协调施工进度，以提高建设进度管理效率。通过计划编制及维护、里程碑管理、形象进度、可视化进度、大临工程进度、调度报表等功能，可实现对建设进度的全方位、实时、可视化监控和管理，提高了建设进度的控制和管理能力。

(7)安全管理。该功能解决铁路建设过程中的安全管理问题。该功能包括风险源管理、巡查记录、特种机械、视频监控、安全步距、安全问题库等功能。它汇集手机 App、监控摄像头、各类传感器的数据，形成安全台账，及时发现安全问题和风险，采取措施进行处理和预防，有效地保障了铁路建设的安全。

(8)质量管理。该功能解决铁路建设过程中的质量管理问题。该功能包括隐蔽工程影像、分部分项检验批管理、试验室管理、拌和站管理、梁场管理、隧道衬砌管理、连续梁预应力张拉及压浆管理等功能，管控工程建设过程质量，保证建设工程符合规范和标准，提高了建设工程的质量和可靠性。

(9)物资管理。该功能解决铁路建设过程中的物资管理问题。该功能按照物资的需求、计划、合同、供应、结算等业务流程进行设计，实现物资与 BIM 模型的深度结合，达到物资保供、可溯源的目标。这样既保证了建设过程中的物资供应和使用符合规范和标准，又提高了物资管理的效率和可靠性。

(10)投资管理。该功能解决铁路建设过程中的投资管理问题。该功能提供验工计价、投资统计、投资清算等，实时对比资金、资源计划投放与实际支出的差异，及时调整资金投放计划，保证铁路建设过程中的资金使用符合预算和计划，提高了资金使用效率。

(11)监理管理。该功能主要解决铁路建设项目中的监理问题。通过该功能，可对监理人员的日常工作进行管理、考核，包括监理履约率、日常考勤、安全质量管理、试验监测管理等维度。该功能还汇总监理报告、检查报告、验收报告等相关文档，为项目决策提供依据。

(12)劳务管理。该功能主要解决铁路建设项目中的人力资源管理问题。该功能可实现劳务人员实名制、劳务合同、薪资、信用评价等的管理。通过该功能，可全面了解劳务人员的信息，方便进行有效的管理和绩效考核，提高项目管理的效率和质量。

(13)培训教育。该功能主要解决铁路建设项目中的培训问题。通过该功能，可进行安全、法律法规、规范管理、三维可视化、典型案例、试验检测、规章制度、工艺工法库等多种培训，提高员工的专业水平和工作素质，减少项目发生的安全和质量问题，提高项目的成功率和质量。

（14）智慧工地。该功能主要解决铁路建设项目中的施工现场数据管理问题。通过该功能，可将各类施工现场传感器数据整合至轻量化的 BIM 模型中，实现施工现场的实时监测和数据分析，提高施工现场的管理水平和效率。

（15）综合管理。该功能主要解决铁路建设项目中的信息管理问题。通过该功能，可为项目管理人员提供个人工作台、信息发布、办公平台、竣工资料数字化交付等多种功能，方便项目管理人员的协作、信息共享和文档管理，提高项目管理的效率和质量。

6.2.3　关键技术

支撑智能建造管理平台的五项关键技术为：BIM 模型的结构化处理技术，面向广域带状空间的 BIM+GIS 数字孪生技术，铁路工程全生命周期多源异构数据融合技术，BIM 模型辅助工程计价管理决策技术，基于区块链的数据安全、隐私保护和确权管理技术。

6.2.3.1　BIM 模型的结构化处理技术

该技术将模型构件依照图形学基本思维进行分解，使其成为基本元素，采用"EBS+部位编码"的方式作为核心编码，并对所有基本元素进行分类编码，在外部平台建立编码之间的关联方案，在各个业务工作管理过程中就可以利用这种编码关联进行业务与模型数据的同步，并利用模型本身的协同能力、工程量统计能力为业务工作提供数据支持、决策支持。

具体技术流程为：建立各个标准的编码体系→建立标准编码关联关系→建立项目自身的编码体系→建立编码关联方案→对创建的模型进行底层分解并对基本元素进行编码→模型上传平台→业务工作通过编码关联体系调取模型数据完成各自的管理过程。

计算机图形学中通常以点、线、面及多边形来描述模型的各类基本图元，模型处理过程包括建模、渲染、动画、人机交互这四个部分。模型分解后模型数据的编码须充分考虑与业务逻辑的关联关系，编码时将转换编码写入模型内，需要关联时在外部做编码转换的模式，而一次性写入的只有中间编码，因此编码写入工作量小；而且一旦编码有调整，只要在外部调整关联关系即可，模型不需要反复调整和上传。核心编码体系是用于关联不同需求和业务类型的编码体系，鉴于 EBS 编码体系与清单编码体系、部位编码体系、质量编码体系有较好的兼容性，选用工程分解结构（engineering breakdown structure，EBS）作为核心编码体系。同时，工程进度管理涉及大量工程内容，此类工程内容也会涉及进度，例如拆迁、临建、材料、设备等，故从编码细度和广度两个层面分析，将部位编码与 EBS 编码结合，形成复合转换机制。

（1）构建项目自身的编码体系。由于 EBS 标准的编码深度无法达到项目使用需求，因此需要在 EBS 标准编码体系的基础上扩展，形成项目级编码体系。

（2）建立编码关联方案。以项目级编码为依据建立项目级各个编码之间的关联关系，同时完成对项目部位的划分。对创建的模型进行底层分解，并对基本元素进行编码。建模时按不同的构件级或图元级进行模型拆分，并对其进行自动赋码，赋码的数据可从平台直接获得。

（3）自动编码和属性赋予技术。复杂的编码转换机制会导致赋码过程变得复杂。可以应用快速赋码工具，实现从 Web 端的关联模板库获得数据，并自动赋码给相应构件，根据已建立的构件类型、命名、特定属性和 EBS 之间的关联关系，自动完成初步赋码，从而降低工作量。

(4) 模型上传平台，即按要求将模型数据上传至平台。各业务工作通过编码关联体系调取模型数据实现各自的管理过程。已建立编码关联的模型数据，可以快速地建立与进度、质量、清单方面的关联，各个业务系统可以在使用平台进行各自业务工作的同时，检查与模型关联的数据的变化情况，例如：可以利用模型检查进度完成情况，因为进度列项与模型已经建立了部位级别的关联，只要按实际情况填报进度就可以实现模型的自动展示。通过这种编码与业务的关联过程，GIS 系统可以精确地显示与进度、质量、安全相关的模型信息。利用关联性还可以直接调取相关的业务数据在 GIS 页面上显示，形成一张图、一个看板的解决方案，大大简化了管理过程的交互路径，提高现场工作效率。

6.2.3.2　面向广域带状空间的 BIM+GIS 数字孪生技术

面向广域带状空间的 BIM+GIS 数字孪生技术采用自动传递技术，将业务数据、GIS 数据和 BIM 模型信息进行集成显示和关联查询，实现了数据同步共享及一致性。设计 BIM 轻量化引擎和 GIS 引擎融合的架构，其中，BIM 轻量化引擎处理与管理 BIM 模型数据，GIS 引擎处理与管理地理空间数据，都可根据应用场景需求进行两引擎之间的无缝切换。双引擎架构的核心为二维和三维数据一体化 GIS 技术，主要涵盖数据存储管理一体化、场景构建一体化、分析功能一体化、数据模型一体化等，进而实现二维和三维数据的有机整合，提供更全面的地理信息展示和分析能力。

1. 数据存储管理一体化

针对三维数据主要依赖文件管理的不足，平台将三维模型数据和二维矢量、地形、影像等数据存储到统一的数据库中，采用安全文档交换（secure document exchange，SDX）+数据引擎进行高效访问，将用户业务属性字段加入三维模型数据中，支持较为复杂的结构化查询语言（structured query language，SQL）查询、统计等功能，便于数据管理和维护更新。

针对倾斜摄影数据无法单独选中某个建筑进行查询或管理，导致倾斜摄影建模成果只能作为三维底图数据而无法对象化等方面的查询与管理的不足，可将存储在空间数据库中的矢量底面数据与倾斜摄影建模数据进行关联，实现单体对象可单独选中功能，同时依托空间数据库的能力，支持对矢量底面的各类属性查询和空间查询等。此外，将倾斜摄影数据存储在分布式数据库中，可替代文件系统，提升数据安全共享的便捷性，在保证存取性能的同时支持了海量数据的访问。

2. 场景构建一体化

完整三维场景的表达与应用离不开逼真的场景元素、丰富的数据类型、强大的功能及三维特效的支持。平台的一系列功能可帮助用户创建场景、添加二维和三维数据、设置图层属性和图层风格、绘制对象、制作专题图等实用操作，满足直观表达三维地理信息的需求。

1）球面场景、平面场景

三维球面场景的主体是一个模拟地球的三维球体，该球体可做地理参考，三维场景位于该球体之上，球体上的坐标点采用经纬度进行定位。通过球体浏览数据，可直观、形象地了解现实地物空间位置和相互关系。三维平面场景基于一个操作平面，支持加载投影坐标系及平面坐标系的地形、影像、模型、矢量、地图等类型的 GIS 空间数据，可浏览地上场景、地下管线、室内数据。

2）三维符号化表达

三维符号化表达可实现二维、三维一体化的符号解决方案。在三维场景中，通过对二维矢量数据使用三维点、线形、填充符号等方式，避免了数据重复制作，地物具有更直观的表现力。三维符号化建模技术包括三维线形符号化技术、三维管网符号化技术、水面填充符号化技术等。

通过设置颜色等参数制作出多种水面效果，平台实现了三维复合线形符号化技术，利用截面子线放样和模型子线放样，解决了三维线要素（如道路、铁路等）和沿线规则排列的三维点要素（如行道树、路灯等）的高真实感表达问题；实现了三维自适应管网符号化技术，基于三维网络数据的拓扑关系，自适应地构建连通的三维管网，解决了三维管线高真实感表达的难题，并可实现基于拓扑的三维设施网络分析；实现了完整的 GIS 三维符号化体系，解决了海量点、线、面要素及网络拓扑数据在三维场景中真实再现及分析应用的问题，有效提高了基础测绘数据资产的利用率，降低了三维场景的建模成本。

3）三维专题图制作

三维专题图是 GIS 中非常重要的图形展示方式，用于在三维场景中反映数据的空间与时间分布特征。三维专题图分为单值、分段、标签、统计、自定义五种，可满足各行业直观表达自然、社会现象或用户自定义要素。

4）三维可视化

三维可视化设计了丰富多样的可视化效果，最佳还原真实世界中的景观，主要包括草图模式、卷帘效果、三维热度图、场数据颜色表、指标立体符号、海量动态对象高效绘制等。

3. 分析功能一体化

在三维场景构建的前提下，GIS 的空间分析能力是数据应用价值的重要体现。平台分析功能一体化技术主要有两个方面：一是实现二维分析结果在三维场景中的展示；二是基于三维场景的三维空间分析。新一代三维 GIS 平台主要支持三维空间运算、三维空间关系判断、三维空间分析、三维网络分析、三维量算分析、降维计算等。

1）三维空间运算

基于三维模型数据的分析计算是新一代三维 GIS 的重要特征。可以对三维模型数据进行空间查询、空间运算（交、并、差）等操作，三维体对象进行空间运算后的结果仍然是三维体；对模型进行截面、投影等操作可以获取二维数据，达到降维效果；对二维数据进行拉伸、放样、直骨架等操作可以获取模型数据。

对 TIN 地形进行优化处理，支持地形裁剪、镶嵌、挖洞，支持查看、回滚历史修改数据，支持地形与三维实体模型进行布尔运算，同时可以将计算结果导出为模型。例如：在修建穿山隧道时，利用截面放样等技术构建凸包，利用凸包构建隧道体，将隧道体与山体进行布尔运算（交），获得三维体的同时删除隧道体，即可实现在山体模型中挖出贯通隧道的过程。

对倾斜摄影数据进行优化处理，支持对倾斜摄影数据的裁剪、镶嵌（平整路面、镶嵌纹理）、挖洞；支持输出数字测绘图（digital surveying and mapping，DSM）、数字正射影像图（digital orthophoto map，DOM）及 2.5D 测绘产品，提高倾斜摄影模型的增值性应用；支持纹理新增映射和合并根节点等倾斜数据处理方法，提升数据加载和浏览性能；同时，可以生成大文件，解决局部更新的问题；模拟拆除建筑物效果，压平、拆除、置换精细模型一站式操作，可实现规划方案效果对比与展示，满足规划行业的应用；模拟地表开挖效果，倾斜摄影模型参与地表开挖，满足地上地下一体化的 GIS 应用；支持删除悬浮物，解决倾斜摄影模型悬浮物给用户带来的痛点问题。

2）三维空间关系判断

三维空间关系判断主要是指通过对三维体模型间的相互关系判断（包括包含、相交、相离等），来进行三维体模型间的查询检索。

通过对道路进行三维缓冲区分析，获得道路缓冲体对象。利用三维关系查询，可以分析道路一定范围内的不符合要求的建筑，实现对沿街建筑退线检测，获得沿街建筑如阳台、飘窗、楼梯的设计是否符合要求（是否占用道路空间），在设计阶段及时发现问题并改正，避免造成损失。

3）三维空间分析

面对日益庞大、种类繁多的三维多源数据，为满足铁路工程 GIS 对三维空间分析的实用性需求，设计基于图形处理器（graphic processing unit，GPU）或基于数据的不同三维空间分析功能，包括通视分析、可视域分析、阴影率统计分析、天际线分析、剖面线分析等。

4）三维网络分析

三维网络为真实世界中的常见网络和基础设施提供了建模方法，如市政水网、输电线、天然气管道网络等。作为有向流动的网络结构，可借助设施网络来进行建模和分析。使用平台三维设施网络分析功能的前提是构建网络数据集，将管网对象抽象成点和线的数据集，利用网络数据模型赋予点和线一定的拓扑关系，配合流向字段，模拟现实世界中常见网络和公共基础设施的结构。

5）三维量算分析

基础的三维量算包括空间距离量算、贴地距离量算、水平距离量算、空间距离量算、空间面积量算、贴地表面积量算、高程量算等。三维量算分析与三维空间分析、三维网络分析一起构成了三维 GIS 量算分析应用核心。

4. BIM 与 GIS 多源数据融合

多源异构数据融合及多尺度展示技术以 BIM、GIS 多源异构数据融合为主线，突破倾斜摄影模型与地形数据融合、粗略卫星影像与局部精细航测影像融合、粗略数字高程模型（digital elevation model，DEM）与局部精细制作 DEM 融合、BIM 模型与地形影像数据融合等关键技术。通过 GIS 平台对融合数据进行综合管理，为不同管理需求提供宏观、中观、微观三个层次的服务，有效辅助建设施工及后期运维管理。

5. BIM 与 GIS 数据存储管理

建立统一的数据存储管理，提高 GIS 平台对空间数据的承载能力。对于地形、遥感影像、倾斜模型、点云等数据，可采用瓦片化的文件格式进行数据存储；对于轨道、路基、桥涵、隧道、牵引变电、接触网、给排水、通信、信号等 BIM 模型，可采用缓存切片的文件格式进行数据存储，其属性数据进行数模分离后采用关系型数据库进行存储；铁路工程业务数据采用关系型数据库进行存储。

6. 空间数据可视化动态渲染展示

搭建基于三维绘图协议 Web Graphics Library（WebGL）的云 GIS 平台，将 BIM 模型按照所在的地理坐标和范围进行动态加载。BIM 模型被切片生成不同精细程度的模型切片。通过四叉树空间索引实现基于视点距离的 BIM 模型动态加载。根据视距和相机位置，加载不同范围及精细程度的 BIM 模型。采用 LOD 结构和实例化技术突破高密度模型的浏览性能瓶颈：细节等级 LOD 技术可根据距离远近来选择展示不同精细程度的模型，极大缓解显卡渲染压力；采用实例化技术实现复用模型，显著提高渲染效率。

7. BIM 模型轻量化

为提升 BIM 模型的加载和运行效率，设计模型数据转换工具对模型进行轻量化处理，处理过程中对需要的几何数据进行提取，减少造型数据，从而减少模型体量和模型面片数量，提高加载显示效率；采用异步加载的方法，将模型加载和模型显示分开处理，利用背面剔除的方法，减少需要显示的模型体量，提升显存、内存的释放效率，确保资源的合理应用，增加显示效率和流畅度；BIM 模型在进行轻量化处理后转化成为统一格式的轻量化模型文件，解决了各个 BIM 建模软件模型格式不统一的问题，实现 BIM 模型和数据的共享。

6.2.3.3 铁路工程全生命周期多源异构数据融合技术

1. 大数据技术在铁路工程建设管理中的应用

（1）管理层面。在铁路建设的管理层面存在的问题是对大数据的认识不足，依赖不够。目前，大多数人只知道大数据的概念，还没有理解大数据的价值，还像以前一样按照传统的测量数据方法进行施工监测，较少利用数据分析问题和进行决策。要解决这一问题，须加深工作人员对大数据的理解，开展座谈会或训练活动，加强大数据的宣传和推广，调控行业政策，提高企业对数据的利用率。

（2）技术层面。铁路建设施工及安全性保障方面最关键的问题是从繁复的数据中找到有价值的大数据资源。铁路工程项目收集的数据在几 GB 到上百 GB 之间，其中很多都是无效信息。建立有效信息间的连接，分析数据从而产生有效价值成为大数据管理的重中之重。技术人员应当利用数据抽算法找到有效信息，并且加大云计算、云分析等方法的使用频率，提高筛选效率，提高现代化建设安全管理水平。

（3）建设层面。主要问题是数据库的重复和相似度高。很多铁路建设的主体如管理部门、科研部门的信息库都具有相似性，使劳动力和资源重叠，资源利用率不高。加强主管部门、建设人员及技术人员之间的联系，协调资源，促进数据的共享，有利于提高资源利用程度，促进铁路工程建设。在具体运行中，划分职责，规定责任，促使各个部门有效地进行实际操作，提高铁路工程建设的实际行动力。

2. 技术方案

数据融合是指将来自不同来源和形式的数据集合进行整合和组合，以形成更全面、更准确、更可靠的数据集合。数据融合的目标是提高数据的质量、精度和覆盖范围，减少数据的不确定性和错误率，以支持更好的决策和创新。其主要工作包括数据准备、模型规划、模型建立、结果反馈、实施等步骤。

（1）数据准备。准备好大数据体系必须用到的资源。为了更好地进行数据分析，在项目建设之初准备好沙盘，制定可视化表述标准，促进数据转换，并且利用各种软件提取数据中有价值的数据，加载转换 ELT 环境，深入了解、掌握数据，做好数据整理反馈。

（2）模型规划。铁路工程建设项目中有一个后续模型建构阶段，应确立此过程中用到的方法、技术和工作步骤。利用网络技术分析各个数据，深入探讨各个变量之间的关系，经过反复思考和研究，选择出最具决定性的变量和最合适的模型。

（3）模型建立。此阶段建立在模型规划的基础上，当模型初步规划后进行模型的实际建构，测试模型能否正常运行，并且要利用信息技术产生数据集，以便进行更好的测试和培训并应用于生产之中。当然，在建立模型时先检测当前的运行环境是否合适，是否与选定的模型相适应。在实际操作时要从实际出发，依照模型显示将铁路施工中的安全隐患予以剔除。

（4）结果反馈。当模型检测完成后，告知相关的利益主体，让其与建设团队通力合作，把实际与第一阶段制定的标准相对比，判断项目结果是否完成了目标。详细分析关键成果，将结果中蕴含的商业价值量化为具体的实物，并坚持科学的原则，总结项目建设，将成果分发到各个利益主体。

（5）实施。铁路工程建设的最后一步，是将理论应用于实践的具体措施。将模型应用于实际生产中，形成最终的建设报告和技术文档，利用信息技术创建简报和代码。将大数据应用到工程的各参建单位、主管部门及施工单位中，为其提供标准化的技术服务，努力建设高质量的工程、安全性能佳的铁路建设项目，以及创建数据分析及决策平台，推动铁路工程的现代化建设。铁路工程建设中会出现多道工序及多个环节，有利于项目生命周期内各个场景的应用和掌控。

6.2.3.4 BIM 模型辅助工程计价管理决策技术

验工计价的数据来自多个模型多个字段，需要在付款申请的时间范围内对各种数据进行汇总分析，以确定施工方申报的数据符合验工计价成果的要求。如果对每个数据进行人工判断处理，则工作量巨大，且易出错；即便是使用软件进行固化的逻辑判断编程，也难验证结果是否覆盖了全部可能性。因此考虑采用决策树算法对选取的样本进行训练，进而对各种情况进行判断。

1. 算法选择

分类回归树（classification and regression tree，CART）算法为分类回归算法，可采用基尼系数作为分类判定标准。基尼系数越小说明分类越清晰。基尼系数计算公式如下：

S 为大小为 n 的样本集，其分类属性有 m 个值用来定义 m 个不同分类 C_i（$i = 1$，2，3，$\cdots$，m），则基尼指数计算式为：

$$\text{Gini}(S) = 1 - \sum_{i=1}^{m} p_i^2, \quad p_i = \frac{|C_i|}{S} \tag{6-1}$$

结合验工计价过程的分类需求，可以定义其分类 m 为 6 个类型，分别是进度未关联、进度未完成、质量未验收、合同超额预警、与模型工程量核对存疑、符合要求。

样本集的选择是利用一次进度款申请的数据集，从中选择存在差异性问题的数据，以提高算法分类结果的覆盖率。

2. 确定数据模型需求

决策树算法涉及进度、质量、造价的业务数据，以及模型工程量。用于数据挖掘的数据模型需要提供可进行基尼系数计算的标示性数据结合业务分析，确定其模型维度如下：

（1）唯一识别标识（主键）：标识数据，并建立数据之间的关联。

（2）进度列项名称：如进度与部位未关联，则无法获取。

（3）关联部位：按部位树分解的关联部位，可在清单工程量内展开部位列表。

（4）模型工程量：利用部位关联数据提取模型工程量，需要预计算。

（5）填报工程量：部位记录的数据（包括：部位名称，申报工程量数量，已完成工程量数量等字段），是申报工程量的基础数据。

（6）累计工程量：部位所在的清单子目累计已支付的工程量，用于分析工程量超付的情况。

（7）合同工程量：利用预设的合同与清单的关联数据获取的清单工程量。施工过程如有变更，则变更数据按清单子目合并到合同工程量中。

（8）完成百分比：用于判断是否存在超付情况。公式为：

$$（填报工程量+累计工程量）/合同工程量$$

（9）合同预警阈值：该值通过系统获得，用于判断完成百分比是否超过阈值，是否进入超付预警状态。

（10）是否完成进度实施：判断验工的进度部位的完成情况。

（11）是否完成质量验收：判断验工的质量部位的完成情况。

3. 验工计价数据模型的创建

验工计价的数据涉及"验工"和"计价"两个主要过程，通过数据建模形成一个完整的数据模型，其多维数据是从进度、质量、清单工程量这三个维度进行建模的。数据模型需要进行预计算，以提出可直接用于决策树算法的数据集。

（1）进度数据的建模。包括：

进度数据涉及的字段：唯一性标识，进度列项名称，计划开始时间，计划完成时间，实际开始时间，实际完成时间，关联的部位。

需要进行预计算的，并补充到数据模型中的字段是：是否已完成，通过比较进度的完成时间和当前时间获取字段的布尔值。

（2）质量数据的建模。包括：唯一性标识，质量检验批编号，检验批时间，是否验收通过，关联的部位。

（3）清单工程量的建模：唯一标识，清单子目编号，清单子目名称，清单工程量，关联的 EBS。

4. 决策树应用实测结果和价值

为了实现决策分析过程，需要对对表单进行预处理：

（1）对工程量超付情况进行计算。按顺序累加计算历史累计和当期累计申请支付的数额，并与平台上的阈值数据比较，形成布尔型标识，公式为：

$$超额支付=（当期累计+历史累计）/总额×100$$

（2）对模型工程量偏差情况进行计算，并将平台上的阈值数据进行比较，形成布尔型标识。

（3）检查部位关联项的进度关联数据是否存在，再返回布尔型标识。

（4）将各个数据重组为新表，并建立标识字段，用以将数据分类。利用数字对 6 种类型进行标记（0："符合要求"；1："进度未关联"；2："与模型工程量核对存疑"；3："合同超额预警"；4："进度未完成"；5："质量未验收"）。

算法程序：利用 Python 的 sklearn 库，引用 DecisionTreeClassifier 类型算法，将算法设置为基尼系数，即 clf=DecisionTreeClassifier（criterion="gini"）。

对于决策树模型的创建，采用留出法进行训练。从平台获取 200 份样本，对其进行特征标识，并且确保样本覆盖所有分类，将 150 份资料作为训练集，50 份资料作为测试集。

通过训练集对决策树进行训练，对测试集进行标识时，需要做一定逻辑分析，然后标识数据，得到 CART 决策树模型，使其能够将新的数据分类。对其应用测试集进行测试，均获得正确的分类结果。CART 决策树训练模型如图 6-3 所示。

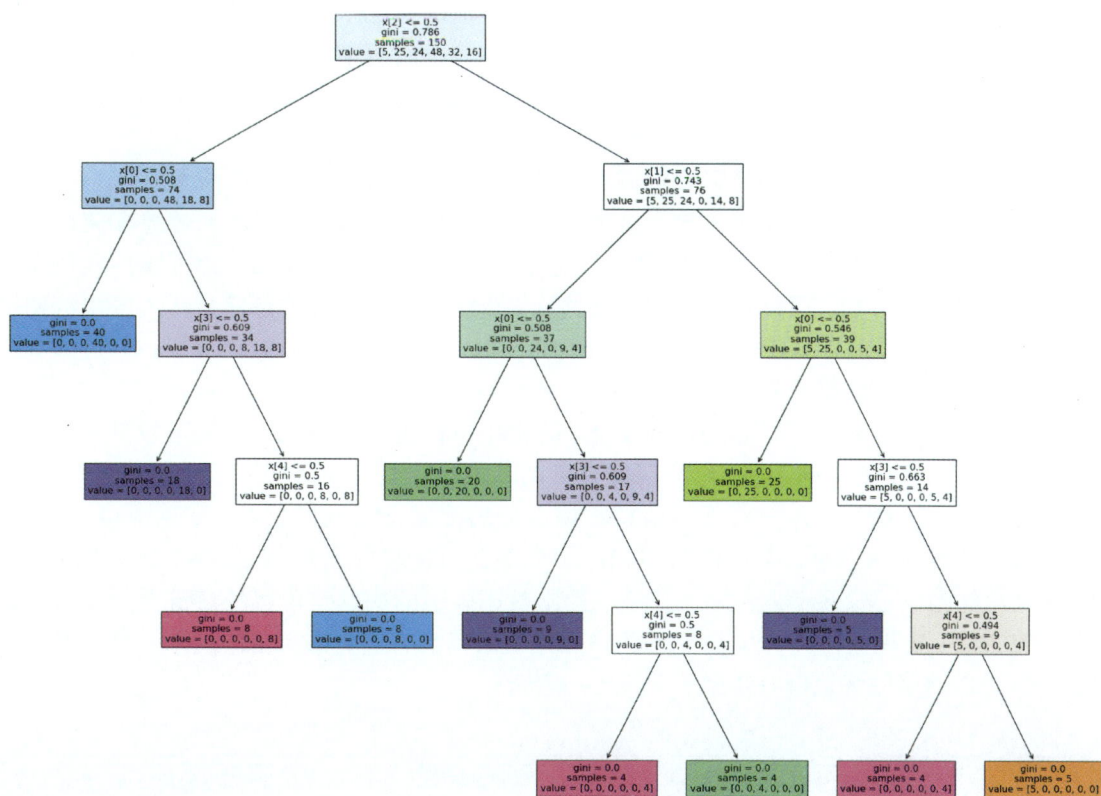

图 6-3　CART 决策树训练模型

使用测试集进行测试，分类正确率达到 100%。

对算法进行封装后形成服务，在平台使用后，实现了自动对验工计价数据进行分类的过程，施工方提报了进度款申请后，按要求对细化部位进行数据填报，决策树算法可对关联数据进行分析并给出一个条目对应的分类结果，以供监理单位和咨询单位审核。

6.2.3.5　基于区块链的数据安全、隐私保护和确权管理技术

1. 基于区块链数字存证的资料库构建和确权技术

传统模式下绝大部分项目资料数据分散保存于不同的中心化部门，这不利于文档资料共享管理。一旦数据库不可信[如区块链加速社区（distributed business accelerator，DBA）被收买、受到恶意攻击]，数据真实性不能得到保证。因此，为确保各参与方得到一致性的真实数据，不可篡改非常重要。基于区块链构建统一的分布式可信共享服务数据库，以支持多方用户的高效可信访问。同时，可将项目资料所有者的数字签名、时间戳等信息加密记入区块链网络，并支持记录资源生成、内容变更和交易使用以形成完整链条的方法，利用区块链多方备份、数据不可篡改、可溯源的特性，解决项目资料的实时确权、可量化控制和流转追溯，帮助项目资料持有者实现快捷的确权。同时，结合多重水印和加密技术，将资源的区块链生命周期嵌入资源数字载体中。

对于项目资料的数字版权确权，采用数字存证的方法，针对每个登录区块链资料管理系统的项目资料，要求给予一个唯一的授权。项目资料确权的目标是保护项目资料所有者的知识产权。此外，项目资料成果资源在平台上可能存在产权变更情况，在构造基于区块链的数字存证信息时，需要做到对项目资料成果资源权属凭证的有效存储与溯源，从而实现项目资料权属在需要验证的时间阶段内的唯一性确认。

2. 面向项目资料版权保护的区块链链下和链上数据的融合存储、访问技术

考虑到建设项目资料数据规模太大，且通常是非结构化的数据，无法高效地存储在区块链上，可将项目资料数据本身作为链下数据，进行云端存储或近云存储。为了维护项目资料数据的安全和共享环境，通过将访问资源的路径、资源的哈希值等关键信息写入区块链网络中，以及利用区块链多方备份、数据不可篡改的特性，确保链下数据的真实性与不可篡改性，实现链上与链下数据的融合存储。

为了实现项目资料数据资源的访问安全、防止用户侵害数字版权，应采用分布式安全访问控制技术，针对建设、施工、运维等三类业务的需求，开放不同等级的资源访问权限，保证资源的共享安全。通过将用户对项目资料数据服务的使用记录到区块链上，生成可查询的、不可抵赖的资源访问记录，实现侵权口追踪。同时，通过将关系数据语义引进区块链平台中，对用户的操作记录多个属性建立索引，提出基于索引的快速定位区块链链上资源访问记录的查询方法，实现支持类 SQL 语句的用户操作记录精准布尔查询与范围查询。具体面向资料数据的可信共享的区块链系统架构如图 6-4 所示。

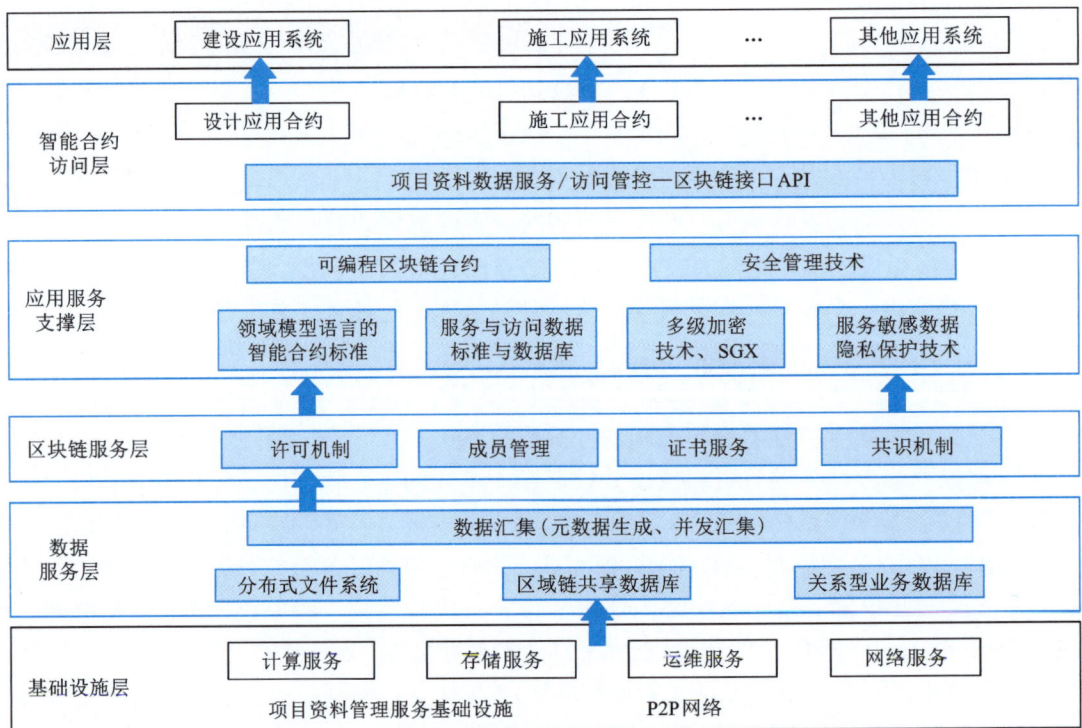

图6-4　面向资料数据的可信共享的区块链系统架构

3. 基于区块链数字存证的资源信息存储与确权技术

工程项目开发过程中需要大量工程师参与，但多人协作过程中会经常出现修改项目资料、更新项目资料和存储项目资料的情况。若无有效合理的机制约束，就会造成资料版本混乱，难以统一管理；如果资料不符合条件需要追查原因，则难以进行追溯查询和追责；如果资料没有安全存储，还可能造成原文件泄露、知识侵权，以及造成部门机构自身利益受损。为了解决项目资料版本迭代难以管理、构件修改难以追溯以及构件侵权使用追责问题，可使用链下数据库和区块链技术进行项目资源存储和确权。

以 BIM 构件为例进行描述，当各参与工程师完成制作 BIM 构件后，需要使用规定的数据预处理方法对构件去除冗余信息后以得到关键信息，其信息包括几何信息，如尺寸、大小等，以及非几何信息，如材料、性能等，从而形成合规的 BIM 构件结构化文件。提取后的文件相较于原文件将大大缩小占用空间，以便接下来进行上链存储。

通过智能合约进行查询，搜索能够存储 BIM 构件原文件的数据库列表，经过算法选取对应的数据库并返回此数据库的相关信息，包括数据库对应的 IP 地址、数据库名称等信息。根据得到的信息与数据库对应的服务端建立超文本传输协议（hyper text transfer protocol，HTTP）连接，并将 BIM 构件原文件发送到数据库服务端，接下来由数据库对 BIM 构件进行存储保存。数据入数据库后，服务端根据系统对应的规则将数据进行分类，根据不同 BIM 构件的特点写入对应的数据库中进行存储。如果数据库中存在同名同 ID 的数据则判断版本号：若该版本号大于数据库内版本号则进行更新操作，并直接覆盖数据；如果小于或等于则不进行更新操作。如果数据库中不存在同名同 ID 的数据则直接写入数据库。如果文件中的字段表明此版本是关键版本，则需要进行双重备份。

通过智能合约对 BIM 结构化文件信息进行读取，并且结合 BIM 构件原文件的存储位置信息，按照合约将信息填入对应的结构体字段，得到需要上链存储的数据结构。使用智能合约将得到的数据结构转化为 JSON 格式字符串，并使用哈希算法对这个数据结构进行处理，得到唯一的哈希值，作为其上链存储的唯一 ID。接下来使用智能合约将数据上传到区块链账本进行存证。最后智能合约会返回对应的交易 ID。

针对项目资源存储过程中的存储安全、管理繁杂和难控制版本迭代等问题，利用区块链技术和可信链下数据库能够有效解决对应问题，有利于对项目资源的安全管理和使用。

智能合约的控制过程包含多个步骤。在用户接入网络并确定用户身份后，平台会根据用户身份确定用户操作集，对 BIM 构件、模型数据、操作记录等信息进行预处理，最后调用智能合约对数据的上链、查询等过程进行操作。

4. 基于区块链特色水印和多权属图的侵权追踪技术

项目开发过程中存在项目资料的创造和传播，由于资料的数字性，其易于传播。与此同时数字资源的侵权现象屡见不鲜且难以问责，其原因包括：利用网络下载平台中提供的资源，可以进行高速便捷的传播和下载，这为数字资源泄露创造了便利条件；数字资源想获得版权保护需要中国版权保护中心授权，会产生大量的时间成本，无法对数字资源进行及时的产权保护。

数字水印常用于数字资源的版权保护。数字水印技术是将一些版权标识信息（即数字水印）直接嵌入数字载体中。与传统水印相比，其特点为安全性强、隐蔽性高、稳定性好，不影响原载体的使用价值，也不易被探知和再次修改。生产方通过提取这些隐藏在数字载体中的水印信息，可以达到确认版权归属的目的。然而，数字水印也存在被篡改的可能，其缺少一种安全可信的证实方式。

使用基于区块链数字水印的数字资源侵权追踪方法，利用区块链技术构建数字资源版权区块链系统，并通过链式记录交易信息追踪历史交易信息，再结合数字水印关键信息上链，能够进行数字资源的侵权追踪。

区块链水印技术是一种数字水印技术，其可以将唯一的标识符嵌入 BIM 构件数字内容信息中，以证明其所有权和来源。在区块链上使用水印技术可以实现侵权追踪和版权保护。下面是一种实现方案：

在 BIM 构件数字内容信息中嵌入唯一的标识符，例如哈希值或数字指纹等。将嵌入标识符的 BIM 构件数字内容信息上传到区块链平台，并在区块链上创建一个哈希值或数字指纹的映射表。区块链上的智能合约程序可以检测到上传的 BIM 构件数字内容信息中的标识符，并将其记录在区块链上。当有人使用 BIM 构件数字内容信息时，区块链上的智能合约程序可以自动检测到标识符，确认所有权和来源，并记录下使用情况。智能合约程序可以在区块链上记录使用情况，并通知版权所有者或向其发出警报，以保护版权。版权所有者可以使用区块链上的记录来证明自己的所有权和来源，并对侵犯版权的行为进行追踪和起诉。

总之，区块链水印技术可以有效保护 BIM 构件数字内容信息的版权，同时也可以为侵权行为的起诉提供证据。其中版权信息包括如下内容：资源唯一标识，为相关资料经过哈希处理后的摘要信息；用户唯一标识，为用户的唯一信息，如在系统中注册的用户 ID；授权类型，为授予资源进行修改、传播等类型；授权时间，记录授权操作的具体时间。由于相关信息都在区块链中进行存证，加上区块链的不可篡改特性，记录的真实性和有效性得以保证。对目标水印进行提取，能够确认是否存在侵权使用。

6.3　智能建造管理平台功能开发

6.3.1　微服务框架的搭建

微服务架构风格是一类将单一应用程序作为由众多小型服务构成之套件加以开发的方式，其中各项服务都拥有自己的进程并利用轻量化机制［通常为 HTTP 源应用程序编程接口（application programming interface，API）］实现通信。这些服务围绕业务功能建立而成，且凭借自动化部署机制实现独立部署。

应用程序逻辑分为明确定义的职责范围的粒度组件，这些组件相互协调并提供解决方案。每一个组件都有其职责领域，可以跨越多个应用程序复用。

服务之间的通信基于一些基本的原则，比如服务采用 HTTP+JSON 这样的轻量级通信协议，在不同服务之间进行数据交换。这样不同服务可以使用不同的技术栈，互不影响。

拆分为微服务之后，服务的数量变多，因此需有一个统一的服务管理平台对各个服务进行管理。

1. 总体架构规划

项目采用前后端分离，前端以 VUE 框架为主，后端为 Spring Cloud 微服务框架，移动端为 Android、iOS 原生+H5 混合模式，数据库为 MySQL，文件对象存储为 go-FastDFS，GIS+

BIM 采用平台 iServer 服务及 BIMWIN 服务。

2. 微服务框架设计

1) 微服务架构图

微服务架构设计分为业务支撑、存储、基础服务、业务层、展现层、客户端这几个层次。其具体设计如图 6-5 所示。

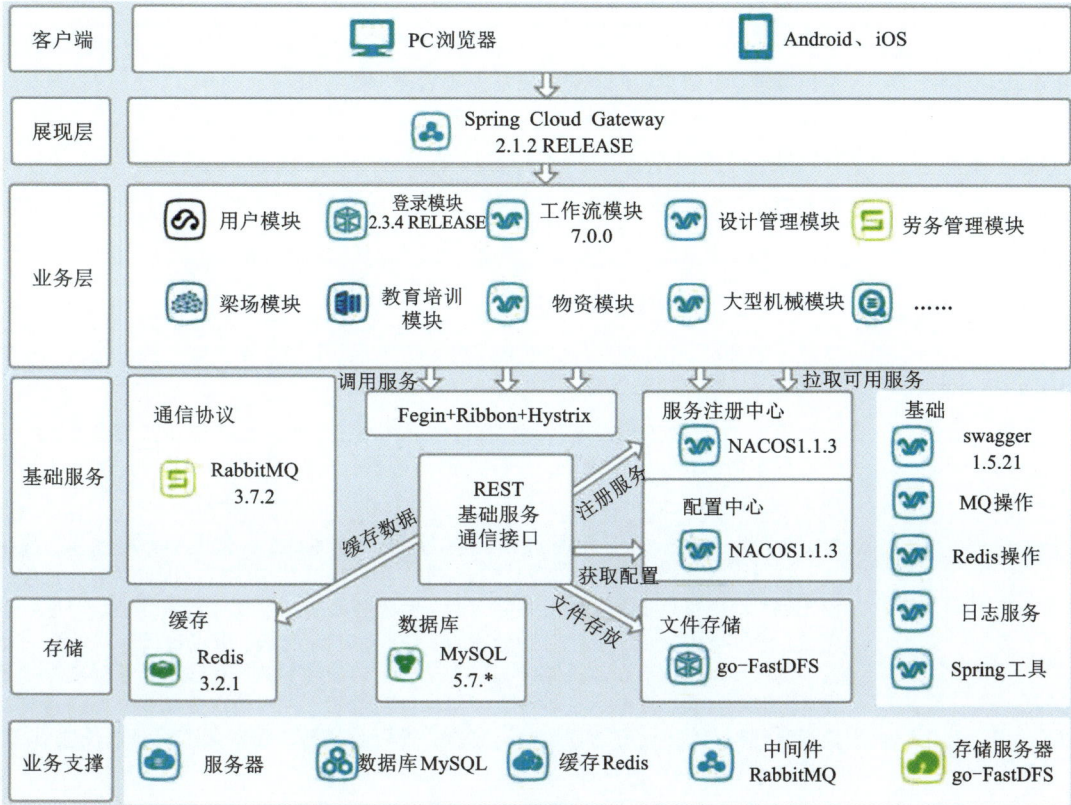

图 6-5　微服务架构图

2) 业务微服务搭建方案

业务微服务为分布式系统提供业务支持，是开发者编写代码最多也是最频繁的服务。根据功能规划，将整体服务划分为多个微服务，具体划分方案见表 6-1。

表 6-1　服务列表

服务名	包含的业务模块
service-activity	工作流
service-auth	鉴权
gateway	网关

续表6-1

服务名	包含的业务模块
service-beam	相关所有接口梁场、试验室、拌和站
service-construction	施工单位管理：{标段约定管理，项目进场管理，管理人员名录，管理人员变更，普通人员管理，标段统计，人员统计，达标考评申请，达标考评，创优考评，日常检查扣分项现场质量，日常检查扣分项施工管理，日常检查，不良行为扣分项，不良行为}
service-construction site design cooperation	考核管理、参建单位问题库、岩溶专项管理、现场拍
service-credit	物资供应商信用评价
service-data sync	数据同步
service-design	设计管理、联系单、变更设计、补勘、工程算量、合同管理
service-education	教育培训、文档管理、模型管理
service-external environment	外部环境管理：{标准文件，外部环境问题库，已下发问题，重点督办情况，本周完成情况，城市问题汇总}
service-first article	首件管理：{首件工程实施计划，首件作业指导书标段，首件作业指导书全局，首件监理细则，首件工程评估，首件评估表模板，首件评估标准文件，首件成果管理}
service-investment	投资管理：{周交班会，限时督办，施工周报，监理日志，监理工作联系单，项目基本信息，征地拆迁信息，项目指标信息，招标降噪信息，项目投资信息，月度投资计划，季度投资计划，年度投资计划，月度投资完成，季度投资完成，年度投资完成，标段投资完成，指标对比分析表，投资完成情况表，重点项目推进情况月报表，项目月调度表，高速铁路项目一览表，已建成项目表，在建项目表，规划项目表，全部项目表，征地拆迁项配置，指标项目配置，投资情况表配置，形象进度} 投资管理项目级（投资计划、投资完成、投资合同额、固定资产管理、技改管理、大修管理）
service-job	任务调度、预警信息记录
service-land	土地管理
service-material	物资管理
service-mechanics	大型机械设备、斜率图、设备档案
service-message	消息推送、通知公告、预警配置
service-progress	前期管理、营业线施工管理
service-real name system	劳务（人员、信用评价、薪资）、实名制管理、劳务考勤
service-research	科研管理
service-rongcloud	融云即时通信
service-step	隧道工程、隧道安全步距、特种人员管理、二维码管理

续表6-1

服务名	包含的业务模块
service-supervision	监理服务：监理人员、年度计划、监理见证、监理指令、监理统计、绩效考核、打卡
service-system	系统管理、基础数据管理、项目配置、标准管理
service-tool	上道机具管理
service-build	视频监控、施工日志、项目大事记
service-quality	试验室台账、风险源、安全管理、质量管理、巡检登记、环水保、随手拍、安全质量人员组织架构图、延期申请
service-schedule	施工组织管理、进度管理、铺轨计划、年度分月、关键线路、分部分项单位工程验收、轨道工程、手动检验批、工序报验
service-demolition	临建管理、征拆、"四电"、管线、控制性工点
service-report	调度报表
service-station	站房用水

3. 前端框架

为了实现前端能力，需要对前端系统进行框架规划。本平台应用的主要前端框架包括vue、axios、sass、vue draggable、screenfull、echarts 等组件。

4. 安卓移动端

基于原生 Android WebView 与网页 H5 技术开发，使用了原生 Android SQLite 做数据管理开发。

6.3.2　容器云技术应用

伴随着 Docker 容器、Kubernetes、微服务、DevOps 等热门技术的兴起和逐渐成熟，利用云原生(CloudNative)解决方案为企业数字化转型已成为主流趋势。云原生解决方案通过使用容器、Kubernetes、微服务等新潮且先进的技术，大幅加快了软件开发的迭代速度，提升了应用架构的敏捷度，提高了 IT 资源的弹性和可用性。

通过容器技术搭建的云原生 PaaS(Platform-as-a-Service)平台，可以为企业提供业务的核心底层支撑，同时能够建设、运行、管理业务应用或系统，使企业能够节省底层基础设施和业务运行系统搭建、运维的成本，将更多的人员和成本投到业务相关的研发上。

容器云系统的架构层次分为基础设施、Kubernetes、容器服务、IT 治理这几个层次，具体如图 6-6 所示。

部署的容器云能力须配合微服务管理方案，以服务划分为依据，配置容器云系统的基础环境，满足对 Java、.Net、Python 语言的环境支持，容器伸缩设计符合平台运行方的硬件系统架构设计，适配对应的 CPU 和存储器。

1. 容器云的核心能力

1) 集群管理

平台以统一多集群管理为核心，可对接稳定快速的物理机服务器、资源利用率高的虚拟

图 6-6　容器云系统的架构

机、不同云环境(公有云、私有云或托管云)下的云主机创建 Kubernetes 集群。

2)集群部署

以统一多集群管理为核心,支持在物理机、虚拟机、不同云环境(公有云、私有云或托管云)下的云主机上一键部署 Kubernetes 集群,方便从 IaaS 资源池添加新主机到 Kubernetes 集群里,并快速完成节点初始化。

针对使用场景可选择部署不同类型的 Kubernetes 集群,例如:开发/测试环境、部署单个控制节点的概念验证环境 Proof of Concept(POC)、部署多个控制节点的高可用生产环境。

3)多集群管理

支持运行多集群,即跨集群容器资源池统一管理运行在多个云端上的 Kubernetes 集群,保证集群的高可用,解决多云灾备问题。具备超大规模的集群管理能力,可同时管理多个主机节点,并可在主机节点上同时运行多个 Pod。

支持接入外部标准 Kubernetes 集群和 OpenShift 集群,并将集群下的命名空间(namespace)纳入平台进行统一管理。集群对接 Kubernetes 发行版后,用户可通过发行版统一管理、部署在平台上的集群。

4)集群监控

支持全局集群监控仪表盘,运维人员可便捷地通过监控和统计数据了解平台上每个集群的状况,查看集群下主机节点的运行状态和数据。

5)节点维护

支持对集群中的节点变更调度状态,在需要进行节点维护时,将节点设置为不可调度,并可将节点上运行的 Pod 迁移到其他节点上。

支持节点的标签管理,创建应用时通过配置节点选择器可将应用部署在指定的节点上运行。

6）资源配额

支持将集群的资源分配给多个项目，在项目下创建命名空间时，可选择已分配资源的集群，并为命名空间设置资源配额。

支持更新集群的超售比，帮助管理员将集群下命名空间中用户设置的容器 CPU、内存的限制值（limit）和请求值（request）限制在合理范围之内，提高计算资源利用率。

7）项目管理

平台的项目之间可以灵活地划分出独立且相互隔离的资源空间，每个项目都拥有独立的项目环境，能够代表企业中不同的子公司、部门或项目组。通过项目管理，能够轻松实现项目组之间的资源隔离、租户内的配额管理，以及项目下的人员管理。

一个项目支持绑定多个集群，并管理计算资源配额，提高了资源利用率。

一个项目下可以创建多个命名空间，作为互相隔离的工作区间，进一步实现了更小粒度的资源隔离和人员管理。在保障了安全的同时，还满足了不同组织架构的企业需求。一个项目的多个命名空间可以分布在不同的集群，一个命名空间只能在一个集群中。

同时，支持为项目绑定多个企业私有的域名，以便通过域名访问项目下的应用。

8）容器管理

深度集成 Kubernetes 容器编排引擎。支持类型多样的容器调度设置，例如：通过设置主机亲和性可将容器调度到指定的主机上运行；支持 Flannel、Calico、Kube-OVN 等多种主流的容器网络模式；支持对接不同类型的存储资源。

2. 容器云的管理

基于容器云的多租户管理是在容器云平台上实现对不同租户的资源隔离和管理。多租户管理需要通过命名空间来实现资源隔离。每个租户被分配一个独立的命名空间，所有属于该租户的容器都运行在该命名空间内。这样能够确保不同租户之间的资源相互隔离，防止干扰和冲突。

容器云平台可以提供统一的管理界面或 API，用于查看当前每个租户下运行的容器数量和资源状态。通过容器编排工具，如 Kubernetes，可以方便地获取每个命名空间中的容器列表，及其所需资源的使用情况。这些统计数据可以用来监控和管理容器的运行状态，及时发现资源紧张或异常情况。

当出现问题时，需要根据具体情况进行资源调配。例如，当某个租户的容器遇到性能问题或资源瓶颈时，可以通过资源调度功能将其迁移到具备更充足资源的节点上。容器编排工具可以基于预定义的规则和策略，自动将容器重新调度到合适的节点上，以平衡整个系统的负载。在此过程中，可以根据每个租户的优先级和资源需求进行调配，以保证关键应用的稳定性及其他性能。

在多租户管理中，安全也是一个重要考虑因素。容器云平台可以提供基于角色的访问控制（role-based access control，RBAC），确保不同租户只能访问自己的命名空间和资源。同时，容器云平台还可以提供日志和监控功能，用于实时收集和分析容器运行时的指标和日志，帮助发现潜在的问题和异常情况。

基于容器云的多租户管理通过使用命名空间实现资源隔离，在统一的管理界面或 API 中展示容器数量和资源状态。当出现问题时，可以通过容器编排工具实现资源调配，将容器迁移到具备更充足资源的节点上。同时，容器云平台还需要提供安全的访问控制和日志监控功能,以确保租户的数据和资源安全,并及时发现和解决问题。这种多租户管理方案可以提供高效、安全且可弹性伸缩的容器化环境,促进企业的数字化转型和创新。

6.4 智能建造管理平台的应用

6.4.1 工程概况

以鲁南高速铁路菏泽至曲阜段工程为应用试点,以济南东站枢纽优化提升相关工程、天津至潍坊高速铁路济南联络线工程作为全面应用试点,开展智能建造管理平台应用的相关工作。

1. 鲁南高速铁路菏泽至曲阜段

鲁南高速铁路菏泽至曲阜段线路自临沂至曲阜段大王庄线路所引出后,上跨京沪高铁,经大峪村、小峪村后于后西庄东南上跨京台高速铁路,线路长 160.6 km,投资 257 亿元,开工时间:2018-12-01,完工时间:2022-04-30。全线设曲阜南、兖州南、济宁北、嘉祥北、巨野北、菏泽东 6 个车站;正线有特大桥、大桥 12 座,共 141.27 km。桥梁长度占正线长度的87.96%。本线共有 6 处上跨既有铁路(含 1 处专用线),其中 4 处采用 T 构转体方案,2 处采用简支梁跨越。线路地图如图 6-7 所示。

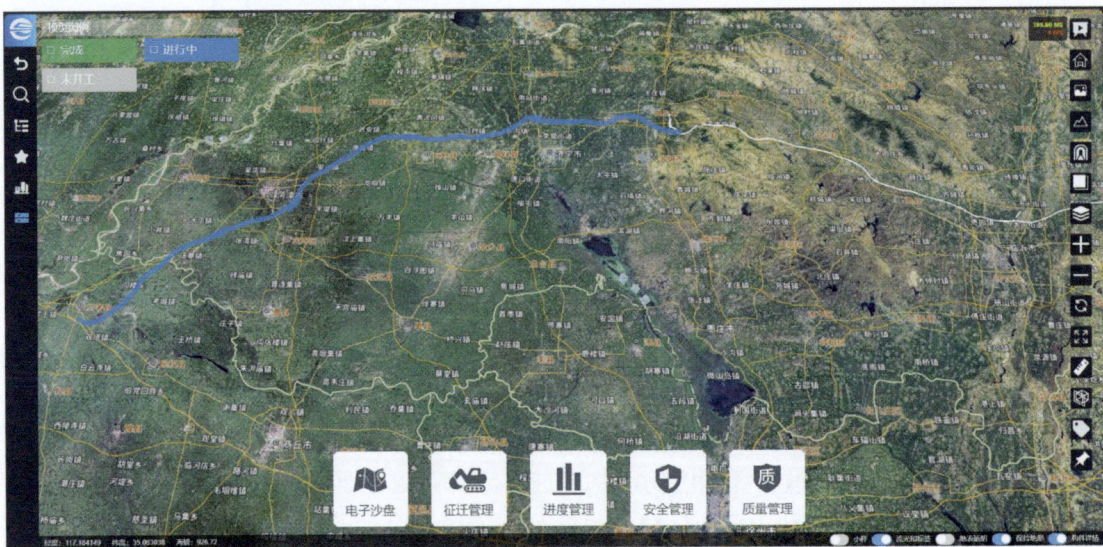

图 6-7 鲁南高速铁路菏泽至曲阜

2. 济南东站枢纽优化提升相关工程

济南东站枢纽优化提升相关工程的实施对实现济莱、济滨、济青、石济等高速铁路互联互通,提升山东省高速铁路网互联互通水平具有重要意义。济南东站枢纽优化提升相关工程实施范围包括济莱济滨联络线、济南联络线、港沟站出站端路基工程、济南东站生产生活用房等四部分内容。线路长度共计 4.556 公里(单线),投资 6.76 亿元。开工时间:2021-09-29;完工时间:2022-08-15。线路地图如图 6-8 所示。

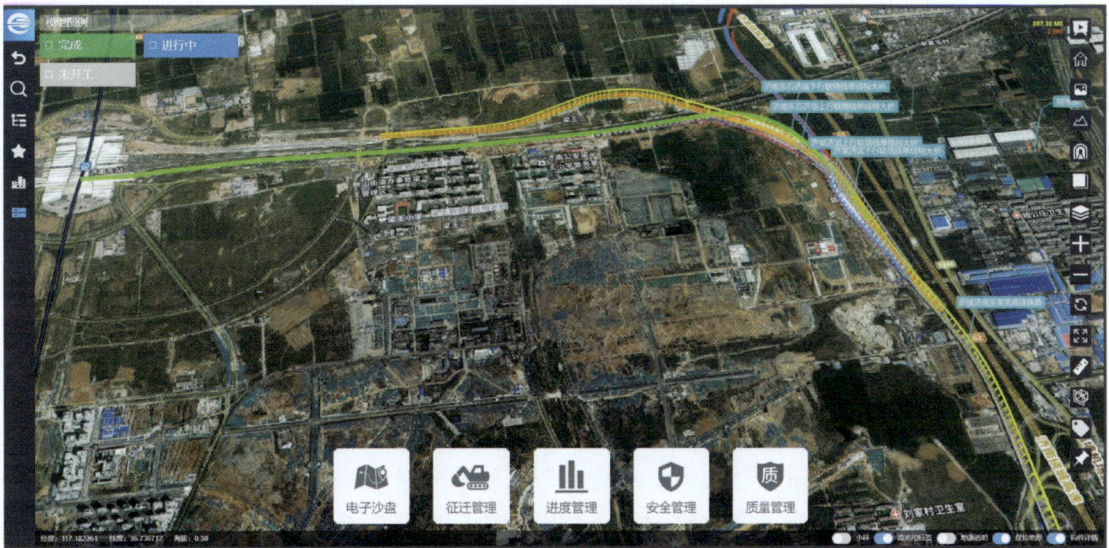

图 6-8　济南东站枢纽优化提升相关工程

3. 天津至潍坊高速铁路济南联络线

天津至潍坊高速铁路济南联络线正线长度 151 km(其中,济南市境内 90.521 km,滨州市境内 54.778 km),投资 374 亿元,开工时间:2022-10-01,在建中。正线新建桥梁 129.251 km/7 座,隧道 7.663 km/2 座,遥墙机场地下车站 0.453 km/1 座;桥隧总长 136.914 km,占线路总长的 94.22%。全线设济南东、遥墙机场、济阳、商河、惠民、滨州 6 座车站和小许家、东齐家 2 座线路所,其中济南东和滨州为既有站并场设站,其余为新建车站。线路地图如图 6-9 所示。

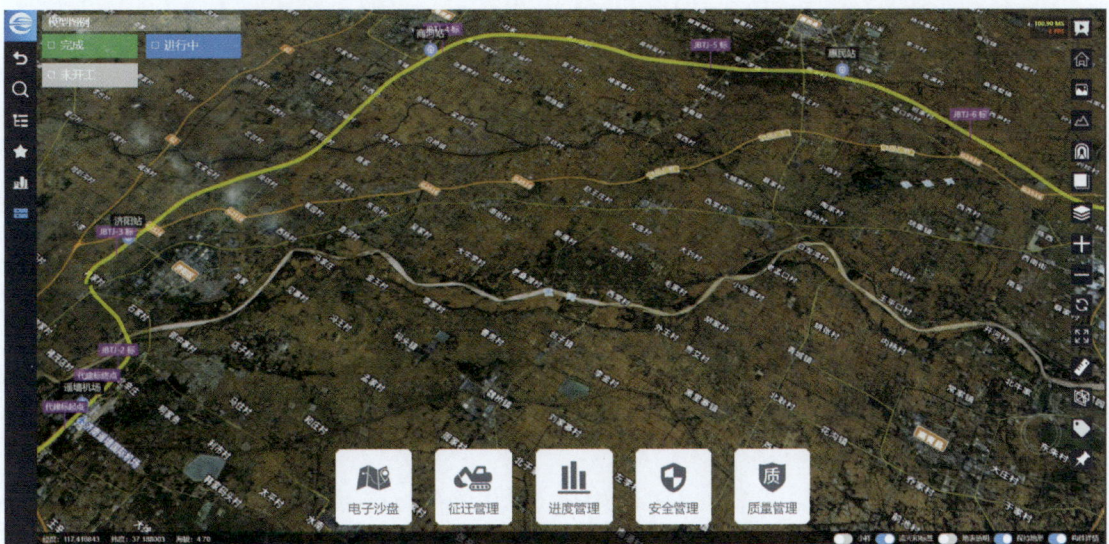

图 6-9　天津至潍坊高速铁路济南联络线

6.4.2 应用过程

平台的功能范围较为广泛,本节针对项目管理过程的进度、质量、成本三个重点业务模块进行阐述。首先,平台通过在线验收工作实现了质量管理的数字化,工作人员利用平台生成检验批并进行质量验收,确保施工质量符合标准要求。其次,基于 BIM+GIS 的可视化进度管理利用了 BIM 和 GIS 技术,帮助项目管理人员清晰了解项目进展情况,并及时解决潜在的进度延误问题。另外,利用业务数据协同的验工计价工作自动化计算工程项目的工程量和费用,提高计价速度及准确性。最后,基于工程管理平台的安全风险管控集成安全风险评估和控制功能,帮助识别和评估潜在安全风险,并采取相应措施进行管控,提高工程项目的安全性和可靠性。

1. 质量管理在线验收工作

质量管理在线验收工作主要依赖于平台的数据协同和数据填报功能。其流程如下:

建立数字化标准→按要求填报检验批→利用可视化系统检查验收情况→根据指令自动生成检验批→打印检验批进行线下审批

1)质量验收标准

最新的铁路工程施工质量验收标准主要包括:

《铁路给水排水工程施工质量验收标准》(TB 10422—2020)

《铁路站场工程施工质量验收标准》(TB 10423—2020)

《铁路混凝土工程施工质量验收标准》(TB 10424—2018)

《高速铁路路基工程施工质量验收标准》(TB 10751—2018)

《高速铁路桥涵工程施工质量验收标准》(TB 10752—2018)

《高速铁路隧道工程施工质量验收标准》(TB 10753—2018)

《高速铁路轨道工程施工质量验收标准》(TB 10754—2018)

《高速铁路通信工程施工质量验收标准》(TB 10755—2018)

《高速铁路信号工程施工质量验收标准》(TB 10756—2018)

《高速铁路电力工程施工质量验收标准》(TB 10757—2018)

《高速铁路电力牵引供电工程施工质量验收标准》(TB 10758—2018)

2)创建质量验收标准数字化版本

依据验收标准文件,针对工程中涉及的工程部位,将文件要求的主控项目、一般项目等验收条目编辑并录入至平台。其中验收条目包括条文名称、条文号、类型、表单、验收条文等,为后续在平台中实现检验批自动生成做好数据准备。

3)检验批内容填报

项目管理人员在平台上,根据项目实际情况划分检验批部位,并填写相关部位的施工数据。平台检验批内容填报如图 6-10 所示。

4)报验部位可视化展示

项目管理人员在平台中查看 BIM+GIS 模型,对报验部位进行可视化展示。平台 BIM+GIS 模型查看如图 6-11 所示。

图 6-10　检验批内容填报

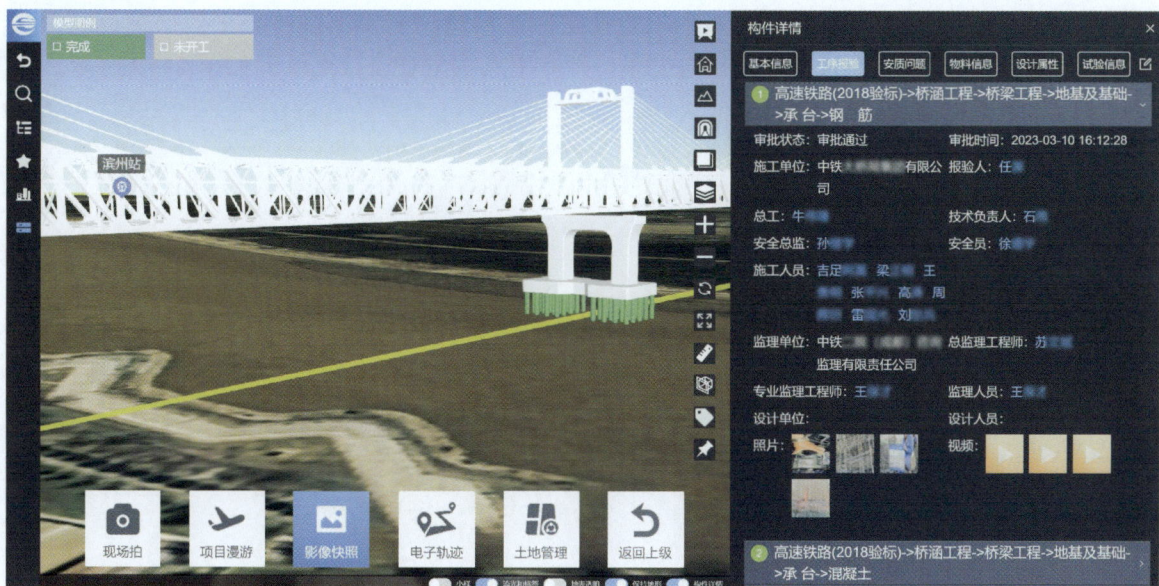

图 6-11　BIM+GIS 模型查看

5）检验批生成

项目管理人员在智能建造平台上填报数据，平台自动生成检验批文件。平台检验批生成如图 6-12 所示。

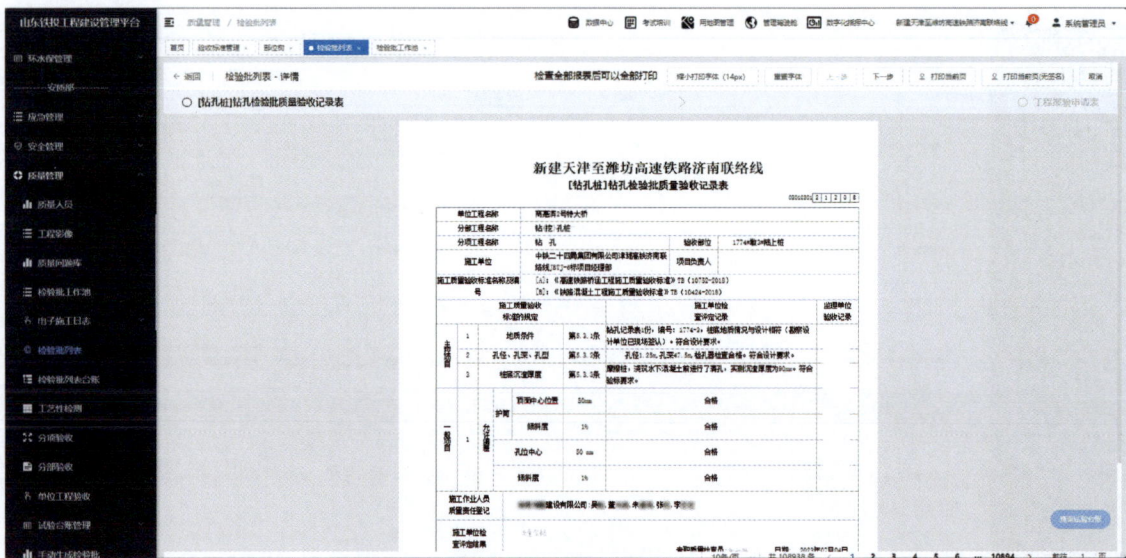

图 6-12　检验批生成

6）加强质量管控

项目管理人员通过平台自动生成的检验批文件对相应的工程部位检验批数据进行统计，以提高质量管控水平，提高项目验收通过率。平台工点质量管控数据统计如图 6-13 所示。

图 6-13　工点质量管控数据统计

2. 基于 BIM+GIS 的可视化进度管理

可视化的进度管理减少了进度沟通过程的信息偏差，有助于提高管理效率。平台的线上进度计划审批和实际进度填报功能为进一步实现进度与其他业务数据建模提供了条件。项目管理人员需要按照要求填报相关数据。进度审批和填报流程如下：

编制指导性进度计划→编制实施性进度计划→建立进度计划之间的关联→上传模型→建立进度计划与模型的关联→填报实际进度→通过可视化界面管理进度

1）进度计划编制

项目管理人员在平台上，根据项目实际情况，在项目实施过程中填报指导性进度计划、实施性进度计划，监理单位、建设单位对相关计划进行审核，并依据审核后的进度对工程项目进度总体把控。

（1）指导性进度计划。在项目实施初期建设单位制定项目指导性进度计划，针对工程项目整体施工具有指导意义。在平台上，该进度计划由施工单位进行填报，山东铁投集团工程管理部进行审批。平台指导性进度计划填报和审批流程如图6-14所示。

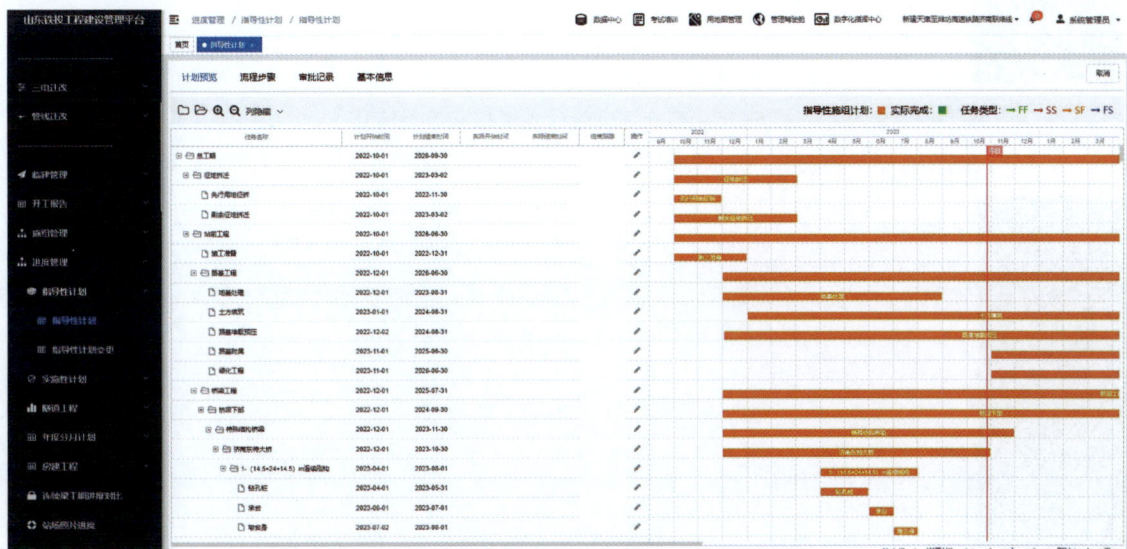

图6-14 指导性进度计划填报和审批流程

（2）实施性进度计划。在工程项目具体实施前制定项目实施性进度计划，用于指导工程项目各部位各节点具体施工进度。在平台上，施工单位填报该进度计划，监理单位进行审批。平台实施性进度计划填报和审批流程如图6-15所示。

2）进度计划关联

指导性进度计划与实施性进度计划相关联，便于后续工程管理中对比项目初期的进度节点与项目实施过程中的进度节点。平台进度计划关联如图6-16所示。

3）模型导入平台

按照项目EBS编码规则，将项目BIM、GIS文件导入工程建设管理平台，并在平台中实现项目模型文件的编辑和管理。平台BIM文件导入如图6-17所示。

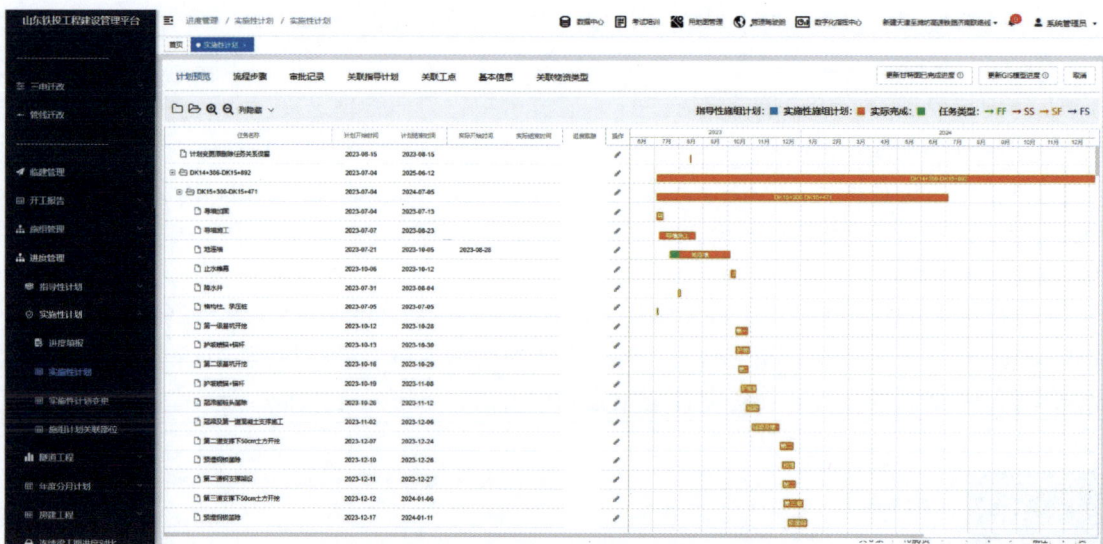

图 6-15　实施性进度计划填报和审批流程

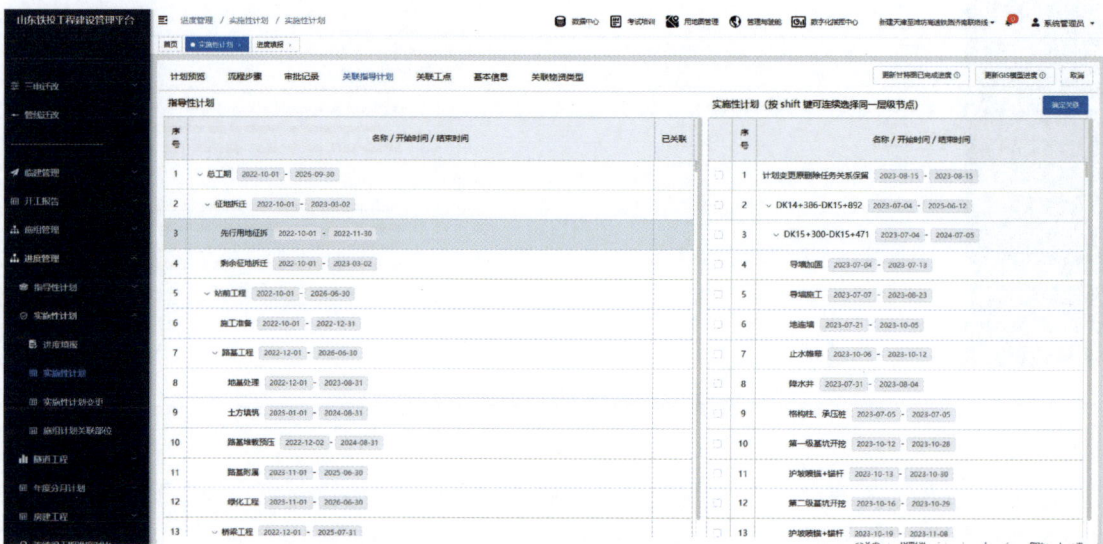

图 6-16　进度计划关联

4）进度计划与模型关联

在平台中，将进度计划与 BIM 模型构件相关联，可为后续可视化进度管理打好基础。平台进度计划关联模型构件如图 6-18 所示。

5）进度填报

根据工程项目现场进度情况，在平台上填报项目实际进度情况，便于后续项目进度计划与实际进度情况进行对比分析。平台实际进度计划填报如图 6-19 所示。

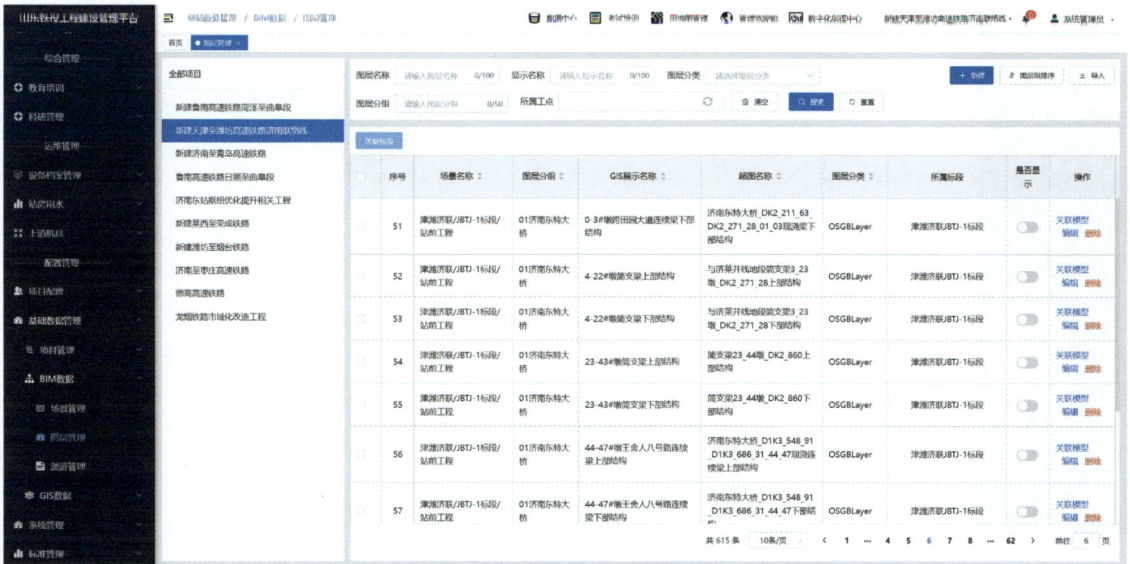

图 6-17　BIM 文件导入

图 6-18　进度计划关联模型构件

6）进度可视化管理

利用平台 BIM+GIS 功能，在前期填报的进度计划、实际进度情况以及上传的 BIM、GIS 模型基础上，实现工程项目的进度可视化管理。该功能可展示正常完成、延期完成、延期未开工、延期进行中、进行中、未开工等工程进度情况。平台进度可视化展示如图 6-20 所示。

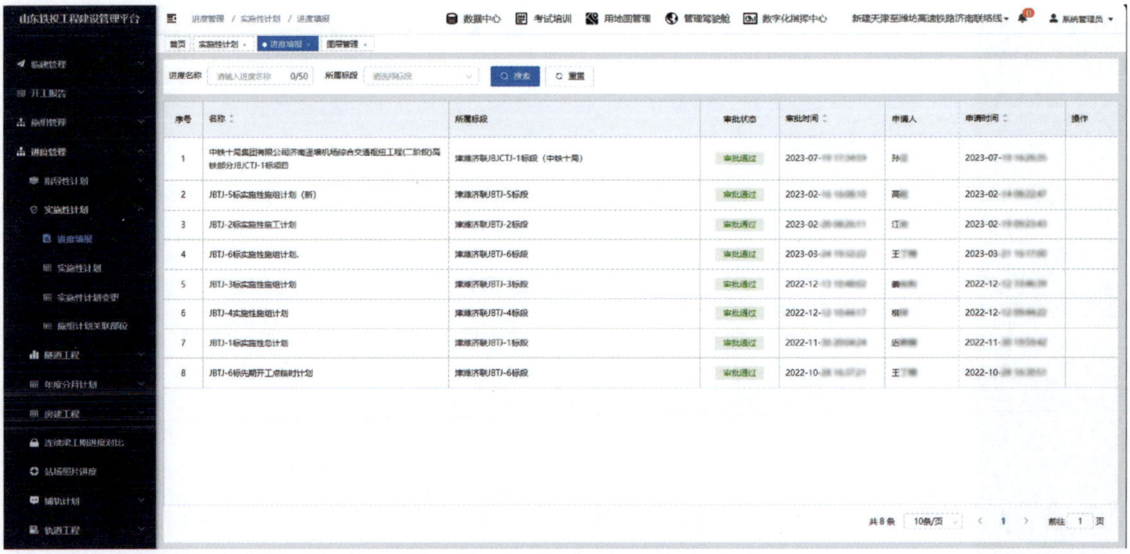

图 6-19　实际进度计划填报

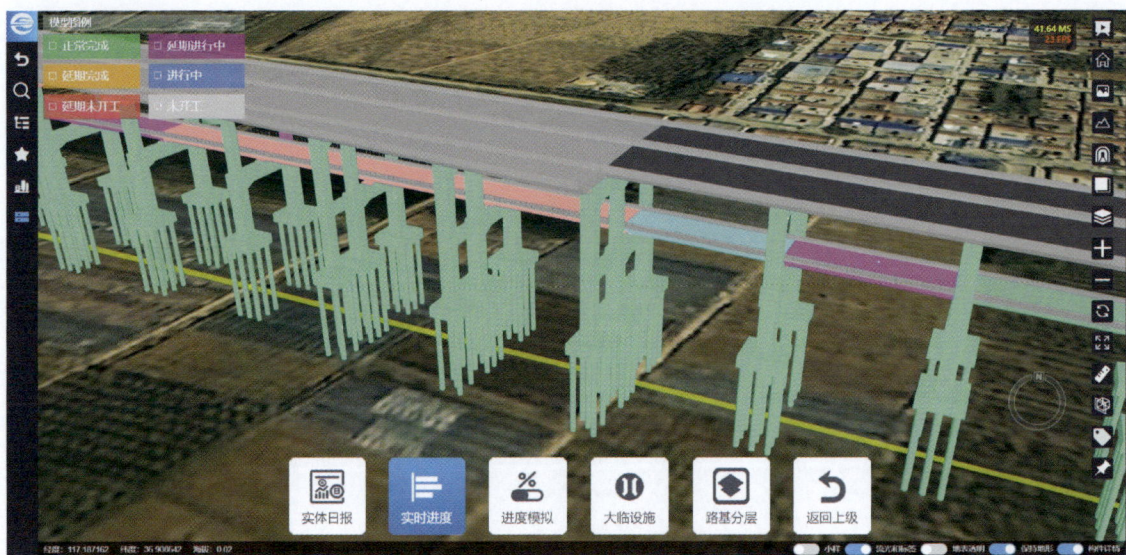

图 6-20　进度可视化展示

3. 利用业务数据协同的验工计价工作

根据质量验收数据、进度填报数据和造价数据，可以分析进度款申请过程的验工计价数据是否满足要求。主要的流程如下：

建立清单与验标的关联→过程质量验收、进度上报→提报进度款支付→利用决策数据自动判断验工计价数据→参考判断结果审核进度款支付申请

1）清单与验标关联

根据工程实际情况，在平台上将合同清单项与工程质量验收信息进行关联，依据合同约定支付相关工程款项。平台清单与验标关联如图 6-21 所示。

图 6-21　清单与验标关联

2）质量验收

在平台上填报检验批质量验收相关信息，便于后续根据工程验收通过情况完成工程费用支付。平台质量分项验收如图 6-22 所示。

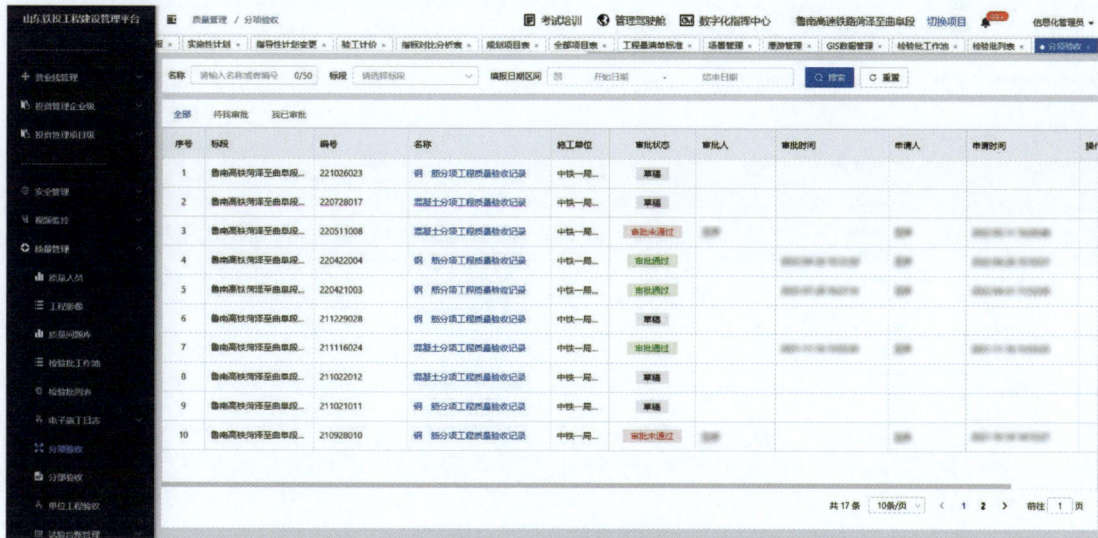

图 6-22　质量分项验收

3）进度上报

在平台上，根据现场工作进度情况上报工程进度信息，根据工程服务合同项，按进度完成情况支付工程款。项目实际进度上报如图 6-23 所示。

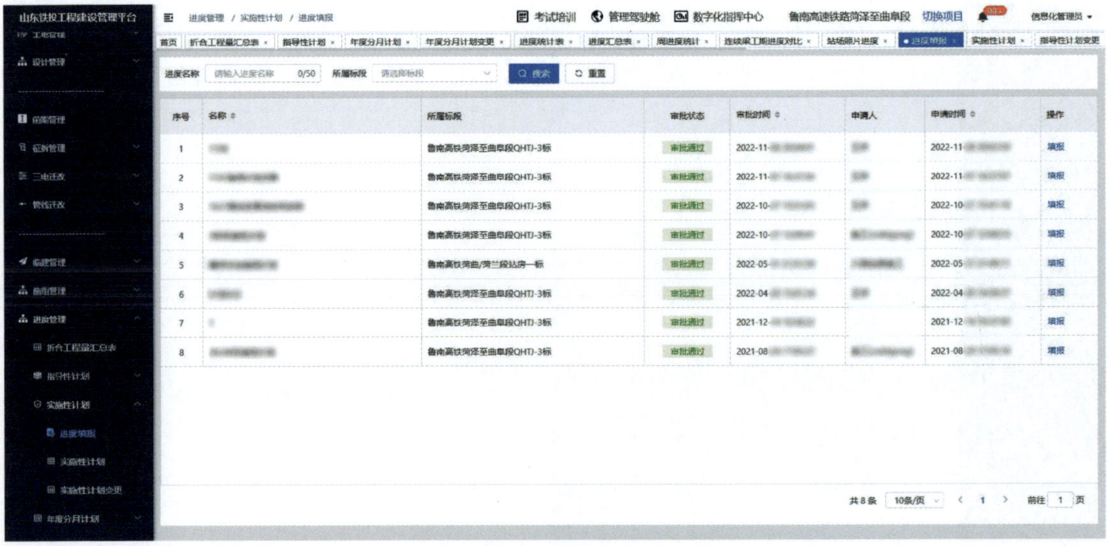

图 6-23　项目实际进度上报

4）验工计价

在平台上通过数据接口，与相关单位的投资管理系统数据共享，完成工程各标段验工计价相关工作。单位投资管理系统如图 6-24 所示。

图 6-24　单位投资管理系统

6.4.3　工程应用成效与前景

　　智能建造管理平台在项目的应用中展现了利用 BIM 技术、GIS 技术、大数据、区块链技术等新技术解决管理问题的创新性的思维和方法，取得了显著的社会、经济效益。通过多项目的实践应用，表明平台在建设管理中具有很强的实用性，为山东铁投集团内部及行业带来了长期的价值和影响。持续推广和应用该平台，可将进一步提升项目管理水平，实现更高效、可持续的业务成果。

1. 应用成效

　　以济南东站枢纽优化提升相关工程的应用为例，明确了铁路工程整体建设管理情况、标准内容、国家规范、施工过程及管理问题、施工监理单位各部门的管理范围和职责等，完善了 EBS 分解、分部分项检验批的划分和管理，构建了微服务架构、分布式部署、容器化改造、大数据应用、区块链应用的技术底层，对如何通过数字孪生及平台建设管理来更好地实现铁路工程行业数字化管理有了深入探索。

　　平台在项目应用中，累计数据量 70 余万条，活跃用户 8000 多人，仅天津至潍坊高速铁路济南联络线项目就形成检验批表单 15800 多份、隐蔽工程影像及视频 78000 多份、问题库闭环管理 690 多份、人员实名制 4420 余人、劳务合同文件 2670 多份，项目节省工期 100 天以上，建设平均提速 3.5%。

2. 应用前景

1) 实用性

　　平台的应用过程符合项目工作的业务逻辑，具有较强的专业性。平台提供了丰富的业务管理能力，能够满足项目管理人员在日常工作中的实际需求。管理人员轻松编制项目计划、进度跟踪、资源管理等工作，实现了高效的项目管理。此外，平台还提供了实时数据分析和报告功能，帮助管理人员及时获取项目状态和关键指标，做出明智的决策。这种实用性使得该平台成为项目管理人员不可或缺的工具，大大提升了工作效率和管理水平。

2) 可复制性

　　平台具有较高的可复制性，适用于企业级的多项目管理。平台的设计和架构考虑到了不同项目之间的共性和差异，能够灵活应用于不同领域和行业的项目。其他项目通过借鉴和应用平台，快速搭建起高效的管理框架。这种可复制性不仅提高了整体项目管理的效能和效率，还为企业内部的多项目管理带来了长期的价值和好处。此外，平台的可复制性还为其他企业提供了宝贵的经验和参考，促进了行业的发展和进步。

3) 适应性

　　平台的架构设计采用微服务+容器云+中台技术，其功能可通过独立的微服务来实现。这些微服务在统一的数据治理系统上共享数据，既确保了权限隔离，又实现了数据共享。独立的服务和统一的数据使平台具备较强的扩展性，可以将不同领域的不同业务功能以微服务的形式部署到平台，这就使得平台具备较高的适应性，使其可用于除铁路工程建设之外的其他领域。

参考文献

[1] 中国地方铁路协会. 中国地方铁路"十四五"发展战略要点[EB/OL]. [2022-12-21]. http://www. china-dftlxh. cn/Tdetails. html? id=40&detailsId=1141.

[2] 山东省人民政府. 山东省综合交通网中长期发展规划(2018—2035年)[EB/OL]. [2018-10-18]. http:// www. shandong. gov. cn/art/2018/9/12/art_2259_28564. html.

[3] 陈珂, 丁烈云. 我国智能建造关键领域技术发展的战略思考[J]. 中国工程科学, 2021, 23(4): 64-70.

[4] 李天翔, 景亭. 智能建造标准体系现状和构建研究[J]. 标准科学, 2022(S2): 108-115.

[5] 毛超, 彭窑胭. 智能建造的理论框架与核心逻辑构建[J]. 工程管理学报, 2020, 34(5): 1-6.

[6] 丁烈云. 数字建造导论[M]. 北京: 中国建筑工业出版社, 2019.

[7] 王同军. 中国智能高速铁路体系架构研究及应用[J]. 铁道学报, 2019, 41(11): 1-9.

[8] 解亚龙, 魏强, 王万齐, 等. 铁路工程智能建造体系深化研究[J]. 中国铁路, 2023(1): 72-81.

[9] 王同军. 智能高速铁路战略研究 第1卷 智能高速铁路体系架构与标准体系[M]. 北京: 中国铁道出版社有限公司, 2020.

[10] 王同军. 智能铁路总体架构与发展展望[J]. 铁路计算机应用, 2018, 27(7): 1-8.

[11] 王同军. 中国智能高速铁路2.0的内涵特征、体系架构与实施路径[J]. 铁路计算机应用, 2022, 31(7): 1-9.

[12] 马建军, 朱建生, 沈海燕, 等. 铁路信息化、数字化、智能化关系演化模型及评估方法[J]. 铁道科学与工程学报, 2020, 20(3): 824-835.

[13] 王同军. 基于BIM技术的铁路工程建设管理创新与实践[J]. 铁道学报, 2019, 41(1): 1-9.

[14] 王同军. 智能高速铁路基础设施全生命周期管理框架研究[J]. 2021, 43(11): 1-7.

[15] 王同军. 智能建造技术引领高铁建设发展新征程[J]. 铁路计算机应用, 2019, 28(6): 3.

[16] 杨青峰. 信息化2.0+: 云计算时代信息化体系[M]. 北京: 电子工业出版社, 2013.

[17] 马建军, 李平, 马小宁, 等. 铁路一体化信息集成平台总体架构及关键技术[J]. 中国铁道科学, 2020, 41(5): 153-16.

[18] 贾利民, 秦勇, 李平. 新一代轨道智能运输系统总体框架与关键技术[J]. 中国铁路, 2015(4): 14-19, 60.

[19] 秦勇, 孙璇, 马小平, 等. 智能铁路2.0体系框架及其应用研究[J]. 北京交通大学学报, 2019, 43(1): 138-145.

[20] 肖绪文. 智能建造: 是什么、为什么、做什么、怎么做[J]. 施工企业管理, 2022, 412(12): 29-31.

[21] 李迎九. 智能建造技术在铁路建设管理中的应用探索[J]. 中国铁路, 2018, 671(5): 1-7.

[22] 万冬君, 芈思宇, 居颖, 等. 数字建造技术在项目管理领域应用相关技术难点分析[J]. 建筑经济, 2021, 42(S2): 66-70.

[23] 王孟钧. 工程项目组织[M]. 北京: 中国建筑工业出版社, 2011.